Diccionario de términos de Arte y elementos de Arqueología, Heráldica y Numismática

Biblioteca temática

Guillermo Fatás
y Gonzalo M. Borrás

Diccionario de términos de Arte y elementos de Arqueología, Heráldica y Numismática

El libro de bolsillo
Biblioteca de consulta
Alianza Editorial

Primera edición en «El libro de bolsillo»: 1988
Segunda edición (ampliada y revisada) en «El libro de bolsillo»: 1990
Sexta reimpresión de la segunda edición en «El libro de bolsillo»: 1997
Primera edición (ampliada y revisada) en «Biblioteca temática»: 1999
Novena reimpresión: 2008

Diseño de cubierta: Ángel Uriarte

Calle Juan Ignacio Luca de Tena, 15; 28027 Madrid; teléfono 91 393 88 88
www.alianzaeditoral.es
ISBN: 978-84-206-3657-3
Depósito legal: M. 30.525-2008
Compuesto e impreso en Fernández Ciudad, S. L.
Coto de Doñana, 10. 28320 Pinto (Madrid)
Printed in Spain

Prólogo a la sexta edición (1998)

Esta obra nació hace treinta años como un prontuario de voces básicas para estudiantes del primer año de la Facultad de Filosofía y Letras, cuando en sus Cursos Comunes, hoy abolidos, figuraba, con otras materias panorámicas y sinópticas de imprescindible aprendizaje, la Historia General del Arte. Entonces los autores la impartían en la Universidad de Zaragoza, bajo la dirección de Francisco Abbad.

La solicitud de Alianza Editorial y la estimulante acogida que los lectores le siguen dispensando nos ha decidido a revisarla de nuevo. En la cuarta edición se ampliaron sobre todo las voces referidas a Heráldica y carpintería. En la quinta, las relativas al arte andalusí. Sin perder su carácter de obra general básica, incorpora en esta sexta ochocientas voces nuevas o reformadas, como lo han sido las grecolatinas. La adición más peculiar son setenta entradas sobre arte japonés, supervisadas por la Dra. Elena Barlés, colega en la Universidad de Zaragoza, a quien manifestamos viva gratitud por tal subsidio. Hemos optado decididamente por la hispanización de muchos términos, en razón de su arraigo o en evitación de grafías estrambóticas o engañosas, hayan o no recibido la siempre respetable sanción de la Real Academia. Muchos de los cambios introducidos se deben a sugerencias de los lectores y, en particular, de los docentes. Los autores ruegan su benevolencia, si erraron, y que les comuniquen el yerro, cuando lo hubiere, enseñanza que agradecerán sinceramente.

Universidad de Zaragoza, verano de 1998

Los dígitos que siguen al símbolo ∞, incluido en las voces pertinentes, remiten a las láminas que figuran al final del volumen.

A

ábaco. Pieza, a modo de tablilla, sobre el *equino, que remata al *capitel. ☞ 37, 39.
– Espacio liso y sin ornamentar en los mosaicos y en las paredes decoradas con mármoles.
abalaustrada. V. columna. ☞ 18.
abanico. V. bóveda ☞ 12.
abarcas. *albarcas.
abasida. Arte que recibe su nombre de la dinastía que sucedió a los omeyas. Los abasidas, fundadores de Bagdad (762), volvieron a las tradiciones persas y sasánidas. El *ladrillo y el *pilar son característicos de su arquitectura junto con el *arco en quilla y la decoración en *estuco en la que tradicionalmente se distinguen tres estilos. El *liván y la *bóveda son los elementos más importantes de la herencia sasánida de este arte, que se desarrolla entre el 750 y el 1258.
abatido. V. arco y ranversado.
abatido, borde–. V. rebajado, borde.
ábato, ábaton (de *ἄβατον* = inaccesible). Recinto sagrado del templo griego, cerrado a la masa de los fieles. También se llamó así a la parte de la *cella o **naos* en que se guardaba la *estatua del dios.
abbevillense (Abbeville, Francia). Periodo del *Paleolítico Inferior en el que aparecen los *bifaces. V. Paleolítico.
abierto. En *Heráldica, se dice de un edificio por cuyos vanos se ve el *esmalte del *campo o de la *pieza a que *carga.
abigarrado. Con mezcla extravagante de tonos vivos. Se dice de un cuadro pintado de *colores chillones y variados, de efecto discordante y, en general, de cualquier obra de arte concebida y dispuesta de modo desigual y desordenado o inarmónico.

– Lo es, en *Heráldica, el insecto con alas de distinto color. («Abeja abigarrada de gules y sinople.»)

abismada. *Pieza o *figura heráldica situada en el *abismo sin *cargar ni tocar a otra. ☞ 33.

abismo. Centro del *escudo heráldico.

abocetado. Que no ha pasado del *boceto.

– Que se presenta en una fase intermedia de elaboración con objeto de conseguir un efecto determinado sobre el espectador.

abocinado, arco–. (del lat. *bucina).* V. arco. ☞ 2.

abocinado, vano–. Dícese de cualquier *vano cuya anchura aumenta o disminuye progresivamente.

abolsado (del lat. *bursa).* Dícese del *enlucido con arrugas o ahuecado.

abolla (del lat. *abolla).* Grueso capote de lana usado en Roma por soldados y filósofos (pronúnciese abol.la).

aboquillada (del lat. *bucca).* La esquina a la que se le ha matado el ángulo. Achaflanada.

abovedar. Cubrir con *bóveda.

abraxas (*ἄβραξας*). Piedra incisa con dibujos mágicos, amuleto. (Es propio de los gnósticos usar el término para indicar el número de días del año, obtenido sumando los valores convencionales de las letras de esta palabra.)

abrevar. Echar agua con la brocha a una pared.

abrir rostros. Perfilar a pespunte los rasgos faciales en el *bordado.

abscisa. V. recortada.

ábside. Parte de la iglesia situada en la *cabecera. Generalmente tiene *planta semicircular y suele ir cubierta con casquete de cuarto de esfera (*bóveda de horno). También puede presentar planta poligonal. ☞ 8, 10, 43.

absidiolo. Se llama así a una capilla absidial. Son siempre en número impar. ☞ 8, 43.

absoluta. V. pintura absoluta.

abstracto. Llámase así al arte no figurativo, es decir, al que sostiene que un conjunto de *líneas, *colores y *formas, sin ninguna relación con formas identificables, puede expresar adecuadamente emociones íntimas, sugestiones, etc. Su apogeo, en torno a los años veinte y sobre todo alrededor de Mondrian, Kandinsky, etcétera, lo llevó a la subdivisión en ciertas tendencias, algunas de las cuales –también llamadas abstractas– aún mantenían débiles vínculos con el mundo natural.

Academia. Jardín ateniense donde Platón fundó su escuela. En la terminología antigua, llamábase de este modo a cualquier dibujo de un desnudo hecho del natural. En el Renacimiento italiano el término comenzó a aplicarse a los círculos filosóficos o literarios. En el siglo XVI las academias, con reglas de procedimiento establecidas, se dedicaron a gran número de actividades, apareciendo en este ambiente las primeras academias de arte.

académico. Que se atiene a normas consideradas como clásicas. Se dice asimismo de un trabajo correcto y canónico, pero falto de inspiración, o que repite con fidelidad pedantesca temas y formas tradicionales.

acanalada. *Pieza heráldica cuyo contorno es ondulado y con los picos hacia dentro. Se opone a *angrelado.

acanalado. Dícese del objeto cuya superficie presenta surcos continuos y regulares. ⊸ 37.

acanto. Planta con cuyas hojas esculpidas se adornaban los *capiteles corintio y compuesto, y en ocasiones algunas *molduras. ⊸ 1, 38.

ácato (de ἄκατος = nave, vaso). Vaso antiguo. Se utilizaba para beber en forma de barca.

accipies. Representación de un maestro en la cátedra enseñando a los discípulos. *(Accipies tanti doctoris dogmata.)*

accubito, *Acúbito.

acéfalo. Sin cabeza o remate. El término se refiere usualmente a estatuas o columnas mutiladas.

aceite. V. aglutinantes.

acera. *Paramento de un muro.
– Los *sillares con que se forma el paramento. Es voz poco usual.

acerar. Dar a un *grabado en cobre un tenue baño de acero para que dure más tiempo.

acerra. Cofrecillo de los sacerdotes romanos para guardar el incienso.
– Pequeña ara portátil romana.

acetábulo. Pequeño vaso romano destinado a contener vinagre.

acetre. Receptáculo para el agua bendita.

acicalar. Dar el último *retoque a una pared.

acicates. Motivo decorativo en forma de serie de acicates o espolones yuxtapuestos.

acinaces. Espada corta que usaban los persas.

aclarado. En *Heráldica, se dice del edificio cuyas ventanas van en *esmalte distinto al de aquél y al del *campo del *escudo. Es mejor que «fenestrado», por ser esta voz italianismo *(finestrato)*.

acodillado. V. pilar.
– *Columna, o baquetón adosado, en un ángulo o codillo del pilar.

acodada, dovela–. A *montacaballo.

acodo. Resalto de una *dovela por debajo de la línea del *intradós.
– *Moldura resaltada en el cerco de un *vano.

acolado. Dícese del *escudo adosado lateralmente a otro. También, de las espadas, banderas, mazas, etc., situadas tras un escudo.

acometer. Desembocar una estructura en otra.

acompañamiento. Nombre genérico, en *Heráldica, para los elementos que acompañan al escudo propiamente dicho tales como timbres, cimeras, pabellones. etc. Dícese también adorno. V. escudo.

acordar. Unir dos elementos por medio de *chaflanes.

– Unir dos *fábricas de distinta época.

acosado. En *Heráldica, el animal salvaje perseguido por perros.

acostada. En *Heráldica, se dice de la pieza cuando va acompañada, a ambos lados, de elementos secundarios dispuestos en su misma dirección.

acotación. Indicación de dimensiones en un plano.

acratóforo (de *ἄκρατος* = no mezclado y *φέρω* = llevo). *Vaso destinado a contener vino puro, antes de ser mezclado en la *crátera.

acribia (de *ἀκρίβεια* = exactitud). Exacta formación de los *contornos con un compás.

acribillado. Práctica xilográfica en la que, empuñando un buril a modo de cuchillo, se clava de punta en el taco, obteniendo puntos blancos; la densidad de puntos determinará la densidad de luz, que depende de la contigüidad de los puntos. Así se consiguen *esfumados en forma suave. También se practica en metal y, con frecuencia, es técnica auxiliar de otros métodos.

acroaterium (de *ἀκρο-ατή-ριον* = sala de escuchar). Sala aneja al *gimnasio, reservada a la conversación, en el mundo clásico.

acrolito (de *ἄκρον* = punta, extremo y *λίθος* = piedra): *Estatua que tiene de piedra las partes exhibidas del cuerpo, siendo lo restante de otro material.

acropodio (de *ἄκρον* = punta y *πόδιον* = pedestal). Pequeño pedestal, a modo de *plinto.

– Parte superior de un pedestal, basa, etc.

acrópolis. Parte elevada y amurallada de algunas ciudades griegas, donde se emplazaban los edificios públicos y de carácter sagrado.

acróstola, acrostolio. Ornato en la proa de las embarcaciones de la Antigüedad.

acrotera. Ornamento que remata los vértices de un *frontón. Habitualmente, una *palmeta. ☞ 1, 37.

– Pequeño *zócalo en que ésta se sustenta.

– Por extensión, cruz en que remata el *piñón o la *bóveda del *crucero en algunas iglesias.

acroterio. *Pretil para ocultar un tejado al espectador.

acrupido (del fr. *accroupi).* En *Heráldica, dícese del animal silvestre acomodado sobre sus cuartos traseros. Es la posición ordinaria de ardillas y liebres en blasón. Vale por encogido (*sentado.)

Action-Painting. Corriente del arte abstracto, en su versión expresionista, especialmente difundida en los EEUU de América, que intenta transmitir el espontaneísmo de la acción de pintar con colores aplicados sin un orden preestablecido. Tiende, más que a representar una acción, a ser, por sí misma, acción. V. manchismo.

acuarela. *Pintura realizada con *colores transparentes, muy diluidos en agua, y que emplea como blanco el del papel.

acuartelado. Dícese del *escudo heráldico dividido en *cuarteles. Vale por cuartelado.

acúbito, accubito (del lat. *accubitus).* Lecho o diván para comer en postura reclinada.

acuchillado. V. guilloqueado.

acueducto. Construcción que sirve para conducir el agua.
– En *Heráldica, figura formada por tres órdenes de arcos superpuestos.

acuesto. Inclinación intencionada de un muro, *talud.

acuñación. Operación que consiste en golpear entre dos *cuños una pieza metálica, generalmente lenticular, llamada *cospel.
– Emisión de *moneda acuñada; conjunto de monedas acuñadas en una sola vez.

acusar. Señalar con molduras, cornisas o resaltes el final de los pisos, el perfil de los vanos o los límites de las techumbres, etc., en una construcción.

achaflanado. En *chaflán.

achelense (de St. Acheul, Francia). Periodo subsiguiente al *abbevillense, en el *Paleolítico Inferior, en que alcanza su perfección el trabajo de los *bifaces amigdaloides de gran tamaño. V. Paleolítico. ⇒ 48.

Adam. El *estilo de este nombre, *neoclásico inglés, se inspira en el mundo greco-romano y en Palladio. Fue creado por Robert y James Adam, en la segunda mitad del XVIII.

adaraja. Diente que se deja en una obra para que pueda trabar bien con lo que ha de seguir.

adarve. Parte superior de una muralla, generalmente cubierta, que posee *vanos o *ventanas al exterior para que la guardia pueda vigilar. En el urbanismo hispano-musulmán, calleja de acceso a casas privadas, con una puerta en su comienzo.

adentellar. Dejar con *adarajas.

adestrado. *Adiestrado.

adiestrado. En *Heráldica, lo es el *campo dividido por una línea a su derecha, a un tercio de su anchura. Se opone a *siniestrado. En general, elemento que lleva algo a su derecha o que mira hacia ella. V. escudo. ⚭ 30.

adintelado y **arquitrabada.** V. dintel, arco adintelado. ⚭ 2.

ádito, ádyton (de ἄδυτον = inaccesible). Sala sagrada, trasunto del **megaron*, que se hallaba en la parte posterior del templo griego, incomunicada de la **naos*, y con entrada independiente. Formaba a veces parte del **opistodomos*, aunque no debe confundirse con él, puesto que éste (almacén del templo) podía constar no sólo del ádito sino de varias dependencias diversas. El ádito podía estar, asimismo, rodeando la *naos*, o bajo ella. Era inaccesible a los fieles y suele identificarse con el *ábato.

adobe. Paralelepípedo de barro y paja secado a la intemperie, sin cocer al fuego, y que se emplea como material de construcción.

adorno. *Acompañamiento.

adorra. *Túnica con botones en el traje mozárabe.

adosada. V. columna.

adosado. En *Heráldica, dícese de los animales o cosas que se dan mutuamente la espalda.

adúcar. Seda basta. Es la de alrededor del capullo, que por eso es de calidad inferior.

aeno (del lat. *aenum*). Caldero de bronce, en la Antigüedad.

aénulo (del lat. *aenulum*). Pequeño recipiente de bronce o estaño.

áfesis (ἄφεσις). Lado correspondiente a la salida de una competición atlética. V. estadio.

afrontado. Colocado frente a frente.

– En *Heráldica, dícese de los animales o cosas que están de frente uno respecto del otro.

agallonado. Con gallones.

aglomerante. Material (yeso, cal, cemento) que sirve para trabar los morteros.

aglutinantes. Substancias líquidas que solidifican pasado algún tiempo y en las que se diluyen los *pigmentos. Deben secar en capas transparentes, contraerse poco y alterar el color lo menos posible. En la *pintura al *óleo los aglutinantes más importantes son los aceites grasos, tales como el de linaza, obtenido de las semillas del lino, el de nueces, el de adormideras, etc. Los aceites volátiles, a diferencia de los anteriores, se vaporizan por completo como la esencia de trementina o aguarrás. También se usan bálsamos y resinas disueltos en aceites volátiles, que fijan permanentemente los pigmentos al fondo. En la pintura al *temple, los aglutinantes son las mezclas íntimas (emulsiones) de componentes oleaginosos con agua. Tienen aspecto lechoso, que se hace transparente al secarse. Como emulsiones naturales se emplean la leche, el huevo (yema), el zumo de retoños de higuera, el diente de león, etc. Pero los principales componentes del temple son el agua y los aceites. Para que no se separen ambos, se les añaden compuestos que los mantengan emulgados, los cuales dan el nombre al tipo de temple (de caseína, al huevo, a la clara de huevo, a la goma arábiga, etc.). V. las restantes técnicas pictóricas.

Agnus Dei. *Representación del Cordero místico.

Ágora. Gran espacio abierto, plaza mayor de las ciudades griegas, donde se congregaban los ciudadanos. Corresponde al *foro romano.

agramilado. Decorado con *gramiles.

agramilar. Reducir los *ladrillos a un tamaño común, raspándolos o quebrándolos.

– Construir una pared con fragmentos de ladrillo, al modo de la *mampostería.

– Figurar con pintura hiladas de ladrillos.

agua. *Vertiente de un tejado.

aguada. Término con que se designa la pintura al **gouache*. Procedimiento similar a la *acuarela, cuyos *colores son más espesos y se diluyen en agua o cola mezclada con miel. A diferencia de la acuarela, emplea también el color blanco. Da *tonos opacos y fue muy empleada por los miniaturistas medievales.

aguafuerte. Técnica de *grabado que se obtiene tratando las partes de la plancha de metal no protegidas por un barniz previo con agua fuerte, es decir, con una solución de ácido nítrico en agua.

– Lámina impresa por una plancha obtenida según este sistema.

aguamanil. Jarro para echar agua para el lavatorio de las manos.

aguarrás. V. aglutinantes.

aguatinta. Variedad del *grabado en la que se cubre la plancha con resina. Una vez calentada la plancha, la resina se adhiere a ésta formando granitos o puntos. Luego se dibuja con *pincel mojado en tinta especial (aguatinta) la *figura que se quiere reproducir. El baño de *aguafuerte actuará sobre la superficie tratada con el pincel y sobre la que no esté cubierta del granulado de resina.

aguazo. *Aguada sobre *lienzo.

aguilón. En *Heráldica, águila sin pico ni garras.

aguja. *Chapitel estrecho de gran altura que remata una *torre.

– *Pináculo.

– *Obelisco.

agujetas. Cordones o cintas para atar el *jubón a las *calzas.

aguzada. V. cruz. ⚮ 20.

aire libre. *Cuadro ejecutado fuera del estudio, evitando así la iluminación artificial de éste.

airón. *Penacho.
aislante. Que protege del medio ambiente. V. imprimación y barniz.
ajaraca. *Lazo, adorno de líneas y *florones enlazados.
ajedrezado. Decoración en damero o ajedrez.
ajeiropoieta (de *ἀχειροπιέω* = creo sin la mano). *Aquiropoyético, icono del que se cree no está hecho por la mano del hombre.
ajimez. Ventana partida por una columnita o *parteluz sobre la que descargan dos arcos gemelos. Esta acepción es moderna y procede de Ceán y Llaguno.
– En realidad el término se refiere al saledizo ante una ventana, como balcón cerrado con celosías, para asomarse las mujeres sin ser vistas, según bien indica su etimología del árabe *as-sammis* (lo expuesto al sol).
ala. Parte del edificio a cualquier lado del cuerpo principal.
– *Alero.
alabarda. Arma consistente en una larga asta rematada en gran punta, a la que se ha incorporado, a modo de hacha, un amplio filo cortante.
alabastro. Piedra caliza, de *tono levemente melado, traslúcida, blanda –se raya con la uña–, de fácil *talla y que, tras la *pulimentación, presenta un bello aspecto.
alabastron (*ἀλάβαστρον*). Vaso griego para guardar perfumes, de forma cilíndrica, con uso semejante al del *aríbalo y de mayores capacidad y tamaño. De origen *corintio. ⊶ 14.
álabe. Teja del *alero.
– Alero.
alabeada. Dícese de una superficie que ha perdido la forma plana o recta, combándose.
alacena. Hueco hecho en la pared para servir de armario y, por extensión, armario.
alada. En *Heráldica, dícese del ave representada con el *vuelo de diferente *esmalte que el cuerpo. («Halcón alado de plata.»)
alafia. Motivo de decoración musulmana a base de letras árabes.
alancetado (de *lanceta).* V. arco. ⊶ 3.
Al-Ándalus. Nombre que recibe la España musulmana en las fuentes árabes.
alarife. Nombre dado a los maestros de obras y sobre todo a los *albañiles.
alaroso, alaroz. La *péndola mayor de un *faldón en una *armadura.
– Larguero que divide un *vano.
alba. Túnica de lino que el sacerdote viste encima del *amito.
albanega. Espacio entre el *arco y el *alfiz; *enjuta, en arte musulmán. ⊶ 6.
albañilería. Técnica y oficio de la edificación, que emplea la piedra, el *ladrillo, el *adobe, el *ce-

mento, la *argamasa, etc. V. obra de albañilería.

albarcas. Especie de sandalias toscas, propias del campesino, originariamente de cuero y que constan, fundamentalmente, de una suela.

albardilla. *Remate de un muro a modo de tejadillo.

albarelo. Bote de farmacia que puede presentar bellas formas cerámicas.

albarrana. Se dice de toda obra de fortificación –torres, etc.– situada fuera del recinto murado. Se comunica con él por puentes o *arcos fácilmente destructibles en caso de que la torre albarrana caiga en manos enemigas.

albayalde. Carbonato básico de plomo llamado también *cerusa, blanco de plomo y blanco de España.

alberca, en–. Con paredes y sin techo.

– Estanque o aljibe para agua. Una de las tipologías del palacio hispanomusulmán dispone las estancias en torno a un patio central, dotado con alberca, que cumple la función de **frigidarium*, al tiempo que suaviza el clima caluroso y refleja en composición invertida la arquitectura.

alboaire. Labor de *azulejos en una *bóveda.

albogalero (del lat. *albogalerus* = birrete blanco). Gorro de los flámines, hecho con la piel de un animal de pelo blanco, sacrificado; remataba en el *ápex.

alcabor. Hueco del horno o chimenea.

alcadafe. *Ladrillo de tabernero, utilizado para recoger el vino que rebosa al sacarlo de los toneles.

alcaicería. Mercado de la seda y de otros materiales ricos, en Granada.

Alcántara. V. cruz de–. ↪ 20.

alcatifa. Material deleznable con que se nivela un plano de sustentación.

alcazaba. Recinto fortificado.

alcázar. Fortaleza.

– Palacio fortificado de los reyes musulmanes, ampliado o reconstruido por los reyes cristianos.

alcoba. En arquitectura musulmana, habitación lateral, que abre mediante arco al salón principal.

alcohol. V. fijador.

alcorques. Calzado con suela de corcho, sin talón.

alcuza. Aceitera.

aldaba, aldabón. Llamador de metal.

aldúcar. *Adúcar.

aleación. Mezcla íntima, por fusión, de dos o más metales.

alegoría. *Representación simbólica de ideas abstractas, por medio de *figuras, grupos de éstas o *atributos.

áleiso (*ἄλεισον*). Vaso para beber, cincelado y con dos asas, de forma desconocida.

alejada. *Recortada.
alejandrinismo. Tendencia a la expresión refinada, muelle y ambigua, semejante a la que existió en Alejandría de Egipto en los siglos II y I a. de C., extendida a los países conquistados por Alejandro.
alemán. V. cuadrilongo (escudo).
alero. Parte del tejado que sobresale del muro. Si es prolongación del tejado en línea recta, se llama alero corrido. ☞ 37, 39.
aleta. Elemento, a modo de enorme *voluta, que enlaza, por el exterior, una *planta con la superior, cuando ésta es de menor anchura. ☞ 1.
aletón. V. aleta.
alfar. Taller de *alfarería.
– *Arcilla.
alfarda. Elemento arquitectónico, franja decorada o lisa, que a menudo flanquea las escalinatas de las pirámides de Mesoamérica.
– V. armadura.
alfardón. Azulejo alargado hexagonal, cuya parte central es un rectángulo.
alfarería. Arte y técnica de trabajar el barro, la arcilla, etc., para obtener vasijas.
alfarje. *Techumbre plana de madera labrada y ornamentada.
alfarjías. Los maderos de un *alfarje.
– Maderos empleados para marcos y largueros en puertas y ventanas. Sus dimensiones clásicas son 14 cm de ancho y 10 cm de grueso. La media alfarjía mide 10 y 7 cm, respectivamente.
alféizar. Parte del muro que constituye el reborde de una ventana.
– Superficie interior de un *vano.
alfiz. *Moldura que, a modo de *dintel y sus dos *soportes verticales, enmarca un *arco en la *arquitectura musulmana. ☞ 6.
– Llamada también *arrabá.
algorfa. Habitación construida sobre arcos bajo la que pasa la calle y que une dos filas de casas.
alguaza. Bisagra o gozne de puerta, ventana, etc., bellamente decorada en ocasiones durante la Edad Media española, en *cerrajería artística.
alguidar. Vasija de *cerámica de perfil exteriormente troncocónico, con anillo en el pie, e interiormente cóncavo. Voz vigente en portugués, y en el medievo.
alhambrilla. *Olambrilla.
alianza. *Figura heráldica que muestra dos manos derechas enlazadas, dispuestas en *faja. Es expresión más correcta que «fe», por ser ésta galicismo.
alicatado. Dícese del muro recubierto por *azulejos o de la labor hecha con éstos.
– Dícese del azulejo cortado o raído para que adopte la forma y el tamaño convenientes.
alicer. *Alizar.

álico. (de *ἄλλιξ* = clámide). *Clámide tesaliota.

alícula (del lat. *alicula*). Especie de manto ligero que en Roma se usó para la caza y como vestido infantil, a modo de chalina que cubría la parte superior de los brazos.

alifafe. Manto rico hecho con pieles.

alineamiento (del fr. *alignement*). Sucesión rectilínea de *megalitos, normalmente *menhires, dispuestos formando prolongadas hileras. Es un galicismo cuya forma castellana debería ser alineación.

alipterio (*ἀλειπτήριον*). Habitación donde los gimnastas y bañistas se ungían con aceites.

– Se llamó también **elaiothesium* (eleotesio).

– V. bálneo.

alizar. Cinta o *friso de *azulejos de diferentes labores en la parte inferior de un aposento. También se dice *alicer.

– Cada uno de estos azulejos.

aljaba. Bolsa que se lleva colgada a la espalda o al costado y que sirve para guardar las flechas del arquero. *Carcaj.

aljama. Mezquita mayor o de los viernes; también, mezquita aljama.

aljibe. *Cisterna.

– Dícese de la *bóveda esquifada (bóveda de aljibe).

aljófar, ajófar. Perla pequeña y de poco valor. Trabajo realizado con estas piezas. Frecuente en el Renacimiento (Felipe II).

aljuba. *Túnica de encima en el traje románico y en el musulmán.

alma. En la *estatuaria fundida, macizo interior de la figura, generalmente de un material refractario y ligero, que puede ser extraído del interior de la pieza una vez terminada la *fusión.

– Muro que sostiene una escalera. *Limón.

almáciga. V. fijador.

almagra. *Almagre.

almagre. Óxido rojo de hierro, arcilloso, empleado en la *pintura y la *cerámica.

almaizar. Pieza muy fina de seda y lino, larga, de un solo color neutro sin teñir, con franjas hechas a punto de tapiz en los extremos y con flecos; usada como toca o turbante, y de producción musulmana.

almarvate. V. estribado, estribo.

almejía. Túnica cristiana, usada entre los siglos X y XIII por las mujeres. Más tarde se designó con este nombre a una prenda, también femenina, del vestido musulmán español.

almena. Cada uno de los prismas que coronan una muralla para resguardo de sus defensores. Los huecos entre cada almena se llaman cañoneras, si son para la artillería. En tal caso, los paños de lienzo de muralla entre cañoneras se denominan merlones. ∞ 1.

almenado. En *Heráldica, que tiene perfil almenado. Se habla de almenado a la güelfa si las almenas son rectangulares; y a la gibelina, si hendidas.
almendra. *Mandorla.
almendrilla, retorcha de–. *Retorcha con motivos ovalados en *relieve.
almimbar. *Mimbar.
alminar. *Minarete.
almizate. *Armadura.
almocárabe. *Mocárabe.
almohadilla. Parte en resalte de un *sillar almohadillado.
– Lateral de la *voluta en el *capitel jónico, *cojinete.
almohadillado. *Aparejo de *sillería con las juntas *biseladas o rehundidas.
– corrido: aquel cuyo saliente mata los ángulos mediante una moldura convexa.
– en *caveto: *íd.* mediante moldura cóncava.
– en *chaflán: el que tiene las aristas talladas formando ángulo de 45°.
– ligado: aquel en que las piedras, de dos dimensiones diversas, se ven alternadamente por sus caras mayores y menores.
– en *punta de diamante: el que se hace tallando la cara visible del sillar a modo de pirámide.
– rústico: V. rústico.
– verticulado: el que se ornamenta en relieve o hueco imitando estalactitas.
almohadón. *Salmer.
– Sillar bajo el salmer.
almunia. Huerta.
alopeque (de *ἀλώπηξ* = zorro). Gorro tracio de piel de zorro, semejante por su forma al casco ático, que llevaba, a modo de *cimera, el rabo del zorro y, cubriendo las mejillas, sus zarpas traseras.
altar. *Ara. ☞ 10.
alterado. *Contornado.
alto. Plano más elevado que otro en la superficie de un tejido. (Dícese *bordado a dos, a tres altos).
alto lizo. V. lizo.
alto relieve. *Relieve que sobresale más de la mitad del *bulto.
altura. Dimensión vertical.
– Parte vertical de un escalón. *Huella.
alusivas. En *Heráldica, dícese de las armas compuestas intencionadamente de modo que aludan por su significado al nombre de la familia, ciudad, etc., que representan.
álveo (del lat. *alveus).* Acanaladura de una columna trazada longitudinalmente.
alveolado. V. esmalte.
– Ornamentación imitando las celdillas de un panal.
alzada. En *Heráldica, pieza o parte de ésta representada en el escudo en posición más alta que la usual. Se opone a *bajada. ☞ 33.
alzado. Representación sin *perspectiva de un edificio se-

gún un plano vertical perpendicular a la base del edificio.
– Conjunto de elementos verticales que componen un edificio.
– *Diseño de la fachada de un edificio.
alla prima (it.). Técnica pictórica muy rápida, hecha con una sola aplicación de color y sin *retoques. Cada color se aplica más o menos directamente, como debe quedar en la pintura definitiva.
amarillo. V. pigmentos.
amazona. Mujer mitológica, cazadora y guerrera, empleada frecuentemente como tema en las artes de la Antigüedad clásica.
amazonomaquia (de *Amazona* y *μάχη* = lucha). Representación de la lucha de las *amazonas con los griegos u otros pueblos.
ámbar. Resina fósil, bastante transparente y de *color melado, usada, como otras substancias similares (*azabache), para la talla de pequeños objetos.
ámbico (de *ἄμβιξ* = especie de copa). Recipiente cónico y con pico, usado, al parecer, en la Antigüedad durante las libaciones o los banquetes fúnebres.
ambón. Cada uno de los dos *púlpitos a ambos lados del altar en las *basílicas paleocristianas.
– En sentido lato, púlpito.
ambulacro. *Deambulatorio.
– Pórtico destinado al paseo.
– Corredor entre las columnas y los muros de un templo clásico.
– Corredor excavado bajo tierra, largo y estrecho.
ambulatio. Para Vitruvio significa prácticamente lo mismo que *ambulacro (acepciones 2.ª y 3.ª).
amento (del lat. *amentum*). Voz latina que designa a la pequeña correa con que se sujetaba la jabalina o el dardo.
amerar. Aflorar la humedad.
amfotis (*ἄμφωτις* = las dos orejas). Anfótide, orejeras del púgil grecorromano.
– Vaso de madera, para beber, de forma desconocida.
amicto (del lat. *amictus*). Conjunto de las prendas exteriores del vestido común romano, a diferencia de las interiores o **indumenta.*
amículo (del lat. *amiculum*). Manto que en Roma llevaban las meretrices, aunque en Hispania era propio de mujeres honestas.
amito. Vestido sacerdotal.
– V. amicto.
amorcillo. Figura de Cupido, de pequeño tamaño, usual en el arte *Clásico y desde el *Renacimiento, que suele aparecer agrupada con otras semejantes o sola, compañando a Venus o a las Gracias, o como tema ornamental.
ampéjone. En griego, vestido femenino, en general.
ámpico (de *ἄμπυξ* = banda, diadema). Banda de tela ornamentada, diadema que se colocaban las mujeres en la cabeza.

– Ornamento que cruzaba la frente del caballo o que recorría su cabeza desde la frente hasta el hocico.
ampolla. Pequeño vaso, generalmente de vidrio, de forma globular.
anabasmo (de *ἀναβασμός* = graderío). Graderío de la *cávea.
anadúmeno (de *ἀναδούμενος* = el que se ciñe). Atleta retratado en actitud de ceñirse la diadema obtenida como premio a su victoria.
anafe, anafre. Recipiente cerámico para contener brasas, sobre el que se coloca el puchero.
anaglifo. Trabajo de *glíptica.
– Piedra toscamente trabajada y dispuesta para labrar en ella lo que se quiera.
anagliptario (de anaglíptica). El que ejecuta trabajos de glíptica.
anaglíptica (de *ἀνάγλυφος* = lo que está grabado). V. glíptica.
análema (de *ἀνάλημμα* = base; pl. analémata). En el teatro griego, uno de los dos muros rectilíneos a lo largo de los **parodos*, que servían de sostén a la parte baja del **koilon*. En general, estructura que sirve de base a una obra.
anamórfosis. Representación de un objeto, de tal modo que existe una deformación de la perspectiva que obliga al espectador, para obtener una visión correcta, a colocarse en el único punto determinado desde el que ésta es posible. Dicho punto no es nunca frontal.
ananqueo (*ἀναγγαῖον*). Vaso, gran copa para beber, de forma desconocida.
anapiesma (de *ἀναπίεσμα* = lo que surge). Plataforma izable, oculta en el subsuelo del escenario, en la que ascendían al mismo los dioses o los personajes cuya aparición en escena requería efectos de este tipo.
anástasis (de *ἀνάστασις* = resurrección). Bajada de Cristo a los Infiernos tras la Resurrección, sobre todo en el arte Bizantino.
– Resurrección de Cristo.
anastilosis (de *ἀνάστῖλος* = sobre columna). Realzado de columnas hundidas. Se dice también de la reconstrucción de un edificio antiguo obtenido mediante la reunión en él de sus elementos arquitectónicos dispersos.
anatirosis (de *ἀναθυρόω*: *ἀνά* = sobre y *θυρόω* = hacer hueco). Vaciado de las caras internas de los sillares para reducir el contacto entre ellos a una superficie perimetral estrecha y lisa, de modo que se obtenga una juntura perfecta sin alisar la totalidad de las caras.
anatomía. Conjunto de músculos, huesos, etc., que forman el cuerpo de un animal.
– *Dibujo u obra que reproduce la anatomía.

anaxírides (de ἀναξυρίδες = calzones). Prenda griega semejante a las **bracae* romanas.
ancilia. Escudo oval. *Escudo en forma de ocho, caído del cielo en el reinado de Numa, quien mandó hacer once iguales para evitar su robo, confiando su custodia a los sacerdotes salios.
ancón. Cada una de las *ménsulas o soportes situados a los lados de un vano y que sostienen la *cornisa.
ancorada. La *cruz alguno de cuyos extremos termina en forma de áncora. Igualmente, cruz en forma de áncora. ∞ 20.
anda. *Cúpula de la estupa o **stupa*.
andalusí. Perteneciente a *Al-Ándalus, hispanomusulmán.
andas. Tablero que, sostenido por dos varas paralelas y horizontales, sirve para conducir efigies, personas o cosas.
ándito. *Triforio.
– Espacio practicable, andén que circunda exteriormente un edificio.
androceo. En general, parte del edificio destinada a los varones.
– V. andronítide.
andrón (*ἀνδρών*). Lugar destinado, en la casa griega, a la vida de los varones.
– *Fauces.
andronítide (de ἀνδρωνῖτις = habitación de hombres). Lugar destinado en la casa griega a la vida de relación.
– También, los dormitorios de los siervos.
– V. androceo.
androsfinge (de ἀνήρ = hombre; *sphinx* = esfinge). *Esfinge con cabeza humana.
anepígrafo. Sin letras.
– V. moneda.
anfipróstilo. *Templo con dos *pórticos, uno en cada extremo de la *nave, con una fila de columnas en cada pórtico. ∞ 46.
anfitálamo, amphitalamos (de ἀμφιθάλαμος = antes del tálamo). Dormitorio de la casa griega, probablemente destinado a las hijas, al lado de la **parastas* y opuesto por su situación al **tálamo*.
anfiteatro. Construcción en torno a un espacio oval destinado a espectáculos públicos, en Roma.
– V. cávea, meniano, *diazómata*, podio, *vomitorium*, *velum*, euripo.
ánfora. Recipiente *cerámico de gran tamaño, con dos asas necesariamente, cuya misión era conservar alimentos sólidos o líquidos. Los primeros tipos griegos presentaban hombros y cuerpo en una curva continua. Los ejemplares más modernos y los romanos presentan claramente diferenciada la parte alta (cuello y boca) del resto del cuerpo. ∞ 14.
– Las ánforas panatenaicas se entregaban llenas de aceite a los

atletas vencedores en las fiestas panatenaicas. Casi todas ellas son de figuras negras, incluso en los siglos V y IV a. de C.

anfótide (de ἄμφωτις = las dos orejas). Orejeras del púgil grecorromano.

– Vaso de madera, para beber, de forma desconocida, pero con dos asideros.

angipuerto (del lat. *angiportum*, de *angus* = estrecho; *portus* = acceso, paso). Callejuela sin salida, en Roma.

– Parte interna de un puerto, en Roma.

angrelado. (del fr. *engrêlé).* En *Heráldica, el perfil de una pieza ondulada con los picos salientes. Se opone a *acanalado.

– V. arco. ⇨ 2.

angulada. Figura *heráldica de cuyas esquinas surgen otras irradiando en sentido diagonal.

angular. V. arco. ⇨ 2.

ángulo de lascado. El formado por el *talón y el *plano de lascado. Se le llama también ángulo de fractura. Ayuda a determinar la clase de *percutor empleado en la talla de la pieza de sílex, pues el ángulo es más obtuso cuando el percutor es de piedra, y casi recto o recto, si es de madera o hueso.

angusticlavio (de *angustus* = estrecho y *clavus* = banda purpúrea). Túnica bordada con una estrecha faja de púrpura que va desde el cuello hasta la orla inferior. Era característica del orden ecuestre romano. V. túnica.

anicónico (de ἀν = sin y εἰκών = imagen). Que carece de *decoración figurada.

anillada. En *Heráldica, dícese de la figura (*cruz y aspa o *sotuer, principalmente) cuyos brazos rematan en anillos.

anillo. *Moldura que rodea los fustes. V. anillos.

– *Cornisa en que se basa una *cúpula.

– Hojarasca ornamental que forma una faja separando en el *fuste la parte estriada de la lisa, o la lisa de la helicoidal.

anillos. V. orden.

– Conjunto de molduras que forman anillos al final del *fuste. ⇨ 39.

ánima. En *Heráldica, leyenda de una *divisa.

– V. divisa.

animados. Término *heráldico que alude al color de los ojos de un ser cuando es diferente del color del cuerpo o de la cabeza. («Toro animado de gules.»)

annuli. V. orden.

ansata (del lat. *ansa* = asa). V. cruz. ⇨ 20.

anse de panier. Galicismo por *carpanel.

anta. V. *in antis.*

– Pilastra cuadrangular que refuerza o decora el final de una pared y, especialmente, el final de los muros que enmarcan la *cella del templo, prolongados

en la fachada hasta la altura de las columnas más cercanas a ésta.
antecuerpo. Parte de un edificio que sobresale de la fachada, precediéndola.
antefija. Ornamentación en forma de *palmeta, cabeza, etc., que, en el borde del tejado, oculta el extremo de una *hilera de tejas. En realidad, ella misma es una teja *ante-fixa,* puesta delante de las demás. ⚭ 1.
antema (de *ἀνθέμιον* = floritura). Ornamentación vegetal a base de *palmetas e *hileras de flores. ⚭ 1.
antemio (*ἀνθέμιον*). *Antema.
antepagmento (del lat. *antepagmentum*: *pango* = poner, fijar). Ornamentación superpuesta a una *jamba.
antepecho. Muro protector a los lados de un puente o plataforma, balcón. *Pretil.
– Cierre inferior de un vano en el que uno puede apoyarse para mirar al exterior.
antepié. Campo decorado con *bordado en los faldones de la dalmática.
antica (del lat. *ante* = delante). *Pars antica:* parte delantera de un edificio clásico, por oposición a *pars *postica* o posterior.
– Aplícase especialmente al templo etrusco.
antifonario. Libro que contiene las antífonas, breves pasajes, tomados generalmente de la Sagrada Escritura, que se cantan o rezan, antes y después de salmos en horas canónicas y guardan relación con el oficio del día.
antipendio. Parte delantera de un altar, *frontal. También, el velo o mantel trabajado que a veces lo recubre.
antropomorfo. Representación que recuerda o sugiere la forma del cuerpo humano. En arte paleolítico se denominan así las que se cree son representaciones deliberadamente incompletas o imprecisas del hombre o la mujer. ⚭ 27.
antroposopo. Con rostro humano.
anular. V. bóveda. ⚭ 13.
anverso. Lado de la *moneda o *medalla en que figura el motivo o *tipo principal. ⚭ 34.
– *Cara o *haz.
apadana (del persa *apadana* = palacio). Gran sala *hipóstila, precedida usualmente por *pórticos, en el palacio persa.
apainelado. *Carpanel. ⚭ 3.
apalar (del lat. *apalare,* de *apalum [ovum]* = huevo blando). Instrumento de la cocina romana que servía para sostener sobre el fuego los huevos durante la cocción.
apalmada. V. mano.
aparejar. Preparar una superficie antes de *pintarla, *dorarla, etc.
aparejo. Forma de disponer los elementos empleados en la construcción de un muro. Principa-

les aspectos que presentan dichos elementos.

– *a soga: el que tiene los elementos colocados de modo que su lado largo sea paralelo a la pared. Llámase también de **cítara* y de **media asta.*

– *a tizón: el que tiene los elementos colocados de modo que su lado largo sea perpendicular a la pared. Llamado también *de llaves.*

– *a soga y tizón: el que presenta un paramento en el que se alternan los lados largo y corto de los elementos que lo componen. También llamado **diatónico.*

– *isódomo: aquel en que los *sillares son todos iguales. También llamado *regular.*

– *pseudoisódomo: el que presenta *hiladas regulares, pero alternando distintas alturas de una y otra sucesivas.

– Los aparejos llamados inglés, flamenco, belga, etc., corresponden a distintas combinaciones de los tipos principales.

– V. *ciclópeo y *opus.

apear. Apuntalar.

– Desmontar por piezas.

apeinazada. Aquella *armadura de madera en la que la *ornamentación a base de *lazos se forma ensamblando los *peinazos, sin clavarlos.

ápex, ápice. Bastoncillo de olivo, forrado de lana, que los flámines romanos llevaban en su gorro.

– Por extensión, el gorro del flamen o *albogalero.

– Adorno cimero del casco.

– V. tiara, corona.

apio. Las hojas de esta planta, trilobuladas, se usan frecuentemente como *ornamentación arquitectónica medieval, especialmente en los capiteles góticos. En *Heráldica, adornan las coronas ducales y marquesales.

aplicación. *Bordado de–.

aplomo. Verticalidad de una obra.

aplustro (del lat. *aplustre).* Ornamento de tablas incurvadas, talladas y pintadas, dispuestas en abanico, en la popa de algunos navíos. A veces, el aplustro estaba atravesado por un madero *(stylis)* en forma de cruz o tridente, que servía para observar la dirección del viento.

apoditerio (de *ἀπο-δυτήριον* = vestuario). Sala que en las *termas y edificios de espectáculos romanos se usaba para desvestirse. ☞ 47.

– En las iglesias orientales, *sacristía.

– V. gimnasio.

apódosis (de *ἀπόδοσις* = complemento). Altarcito o ábside junto al altar de la *basílica paleocristiana.

apófige. Apófisis del fuste. ☞ 37, 39.

– V. orden.

apófisis. V. orden.

apoforeta (del lat. *apophoreta* = bandeja). Bandeja en que se sirven las viandas.
apolíneo. V. dionisíaco.
apóptugma, (de ἀπόπτυγμα = pliegue). V. diplois.
apoteca (del lat. *apotheca*, de ἀποθήκη = depósito). Cuarto, despensa donde se guardaban las ánforas vinarias. En la casa romana solía estar en el piso superior. No debe confundirse con la *cella vinaria, puesto que la *apotheca* a menudo servía no sólo para guardar el vino sino para hacerlo madurar, aprovechando el paso del calor y los humos de la cocina por ella. A veces, por esta razón, se le llamaba **fumarium*.
apoteosis. Deificación de un héroe, emperador, etc.
apotropaico (de ἀποτρόπαιος = que aleja el mal). Que sirve para alejar las influencias de los seres o espíritus malignos, o para propiciarlos.
apoxiómeno (de ἀπο-ξυόμενος = el que se limpia). Atleta representado en actitud de limpiarse el cuerpo con el *estrígil.
apoyo en falso. El que tiene un elemento de una construcción cuando no apoya a plomo sobre la parte inferior.
áptero. Edificio sin pórticos laterales.
– Edificio columnado en las fachadas principales y no en las laterales.
– En escultura, designa a una figura ordinariamente alada que aparece excepcionalmente sin alas.
ápulos (del lat. *apula*). Vasos ápulos: vasos de figuras rojas, imitaciones de la *cerámica griega del s. V a. de C., producidos en Apulia y, sobre todo, en Tarento, a fines de dicho siglo y hasta terminar el siguiente.
apuntada. En *Heráldica, se dice de la pieza o figura que toca a otra semejante por la punta.
apuntado. V. arco. ⇨ 3, 5.
apunte. Notas gráficas, tomadas directamente del natural, que servirán al artista como recordatorio cuando ya no se halle en presencia del *modelo.
Aqueloo. Dios fluvial, generalmente representado como un viejo barbado y con cuernos. Tema predilecto de los etruscos para decoración de *antefijas, *bronces y objetos de *orfebrería.
aqueménide. Dinastía persa que reinó desde el 559 al 330 a. de C.
– Arte de dicha dinastía.
aquiropoyético. *Ajeiropoieta.
ara. Altar.
– Piedra consagrada que contiene reliquias de los mártires y santos que se halla en el centro del altar cristiano.
– Construcción, generalmente de pequeño tamaño, rodeada de un espacio sacro, que en la Anti-

güedad se destinaba a escenario para las ofrendas a la divinidad. Su aspecto material varió grandemente; algunas aras llegaron a constituir verdaderas edificaciones. ∞ 10.

arabesco. *Ornamentación entrelazada de complejos dibujos geométricos.

Aragón. En *Heráldica, el emblema de los cuatro palos gules («barras de Aragón») sobre campo de oro. Es exclusivo de la Casa de Aragón (no de sus reinos o estados), que lo usa al quedar extinta la Casa de Barcelona tras el matrimonio de la reina Petronila de Aragón con el conde de Barcelona Ramón Berenguer IV, quien renunció expresamente a su casa y linaje para quedar adoptado como hijo, vasallo y súbdito por Ramiro II el Monje, padre de Petronila. Para evitar confusiones por la homonimia entre el reino y su casa real, llámase Aragón antiguo al emblema de la *Cruz de Íñigo Arista y Aragón moderno a la de San Jorge con cuatro cabezas de moro.
– V. dragón.

arbile (de *ἀρβύλη* = calzado). Calzado grueso de una pieza que cubría todo el pie.

arbitrarias, armas. En *Heráldica, los signos distintivos de familias que no son, propiamente, armas heráldicas pero que adoptan su aspecto.

Árbol de Jessé. Representación medieval de Jessé, padre de David, adormecido, de cuyo pecho nace un árbol en cada una de cuyas ramas se sitúa un rey de Judá. En la rama más alta, María con Jesús, o éste solo.

Árbol de la Cruz. Representación simbólica de la Cruz como un árbol florido o cargado de frutos de cuyas ramas penden las figuras de los profetas o *cartelas con sus nombres.

Árbol de la Vida. Árbol cuyos frutos conceden la inmortalidad.
– Antiguo símbolo tomado por el cristianismo.
– *Hom.

arbotante. *Arco rampante o por *tranquil que descarga, sobre un *contrafuerte exterior al edificio, el *empuje de las *bóvedas. ∞ 8, 12.

arca. Mueble, caja de madera, generalmente sin forrar y trabajada artísticamente.

arcada. Sucesión de *arcos.
– de una *nave: serie de arcos que la comunican con la nave lateral.
– Vano cubierto por un arco.

arcaico. Dícese, por antonomasia, del arte griego comprendido entre el s. VII y el 480 a. de C.

arcaísmo. Supervivencia de un elemento que pertenece a épocas pasadas y artísticamente superadas.
– Primera fase del desarrollo de un *estilo.

– Imitación deliberada de formas primitivas o antiguas, con voluntad de provocar recuerdos o sensaciones determinadas.

arcatura. *Arcadas o arquerías simuladas o figuradas, sobre todo si se emplean para sostener *cornisas, *aleros, etc. No sólo se usa en edificios, sino en altares, etc. – V. arcuación.

arcilla. Mezcla de sílice y alúmina que, empapada en agua, se hace muy *plástica, propiedad que pierde al deshidratarse, contrayéndose y adquiriendo *dureza y consistencia.

arción. Dibujo imitando las mallas de una red, empleado en la ornamentación arquitectónica.

arco. Elemento sustentante, que descarga los *empujes, desviándolos lateralmente, y que está destinado a franquear un espacio más o menos grande por medio de un trayecto generalmente curvo. ☞ 2-6. Principales clases de arco:

– abatido: arco *deprimido.

– abocinado: el que tiene más luz en un *paramento que en el opuesto.

– adintelado: con *intradós horizontal y *despiece radial en las dovelas.

– alancetado: el *apuntado muy agudo.

– angrelado: con el intradós ornamentado a base de pequeños lóbulos que se cortan formando picos.

– angular: el de intradós formando ángulo, con despiece radial.

– apainelado: arco *carpanel.

– apuntado: consta de dos porciones de curva que forman ángulo en la *clave y cuyo intradós es cóncavo. Tiene dos centros.

– cairelado: arco *angrelado.

– capialzado: arco *abocinado.

– carpanel: el de varios centros y en especial el de tres.

– cegado o ciego: el que tiene tapiada su luz.

– conopial: en forma de quilla invertida. De cuatro centros, dos interiores para las ramas bajas y dos exteriores para las altas.

– de descarga: el construido sobre un *dintel para aliviarlo.

– de herradura: ultrasemicircular, de arranques a igual altura.

– de medio punto: semicircular de *flecha igual a la semiluz.

– deprimido: el de número impar de centros.

– deprimido rectilíneo: formado por dos cuadrantes unidos por una recta.

– diafragma: arco *perpiaño, que separa tramos de una nave, y cuyo objeto es aliviar a los muros laterales o a las *armaduras de las cubiertas de madera. El que separa bóvedas de cañón transversales, aliviando su peso y los contrarrestos laterales.

– doblado: típico del románico, es un arco al que se le sobrepone otro de mayor rosca. Al conjun-

to se le llama arco doblado, y al sobrepuesto dobladura del primero.
– elíptico: el de forma de porción de elipse.
– en cortina: el de dos porciones de curva con centros exteriores, que forman ángulo en el vértice.
– en gola: el que tiene sus ramas formadas por golas.
– enviajado: el que tiene los apoyos oblicuos respecto de su planta.
– escarzano: arco rebajado, en especial el que corresponde a un ángulo de 60°.
– fajón: el perpiaño en el *estilo románico.
– festoneado: el que presenta el intradós decorado con ondulaciones convexas o festones.
– formero: el paralelo al eje longitudinal de la nave, y que la separa de otra.
– lobulado: el formado por lóbulos yuxtapuestos.
– mixtilíneo: formado por líneas mixtas.
– peraltado: aquel cuya flecha es mayor que la semiluz. V. realzado.
– perpiaño: el arco dispuesto transversalmente al eje de la nave, que ciñe la bóveda.
– por tranquil: arco *rampante.
– rampante: el que tiene los arranques a distinta altura.
– realzado: el *peraltado de peralte rectilíneo.
– rebajado: el de flecha inferior a la semiluz.
– toral: cada uno de los cuatro arcos que sostiene la elevación sobre el crucero.
– triunfal: el que en las iglesias da acceso al presbiterio desde la nave. El arco de triunfo romano, en el cual encuentra su origen, es un monumento de carácter conmemorativo destinado a que bajo él pasase con sus tropas y botín el *imperator* a quien el Senado había concedido el *triunfo. Su estructura era muy sencilla, constando fundamentalmente de uno o tres arcos sosteniendo un *entablamento.
– tudor: arco de cuatro centros interiores cuyas ramas rematan en ángulo; propio del estilo inglés de este nombre.
– túmido: arco de *herradura apuntado.

arco iris. En *Heráldica, *figura curvilínea, que adopta diversas disposiciones y tamaños, pero que ordinariamente lleva cuatro esmaltes: oro, gules, sinople y plata.

arcón. Arca grande.
– V. *cassone.*

arcosolio (del lat. *arcosolium* = arco sepulcral). Arco que cubría el sepulcro de un mártir. El sepulcro se colocaba en el **loculus.*

arcuación. Curvatura del *arco.
– *Ornamentación en forma de arco.

ardanio (de ἀρδάνιον, ἀρδάλιον = jarro de agua). Vaso de arcilla conteniendo agua para purificarse y que se colocaba a la entrada de la casa cuando había en ella un difunto.

arena. Conjunto de partículas diminutas, procedentes de la desagregación de las rocas por erosión acuática o eólica, que se emplea como componente básico en mezclas para cementar.

– En la actualidad designa el redondel de una plaza de toros y el recinto interior o *palestra de edificios destinados a juegos públicos, preferentemente combates, tales como anfiteatros, circos, etc., en la Antigüedad.

arengario (del lat. *arengarius).* Tribuna, balcón o podio desde donde los oradores se dirigían al pueblo. Es un término latino medieval.

areosistilo (de ἀραίωσις = rarefacción y στῦλος = columna). Sistema en el que las columnas dobles se hallan separadas un *módulo entre sí y son siete los que separan a cada pareja de la contigua.

areostilo (de ἀραιόστυλος = de columnas ralas). *Intercolumnio tan amplio que exige el empleo de *arquitrabe de madera.

– Edificio con intercolumnio de anchura mayor a la suma de seis módulos.

aretina. *Cerámica romana, originariamente producida en Arezzo *(Arretium).* Su pasta es muy fina, brillante y de color rojo coral.

– Una de sus variedades es la **terra sigillata.*

argamasa (Incierto y lat. *massa).* *Mortero de *cal, o sea, mezcla de cal, *arena y agua, de consistencia plástica.

aríbalo (de ἀρύβαλλος = vaso tripudo). Vaso globular o en forma de pera, usado en Grecia para guardar perfumes. Es un tipo originario de Corinto, de cuello largo y estrecho, con el borde ancho, de manera que pueda usarse a modo de tampón. ⚮ 14.

ariete. Máquina de guerra usada para demoler mediante repetidas y violentas percusiones. Originariamente se adornó en su extremo con una cabeza trabajada en forma de testuz de carnero (en latín, *aries).*

arimez. Dícese que está hecha en arimez la parte de un edificio que sobresale de su conjunto.

arista. Línea de intersección de dos planos que forman ángulo diedro.

– Línea curva formada por la intersección de dos *bóvedas.

– V. cuenca y bóveda de–. ⚮ 11, 43.

arister (ἀρυστήρ). Vaso con que se sirve el vino. También servía como medida, al modo del cuartillo.

aristón (de *arista*). *Arco de una *bóveda de *crucería, especialmente si es diagonal.

armado. En *Heráldica, el animal cuyas uñas o garras llevan esmalte distinto que el del cuerpo («águila armada de gules»). También, dícese del guerrero representado con armadura, de un brazo con brazal metálico, etc.

armadura. Serie de piezas, generalmente metálicas, adaptadas a la anatomía del combatiente, que constituían el conjunto de sus armas defensivas y se llevaba a modo de vestido.

– Conjunto de piezas de madera, hierro, etc., que forman el esqueleto de una cubierta, pared, navío, etc.

– Especialmente referida a la armadura de madera, que es el sistema utilizado para la cubrición de un edificio, y que puede adoptar fundamentalmente las siguientes variantes:

– de parhilera o mojinetes: aquella armadura a dos aguas, de perfil triangular, que está formada por una serie de parejas de *vigas*, llamadas *pares* o *alfardas*, dispuestas oblicuamente. Las cabezas de los *pares* apoyan en una *viga* superior, horizontal y longitudinal, llamada *hilera*, que forma el vértice de la cubierta, necesariamente a dos aguas. A los paños inclinados de la armadura soportados por los pares, se les denomina *faldones, tabicas* o *estribado*. En la parte inferior los *pares* apoyan sobre los *estribos*, o maderos dispuestos horizontalmente encima del muro. Para contrarrestar el excesivo *empuje* hacia los lados, se colocan a menudo unas vigas transversales, generalmente más espaciadas que los pares, y con frecuencia pareadas, que van de *estribo* a estribo formando la base del triángulo, y que se denominan *tirantes*. Debajo de los tirantes, y para reforzar la armadura, pueden ir unos apeos, denominados *canes* o *asnadas*.

– de par y nudillo: cuando las armaduras de *parhilera, para buscar un mayor refuerzo y evitar el *pandeo de los *pares, colocan entre cada dos de ellos, y generalmente a dos tercios de su altura, una viga horizontal, llamada *nudillo, se forma la armadura de par y nudillo. La sucesión de los nudillos con su tablazón intermedia da lugar a una superficie plana, el *almizate o *harneruelo, que transforma el perfil triangular de la armadura de parhilera en otro trapecial, propio de las armaduras de par y nudillo. Esta armadura, al igual que la de parhilera, apoya sus frentes o lados menores en los muros de obra. ⇒ 7.

– de limas o de artesa: esta armadura es de perfil o sección trapecial, en forma de *artesa invertida, pero a diferencia de la de par y

nudillo, con faldones también en los lados menores. La *viga, situada en la esquina o arista de los paños o *faldones contiguos, se llama *lima o *bordón, y en ella apoyan los *pares o *alfardas menores, llamados péndolas. Cuando en cada arista hay una sola lima, la armadura es de *limabordón, y cuando hay pares de limas, dejando una calle intermedia, es de limas moamares. Las armaduras de limas pueden ser de cuatro paños, con el almizate cuadrangular o rectangular, de seis, de ocho, etc., resultando los almizates hexagonales, octogonales, ochavados, etc. El paso de la base cuadrada o rectangular al octógono o al ochavo para voltear estancias con armaduras de limas se realiza por medio de *cuadrantes, que son unos tableros horizontales de forma triangular.
– V. nudillo, péndola, pendolón, jabalcón, lima, tablazón, cabrio, contrapar y caballete.

Armería. Arte del *blasón.

armilausa (*armilausa*, voz germana = ropa militar). Vestido militar sin mangas, abierto por delante.

armilla. Brazalete metálico.
– En el *arco, la *moldura o pequeña cornisa que a veces existe sobre el trasdós para resaltar su curvatura. ⚭ 39.
– Prenda interior de abrigo, que se llevaba sobre la camisa y bajo el jubón.

armillae, armillas. V. orden.

armillum, armilo. Vaso con un asa para guardar vino. Era de uso cultual y se asemejaba a una pequeña tinaja.

armiño. Nombre de la piel de este animal, que se caracteriza por su color blanco inmaculado.
– Uno de los *forros de la *Heráldica, mostrando en campo de plata colas de armiño de *sable. V. escudo. ⚭ 28.

armonía. Conveniente proporción y correspondencia de unas cosas con otras, integrando un todo conjunto.

armoriado. Dícese del atavío o ropaje que muestra las armas heráldicas.

armorial. *Libro de armas.

arpía. Monstruo mitológico, mezcla de un busto de mujer y un cuerpo de ave rapaz.

arponada. Dícese, en *Heráldica, de la pieza cuyos extremos tienen forma de arpón.

Arqueología. Su definición clásica es la de una ciencia, auxiliar de la Historia, que estudia los monumentos no literarios de la Antigüedad. En realidad, incluso los monumentos literarios pueden ser objeto de estudio arqueológico, si son considerados en su aspecto material. Contra lo que se suele suponer, la arqueología no está adscrita a época alguna; así, existen una arqueología prehistórica, otra clásica, otra medieval, etc., cada una de las cuales ha desarrollado sus técnicas peculiares. También existen arqueologías especializadas como la industrial, la urbana, etc., que no se adscriben a época concreta.

arquería. *Hilera de *arcos.

arqueta. Cofrecillo, generalmente ornamentado.

arquetipo. *Modelo perfecto.

arquillo. V. banda.

arquimesa. Mueble compuesto de una mesa y un arca sobre ella.

Arquitectura. Arte y técnica que aplica sus principios al diseño, emplazamiento y construcción de edificios.

arquitecturas. Elementos arquitectónicos representados pictórica o escultóricamente.

arquitrabado (de *arquitrabe).* Dícese del sistema arquitectónico que utiliza elementos de cierre horizontales, desconociendo el *arco y la *bóveda.

– V. adintelado, dintel y arco adintelado

arquitrabe. Parte baja del *entablamento, que apoya directamente sobre la *columna. ∞ 37-40 (37-40.)

– V. arquitrabado.

arquivolta. Cara frontal de un *arco, *rosca, cuando está decorada.

– En plural, conjunto de arcos abocinados que forman una portada. ∞ 42.

arrabá. *Alfiz. ∞ 6.

arracada. Pendiente femenino, grande y complejo, que adopta variadas formas y cuyo posible origen es oriental. Lleva adornos colgantes.

arranque. *Plano de donde nace un *arco o una *bóveda.

arrayán. También llamado mirto, arbusto que se representa en forma de setos, como en el Patio de los Arrayanes, en la Alhambra de Granada.

arrepentimiento. Corrección introducida por el artista en su propia obra y que se hace visible con el tiempo. Aplícase sobre todo a la *pintura.

arrestado. En *Heráldica, dícese del animal inmóvil y de perfil con las patas igualadas dos a dos.

arrimadero. *Zócalo de azulejos.

arrocabe. *Estribo.

Art Nouveau. **Modern Style.*

Arte por el Arte. Teoría estética según la cual la obra artística posee un valor intrínseco, independiente de su alcance ideológico, social, religioso, etc. Se difundió con fuerza a fines del siglo XIX principalmente en Francia, Italia e Inglaterra.

Artes decorativas. Las *Artes industriales, y la *Pintura, *Escultura, etc., en cuanto que buscan un efecto ornamental y decorativo y no la creación de obras con valor independiente.

Artes industriales. V. industriales, Artes–.

Artes liberales. Formaban dos grupos en las escuelas medievales: el *trivium* (gramática, retórica y dialéctica) y el *quadrivium* (aritmética, geometría, astronomía y música).
artesa. *Armadura.
artesón (de *artesa).* *Casetón.
artesonado (de *artesón).* Techo de madera al descubierto, cuando su conjunto ofrece la forma de artesa invertida. El tablero horizontal del centro es el *almizate o *harneruelo. Los inclinados van sostenidos por los *pares o *alfardas y cargan sobre los *arrocabes o cornisas ricamente labradas (llamadas también *almarvate o *estribado).
– En sentido estricto, los artesonados son aquellas *techumbres, *bóvedas, o sistemas de cubierta, formados con *artesones o *casetones.
– Decorado con artesones o casetones.
– Impropiamente se ha utilizado para referirse a *armaduras de limas o *de artesa (*armadura).
Artes y oficios. **Arts & Crafts.*
artillada. Lo es la figura heráldica con cañones. Ha de especificarse su número.
Arts and Crafts *(Artes y productos).* Movimiento del siglo XIX, de origen inglés, tendente a renovar artísticamente la producción de objetos de uso ordinario. Influyó notablemente en el **Modern Style.* Es el conocido movimiento de *Artes y oficios.*
as. Unidad monetal romana acuñada en bronce que valía doce *onzas. Sus principales variedades fueron: el as *rude* o *infectum,* simple lingote sin marca que valía lo que su peso, en tiempo de la Monarquía legendaria. El as *signatum,* con una marca oficial; también era un lingote que llevaba como marcas un buey, una ternera, un cerdo, etc. Y el as *grave* o as libral, primera moneda romana en el sentido actual de la palabra, con un peso original de 327, 45 grs. (una *libra). Sus signos eran una cabeza de Jano bifronte o una de Roma, y una proa de nave en el reverso con una barra vertical indicando su valor. Las sucesivas devaluaciones impuestas por las guerras que los romanos sostuvieron durante la República obligaron a reducir su peso en metal. Así se crearon sucesivamente el as triental (que valía cuatro onzas o la tercera parte de la libra), el uncial (de una onza) y el semuncial que apareció en el 89 a. de C. y pesaba la 24.ª parte de una libra (media onza).
– V. los nombres de sus múltiplos y divisores.
asaroto (de ἀσάρωτος = sin barrer). Mosaico pavimental representando los restos de un festín esparcidos por el suelo.

ascos, ascó (de *ἀσκός* = piel de animal y, por extensión, odre hecho con ella). Vaso griego, de perfil curvo, de forma inspirada en los odres de cuero, con la parte superior frecuentemente cóncava, en uno de cuyos extremos se situaba la boca de cuello corto, y en el otro el arranque del asa: dicha asa iba a terminar sobre el cuello. ☞ 14.
asnado. *Can.
– V. armadura.
aspa. V. cruz y escudo.
aspergilo, aspergillum. Especie de hisopo ritual romano.
aspillera. *Vano con fuerte *derrame al interior que poseen los muros para permitir la defensa protegiendo al defensor. *Saetera.
asta. *Tizón.
– Anchura de una pared igual a la de un ladrillo colocado a tizón.
– *Mástil de una bandera.
astil (del lat. *hastile)*. Mango alargado, a veces colocado sobre un *pie.
ástilo (de *ἀ* = sin y *στῦλος* = columna). Sin *columnas.
astrágalo. *Decoración en forma de cuentas, imitando el aspecto de los huesecillos del tarso posterior de los óvidos. Suele ir decorada de esta manera la última de las *molduras en que acaba el *fuste en los *órdenes *dórico, *romano o *jónico (no en el dórico griego). Es, sobre todo, característico del jónico, y habitualmente va debajo del *equino decorado con *ovas. Forma parte del fuste, y no del *capitel como erróneamente se dice muchas veces. También incorrectamente se llama astrágalo a cualquier moldura o decoración inmediatamente inferior a un capitel, incluso en el caso del dórico griego, que no tiene astrágalo. ☞ 37-40.
– También se denomina astrágalo, fuera de los órdenes clásicos, a la moldura, cualquiera que sea su forma, que separa el fuste del capitel. Los romanos alteraron muchas veces su forma, llegando a usarlo repetidamente del siguiente modo: un *caveto, un *listel y un *toro, forma que perduró en la Edad Media. Ello creó la confusión por la que se llama astrágalo a cualquier moldura, incluso en el dórico, situada en la parte alta del fuste. A partir del siglo XII, el astrágalo formó parte del capitel. Su forma clásica presenta alternadamente semiesferas y discos de canto, pero hoy se llama astrágalo impropiamente a cualquier moldura en medio bocel. ☞ 7.
asunción, armas de–. Las adoptadas a causa de una hazaña gloriosa, en *Heráldica.
asunto. *Motivo escogido por un artista para interpretarlo en su obra.
ataifor. Plato hondo.

atala, atalla (*atalla* = vaso). Vaso de barro usado en los sacrificios.
atalaya. *Torre de vigilancia.
atalayera. *Garitón.
atarazana. Arsenal de navíos.
ataujerada. Aquella *armadura de madera, en la que la *ornamentación de *lazos oculta la estructura, porque se coloca por el *intradós.
ataurique. Decoración vegetal, inspirada en el *acanto clásico, *estilizada y muy utilizada en el arte califal cordobés. → 7.
ático. Relativo al Ática y, por extensión, a Atenas y los atenienses. → 37, 40.
– Construcción sobre la *cornisa para disimular el arranque de las vertientes del tejado.
– Último piso de un edificio, generalmente de menor altura que los demás.
– Parte superior de la *calle central de un *retablo cuando sobresale del último *piso. Suele representar un *calvario. → 42.
aticurgo (de *ἀττικυργής* = obra del Ática). Leve inclinación de las *jambas que hace que la puerta sea algo más estrecha por arriba.
– *Basa ática.
atifle. *Trébedes o *truedes.
atlante. *Escultura varonil que hace papel de *columna. *Telamón.
atramentario. Tintero usado en la Antigüedad clásica.
atribución. Término usado por la crítica y la Historia del Arte para asignar a un artista una obra de autor desconocido. Las atribuciones pueden basarse en el análisis formal, o ir confirmadas documentalmente.
atributos. Accesorios que acompañan característicamente a una figura, a través de los cuales se la puede identificar.
atril. Mueble destinado a soportar libros durante la lectura.
atrio. Recinto cerrado, y generalmente *porticado, que precede a la entrada de un edificio. → 10.
– V. *atrium*.
atrium. Pieza central de la casa romana, sala de entrada. En la casa romana primitiva, estaba cubierto, salvo en el centro del tejado donde se abría un hueco rectangular, llamado *compluvio. Por la abertura entraba el agua de lluvia, que caía al *impluvio, donde se recogía en un pozo o *cisterna. En esta sala transcurría la vida de la casa. Allí estaba el hogar doméstico *(lar)* y la mesa familiar sobre la que se ofrecían sacrificios a las divinidades protectoras. El atrio fue más tarde ampliado y dividido a su alrededor en pequeñas habitaciones que daban al mismo. Al fondo, en los dos rincones del atrio, que se dejaban libres y se llamaban alas *(alae)*, se instalaban los archivos familiares y las imágenes del culto. Más tarde, entre las dos *alae,* se agregó el *tablino. Vitruvio divide los atrios en co-

rintio (el más sencillo), tetrástilo (con el techo asentado sobre cuatro columnas), toscano o toscánico y displuviado (según las aguas viertan al interior o al exterior del atrio) y testudinado (cubierto y sin compluvio).

auditorio, auditorium. Conjunto de asientos del *teatro clásico.

– Sala de lectura pública, en la antigua Roma.

– Sala para audiciones musicales, normalmente de grandes dimensiones.

aulé (de *αὐλή* = lugar al aire libre, de donde aula). Patio de la casa griega, equivalente al **atrium* romano. En él se hallaba el altar de Zeus Herquio, protector de la familia.

– También se indica con este nombre a la casa misma.

áuleo, auleum. Especie de telón abatible del *teatro griego y romano que desempeñaba un papel semejante al actual, al comienzo y al final de la representación.

aumento. En *Heráldica, *carga que se añade a las *armas por concesión del soberano y que suele consistir en las armas de éste o en una parte significativa de ellas. A menudo va en el *jefe o en *escusón o forman un *cuartel.

áureo. De oro.

– *Moneda romana de oro, que valía 25 *denarios.

aureola. V. nimbo.

auriñaciense (de Aurignac, Francia). Periodo inicial del Paleolítico Superior. V. Paleolítico.

automatistas. Grupo radical de surrealistas canadienses encabezados por Paul-Émile Borduas, y que en 1948 publicaron un manifiesto atacando el arte y otros aspectos de la vida canadiense.

autorretrato. Retrato que el artista hace de sí mismo. En pintura es característica la postura del rostro de tres cuartos con la mirada oblicua propio todo ello de quien se mira en dos espejos contrapuestos. Con frecuencia el artista se incluye a sí mismo entre los personajes de sus cuadros.

Avella (de Abella). Vasos de Avella (Campania). En general son de pequeñas dimensiones, en barro claro con engobe rosa o rojo y con añadidos de blanco y amarillo.

aventurina. Vidrio de color acanelado que brilla como si contuviese polvo de oro; típico de Murano, donde se inventó *per avventura*, por azar.

axonométrica (de *ἄξων* = eje y *μέτρον* = medida). V. isométrica.

azabache. Substancia fósil, variedad del lignito, que se presenta en masa compacta, negra, brillante, de fractura concoidea. Se trabaja con la lima y el torno, siendo muy frágil. Se le atribuyen propiedades contra el mal de ojo. En la Península se halla en Aragón, Asturias y Portugal. La industria azabachera se inició a fines del s. XIII o comienzos del s. XIV. Las obras más frecuentes sobre este material: Santiagos peregrinos y *matamoros, *veneras o conchas de peregrino, *portapaces, higas (manos de azabache), etc.

aziliense. Periodo del Mesolítico que toma su nombre de la cueva de Mas d'Azil, en el Alto Garona francés.

azorante. En *Heráldica se dice de la rapaz que inicia el vuelo mirando hacia arriba y con las alas desplegadas y bajas. (*Vuelo).

azul. V. pigmento.

azulejo. Baldosa o pieza vidriada para revestir superficies.

azur. V. escudo. ⟶ 28.

B

bab. En árabe, puerta.
babera. V. yelmo.
bacante. *Ménade.
Baccarat. Tipo de cristal muy fino y apreciado producido desde fines del s. XVIII en esta ciudad lorenesa (usualmente se pronuncia «bacarrá»).
báculo. Bastón, rematado en voluta, *atributo de obispos y abades.
baída. *Vaída.
bajada. Dícese de la pieza heráldica situada en el escudo más abajo de lo usual. Se opone a *alzada.
bajo relieve, bajorrelieve. *Relieve que sobresale del fondo menos de la mitad del *bulto.
– En el habla vulgar, relieve.
balandrán. Capa de lluvia, cuyo nombre procede del Sur de Francia.
balaustrada. Serie de *balaustres formando *barandilla.
– Barandilla.
balaustre. Columnita de perfil compuesto por *molduras cuadradas y curvas, ensanchamientos y estrechamientos sucesivos, que se emplea para ornamentar barandillas, etc.
– *Columna abalaustrada. ☞ 18.
balcón. Plataforma volada, exterior al plano de *fachada, guarnecida con barandilla o *balaustrada, que sirve como mirador.
baldaquino. *Dosel sobre *pies derechos que cubre una tumba o altar. El tipo más común descansa sobre cuatro columnas.
– *Ciborio.
baldón. Candelero.
baldosa. *Ladrillo poco grueso o *azulejo que cubre el suelo o la pared; generalmente las baldosas suelen tener la superficie pulida. Adoptan variadas formas y pueden estar hechas no sólo de

cerámica o loza sino también de mármol, piedra, etc.

bálista, ballista. Máquina romana que lanzaba proyectiles a distancia.

- V. catapulta.

bálneo, balneum. Establecimiento público de baños, en la antigua Roma. Los más antiguos constaban siempre de un hipocausto *(hypocaustum)* o subterráneo con aire calentado mediante fuego, que se hacía circular entre los huecos de las paredes. Las piscinas (*piscinae)* eran su elemento principal, así como el lacónico *(laconicum)* o baño de vapor. La habitación o sala donde se tomaba el baño de agua caliente era el caldario *(caldarium)* o *cella caldaria*; la del baño frío, frigidario *(frigidarium)* o *cella frigidaria;* en una tercera (tepidario; *tepidarium, cella tepidaria,* de *tepidus*, tibio) se mantenía una temperatura ambiente templada, aunque no solía incluir piscina. Otras instalaciones servían de vestuario (apoditerio, *apodytherium*), de sala de masajes y unciones *(unctorium)*, etc. El horno en que se caldeaba el agua era llamado *fornax* o *hypocausis*. Las salas se encontraban, pues, construidas sobre hueco *(suspensurae, balnea pensilia)*. Para que las paredes quedasen huecas y el aire caliente pudiese circular entre ellas, se creaba un espacio vacío mediante *tegulae mammatae*, tejas o ladrillos con pezones, pequeños salientes que les impedían juntarse al *paramento interior del muro.

La temperatura del tepidario normalmente se conseguía mediante la instalación de un gran brasero *(foculus)*.

El baño de agua caliente se llamaba *calda lavatio,* mientras que el baño de vapor –especialmente en el lacónico– era la *sudatio,* y su sala el sudatorio *(sudatorium)*. En muchas instalaciones la *sudatio* y la *calda lavatio* se hacían en la misma sala, que en su extremo tenía forma *absidial, con un estanque redondo y poco hondo *(labrum)* –en griego, λουτήρ– en donde los usuarios se mojaban unos a otros. La piscina grande donde se verificaba el baño –púelo, πύελος– era el álveo *(alveus)* que podía o no tener escaleras de bajada *(descensio)*. Era *sollum,* si tenía asiento; y *natatio* si era lo suficientemente grande como para poder nadar. El espacio libre para los bañistas que esperaban era la *schola.* Otro nombre del vestuario es *spoliarium.* El destrictorio *(destrictorium)* servía para quitarse el aceite y los ungüentos mediante el *estrígilo. Dichos materiales se guardaban a veces en un almacén contiguo o eleotesio *(elaiothesium* o almacén de aceites, del griego ἔλαιον, aceite).

Este mundo relativamente complicado de los baños públicos fue magníficamente tratado desde el punto de vista artístico.

bálteo, balteus. Cinturón, tahalí.

– Pliegue de la *toga, que asemeja a un ceñidor o cinturón, colocado sobre el pecho.

– *Listel del *capitel jónico, que ciñe la *voluta, por el centro de la cara lateral. ☞ 37.

– En plural, pliegues de la toga.

– En plural, muros de separación entre los asientos del *teatro clásico; en dichos muros se practicaban los accesos o *vomitorios. ☞ 45.

– Faja circular adornada a veces con los signos del Zodíaco que cruza oblicuamente la esfera celeste.

balugas, ballugae. *Borceguíes altos.

bambochada. Pintura de *asunto burlesco, picaresco, etc., puesta de moda por Pedro Van Laer *il Bamboccio,* en el s. XVII (m. 1642).

– Por extensión, cualquier *tema de este género. Sus cultivadores se llamaron *bamboccianti* o *bambochantes.* Los cuadros suelen ser de pequeño formato.

banco. Parte inferior del *retablo, bajo el cuerpo del mismo, generalmente compartimentada en *casamentos. Es voz preferible a *predela. ☞ 42.

– *Hilada de *mampostería.

– *Sotabanco.

banda. *Pieza honorable de la *Heráldica que atraviesa en sentido diagonal, de arriba a abajo y de izquierda a derecha (para el observador) el *escudo. Tiene de ancho un tercio de éste y se opone por su trayectoria a la *barra. V. escudo. ☞ 29, 33.

– Banda lombarda: *Pilastra alargada, ligeramente saliente del muro, que forma serie con otras, generalmente unidas por su parte superior mediante series de arquillos ciegos. (*Lesena). ☞ 43.

bandado. Se dice, en *Heráldica, del escudo cuyo campo se cubre por varias *bandas que alternan esmaltes (metal y color) en número igual. Si el número de bandas es superior a ocho, se llaman cotizas. Se opone a barrado por la dirección de las piezas diagonales. V. escudo. ☞ 33.

bandera. V. escudo.

baño. *Revestimiento superficial de un objeto con una película de *esmalte, *barniz, *laca, oro, etc.

– V. bálneo.

baptisterio. Lugar donde está la pila bautismal.

– Edificio exento, generalmente de planta central, destinado al bautismo y próximo a un templo.

baquetilla. V. moldura.

baquetón. *Moldura redonda, a modo de tallo o *junquillo. ☞ 37-39.

barandel. Elemento corrido que une los *balaustres por arriba o por abajo.

barandilla. Protección y apoyo en la parte exterior de una escalera, *pretil, etc., que suele consistir en una serie de *balaustres o columnitas, pequeños *pilares, etc., que sostienen una superficie horizontal corrida o *pasamanos.

barba. V. escudo y barbas.

barbacana. Pequeña fortaleza adelantada destinada a la defensa del acceso a puentes, ciudades, etc.

– *Galería saliente y continua en lo alto de las torres o murallas de una fortaleza y que permite ver desde lo alto la parte inferior de la construcción.

bárbara. V. moneda.

barbas. Pequeñas virutas metálicas formadas al incidir o grabar una plancha a punta seca. A veces no se quitan, para obtener así una cierta difusión en los contornos y aumentar el efecto de *claroscuro.

barbel. Dícese del *pilar que es más grueso por su primer tercio, partiendo de la *basa.

barboquejo. Cinta que sujeta un *tocado a la cabeza pasando por debajo de la barbilla.

barbotina (del fr. *barbotine, barboter,* onom. de chapotear, borbotar). Pasta cerámica líquida, que puede aplicarse con *pincel o por *molde con objeto de obtener decoraciones en *relieve sobre piezas de *alfarería. Suele conseguirse diluyendo creta en agua, y se emplea también para pegar a la vasija pedazos de tierra todavía húmeda.

bardado (del fr. *bardé).* En *Heráldica, lo es el caballo con gualdrapas.

bargueño. Mueble característico español, de origen musulmán. Tiene forma de cofre prismático rectangular y presenta asas laterales, que lo hacen fácilmente transportable, y tapa abatible en su cara anterior que deja al descubierto los cajones o *gavetas.

De sus múltiples variedades, según la estructura sobre la que apoya, merecen destacarse el de taquillón o frailero, el de pie de puente y el de mesa con *fiadores.

barniz. Líquido resinoso con que se recubre una superficie para abrillantarla o aislarla del medio ambiente. Es transparente, y se compone fundamentalmente de *resinas disueltas en alcohol, trementina u otros vehículos volátiles. Algunos barnices se enrancian con el tiempo, adquiriendo un *tono amarillento.

– barniz blando, grabado al–. V. grabado.

– estannífero: es un barniz obtenido a base de estaño fundido con plomo, a los que se añaden arena y sal, todo bien molido y mezclado con agua. Con el barniz estannífero se cubren, por inmersión o por vertido, las piezas cerámicas, una vez que han recibido la primera cochura. Puestas a cocer por segunda vez se obtiene la calidad de esmalte blanco. La proporción del estaño empleado en el barniz da mayor o menor blancura. Cuando, además del blanco, se quieren obtener otros colores en la pieza cerámica realizada por este procedimiento, una vez aplicada la cubierta de barniz estannífero, en crudo, y antes de la segunda cochura, como se ha dicho, se decora con los correspondientes óxidos metálicos con *fundente, que dan los distintos colores, los cuales se destacarán sobre el fondo blanco de la pieza.

– plumbífero: es un barniz obtenido a base de plomo, con arena y sal, todo bien molido y mezclado con agua. Con el barniz plumbífero se cubren, por inmersión o vertido, las piezas cerámicas cuando están crudas y oreadas, antes de su única cochura. Tras ser cocidas se obtiene un vidriado muy brillante y absolutamente transparente. Por este procedimiento se puede dejar visible el color del barro, o también el del *engobe, e incluso se puede obtener el color que se desee incorporando al barniz plumbífero el óxido metálico correspondiente (así, cobre para el verde, etc.).

barra. Pieza *honorable de la *Heráldica que atraviesa en sentido diagonal (de arriba a abajo y de derecha a izquierda para el observador), el *campo del *escudo. Tiene de ancho un tercio de éste y se opone por su trayectoria a la *banda. V. escudo. ☞ 29.

barrado. Es barrado el *escudo heráldico que muestra *barras alternadas de metal y color, en número par (a menudo, seis) y no superior a ocho. (En tal caso, son más estrechas que la barra plena.) Si hay más de ocho piezas se denominan listas (y listado, el escudo). V. escudo y banda. ☞ 33.

barragán. Manto de lana impermeable.

barras. V. Aragón.

barrenador. Grueso perforador de sílex *(tarière)*.

barriga. *Éntasis.

Barroco (acaso del port. *aljofre baroco* = perla irregular; acaso del florentino *barochio* = engaño). Estilo que se desarrolló durante el siglo XVII y primera mitad del XVIII. Sus características especiales hicieron que fuera menospreciado por la crítica *neoclásica, por lo que la palabra ha pasado a tener un contenido peyorativo que va perdiendo poco a poco. Acaso las dos ideas matrices del Barroco sean la de movimiento, que imprime a todos sus elementos, y –en Ar-

quitectura– la pérdida de papel constructivo de muchos de ellos, en favor de una mayor riqueza ornamental e ilusionista.
– Por extensión, artificioso, complejo.
barroquismo. Abuso de lo ornamental, recargamiento que confunde al espectador.
basa. Parte inferior de la *columna sobre la que reposa el *fuste.
En los *órdenes clásicos, sobresalen los siguientes tipos de basa:
– ática: la formada por dos *toros separados por una *escocia. ☞ 40.
– *jónica: la formada por un toro rematando a dos escocias, separados por *filetes. ☞ 37, 40.
– compuesta: dos toros, astrágalo y dos escocias.
– *Pedestal de *estatua.
– V. orden.
basalto. Piedra muy dura, de *color gris obscuro o negro, de origen volcánico. Existen variedades verdosas. Por ser su grano muy fino y su consistencia muy dura, una vez pulimentada presenta una superficie lisa y agradable. Se puede encontrar en estado natural formando elevadas columnas prismáticas de aspecto típico.
basamento. Parte baja de un edificio, que generalmente presenta un aspecto compacto y macizo.
– Conjunto de *plinto y basa, bajo el *fuste de la *columna.
basileo. V. *basilium*.
basiliano. Tipo de iglesia bizantina, de planta de cruz griega inscrita en un cuadrado, con *prebisterio, *nártex y tres ábsides, llamado así por popularizarse bajo Basilio I (867-886).
basílica. En la Antigüedad clásica, amplio edificio cubierto destinado a diversos fines y fundamentalmente concebido como lugar de reunión y sede de tribunales.
La basílica cristiana, cuyo origen se debate, reúne las siguientes características: *planta longitudinal; número impar de naves, tres o cinco, de las que la central es más ancha y alta, estando, en origen, cubierta a dos *aguas, mientras las laterales lo están a una sola. Esta disposición espacial de las naves se opone al concepto clásico y al oriental. La situación terminal del altar, que no ocupa el centro geométrico, crea un espacio-tensión caracterizado por su proyección hacia adelante, por su introversión que descuida en cierto modo los exteriores y por su pretensión de ligereza, conseguida sobre todo mediante *cubiertas de madera. Tiene, además, la basílica, *ábside y, en ocasiones, *prótesis y *diacónico *(diaconicum)*, estando sus naves separadas por series de *columnas. Va precedida

de *atrio y *nártex, presentando a veces *crucero y *triforio o *matronio *(matroneum)*. ⚭ 9.

– Hoy se llama basilical a la iglesia cristiana que se desarrolla longitudinalmente, en contraposición a las de planta central. ⚭ 10.

– Título honorífico que poseen algunas iglesias de especial significación histórica, martirial, etc., y que concede el Papa, sin tener relación alguna con el tipo arquitectónico. Las basílicas «mayores» sólo pueden estar en la ciudad de Roma.

basilisco. Animal fabuloso que mataba con la mirada. Su cabeza suele representarse como la de un gallo y el resto del cuerpo es el de un felino.

basilium (de *βασίλειον* = lo propio del rey). Nombre griego de la diadema regia y, en especial, de la que es característica de Isis. Su peinado es muy alto, compuesto por dos plumas o alas, entre las que el *basilium* muestra su terminación en loto o disco solar.

basquiña. (s. XVI). Falda muy ancha que se tenía abierta y muy extendida sobre aros.

bastardía. En *Heráldica, condición indicada por la orientación del casco, que mira a su izquierda (derecha del espectador).

basterna. Litera llevada por dos acémilas, una delante y otra detrás.

bastidor. Ensamblaje de carpintería sobre el que se monta y dispone el *lienzo antes de recibir la *pintura, o la *tela antes de ser *bordada.

– Esqueleto en madera o hierro de un *vano, un mueble, etc.

bastillada. Dícese de la pieza heráldica cuyo perfil inferior es almenado.

bastón. V. toro y escudo. ⚭ 33.

– En *Heráldica, pieza mitad de ancha que una *cotiza. Se opone a filete. Si se trata de una figura que representa un bastón o cayado, se denomina «bastón natural».

bastón de mando. Bastón en asta de cérvido, propio del arte *paleolítico, casi siempre *decorado y con una o más perforaciones en un extremo. Recibe este nombre porque durante mucho tiempo se le ha asignado una función mágica o de autoridad, creyéndose que podía haber sido usado a modo de cetro, amuleto, instrumento ritual, etc.

bastón flordelisado. V. flor de lis.

bastón Pery. V. escudo.

batea. Forma que adopta el *retablo con su *polsera o *guardapolvo.

– Cuba donde se efectúan las operaciones de teñido.

batihoja. Laminador de plata y oro.

batik. Voz malaya con que se designa el arte de colorear piezas de algodón según un procedimiento especial javanés que usa de los lavados, la cera líquida y el tinte por inmersión.

batro, bathron (de *βάθρον* = asiento, base). Asiento de piedra.

Bauhaus. (En alemán, *casa de la construcción.)* Escuela fundada por W. Gropius en Weimar, en 1919, y trasladada a Dessau en 1925. Mies van der Rohe fue su continuador en 1928. Su programa era «restablecer la unidad y la armonía entre las distintas actividades del arte, entre todas las disciplinas artesanales y artísticas, para transformarlas en algo completamente concorde en una nueva concepción de la arquitectura». La escuela (a la que pertenecieron Kandinsky, Klee, Schlemer, Feininger y otros) terminó su actividad en 1933, con la llegada del nacionalsocialismo alemán.

bauquides, baukides (de *βαυκίδες* = calzado femenino). Calzado femenino muy elegante y adornado, de color azafrán.

báxea *(baxea* = sandalia). Especie de sandalia de origen egipcio confeccionada con hojas, *papiro, cortezas de árbol, etc.

bayt al-mal. En árabe, casa del tesoro.

Beato. Se llama de este modo a cualquiera de las numerosas copias manuscritas que existen de los *Comentarios al Apocalipsis* del Beato de Liébana. Durante la Alta Edad Media española, y especialmente en los siglos X y XI, este libro fue *ilustrado en los **scriptoria* con *miniaturas.

belén. Composición con figuras generalmente de bulto redondo que representa la Natividad de Jesús. Son especialmente valiosos los belenes *(presepi, pesebres)* genoveses y napolitanos de los siglos XVII y XVIII. Llámase así porque, evidentemente, intenta reproducir la imagen de Belén.

belvedere. Locución italiana que designa un lugar desde donde puede contemplarse una bella vista. En general, *mirador, terraza elevada.

bema (de *βῆμα* = tribuna). Espacio elevado entre el *ábside y la *nave en las *iglesias bizantinas. El término comenzó designando el lugar elevado u honorífico en un edificio público.

– También designa, en la *basílica, un banco corrido, a lo largo de la curva del ábside mayor.

– Zona absidal.

bernia. Manto grosero de tela de lana, peluda, hecho de esta tela de origen hibernio, es decir, irlandés. A veces era también lujoso.

bes. Moneda equivalente a dos tercios del as (8 onzas o uncias) y que tenía la cifra S.. (una ese y dos puntos) como signo de valor.

besal, bessalis. *Ladrillo cuadrado (22 × 22 cm) para revestimiento, empleado en el Alto Imperio romano.

besantes. *Motivo ornamental a base de discos *resaltados. *Bezantes. → 33.

bessa (de *βῆσσα* = concavidad, vaso hondo). *Vaso alejandrino para beber, semejante al *bombilio y al *alabastron por arriba, aunque su base era más ancha.

bestiario. Conjunto recopilado de fábulas relativas a animales imaginarios, muy comunes en la Edad Media.

– *Gladiador especializado en la lucha contra fieras.

– *Decoración de bestias y monstruos, usada abundantemente en la Edad Media.

betilo (de *βαίτυλος* = meteorito, piedra celeste). Piedra que los cananeos, semitas, etc., creían poseída por la divinidad. A veces, en forma de falo. Otras, un meteorito.

betún. Hidrocarburo natural, asfalto de *color negro, que se ha empleado en construcción y en *pintura. Tiene el inconveniente de que se resquebraja con cierta facilidad y nunca acaba de secar del todo. El abuso que algunos pintores del s. XIX hicieron de él es la causa del mal estado de conservación de muchos de sus *cuadros.

bezante. En *Heráldica, *mueble redondo y plano. Propiamente, sólo lo es si es de *metal y va en campo de *color. V. bola y roel.

Biblia pauperum (Biblia de los pobres). La Biblia o Evangeliario en que predominaba la imagen (casi siempre xilográfica) sobre el texto, puesto que su destino era la gente iletrada y, por su bajo precio, los pobres. Fueron corrientes en el s. XVI.

biclinio, biclinium. Lecho o *reclinatorio romano para dos personas.

bico, bikos (de *βῖκος* = gran vaso). Gran vasija de barro para guardar líquidos y áridos. Tenía la panza ancha, el cuello corto y asas. Su posible forma ha sido muy discutida pero los expertos se inclinan por la que aquí se describe.

bicromo. De dos *colores.

bicrucífero. *Figura formada por la suma de una *cruz y un *sotuer, en *Heráldica.

bicha. Ser fantástico, con cabeza de *grifo o mujer, con pecho femenino, alas y terminado en un tallo.

bidental (del lat. *bidentalis*). *Templete de la Roma antigua destinado a un sacrificio especial de ovejas de dos años (*bidentes*); se erigía en su solar en el que hubiera caído un rayo, cuyo símbolo era, precisamente, una horquilla bidentada.

bidimensional (de *bi* = dos, y *dimensión*). Referido al modo de representar un cuerpo según su altura y su anchura, y no su profundidad.

Biedermeier, estilo–. Derivado del estilo Imperio, corriente en los países germanos entre 1815 y 1848, especialmente aplicado a la *pintura y a las *artes industriales. Es un arte simplificado y cómodo, que busca la relajación física y espiritual. Es un estilo característico de la burguesía. Su nombre procede del de un personaje literario que llegó a simbolizar al hombre de bien, respetuoso con la autoridad, pacífico y satisfecho.

bifaz (de *bi* = dos y *facies* = cara). Pieza de *sílex que ha sido tallada por las dos caras, de manera que se ha producido a su alrededor una *arista más o menos sinuosa y continua. Por antonomasia, se denomina así a los útiles bifaces en forma almendrada o amigdaloide. ☞ 48. La clasificación tradicional, hoy superada, pero que abunda aún en textos no especializados, establecía dos tipos principales:

– *abbevillense: el que se ha conseguido con una simple talla periférica a base de ser percutido con un elemento lítico.

– *acheulense: el que, tras el primer tallado, ha sido retallado, normalmente con *percutor de madera. Es de aristas rectas, su perfil es almendrado y es de menor peso y grosor que el de tipo abbevillense. ☞ 48.

– Incorrectamente se les denomina hachas de mano. El término francés más común es *coup de poing*. Los hay en forma lanceolada, triangular, cordiforme, etc.

bífida. V. cruz. ☞ 23.

bífora (del lat. *biforis* = dos aberturas). Vano geminado, combinado en una sola ventana bajo arco de medio punto. Se dice especialmente de las romanas antiguas, florentinas y renacentistas en general. Puede, asimismo, aplicarse a las puertas.

biga. Carro tirado por dos caballos, en Roma.

bigado (denario–), bigatu. *Denario romano en una de cuyas caras hay una *biga representada, normalmente, con la Victoria o Diana como aurigas.

bigeminado (del lat. *bi-geminare* = duplicar dos veces). Dícese del vano dividido en cuatro partes iguales separadas dos a dos por una división central mayor que las laterales.

billas. *Billetes.

billetas, billetes. Decoración que presenta el aspecto de un ajedrezado, de *escaques rectangulares, en relieve, sobre un fondo hueco. ☞ 33.

billete. En *Heráldica, *cartela.

billote. Rectángulo recuadrado bajo las *ménsulas que soportan las *columnas de un *retablo.

binio (del *binio* = el número dos). Moneda romana de oro que valía 2 *áureos o 50 denarios, acuñada en la segunda mitad del siglo III, tras el reinado de Valeriano.

bipedal (del lat. *bipedale* = de dos pies). Ladrillo que medía dos pies romanos (60 × 60 cm).

bipenne (del lat. *bipennis* = con dos alas). Que tiene dos alas u hojas. Se aplica generalmente al hacha de doble filo, como el **labrys* cretense, el hacha etrusca, etc. ⚭ 17.

birla. *Remate torneado.

birreme. Navío con dos pisos de remeros.

birreta. Tocado clerical, normalmente cuadrado, rematado por una borla cuyo *color varía según la dignidad canónica de quien lo porta. Dicho color es rojo para los cardenales, morado para los obispos y negro en los restantes casos.

birrete. *Birreta.

– Gorro académico y judicial en forma prismática, con una borla de color de la que, en ocasiones, se desprenden flecos que cubren sus flancos y que indican, según su color, la dedicación o categoría profesionales de quien lo lleva.

birro, birrus (*birrus,* de or. galo = abrigo). Abrigo con capucha de tejido peludo y pesado.

biscuit. Galicismo por *bizcocho.

bisel. V. talla.

– Corte oblicuo en el borde o extremo de una lámina o plancha, de una herramienta, etc.

biselio, bisedio, bisellium. Mueble romano semejante al *subselio, sólo que es más ancho por estar concebido para dos personas. A menudo tienen uso honorífico. Normalmente el asiento no es mullido, como en la *sella y el subselio. Simplemente, se colocan cojines sobre el asiento.

bisomo, bisomum (de *σῶμα* = cuerpo). Sarcófago que contiene dos cuerpos. Urna que guarda las cenizas de dos personas.

bizantino. Relacionado con el arte del Imperio de Oriente entre el s. V d. de C. y mitad del s. XV, cuya influencia penetró en los países eslavos y continuó después de 1453 en la iglesia ortodoxa griega hasta el s. XVI.

bizantinismo. En arte, posesión de características bizantinas.

bizcocho. *Cerámica de *tono blanco *mate cuya *pasta no ha sido *esmaltada o *pintada, que suele cocerse dos veces.

– Doble cocción dada a ciertas piezas cerámicas y al *yeso.

– Estado de la pieza tras su primera cocción.

– *Juaguete.

black-top (cima o remate negro, en inglés). Se denomina así a un tipo de vaso egipcio de terracota, predinástico, decorado en su embocadura con una ancha faja negra.

blanco. V. pigmento.

blanco de España. *Albayalde.

blanco de zinc. V. imprimación.

blando. Que se raya fácilmente. V. dureza.

– Poco o nada vigoroso.

blanqueo. Acción de blanquear un muro que puede hacerse con *lechada o al tendido, es decir: extendiendo el yeso sobre la pared con la llana. El blanqueo tendido puede ser a media hoja o a hoja entera, según sea fina o gruesa la capa aplicada.

– El blanqueo con lechada de *cal cuando se da no como revestimiento sino como *enlucido, es el *jalbegue.

Blaquerniótisa, Blajerniótissa (del gr. biz. = *βλαχερνιώτισσα*). Tipo de Virgen bizantina como el famoso de la iglesia de Blaquerna o Blajerna en Constantinopla: de cuerpo entero y con las manos alzadas en actitud orante. Una derivación de ésta es el tipo de Virgen **Platytera*, que lleva en el pecho un medallón con la efigie del Niño Jesús.

blasón. Arte de explicar y describir un *escudo de armas. V. escudo.

Blaue Reiter, Der–. (En al.: Caballero Azul). Título de un cuadro de Kandinsky que sirvió de nombre en 1911 a un grupo de pintores constituido en Múnich entre los que estaban Kandinsky, Marc y Macke, uniéndose luego a ellos Klee. Sin programa ni principios enunciados, estos artistas, junto con otros franceses y rusos, afirmaron con su obra la necesidad de luchar contra el academicismo y la de mostrar la *visión interior* de cada artista.

boca. Parte de una vasija por donde se extrae o introduce su contenido.

– Acceso, entrada o salida.

– de *linterna: zona de contacto de ésta con la *cúpula.

– V. borde.

boca olmeca. Disposición característica de la boca en las figuras olmecas, con el labio superior grueso y alzado y el inferior fino, las comisuras descendentes y, en ocasiones, colmillos felinos. A veces aparece en figuras con una muesca craneana.

bocel. *Toro. (La denominación de *bocel* se aplica preferentemente en el Gótico.) ⊶ 35.

bocelón. Gran *bocel.

boceto. Fase previa de realización o *diseño de una obra artística.

bocina. Instrumento militar romano, semejante a una trompa, de aspecto circular. Era tocado por el *buccinator.*

– En bocina: *abocinado.

bodegón. *Naturaleza muerta.

bol arménico (del lat. *bolus*, *βῶλος* = terrón, tierra). Arcilla rojiza y untuosa que se aplicaba sobre la *imprimación de yeso a fin de conseguir la buena adherencia de los panes de oro y para darles un tono más cálido. Se usa hoy para dorar marcos y otros objetos de madera sobre todo.

bola. En *Heráldica, *mueble esférico (el *bezante y el *roel son planos, sin sombreado).

bombilio (de βομβύλιος = abejorro, insecto zumbador; por extensión, vaso que gorgotea al verter líquido). Vaso de cuello muy estrecho que servía como ungüentario. Se parece al *alabastron, con cuerpo ovoidal que se ensancha por la base, labio discoidal y pequeños cogedores.

bomo, bomos (de βωμός = altar). Altar de dimensiones y forma variables, dedicado a los dioses celestes. V. escara.

bonete. Gorra de diversas hechuras. El tipo más moderno tenía cuatro picos y fue usado por clérigos y en la vida académica o del foro.

bonsái. Arte japonés del cultivo de árboles que, por naturaleza o artificio, no tienen un desarrollo normal y son de muy reducidas dimensiones. El árbol en miniatura o bonsái es cuidado para que adopte formas armoniosas acordes con su propia naturaleza.

boquilla. *Intradós de *bóveda.

bordada. En *Heráldica, la *pieza cuyos lados largos los forman filetes de otro *esmalte.

bordado. Toda labor de relieve ejecutada con aguja sobre un fondo penetrable (tejido, cuero, papel, etc.).

– *al pasado: se realiza a puntadas cuyo conjunto forma el *motivo.

– *de aplicación o *de trepas: el motivo se logra por la unión de piezas de diversos tejidos, ensambladas, contornadas y sombreadas a pespunte, cadeneta, cordón u otro punto. Es típico de las labores renacentistas al modo *romano*.

– de sobrepuesto: realizado al pasado sobre lienzo y luego montado sobre tela rica. Es característico de todo el bordado de imaginería.

– de hilos contados: se realiza al pasado sobre cañamazo, lienzo o tafetán, contando hilos según puntadas. Es de base popular.

– libre: el que sin tener en cuenta el fondo actúa al pasado, siguiendo el cartón o dibujo de pauta.

– *hispanomusulmán: se realiza de modo que el soporte queda siempre cubierto por el bordado del motivo y el bordado del fondo. Usa normalmente técnica de *hilos contados.

– de tipo cristiano: su realización se determina en el motivo, quedando generalmente libre el fondo.

– de imaginería: tiene como motivos imágenes. Típico del apogeo gótico.

– al romano: su base son moti-

vos de grutesco y medallones. Es propio del Renacimiento.
- *de tipo chino: V. matizado chinesco.
- de realce: el de mucho relieve.
- V. hilos y puntos.
bordadura. V. escudo.
- *Bordado.
borde. Canto o perfil exterior de una *moneda, *medalla, etc. ↬ 34.
- En *Heráldica, *boca del *escudo, línea que delimita el interior o *campo.
bordeada. Fileteada.
bordón. V. armadura.
bordonada. Dícese de la *pieza heráldica cuyos extremos acaban en círculo, al modo en que lo hace la representación heráldica del bordón de peregrino o *cruz latina con remate superior circular.
bordura. Motivos decorativos, que enmarcan un tapiz.
- *Pieza *honorable que bordea el *campo y cuya anchura es el sexto del *escudo. ↬ 29.
borgoñona. V. cruz–. ↬ 20.
borra. Lana de baja calidad que los escultores mezclan al barro de sus modelos, previos a la obra final, para que al secarse no se agrieten. (El *Torso de un río,* de Miguel Ángel, está hecho de este modo).
borrador. Serie de *apuntes rápidos con los que se traza un primer aspecto de la obra.
borroncilio. *Borrador.
bosquejo. *Esbozo, primera elaboración de una obra, especialmente pictórica.
botacio (del it. *botaccio* = tonel). *Bocel. *Astrágalo.
botarel. *Contrafuerte.
- Arco botarel: *arbotante.
- *Pilar que contrarresta el empuje de una bóveda.
- *Estribo.
botro, bothros (de *βόθρος* = cavidad). Cavidad excavada en la roca o en el suelo donde se vertían las libaciones por los difuntos o la sangre de animales degollados para propiciar a los dioses infernales.
bottega. En Italia, taller donde el artista trabaja rodeado de sus discípulos y ayudantes a los que a menudo aloja y alimenta allí mismo. Es término característicamente aplicado a los talleres renacentistas.
Boulle. Muebles de este nombre son los taraceados, en colores negro, rojo y oro y con adornos de bronce, que fabricaron los Boulle, ebanistas franceses, en los siglos XVII y XVIII.
bóveda. Obra arqueada que cubre espacios comprendidos entre muros o varios *pilares. ↬ 11-13.
- en abanico: aquella cuyos nervios van dispuestos en forma de varillas de un abanico o de ramas de una palmera.
- anular: bóveda de *cañón montada sobre paredes circulares concéntricas.

– de arcos entrecruzados: la de origen musulmán, formada por cruzamiento de arcos que no pasan por el centro.
– de arista o por arista: la originada por el cruce perpendicular de dos de cañón de la misma flecha.
– avenerada: en forma de concha o venera.
– baída: la esférica cortada por cuatro planos verticales y perpendiculares entre sí.
– calada: trabajada con calados.
– de cañón: la originada por el desplazamiento de un arco de medio punto a lo largo de un eje longitudinal.
– de cañón apuntado: la originada por el desplazamiento de un arco apuntado a lo largo de un eje longitudinal.
– de cascarón: *de horno.
– claustral: *esquifada.
– de crucería: la que refuerza sus aristas con nervios. Se le denomina simple o sencilla cuando presenta sólo los dos nervios diagonales.
– de cuarto de cañón: aquella cuya generatriz es la mitad de un arco de medio punto.
– de cuarto de esfera: de horno.
– encamonada: falsa bóveda formada por materiales de poco peso (madera, cañas, etc.) recubiertos de yeso.
– esquifada: la formada por la intersección de dos bóvedas de cañón sobre un soporte continuo, cuadrado o rectangular. Consta de cuatro paños triangulares esféricos y es de aristas entrantes.
– estrellada: bóveda *de crucería, en la que además de los *nervios diagonales puede haber *espinazos, *ligaduras, *terceletes y *combados.
– falsa: V. cúpula.
– helicoidal: la que cubre una escalera de caracol ascendiendo con ella.
– de horno: la que consta de un cuarto de esfera, y por lo general cubre el espacio del ábside semicircular.
– de lunetos: la de *medio cañón atravesada perpendicularmente por otra de menor flecha. V. luneto.
– de medio cañón: de cañón.
– nervada: de crucería.
– de ojivas: de crucería.
– palmeada: *en abanico.
– de paños: vale lo mismo que decir esquifada, sólo que además de sobre planta cuadrada puede construirse sobre cualquier planta poligonal y en especial sobre la de 8 lados.
– peraltada: aquella cuya generatriz es un arco peraltado.
– de quincha: de barro y cañas.
– rebajada: aquella cuya generatriz es un arco rebajado.
– de San Gil: *helicoidal.
– sexpartita: la de crucería que queda, en cada tramo, dividida en seis *plementos, por llevar,

además de los nervios diagonales, otro transversal, que pasa por la *clave y tiene a cada lado dos arcos formeros.
– tabicada: la formada con los ladrillos colocados de plano, mostrando la cara mayor.
– vaída: V. baída.
bovedilla. Bóveda pequeña destinada a cubrir el espacio entre *vigas contiguas.
bracas, bragas, bracae. Prenda, a modo de calzones o bragas, ceñida por la parte baja y que se llevaba hasta debajo de la rodilla. Fue un vestido adoptado por los soldados romanos copiándolo de los bárbaros. V. anaxírides.
bráctea. Hoja de *oro, *electrón o plata, delgada y trabajada a martillo, que servía en la Antigüedad para revestimiento de muebles, estatuas, objetos, joyas, etc.
bracteado (de *bráctea).* Recubierto por una lámina de metal, generalmente precioso.
bracteato (de *bráctea).* *Moneda en la que aparece una delgada capa de oro o plata *(bráctea),* con *relieve en un lado y *hueco en el otro. V. *moneda incusa.
bragas. *Bracas.
braguetón. *Tercelete.
brahón, brahonera. Rosca o doblez que ceñía la parte superior del brazo en algunos vestidos antiguos.
brazo izquierdo. En *Heráldica, el brazo humano entero que va del flanco siniestro del *escudo al diestro (según el observador, de derecha a izquierda). V. *dextrógiro.
bretesada. En *Heráldica, pieza almenada simétricamente en sus perfiles inferior y superior.
breviario. Libro que contiene el rezo eclesiástico de todo el año.
brial. Túnica *talar de mangas estrechas, prenda de lujo confeccionada con telas muy ricas como *cendal, *ciclatón, etc.
– Faldón llevado por los hombres de armas.
brillo. Cualidad de algunos objetos de reflejar la *luz.
brisado (del fr. *brisé).* Con la parte superior o la punta cortada o trunca, en *Heráldica.
brisura. Elemento de un *escudo heráldico por el que se distinguen las ramas de una familia. En ocasiones siguen un sistema peculiar de dicha familia (p. ej., la adjudicación de un *mueble diferente a cada hijo, etc., que se añade a las armas familiares).
brocado. Rica tela con *bordados en hilo de oro y plata. La labor de brocado se suele realizar sobre terciopelo o seda. Fueron famosos los valencianos, milaneses, venecianos y genoveses.
– Tejido fuerte, todo de seda, con *dibujos de distinto *color que el *fondo.
– Denominación que recibe el hilo de oro o plata, cuando está retorcido.

– de tres *altos: en el que se distinguen el fondo, la labor y un escarchado a manera de rizo en el terciopelo.

brocatel. Tejido similar al brocado, pero en el que se sustituyen el oro o plata por sedas teñidas. Se pueden emplear urdimbres de cáñamo para dar más cuerpo.

– Mármol brocatel: el muy veteado.

brochante. Lo es la *carga situada sobre otra.

broche. Conjunto de dos piezas de metal una de las cuales encaja en la otra. Sirve para prender ropas o prender algo a ellas.

bromiás (de βρομιάς = copa). Vaso semejante al *escifo.

bronce. *Aleación de estaño y cobre.

– Moneda de bronce. V. pequeño bronce.

Bronce. Edad del–. Época prehistórica inmediatamente posterior al *Neolítico y al *Calcolítico o *Eneolítico. Su datación es diversa, según las regiones. En Oriente Próximo y en la India corresponde al tercer milenio a. de C.

bronteo, bronteion (de βροντεῖον = tonante). Máquina teatral clásica para imitar el trueno.

Brücke, Die–. (En al., *El puente*). Grupo de pintores expresionistas alemanes (Kirchner, Schmidt-Rottluff, Heckel, Nolde) surgido en Dresde en 1905. Su obra quería ser un puente hacia el arte del futuro.

bruñir. *Pulimentar un objeto metálico.

– Obtener *brillo por frotación, en la *cerámica.

bucchero nero (del esp. *búcaro*, arcilla olorosa americana). Nombre italiano para designar un tipo de vaso etrusco de formas clásicas, brillante, negro, cuyo proceso de obtención no es bien conocido.

bucleado. En *Heráldica, el animal que lleva una argolla en las narices.

bucráneo (de *bucranium* < βουκράνιον < βοῦς [buey] y κρανίον [cráneo]). Ornamento que reproduce un cráneo de buey, generalmente ornado de *guirnaldas y *cintas. Es propio del arte romano y renacentista. ☞ 38.

Buda. Representación de Sidharta Gautama (Shakymuni), fundador del budismo.

bufete. Mesa de escribir con cajones.

buhardilla. *Ventana practicada en la *vertiente de un *tejado, también llamada *mansarda del nombre del arquitecto francés que la popularizó.

– Desván.

bula. Cabeza de clavo ornamentada con relieves.

bula, bulla. Amuleto en forma de lenteja o esfera de oro que los nobles romanos llevaban al cuello hasta los 17 años. Tenía dos valvas. Primero fue atributo de los lucumones etruscos.

bulbo de percusión. V. cono de percusión. ➾ 48.

buleuterio, bouleuterion. Sala donde se reunía la Bulé (*βουλή*) o Consejo ateniense. Por extensión, sala de consejos en el mundo griego. Generalmente cuadrangular.

bulga. Pequeña bolsa de cuero, a modo de monedero, usada en la Antigüedad.

bulto. El bulto redondo o completo es el que permite contemplar una *escultura desde cualquier punto de vista a su alrededor. El medio bulto es ya un *bajo o *medio relieve.
La escultura de bulto redondo se denomina, asimismo, exenta.

bunraku-za. Teatro clásico japonés de muñecos creado en el periodo Edo (1615-1868) que gozó de gran éxito popular.

burela. *Faja heráldica disminuida que se agrupa en conjuntos de número par de elementos y superior a cuatro. Escudo burelado es el que está dividido en diez zonas dispuestas en faja, alternándose las de *metal y *color. V. trangle.

burelete. *Burulete.

buril. Instrumento de acero punzante, de corte fino y a *bisel empleado para *grabar sobre el metal. ➾ 48.

buril de piedra. Pieza o útil de este material acabado en un ángulo diedro que es su parte activa. Se han llegado a apreciar más de 40 variedades. Según Laplace, pueden reducirse a tres los tipos: sobre rotura, simples o sobre retoque, divididos en nueve clases (con una o más facetas, rectos, desviados, etc.) y en muchas subclases. ➾ 48.

burilada. Trazo de buril.
– Señal en zig-zag, excavada en la pieza de orfebrería, realizada por el ensayador para comprobar su ley. En origen significó la porción de metal extraída de este modo.

burulete. Tocado de seda, de varias vueltas, que se representa sobre el casco, en *Heráldica, y que sujeta la parte superior del *mantelete.

busto. Representación de una figura humana que comprende la cabeza, el cuello, los hombros y el nacimiento de brazos y pecho.

bustrófedon (*βουστροφηδόν*). *Leyenda en bustrófedon es la que se presenta en varias líneas que alternan la lectura en sentido normal con la retrógrada o a la inversa: por ejemplo, una línea escrita de derecha a izquierda y la siguiente de izquierda a derecha y así sucesivamente. Literalmente significa *en el sentido en que ara el buey.*

bustuario (del lat. *bustum* = lugar de incineración). *Gladiador que lucha junto a la tumba donde se guardan las cenizas del difunto. Este tipo de combates vino a sustituir a los sacrificios humanos.

butsuzo. Término genérico que designa las imágenes pintadas o esculpidas que son objeto de culto en el budismo japonés.

byobu. En japonés, biombo. Pantalla plegable y móvil formada por cuatro o seis paneles, a menudo de madera, cubiertos por amplias superficies de papel o seda. Protege del viento, divide o delimita espacios interiores y crea intimidad. De origen coreano, llega a Japón al final del periodo Nara (710-794). Suele estar decorado con pinturas o caligrafías. Los primeros biombos llegaron a España en el siglo XVI, traídos por españoles.

C

caballete. Armazón de madera con tres pies y un apoyo horizontal que es el soporte de un *cuadro durante su ejecución.
– Por extensión, dícese *de caballete* a la *pintura sobre *lienzo, oponiéndola a la pintura *mural.
– Madero que recorre el vértice diedro de un tejado.
cabecera. *Testero de la iglesia o parte en que se halla el *altar principal.
– Adorno que se pone en cabeza de una página.
– Cada uno de los dos extremos del lomo de un libro.
cabeza de clavo. Ornamentación arquitectónica usada especialmente en el románico. Las cabezas de clavo suelen aparecer como *puntas de diamante.
cabio. *Cabrio.
cabírico. Vaso griego, de entre fines del s. V a los del IV a. de C., con decoración de barniz negro sobre fondo amarillo y ornamentación vegetal y caricaturesca referida a los Cabiros, divinidades telúricas cuya iniciación mistérica en Samotracia era famosa en la Antigüedad.
cabriado. Dícese del *escudo cuyo *campo está cubierto de *cabrios o *tenazas, alternando *metal y *color. Chevronado es galicismo.
cabrio. V. contrapar.
– Cheurón, *pieza * honorable del *escudo, resultante de la unión, en el *punto de honor, de las mitades inferiores de la *banda y la *barra. Cheurón y chevrón son galicismos. ⚭ 29, 33.
cabujón. Piedra preciosa, convexa, trabajada no por *talla sino por *pulimento.
cadalso. Galería de madera cubierta, en voladizo en la parte

superior de una torre o muro, a modo de *matacán en madera, para la defensa vertical.

cadena. Conjunto de elementos dispuestos verticalmente en un muro para reforzarlo y trabar mejor su *aparejo. Se emplean sobre todo en las esquinas y se hallan totalmente insertos en el muro. (*Rafa.)

cado, cadus (de *κάδος* = cubo, cuenco). Recipiente de barro, tarro, cuenco o *urna para contener aceite, vino, miel, etc. Era frecuente la forma en ánfora de boca ancha, a menudo con un mango semicircular sin pie y de base redondeada.

cadogán. Peluca corta y con rizos a ambos lados de la cabeza, horizontales y paralelos.

caduceo. Vara alada en torno a la cual se entrelazan dos serpientes y que suele acompañar a Mercurio-Hermes, heraldo de los dioses.

caementicium. V. *opus.* ☞ 36.

caestus, cesto. *Guantelete de bandas de plomo forradas de cuero, usado por los púgiles en la Antigüedad. Adoptó diversas formas, todas aptas para dañar al contrario protegiendo la propia mano.

caída. Partes laterales del *frontal.

cairel. Festón calado y colgante usado en la ornamentación arquitectónica.

cairelado. V. arco. ☞ 2.

caitia. Templo rupestre propio del arte de la India.

caja de escalera. Hueco que en el edificio ocupa la escalera.

cajones. Espacios en que una obra se halla dividida por los distintos *machones.

cal. Óxido de calcio, substancia blanca que en contacto con el agua se hidrata, perdiendo sus propiedades cáusticas y tomando el nombre de muerta o apagada. La cal anhidra es la cal viva. Es la base de casi todos los *morteros. Muy diluida en agua se emplea para blanquear. El blanqueado de cal recibe el nombre de *encalado y *enjalbegado.

– y canto: obra de mampostería.

calado. Con *vanos.

– *Ornamentación a base de agujeros.

calahorra. Torre fuerte (es voz arábiga).

calasiris. Túnica transparente que los egipcios llevan sobre el **shenti*. Se compone de una gran pieza de paño doblada en dos y cosida solamente por los bordes, reservándose dos aberturas anchas para los brazos y un corte para la cabeza. Se ciñe a la cintura con una cinta. Los pliegues paralelos se mantienen sólidamente pues están engomados. A veces, el calasiris se dispone sujeto por un cinturón de manera que forme ante el abdomen un delantal triangular con el vértice en la cintura. ☞ 49.

cálato, kálathos (de κάλαθος = cesto). Especie de sombrero de copa que llevan algunas cariátides, cesto levemente troncocónico.
– Vaso en forma de sombrero de copa.
– Cuerpo del *capitel corintio, inspirado en un cesto cubierto por frondas.

Calatrava. Cruz de–. V. cruz. ☞ 20.

calcedonia. Variedad natural de sílice, fibrosa o rayada, traslúcida, coloreada, muy usada en joyería antigua.

cálceo, calceus. Pequeña bota baja romana, que no sólo cubre el talón, sino todo el pie, y hasta por encima del tobillo. No podían llevarlo los esclavos, aunque sí las mujeres, que los usaban del mismo tipo que los hombres. El *calceus senatorius* o *patricius* era de *color negro, y cubría el tercio inferior de la pierna, aproximadamente. La hendidura que permitía calzarlo, hecha en la caña, estaba protegida por una lengüeta *(lingula)*. Se ataba lazando dos bandas de tejido a la pierna, cada una por separado, y dejando colgar en cada intersección amplias lazadas, que denotaban la categoría del portador. Los senadores de muy vieja alcurnia (patricios) tenían derecho a llevar un adorno metálico en forma de creciente *(lunula)*. El *calceus senatorius* se hizo blanco en el Bajo Imperio. El *calceus mulleus* era de color rojo.
– El *calceus tepandus* era un calzado etrusco con la punta incurvada.

calcídico, calcídica. Corredor perpendicular al eje mayor de un edificio.
– Vestíbulo o *atrio porticado situado en la extremidad de un edificio; a menudo se encontraba adosado a las basílicas romanas.

calcídicos, vasos. Se llama así a un grupo de unos 300 vasos que presentan inscripciones en alfabeto calcídico. Son vasos de figuras negras con los detalles incisos y con retoques en rojo y blanco. Las formas más comunes son las *ánforas, con un anillo entre la panza y la base, la taza, el *oinócoe y las *cráteras Los motivos secundarios son rosas, lotos, palmetas y hiedras. Se fabricaron en lugar desconocido en la segunda mitad del s. VI a. de C.

calco. Cualquier procedimiento para obtener una *copia exacta. La misma copia.
– (de χαλκοῦς = moneda de cobre), Moneda griega de cobre que valía en Atenas 1/8 de *óbolo y 1/48 de *dracma.

calcografía. Arte y técnica del *grabado en cobre.

Calcolítico (de χαλκός y λίθος = cobre y piedra). Nombre que recibe el periodo entre el Neolítico y la Edad del Bronce, caracterizado por el conocimiento del cobre y por ser trabajado este metal como si fuese una piedra.

calcomanía. *Imagen prefabricada y *polícroma que puede *estamparse a voluntad en un objeto para decorarlo. Se usa mucho en la *porcelana.

caldario, caldarium, calidarium. Sala de las termas romanas donde se tomaba el baño caliente. (V. bálneo.) ∞ 47.

calena. Cerámica–. La de los vasos barnizados en negro y con relieves que se fabricaban en Cales de Campania, imitando la forma y el aspecto de los metálicos. Hay tres clases principales: *fieles o *páteras de medallón, páteras umbilicadas y **gutti*.

Las firmas de los fabricantes conocidos datan estos vasos entre el 250 y el 180 a. de C.

calidades. Término con que se designa la consecución, mediante el adecuado tratamiento de la superficie de un *cuadro, de efectos que provoquen en el espectador la sensación de que está contemplando la materia representada (piedra, tierra, etc.).

– Cuando se refiere a otros aspectos, el término va acompañado de adjetivo (luminosas, coloristas, pictóricas, cromáticas, etc.).

calidarium. *Caldario.

caliente. V. color.

califa. Príncipe de los creyentes, supremo jefe religioso del islam.

califal cordobés, arte–. El del califato hispano-musulmán desarrollado en los siglos VIII al X. Sus influencias principales proceden del arte *omeya y del romano-visigodo español, y se ejemplifican en las diversas ampliaciones de la *mezquita de Córdoba.

cáligas, caligae. Sandalias romanas y, en particular, las propias del soldado legionario.

caligrafía. Arte de la escritura bella.

– Por extensión, modo de escribir de una persona.

calipigia (de *καλλίπυγος* = de bellas nalgas) (Venus–). Estatua de Afrodita o Venus desnuda y vista por detrás.

caliptro (*καλυπτήρ*). Teja semicilíndrica para cubrir las juntas de las tejas planas o **keramides*.

cáliz. Vaso sagrado, de metal precioso, utilizado en la misa para la consagración del vino. Según Arfe consta de copa, rosa o sobrecopa, pieza recibecopa, manzana, pieza recibemanzana, gollete y pie o peana. **Kylix*.

cálpido, calpis (de *χάλπις* = vaso para beber). Variedad *ática de la *hidria, típica de la época de *figuras rojas.

Calvario. Escena en la que se representa la muerte de Cristo en la cruz.

– Cruz elevada sobre una plataforma, generalmente con gradas.
– V. cruz. ➾ 20.
calx (de *calx* = cal < χάλιξ, piedrecita). Línea de meta en el *circo, marcada con cal.
calzado. V. escudo. ➾ 30.
calzas. Especie de medias usadas en la Edad Media que cubrían las piernas y los pies.
calzones. Prendas que cubren el abdomen y las piernas, en mayor o menor extensión.
calle. Una de las divisiones verticales del *retablo. ➾ 42.
camafeo. Piedra preciosa, tallada en *relieve, colocada sobre un *fondo con el que forma *contraste. No debe confundirse con el *entalle.
– *Pintura en camafeo (pintura *en camaïeu)*: pintura de un solo color, generalmente siena, en dos o tres tonos. No debe confundirse con la *grisalla.
– *Grabado en camafeo. Es el más simple de los grabados en color; es un grabado en negro estampado sobre una forma en color; en él predomina el trazo negro, y el color interviene como apoyo y soporte. Se utilizan dos tacos o planchas.
cámara oscura. Caja con un pequeño agujero donde hay una lente, a través de la cual pasa la luz que se refleja en un papel o en un cristal esmerilado que hace de fondo de la caja. Con dicho aparato se podía, desde el s. XV, reproducir con fidelidad en pequeño tamaño y en justa perspectiva una vista natural.
camarín. Capilla tras un altar o cerca de él, en la que se exhibe una imagen.
camelote, chamelote. Tejido fuerte e impermeable con pelo de camello o de cabra y mezcla de lana. Aparece a mitad del s. XVIII.
camella (del lat. *camella* = copa, bovedilla; pronúnciese camel.la). En latín, vaso, seguramente para guardar leche, usado ritualmente en Roma.
camino de ronda. Pasillo, resguardado del exterior, que circunda por dentro la parte superior de una fortaleza.
camisa. Prenda de lino o seda que constituyó, tanto en el vestido masculino cuanto en el femenino, la prenda interior principal durante toda la Edad Media.
camón (del celt. lat. *camba* = palanca, barra). Armazón de cañas o listones de la *bóveda encamonada.
– Mirador. *Cancel de vidrio.
campago, campagus. Calzado romano que será después el de los dignatarios bizantinos. Es un zapato bajo, que cubre el talón y los dedos y deja la parte superior del pie al desnudo. La punta y el talón podían estar unidos por correas, aunque no era necesario a juzgar por las representaciones que del mismo conocemos.

campamento romano. *Castra.

campana. A veces llámase así al *capitel corintio.

– de chimenea: pieza en forma de sección de cono o pirámide que se suele colocar sobre el fuego de una chimenea para recoger los humos y como ornato.

campanario. *Torre destinada a sostener las campanas.

campaniense (De Campania, Italia). Se refiere, específicamente, a un tipo de *cerámica de *barniz negro brillante y de *pasta fina, de fractura recta, muy útil para fechar yacimientos pues llega, aproximadamente, hasta la Era cristiana.

campaniforme. Dícese de la cerámica en forma generalmente de campana invertida –en algunos ejemplares típicos–, que dio nombre a la cultura que así se designa y cuyo origen probable está en el sur de la Península. Su característica más notable es el peculiar tipo de decoración *incisa, a veces rellena de *pasta blanca.

– En forma de campana o campana invertida.

campanil, campanile. *Campanario.

campanos, vasos. Los fabricados en Campania a imitación de la cerámica griega de figuras negras, o simplemente barnizados en negro. Existen algunos de figuras rojas, hechos entre 450 y 430 a. de C. Su estilo es de inspiración ática y hoy se llaman así los fabricados en Capua, Cumas y Avella a partir del s. IV a. de C. hasta entrado el s. III. Los modelos en figuras rojas son notables por su policromía. Su barniz es opaco y la técnica decadente, cosas ambas que los distinguen de los áticos y de los vasos anteriormente llamados campanos, del s. V a. de C.

campaña. *Pieza honorable del *escudo, horizontal, tangente al borde inferior y de un tercio de la anchura del *campo. Es galicismo llamarla pie. ⊸ 29.

campata. Italianismo con que se designa al campo o distancia que hay entre dos soportes.

campeado. V. esmalte.

campestre. Faldellín usado para el ejercicio deportivo en el romano Campo de Marte.

campo. Espacio sin *tipos en la *cara de una *moneda. ⊸ 34.

– Para los diversos campos en *Heráldica, V. escudo.

campos de urnas. Vastas necrópolis caracterizadas por la existencia de *urnas cinerarias bicónicas y cubiertas, típicas de la Edad del Bronce y con pervivencias posteriores. Se dieron en Centroeuropa, Italia, la Península Ibérica y las islas Británicas.

can. V. canes.

canal. *Moldura entre el *cimacio y el *ábaco jónicos.

canaladura. *Moldura hueca

vertical; surco de *perfil semicircular o casi semicircular.
cancel. Cerca que separa el *presbiterio de la *nave.
– Biombo.
cancela. *Verja muy *labrada.
Cancerbero, Cerbero. Perro de tres cabezas que guardaba la puerta de los infiernos.
candelabro. Soporte para dos o más velas, que tiene dos o más brazos que se sustentan sobre un *pie.
– Coronamiento o remate en forma de *balaustre.
candio, candys (*κάνδυς*). Prenda exterior persa, especie de capa con mangas con cuello de piel o de pelo de camello.
canecillos. *Canes.
canéfora. *Cariátide que lleva un cesto sobre la cabeza (lit.: portadora de *κάνης* = cesto).
canes. *Modillones o *repisas en que se apoyan los salientes de una *cornisa o tejado. *Ménsulas, que sobresalen de un plano y sirven para sostener algún voladizo: cornisa, balcón, tirante, etc.
– V. armadura.
canon. Regla de las proporciones humanas, conforme al tipo ideal.
– En general, norma correcta y aceptada como *clásica, o sistema de relaciones armónicas entre las diversas partes de una obra.
canope (de Canopus, ciudad egipcia). Vaso destinado a contener en su interior los despojos mortuorios que no se embalsaman con el cuerpo del difunto. Suele tener la tapadera decorada *zoomórfica o *antropomórficamente.
cántaro, cantharos (de *κάνθαρος* = *cantharus*, jarro). Vasija griega, cántaro, en forma de gran *copa, con amplias asas y colocada sobre un largo pie vertical, mucho más estrecho que la base del receptáculo. Se usaba, sobre todo, para beber. ⇒ 14.
cánter. Cántaro, o cacharro para el agua, con dos asas, de barro poroso que refresca el líquido.
cantería. Arte y técnica de trabajar la piedra, tallándola, para la construcción.
– Llámanse *fábricas de cantería las hechas de piedra.
canto. Espacio delimitado por las dos *caras de la moneda. *Borde. ⇒ 34.
– V. encuadernación.
cantón. V. franco-cuartel y escudo. ⇒ 28, 29.
cantonado. En *Heráldica, que está en los *cantones o lleva algo en ellos. (*Cruz cantonada es la de Jerusalén.)
caña. *Fuste de la columna.
– V. mediacaña.
cañamazo. Tela gruesa y calada que sirve de *trama en los *bordados.
cañón. V. bóveda. ⇒ 43.
– *Enchufe.

cañonera. V. almena.
caoba. Madera rojiza, dura y muy bella, una vez pulimentada.
caolín. *Arcilla blanca, materia básica de la *porcelana.
capa. Prenda usada en todos los tiempos históricos y que, llevada sobre los hombros y sin mangas, cubría el resto de la ropa.
– pluvial: *ornamento sacerdotal que se lleva como prenda exterior en solemnidades especiales, tales como la exposición del Sacramento de la Eucaristía, etc. Se abrocha sobre el pecho.
– Pabellón del *escudo en su mitad superior.
capedo. Recipiente bajo, circular, con un asidero vertical, que se usó en Roma sacrificialmente y en las comidas. Se parece al *símpulo y al *ciato.
capialzado. V. arco. ⇨ 2.
capialzar. V. arco capialzado.
capialzo. Declive del *intradós de una *bóveda.
capilla. Pequeño edificio religioso, aislado o anejo, formando parte de un templo.
– *Oratorio. ⇨ 8.
capilletas. Cada una de las *casas de las cenefas de *imaginería.
capillo. Escudete pendiente en el dorso de la capa pluvial.
capirote. *Tocado en forma de cono con el vértice hacia arriba. No es necesariamente rígido, de modo que la punta puede caer sobre la nuca o la espalda.
capital. Ceñidor del pelo que las sacerdotisas romanas llevaban en los sacrificios.
– Letra mayúscula inicial.
capitel. Elemento colocado sobre el *fuste de la *columna que sostiene directamente al *arquitrabe, *arco, etc. Suele estar decorado y adopta muy diversas formas. ⇨ 17.
– angular: el colocado en el ángulo de una pilastra y volviendo en ángulo recto.
– V. orden.
capitulares. Letras mayúsculas que señalan el principio de un capítulo. En los manuscritos generalmente van *iluminadas.
capote. Capa usada para protegerse de la lluvia.
capricho. Obra de arte, y especialmente en la pintura de los siglos XVII y XVIII, en la que el autor se aleja de los modelos académicos y tradicionales que suele cultivar, rompiendo con gracia la observancia de las reglas y consiguiendo un trabajo extravagante o caprichoso.
capsa (en lat., caja). Pequeña caja, *trabajada, destinada a contener los *volumina* o rollos escritos, en la antigua Roma.
capuz. *Capa cerrada en la que los brazos se sacaban por aberturas laterales.
cara. Cualquiera de los lados de la *moneda.
– *Anverso, *haz, lado principal.

caracalla (pronúnciese caracal.la). Prenda romana, muy larga y con amplias mangas, de origen galo, introducida en Roma por el emperador a quien sirvió de sobrenombre. Es semejante a la *lucerna.

Caravaca. *Cruz de–.

caravasar, caravansar. Edificio destinado a las caravanas, generalmente de gran tamaño, situado a una jornada de distancia del más próximo (unos 30 km) y que suele ser de gran interés arquitectónico.

– Algunos autores designan a esta construcción con el nombre de *han.* Solía tener planta cuadrada y un gran patio central.

cara ventral. En tipología lítica, la de la *lasca que estaba en contacto con el *plano de lascado.

carbatina. Calzado romano semejante al *campago, pero más rústico, especie de abarca.

carboncillo. Palillo carbonizado que se usa para *dibujar sirviendo de lápiz blando. Se emplea especialmente en los *esbozos.

– *Dibujo hecho con carboncillo.

carbono 14. Isótopo radiactivo del carbono natural, cuyo periodo de desintegración es conocido, y que se encuentra en toda materia orgánica. Desde el momento en que ésta deja de vivir, el C 14 comienza a desintegrarse, pudiéndose, por lo tanto, medir el tiempo que hace de la muerte del material que se estudia. Las muestras tomadas para efectuar dichas mediciones deben serlo con exquisito cuidado con objeto de impedir cualquier contaminación, aun superficial, con materia orgánica viva (polen, excrementos, etc.).

carbúnculo. *Figura heráldica de ocho bastoncillos radialmente dispuestos con los extremos flordelisados o pometeados y en cuyo centro hay un carbúnculo.

carcer (pronúnciese *cárcer).* Establo o dependencia del *circo romano. ⚭ 16.

cardencha. *Cardina.

cardial. Dícese de la cerámica decorada por impresión con los bordes de una concha *(cardium);* es característica del Neolítico.

cardina. *Cardo.

cardo. **Kardo.*

– Motivo decorativo muy empleado en ornamentación (*verjas, etc.).

– En plural, decoración imitando las hojas de esta planta, especialmente en el *estilo gótico. *Cardina.

cargas. Lo son las *piezas, los *muebles y las *figuras heráldicas.

– V. escudo.

cargadero. *Dintel.

caria. *Fuste.

cariátide. *Escultura femenina que ejerce papel de *soporte en lugar de una *columna, *pilar, etc. ⚭ 17.

caricatura. Representación de una figura en la que de intento se han exagerado determinados rasgos dominantes para producir un efecto generalmente cómico o crítico, de acuerdo con la intención del artista que quiere poner de relieve ciertos aspectos especialmente interesantes de la figura caricaturizada. Se llama así por recargarse (*caricare* en italiano) en ella los defectos o rasgos salientes del personaje.

Caridad romana. Tema iconográfico que se encuentra con cierta frecuencia en el Bajo Renacimiento y en el Barroco, representando a una joven que amamanta a un viejo y que toma su origen en el relato romano de Cimón y Pero.

carmina figurata (en lat., versos ilustrados). Versos transcritos disponiendo las letras de modo que rellenan las páginas simulando el cuerpo de una figura de la que sólo una parte (generalmente la cabeza) se representa con realismo.

carnación. Dícese del tratamiento pictórico de las carnes en la representación de la figura humana.

– En *Heráldica, color natural de algunas partes del cuerpo humano representadas en el *escudo.

carnero. En *Heráldica se distingue de otros óvidos con cornamenta porque muestra la suya curvada en volutas. En la representación heráldica lleva la cabeza alta, a diferencia de la oveja, que aparece paciendo.

carolingio. Referido al arte de Carlomagno y sus sucesores, desde fines del siglo VIII hasta alrededor del 900, especialmente en los países de etnia germánica.

caronias (de Carón o Caronte, el barquero infernal de la laguna Estigia). Escalas que en el *teatro clásico llevaban del hiposcenio a la escena. Por ellas subían los personajes procedentes de los Infiernos.

carpanel. V. arco. ⇨ 3.

carquesio (del lat. *carchesium* < *καρχήσιον*). Vaso alto y esbelto, que se estrecha por el medio en un perfil cóncavo, con dos asas verticales de los labios a la base, usada en la Antigüedad clásica.

cartabón. Ángulo formado por las vertientes de la armadura de un tejado a dos aguas.

cartel. Obra publicitaria generalmente realizada en papel, ilustrada, que comenzó a divulgarse en el s. XVIII. En colores, aparecieron los carteles poco después de mediado el s. XIX. Son especialmente arquetípicos los de Toulouse-Lautrec. Su uso habitual era la exhibición en la vía pública.

– En *Heráldica, *billete.

cartela. En *Heráldica, *mueble rectangular y de pequeño tamaño. Suele disponerse en *pal.

– Decoración enmarcando a

modo de *orla una parte central destinada a recibir emblemas, leyendas, etc.

cartíbulo, cartibulum. Mesa de mármol junto al *impluvio, que en la casa greco-romana ocupaba el lugar de la antigua mesa familiar.

– V. *atrium*.

cartón. Estudio previo a la ejecución de un *cuadro, generalmente hecho sobre un cartón.

– Modelo para *tapices, *vidrieras, *frescos o *mosaicos, pintado en *color o en *grisalla.

– Decoración de la *clave de un *arco.

– Esa misma clave, decorada.

cartoncillo. Cualquiera de los *roleos que adornan el *capitel corintio.

cartucho. Óvalo que rodea el nombre del faraón.

– Especie de *filacteria.

cartulina. *Bordado de–. Aplicación de recortes de cartulina o de pergaminos al bordado, por medio de un tonel redondo, a modo de *trepas.

casa. *Casamento. ☞ 42.

casaca. Vestidura ceñida al cuerpo, con mangas que llegan hasta la muñeca. Sus faldones son largos, llegando hasta la parte trasera de la rodilla.

casamata. *Bóveda de gran resistencia.

casamento (del fr. *cassement* = ruptura, compartimentación). Cada una de las partes en que se divide una obra (*mosaico, *retablo, etc.) para ser *trabajada. *Casa, *encasamiento.

cascarón. V. bóveda. ☞ 13.

casco. Gorro protector, arma defensiva, generalmente metálico y cuya forma se adapta a la anatomía de la cabeza, la cara e incluso el cuello.

– *Paño de una cubierta.

– En *Heráldica, yelmo con que se timbra un *escudo que ha de corresponder a un varón. Aparecen de perfil los de *bastardía (a izquierda), doncel escudero, caballero, barón, vizconde y conde. De frente los de rango superior: marqués, duque, infante, príncipe, rey y emperador (estos dos son iguales y se diferencian por la corona). Son de oro los cuatro últimos. También son significativas las *rejillas de la visera, que pueden faltar o verse en número de tres, cinco, siete o nueve.

caseína. Substancia albuminoidea que contiene la leche, utilizada en algunas pinturas al temple.

casetón. Compartimiento *hueco, generalmente de forma cuadrada, a modo de artesa invertida o troncopiramidal, con el *fondo decorado, y a menudo con un *rosetón. Se suele *ensamblar con otros semejantes para formar la *cara inferior de una *cubierta o *artesonado. *Artesón.

casida. Poema árabe monorrimo de métrica cuantitativa.
cáside, cassis. Casco del jinete romano, con visera que cubría la nuca y un anillo en la parte superior.
casquete. Cualquier porción de esfera limitada por un plano y menor que una hemisfera.
cassone (aum. del lat. *capsa).* Nombre italiano dado a ciertos *arcones trabajados propios del *Renacimiento.
castillo. *Figura heráldica del castillo. Suele mostrar tres torres, con la central más elevada. Si el castillo es de color ha de llevar la puerta en metal y a la inversa. Son frecuentes los castillos de oro cerrados en gules y los de plata en sable.
castra. Campamento romano (la palabra latina va en plural neutro). El originario (para dos legiones y dos *alae)* es cuadrado y de 2.250 pies de lado (666 m). Entre el muro y las tiendas hay un *intervallum.* Al frente está la *porta praetoria* y al otro lado la *porta decumana.* En el lugar de mejor visibilidad se coloca el *praetorium* y a sus lados el *forum* para las asambleas militares *(contiones)* y el *quaestorium* donde reside la administración legionaria. El conjunto de instalaciones de mando se llama *principia.*
– Paralela al frente del campo va la *via principalis* y entre ella y el frente se alojan las tropas, distribuidas en cuadrados o rectángulos. El conjunto se divide en cruz por dos caminos: la *via praetoria* que va del pretorio a la *porta* de su nombre y la *via quintana* que pasa por detrás de las tiendas de los quintos manípulos y quintas turmas. Las calles menores que separan las tiendas se llaman *strigae.* En época imperial el campamento es rectangular y se divide en tres partes: *praetentura,* pretorio y *retentura,* con el cuestorio. Hay una vía de circunvalación llamada *sagularis* o *sagularia* y, paralelas a ésta, existen otras menores o *vicinariae.* Esta disposición influyó enormemente en las concepciones urbanísticas del mundo romano.
casulla. Prenda sacerdotal colocada sobre el *alba para la celebración de la misa. Su parte decorativa importante es la cenefa, una y central.
catacumba. Serie de galerías subterráneas para uso funerario utilizadas en los primeros siglos de nuestra Era por judíos y cristianos en Roma. Las cristianas fueron abandonándose a partir de la promulgación del llamado Edicto de Milán. No se emplearon para el culto normal.
catacumbas. Cruz de–. V. cruz. ☞ 20.
catafalco. Tablado cubierto de paños sobre el que se expone el

féretro en la iglesia. En el Barroco se le llamó *castrum doloris*, y solía ser monumental.

catafractario (de *καταφράσσω* = acorazar). Guerrero de caballería completamente cubierto por una *armadura, generalmente de mallas o escamada.
- V. loriga.

catágrafos (*κατάγραφα*). Representaciones del cuerpo humano conseguidas mediante la desarticulación de tres elementos principales: cabeza de perfil, tórax de frente y piernas de perfil.
- Fueron muy corrientes en el arte griego inmediatamente anterior al Clasicismo.

catapulta. Máquina de guerra apta para el lanzamiento de grandes venablos. A menudo se denomina erróneamente así a la *ballista que lanzaba grandes piedras.

cátedra, cathedra. Mueble romano semejante a una silla. ⇾ 10.
- Asiento que ocupa un prelado.

catedral. Iglesia catedral: aquella en la que reside el obispo con su Cabildo.

catervario. Gladiador que formaba parte de uno de los bandos en pugna cuando las luchas se disponían por grupos y no por individuos, a imitación de una batalla.

catino, catinum. Gran fuente de barro para servir la mesa, usada en la antigua Roma.

cátodo (*κάθοδος*). Salida para el público o el coro en el teatro griego (literalmente, camino de bajada).

católicon. **Katholikón*.

caulículo. En el *capitel corintio, cada uno de los vástagos que nacen entre las hojas del *acanto, que se desarrollan hacia arriba y cuya extremidad se enrolla iniciando una *voluta. ⇾ 38.

caunaqués. *Kaunakés.

causea. Gorro típico macedonio, a modo de gran boina, que sobresalía en visera por delante y detrás y que se sujetaba con un *barboquejo.

causídica. *Crucero de iglesia.

cávea (del lat. *cavea*). Graderío del *teatro, del circo o del anfiteatro romano, donde se sientan los espectadores. ⇾ 45.
- El hemiciclo se dividía en *ima*, *media* y *summa cavea* o **maeniana* (secciones del graderío, inferior, media y superior), por medio de **diazómata* (*διάζωμα* = ceñidor) o **praecinctiones* (muretes); verticalmente, mediante **klimakes* (*κλίμακις* = escalerilla), en **cunei* (cuñas) o, en griego, **kerkides* (*κερκίς* = naveta). V. teatro.
- Recinto enjaulado o cerrado destinado a las fieras, en el *circo romano.

cavedio, cavaedium. Patio interior de una casa romana; es sinónimo de **atrium*.

caveto. *Moldura cóncava de perfil cuartocircular. ☞ 35.
– *Nacela.
cebado. En *Heráldica, se dice del animal salvaje que lleva otro en las fauces a modo de presa.
ceca. Casa donde se *acuña moneda.
– Por extensión, ciudad que acuña moneda.
cegado. V. arco. ☞ 3, 43.
celada. Casco que cubre la cabeza y el rostro.
celadón. Nombre generalmente aceptado para vidrios semitraslúcidos de ciertas cerámicas chinas y coreanas, en especial del periodo Sung (siglos X-XIII).
celaje. Aspecto que presenta un cielo que tiene nubes tenues y de varios matices en una *pintura.
celario. *Cellario.
celosía. *Tablero *calado para cerrar *vanos que impide ser visto pero no impide ver.
cella (del lat. *cella*). En general, sala pequeña en una construcción de la Antigüedad o en un edificio sagrado, funerario, etc. Por antonomasia, la que alberga la estatua de la divinidad.
– *Naos.
– vinaria: *Apoteca.
cella memoriae. Pequeño edificio, de planta usualmente trebolada, erigido con fines cultuales por los primitivos cristianos de Occidente, en el exterior y sobre las *catacumbas.
cellario. Bodega romana.
céltica. Cruz–. V. cruz. ☞ 20.
cementicio. V. *opus caementicium*.
cemento. Mezcla de *cal apagada y *arcilla, calcinadas al horno y después molidas. El que tiene la propiedad de endurecerse con el agua, recibe el nombre de hidráulico. El cemento de Portland es una variedad de este último. Es uno de los componentes del *mortero.
– armado: reforzado con la adición de varas o alambres de hierro.
cenacula (pronúnciese cenácula). Conjunto de habitaciones que forman el segundo piso *(caenaculum)* en una casa romana.
cendal. *Tejido de seda muy delgado.
cenefa. *Faja ornamentada, sobre todo si va en un borde.
– La sobrepuesta a casullas, capas pluviales y a veces dalmáticas, que acoge la ornamentación principal.
cenotafio. Construcción funeraria conmemorativa que no guarda los despojos del difunto.
centauro. Ser fabuloso con *torso humano y cuerpo de caballo.
centro del arco. El de su circunferencia, cuando el *arco es una parte de ésta. ☞ 2, 6.
centro del escudo. *Abismo. ☞ 28.
centupondium. Nombre romano del *talento, de peso de unos

27,300 kg. Era una unidad de cuenta, no una moneda real, como nuestro millón.

ceñidor. En *Heráldica, disminución de la *faja. *Divisa.

cera. Substancia segregada por las abejas para formar las celdillas de sus panales y que es plástica, blanda y fácilmente fundible por el calor.

–V. cera perdida.

cera perdida. Procedimiento para realizar *estatuas en *bronce fundido de tamaño menor. Una vez *modelada la figura en cera, se recubre de barro, *yeso u otra substancia refractaria de modo que esta última capa se adapte perfectamente al *molde en cera, reproduciendo todos sus detalles en *negativo. Cuando se ha secado todo se practica un agujero en la parte superior y otro en la inferior, vertiéndose por el primero la *colada de bronce fundido que sale derretida por el otro orificio. Una vez enfriado el metal, se fractura el molde y se desprende la estatua. Para que ésta no sea maciza se requiere una labor más compleja, en que la cera lleva un *alma interior de la misma materia refractaria (arena, etc.).

– V. fundición.

cerámica. Objeto fabricado con arcilla húmeda y después seco o cocido. ➾14, 15.

– Arte de fabricar vasijas cerámicas.

– V. loza, porcelana, mayólica y terracota.

cerámido. **Keramis*.

ceramografía (de κέραμος y γραφίω). Arte de decorar la *cerámica.

Cerbero. V. Cancerbero.

cercenado. Se dice del *escudo heráldico *tronchado alguna de cuyas partes ha sido a su vez tronchada.

– V. cruz.

cerco. Nombre que se da a las tres partes de una puerta que no son el *umbral.

cercha (del fr. ant. *cerche* < *circa* < *circus* = círculo). *Cimbra.

cerdo. En *Heráldica, nunca se representa con defensas para evitar la confusión con el jabalí.

ceroplástica. Arte de *modelar en *cera.

cerrajería. Arte y técnica de realizar *herrajes artísticos.

cerúleo. De *color azul, claro y transparente.

cerusa. Blanco de cerusa o blanco de plata fabricado con carbonato de plomo. V. color.

– *Albayalde.

cervical (del lat. *cervicalis*). Especie de almohada para cama, en la antigua Roma.

ciato. **Cyathus*.

ciborio. *Copa romana.

– Pequeño *baldaquino que corona el *altar o *tabernáculo en los antiguos templos cristianos.

– *Copón.

cíclada (de κυκλάς = vestico redondo). Vestido lujoso romano, femenino. Era una ligera *túnica adornada con anchas franjas de oro y púrpura, horizontales y bajas. Verticalmente se disponía una faja ornamental desde el cuello a los pies. Se colocaba como el *himatión.

cicládico. Referente al arte producido en las islas Cícladas entre el 2600 y el 1700 a. de C., aproximadamente.

ciclópeo. Muro cuyo *aparejo está formado por piedras de enorme tamaño, colocadas generalmente sin *argamasa ninguna.

ciego. Elemento arquitectónico que no tiene *luz.
– V. arco. ⊸ 3, 43.

cielo raso. Falso techo, de material ligero, situado debajo de la *techumbre verdadera, para disminuir la altura aparente de una sala, aislarla, etc.

cima. *Moldura de perfil ondulado en forma de S, también llamada *gola o cima recta. ⊸ 35.
– La cima reversa o *talón es una moldura de perfil inverso, que presenta la parte superior saliente y convexa y la inferior entrante y cóncava.

cimacio. Parte superior de una *cornisa. En los órdenes clásicos puede tener perfil de cima recta o reversa. ⊸ 17.
– *Cima recta.
– A veces se llama así a la pieza en forma de tabla delgada que *remata los *capiteles jónico y corintio. ⊸ 38, 39.
– invertido: *cima reversa.
– A veces se denomina así a la *zapata bizantina por considerarla desarrollo de la tercera acepción.
– *Zapata.

címasis. **Cymasis*.

cimbio. **Cymbium*.

cimborrio. Construcción elevada sobre el crucero, que habitualmente tiene forma de torre de planta cuadrada u octogonal rematada en *chapitel. Las otras acepciones deben considerarse desusadas. ⊸ 41.

cimbra. *Armadura de madera en torno a la que se construye una *bóveda o un *arco.
– Curvatura interna de una bóveda o arco.

cimera. Adorno que remata un *casco o *yelmo.
– V. escudo.

cimientos. Obra de albañilería, cantería, etc., enterrada en el suelo, sobre la que se sustentan los muros y *soportes de un edificio, y que llega hasta ras de suelo.

cincel. Instrumento de acero, hierro, etc., empleado para *esculpir y *grabar, cuyo extremo es cortante y hecho a *bisel.
– Obra hecha a cincel.

cincelado. Técnica de orfebrería que, por medio de golpes menudos de martillo sobre el *cincel, consigue las aristas o planos del modelado.

– A veces se utiliza para reparar las imperfecciones resultantes de otras técnicas, como *fundido o *repujado.
cincho. *Moldura corrida y *volada que acusa al exterior la división en *plantas de un edificio.
– *Imposta.
cinerario. Relativo a la ceniza.
– Que contiene cenizas, usualmente producto de la cremación de un cadáver.
cinético o kinético. Relativo al movimiento.
cíngulo, cingulum. Ceñidor, cinturón.
– Prenda sacerdotal con la que el celebrante se ciñe al *alba.
– Cinturón abrochado con una gruesa *hebilla sobre la túnica, usado entre los siglos VI y IX.
Cinquecento. Italianismo que designa al s. XVI. Correctamente sólo debe emplearse para aludir al arte italiano o a sus inmediatos derivados.
cinta. En *Heráldica, *faja reducida en la mitad de su ancho. El *escudo cintado, para serlo, ha de llevar al menos diez de ellas, alternadas las de *metal y *color. También se denomina así la cinta a modo de diadema que ciñe la cabeza de moro en un escudo, si es sencilla. V. tortillado.
cintra. Curvatura de una *bóveda o un *arco.
cipo. *Pilastra o fragmento de *columna, pequeño monumento erigido generalmente con intenciones funerarias y conmemorativas. Muchas veces acaba en remate redondeado.
cirage (del fr. *cire* = cera). Pintura monocroma en la que predomina el amarillo-cera.
circo. Edificio romano destinado a los concursos hípicos, edificado en torno a un eje longitudinal muy alargado (espina, **spina*) y cuya forma general era mucho más larga que ancha. ⚭ 16.
circundado. En *Heráldica, el *escudo que lleva alrededor un collar, una cinta u otra distinción similar.
cista (del lat. *cista* = cesta, celda, vaso). Celdilla practicada generalmente en el suelo y que consta de lajas de piedra dispuestas cuadrangularmente. En su interior se colocan los despojos del difunto (cenizas en *urna, etc.); puede cubrirse con una tapadera horizontal.
– Vaso metálico con tapa usado como recipiente para guardar objetos preciosos.
– mística: así se llamaba en Roma la cajita en que se colocaban los objetos necesarios para el culto de Ceres y Baco en las procesiones.
cisterciense. Dícese de la arquitectura difundida por la Orden del Cister, caracterizada por su austeridad y que marcó la transición al *estilo gótico.
– V. hábitos.

cisterna. Construcción subterránea para almacenar agua.
cistóforo (de κιστόφορος = el que lleva la cista). *Moneda provincial de plata, griega, *acuñada según algunos en Pérgamo, y que fue independiente de las series acuñadas por los epígonos de Alejandro. Se llamó así por llevar la cista dionisíaca, mostrando una serpiente en su interior. Valía 4 dracmas.
cítara. Grosor de un muro a media *asta.
Ciudad Lineal. Se llama así a una ciudad o parte de ella de desarrollo longitudinal que se halla dispuesta de manera que la anchura del área edificada se halle limitada por una zona de espacios verdes o vías a ambos lados.
claina (χλαῖνα). Prenda griega de abrigo, semejante a la **laena* romana.
clámide (*chlamys* = χλαμύς). Vestimenta griega de origen macedonio y tesaliota, especie de pequeño manto *oblongo. Se disponía sobre el hombro izquierdo uniendo sus extremos con un *broche sobre el derecho. Era usada por los efebos y los militares, por su sencillez y aptitud para viajes, equitación, etc. Era semejante al *paludamento. ∞ 50.
claraboya. Ventana abierta en el techo o en la parte alta de las paredes.
– Abertura en el techo, para iluminar, que no se acusa en *alzado.
clarinado. En *Heráldica, lo es el animal con esquila, campana o cascabel al cuello.
claristorio. **Clerestory*.
claroscuro. Arte de disponer en una *pintura el *contraste de luces y sombras. Aplícase concretamente al modo de destacar las *figuras iluminadas sobre un fondo *obscuro. V. tenebrismo y color.
Clasicismo. Conjunto de obras, realizaciones y cánones estéticos del arte grecorromano.
– Arte francés del siglo XVII y, en general, todos los que deliberadamente estudian e imitan el arte grecorromano.
– Época clasicista de un arte es aquella en la que se dan de modo más acentuado las características tenidas como canónicas o ideales de dicho arte.
clásico. Que se refiere o pertenece a la civilización grecorromana.
– Que actúa conforme a normas tradicionales o canónicas: mesura en la composición, armonía de desarrollo, equilibrio entre ideal y realidad, etc.
– En el arte griego, el periodo que cubre desde mediados del s. V hasta el 323 a. de C., fecha de la muerte de Alejandro.
claustro. Galería cubierta alrededor de un patio generalmente cuadrangular y separada de él

por *columnas o *arquerías. Suele estar adyacente a la iglesia y formando parte de un complejo mayor (catedral, monasterio, etc.). ⊶ 8.

clava. Garrote, emblema de Heracles-Hércules.

– Maza de armas.

clave. *Dovela central de un *arco. ⊶ 2.

– Pieza central de una *bóveda.

– *Rosetón colocado en la clave de una bóveda.

claviculada. Catalanismo por *tricúspide, en *Heráldica.

– V. cruz.

claviforme (de *clava* y *forma).* En forma de garrote o *clava.

– V. tectiforme e ideomorfo.

clavo. V. cabeza de clavo.

clavus. V. túnica. ⊶ 51.

claw and ball (zarpa y pelota, en inglés). Terminación de las patas de los muebles reproduciendo una garra que sujeta una bola. Fue especialmente empleada en el s. XVIII inglés, en el estilo Reina Ana.

clerestory. Último piso de la nave gótica ocupado por ventanales. Es anglicismo que, a veces, se traduce por el barbarismo *claristorio.* En francés se le llama *clair étage.*

cliché. Galicismo por *clisé.

clímax. Punto más alto o perfecto alcanzado en una obra artística, especialmente si existen en ella tensiones o aspectos dramáticos.

– **Klimax.*

clípeo. *Escudo circular y abombado.

– *Medallón en forma de clípeo.

clisé. Placa o película impresa por procedimientos fotomecánicos para reproducir imágenes.

– Negativo de una fotografía.

– Estereotipo.

cloisonné. V. esmalte.

cloisonnisme. Palabra francesa empleada para designar la técnica pictórica que consiste en poner en contraste violento zonas de colores puros separándolas con líneas muy acusadas. Fue muy empleada por Gauguin y los **fauves.* Su nombre deriva del *esmalte *cloisonné* o tabicado.

cnémide (de κνημίς = pernera). Pieza de la armadura de la Antigüedad que resguardaba la espinilla.

cobarde. En *Heráldica, se dice del animal con el rabo entre patas.

cobija. Pieza monolítica, generalmente llana, con que se cubre un vano. Aplícase a los tableros que, volando entre modillones o canes, constituyen el ala de un tejado.

CoBrA. Combinación de las primeras letras de Copenhague, Bruselas y Amsterdam con que se dio nombre un grupo artístico fundado por Jorn, Noiret, Appel, Costant y Corneille. Se fundó en 1948 y sólo duró tres años pero sus componentes continuaron trabajando en busca de una figuración nueva, grotesca y fabulosa a la vez, por medio de una *pintura viva y dinámica. «Un cuadro –decía su manifiesto fundacional– ya no es una construcción de colores y líneas, sino un animal, una noche, un grito, un ser humano o todo esto al mismo tiempo.»

cóclida. V. columna.

codex aureus. Llámase así a cualquier manuscrito medieval (códice) en el que el oro haya intervenido en gran medida, bien en la *iluminación, o en la *caligrafía, en la *encuadernación, etc.

códice. Antiguo manuscrito y más propiamente si tiene forma de libro con páginas unidas por el lomo.

– membranáceo: de vitela o pergamino.

cofia. *Tocado femenino, a modo de adorno, que suele estar hecho de *encajes, *blondas, etc.

– Tocado a modo de redecilla en el que se recogía el pelo.

cofre. Caja de metal o madera con tapa y cerradura.

cogulla. *Hábito o ropa exterior que visten ciertos religiosos monacales.

cojín. Almohadón, almohadilla para apoyarse, arrodillarse, sentarse, etc.

– *Cojinete.

cojinete. *Cara lateral del *capitel jónico. ➾ 37.

cola de milano. Tipo de *ensambladura cuyo corte recuerda la cola de un ave, que se obtiene practicando en una pieza una muesca de forma trapezoidal, cuyo lado menor da al exterior. En la otra pieza que ha de ensamblarse, el corte es inverso al anterior, es decir, se deja en saliente un trapecio cuya base mayor va hacia afuera y que se introduce en la muesca primera, ajustándose perfectamente.

colada. El líquido vertido. Aplícase especialmente al que resulta de una *fusión.

colección. Conjunto de objetos agrupados por su semejanza.

– Conjunto de objetos agrupados por una entidad o persona y que tienen valor artístico, histórico, etc. Cada uno de los grupos homogéneos de una colección se llama *serie.

colegiata. Iglesia colegial que, no siendo sede del obispo, tiene abad, canónigos y liturgia catedralicia.

coleto. Chaleco, originariamente sin mangas, que se llevaba sobre el *jubón, cayendo hasta la cintura. Era de amplio escote y se solía hacer en tejidos ricos.

colmo. *Comble.

colobio (del lat. *colobium* < *κολόβιον*). Túnica sin mangas, o de mangas cortas, llevada por los romanos y los primeros monjes. Es frecuente en los Cristos bizantinos de los siglos VI al X.

colofonia. V. fijador.

color. La fuente del color es la luz del sol o luz blanca que, cuando pasa a través de un prisma de cristal, se descompone en los siete colores del espectro. Según la clasificación tradicional de los colores hay tres primarios, simples o fundamentales: rojo, amarillo y azul; su mezcla entre sí dos a dos determina los tres colores secundarios o binarios: naranja (rojo más amarillo), verde (azul más amarillo) y violeta (azul más rojo). A su vez, sucesivas mezclas de estos seis colores, dos a dos, dan los intermedios.

– Se llaman colores cálidos, salientes o cercanos los que expenden luz: rojo, amarillo; colores fríos, entrantes o lejanos son los que la absorben: verde, azul, violeta. Se llaman complementarios los que, al mezclarse, dan blanco (gris neutro, en Física): así, el rojo y el verde, el naranja y el azul, el violeta y el amarillo. Todo color depende de la influencia que sobre él ejerce el que le rodea o el que se le yuxtapone. Los colores tienen una gran fuerza emotiva y actúan como factor importante en las reacciones del espectador. En el *claroscuro, no sólo debe atenderse a los contrastes entre luz y sombra sino también a los que se producen entre colores cálidos y fríos.

– Al conjunto o escala de colores preferidos por un pintor se le denomina paleta y gama a la serie de matices de un mismo color.

– Debido a la educación estética y a las convenciones culturales, un espectador educado no admitirá fácilmente la presencia simultánea o conjunta de determinados colores, considerados inarmónicos. Para facilitar su convivencia en la obra de arte se recurre a los llamados colores transicionales, que establecen entre los inarmónicos una gradación más o menos insensible a través de la cual es aceptable su coexistencia.

– Las materias empleadas para la consecución de los colores reciben el nombre de *pigmentos.

– V. paleta y escudo. ∞ 28.

colores litúrgicos. Los que emplea la Iglesia Romana en los ornamentos según las festividades.

– Blanco: fiestas de Jesús y la Virgen, ángeles, santos no mártires y desposorios.

– Rojo: fiestas del Espíritu Santo, de la Pasión, Mártires y Apóstoles.

– Verde: periodos intermedios: desde Epifanía a Septuagésima y después de Pentecostés hasta Adviento.

– Morado: Adviento y Cuaresma.

– Negro: Viernes Santo, en oficios de difuntos.

colorido. Conjunto de los *colores de una obra.

– De muchos colores.

colorimetría. Técnica de medir los estímulos del *color y relacionarlos con una calculada respuesta o reacción de un espectador tipo.

– En arte, procedimiento de análisis y medida de la intensidad y calidad del color.

colorista. Pintor que muestra especial inclinación por el uso de los efectos más hermosos del *color.

colosal. De tamaño gigantesco.

– Variedad arquitectónica de los órdenes clásicos que se desarrolla en dos o más planos en las fachadas y paredes. Tales planos se encuentran delimitados y recuadrados verticalmente a lo largo de toda la altura del edificio por grandes pilastras y columnas. Se deriva este *estilo de la época adrianea y del Bajo Imperio, habiendo recobrado vida en el *_Cinquecento_ y periodos posteriores de tipo clasicista. Se le llama también orden gigante.

coloso. *Estatua gigantesca.

columbario. Conjunto de *nichos que en los cementerios romanos recibían las *urnas cinerarias. Solía reservarse al uso de una misma familia o comunidad.

columna. Pie derecho, de sección circular, cuyas partes esenciales son el *fuste, *caria o *caña (cuerpo de la columna) y el *capitel, pieza que remata al fuste y sobre la que reposa el elemento sostenido por la columna. Usualmente, bajo el fuste, se añade una tercera pieza que lo separa de la superficie del suelo, llamada *basa. ☞ 18.

– abalaustrada: en forma de *balaustre.

– adosada: la que está adherida a un elemento recto, ya sea pilar o muro.

– cóclida: la monumental con el interior hueco y practicable, dotado de rampa, escaleras o ascensor.

– entrega o entregada: la *adosada cuyo fuste no es de una sola pieza, sino de trozos que están empotrados en el muro, formando parte de éste.

– exenta: la aislada.

– fajada: la que tiene el fuste deformado con fajas o anillos salientes y generalmente de paramento rústico.

– geminada: la de doble fuste. La agrupación de dos columnas gemelas.

– ofídica: la que tiene el fuste doble, cuya forma recuerda dos espirales o serpientes entrelazadas.

– pareada: *geminada.

– rostrada: adornada con varios *_rostra_.

– salomónica: la de desarrollo *helicoidal.

– V. otros tipos en sus voces.

columnata. Serie de *columnas.

collage. Técnica *plástica que consiste en pegar sobre un soporte (bastidor de tela, *lienzo, cartón, etc.) diversos elementos (papel, tela, chapa, etc.), estructurados libremente (cortados, rasgados, rotos, etc.) con libre elección de formas, colores y calidades. Es voz francesa, sin traducción aceptada en castellano, que significa *conjunto de cosas pegadas.* Inicialmente predominó el uso del papel (**papier collé)* y es característico de la primera mitad del siglo XX, aunque actualmente se usan de nuevo los *collages* en la nueva figuración, el *pop-art,* etc.

collares, collaretas. Piezas colocadas en torno al cuello y sobrepuestas en las dalmáticas.

collarino. V. orden.

– *Moldura anular entre el *fuste y el *capitel. ☞ 39.

combado (del lat. *cumba* = cosa cóncava). *Nervio curvo en las *bóvedas estrelladas. ☞ 12.

comble. V. escudo.

compás. *Atrio que precede a un templo. Generalmente no está porticado.

compluvio, compluvium. V. *atrium.*

componada. En *Heráldica, lo es la *carga compuesta por cuadrados yuxtapuestos esmaltados alternando metales y colores. V. escudo. ☞ 33.

composición: En *pintura se llama así a la disposición de los diversos elementos que integran un *cuadro.

– Arte y técnica de distribuir armónicamente los elementos de una obra de arte: colores, masas, volúmenes, formas, etc.

– Entre los principales métodos convencionales de composición. figuran: el de composición en triángulo, en diagonal, la *isocefalia, etc., que generalmente han caracterizado a épocas enteras.

compresor. Instrumento, generalmente de madera o hueso, que sirve para *retocar el *sílex y la piedra en general mediante presión, a diferencia del *percutor, que lo hace por golpes.

concoide. V. cono de percusión.

concretismo (del lat. *concretus* = concreto). Arte no *figurativo, de raíz e inspiración geométricas, en la línea de lo *abstracto pero en contraposición al abstractismo de tipo espiritualista de Kandinsky y otros.

concha. Espacio semicircular que se abre a otro mayor, a modo de *ábside.

– V. venera y bóveda avenerada.

condecoración. V. escudo.

condio (de *κόνδυ>condy* =vaso). Vaso oriental usado para beber o servir, en Grecia. Su forma debía de ser de copa sin pie y se hacía en material precioso. También era una medida de unos 4,5 l.

conditorio (del lat. *conditorium* = escondrijo). Tumba subterránea romana en la que se colocaban los ataúdes y sarcófagos. Luego pasó a designar al monumento funerario en general, aunque no fuese subterráneo.

confessio. Cripta, lugar colocado bajo la *basílica, destinado a guardar los restos de santos.

congio (de *κογχίον* > *congius* = vasito). Vaso bitroncocónico con las bases mayores unidas. Medida de capacidad de unos 3 l y cuarto.

connaisseur, connoisseur. Términos para designar al entendido en arte, de fina apreciación estética, y que sabe combinar en sus estudios los puntos de vista estéticos con la erudición. La palabra original, francesa, ha dado en inglés *connoisseur.* Ambos vocablos se usan hoy indistintamente.

cono de percusión. *Relieve convexo o saliente cuyo vértice comienza bajo el punto de impacto del *percutor sobre el núcleo de sílex y que se continúa hacia abajo en el llamado *bulbo de percusión o *concoide, que será más saliente y desarrollado cuanto más fuerte haya sido el golpe recibido por el núcleo.

conopial. V. arco. ∞ 3.

consagración. V. moneda de–.

consola. Mesa sin cajones, adosada a la pared para sostener relojes, *candelabros, adornos, etc. Se difundió durante el Rococó (estilo Luis XV). Es vulgarismo pronunciar cónsola.

constructivismo (en ruso, *Konstruktivizm).* Movimiento abstracto vanguardista ruso nacido hacia 1913. Su fundador, Tatlin, afirmó la necesidad de las formas abstractas relacionadas con la industria y la técnica. Este arte, geométrico, lineal, funcional, realizaba obras a las que se denominó estructuras útiles.

contario. *Decoración a base de cuentas, perlitas, etc., colocadas en una *banda o *faja.

contenido. Idea o intención última de una obra. La forma de la misma debe expresarlo del mejor modo posible, para transmitir esa idea o intención al espectador.

contornada (en fr. *contournée).* En *Heráldica, dícese de la figura que mira a la izquierda del escudo (derecha del espectador). Vale por alterada.

contorneada. Fileteada.

contorniato (en it., contorneado). Medallón antiguo de bronce, semejante a una *moneda, caracterizado por un contorno peculiar profundamente grabado por las dos caras, paralelo y cercano al borde levantado.
– Moneda imperial romana semejante a un *contorniato.*

contorno. Conjunto de líneas que limitan una *figura o composición, por el exterior.
– Conjunto de espacios que limitan por el exterior a un objeto.

contracanto. V. encuadernación.

contraclaves. *Dovelas o piedras inmediatas a una *clave.
contracolumna. *Pilastra adosada a una *columna. *Parastade.
contracotiza. V. escudo.
contractura. Estrechamiento. Por antonomasia, el que pueda tener el *fuste.
contracuartelado. Se dice del *escudo heráldico que tiene algún *cuartel a su vez *cuartelado.
contraescarpa. Lado opuesto a la *escarpa en un foso o fortificación; lado que mira a los sitiados.
contrafibra, grabado a–. V. grabado.
contrafuerte. *Estribo.
– Obra maciza de *albañilería, a modo de *pilastra, adosada al muro y que sirve para reforzarlo en los puntos en que éste soporta mayores *empujes. ➾ 8, 12.
contrahuella (del escalón). *Altura.
contraluz. En *pintura, contraste que se produce cuando se pinta una parte en sombra intensa sobre un fondo luminoso.
– En fotografía, impresión obtenida al fotografiar un tema disponiendo la cámara frente al sol.
contramarca. Señal que el poder político añade a una moneda para legalizarla si es antigua o para ampliar su ámbito de circulación fuera del territorio que originariamente se le asignó. Las *monedas contramarcadas se llaman también reselladas.
contrapalmada. V. mano.
contrapar. En una *armadura de *parhilera, la viga transversal a los pares.
– *Cabrio.
contrapeso. Se usa, a veces, como sinónimo de **contrapposto*.
contraposición. En *Heráldica, alteración de la forma usual o simple de una pieza, figura o mueble, destinada a crear una oposición. Se indica la especificidad de la contraposición mediante el prefijo «contra». Así, leones contrapasantes son los que, superpuestos, miran el primero al flanco izquierdo y el segundo al derecho del *escudo. *faja contrafloronada es la que muestra lises opuestas por la base, dirigidas a la punta las que nacen del perfil inferior; contrabanda y contrabarra son la banda o la barra cuya primera mitad es de un *esmalte y la segunda de otro, etc.
contrapposto. Italianismo que significa la oposición armónica de las diversas partes del cuerpo humano, especialmente cuando algunas de ellas se hallan en movimiento o tensión estando sus simétricas en reposo. Este tema fue ya estudiado con rigor por los escultores griegos que se liberaron definitivamente de la llamada *ley de frontalidad. El *contrapposto* fue muy empleado de nuevo a partir del Renacimiento tardío. *Diartrosis.

contrapuntados. Se dice, en *Heráldica, de los *muebles o *figuras que, siendo dos o más, tienen las extremidades superpuestas (espadas con los pomos uno sobre otro, etc.).

Contrarreforma. Arte de la–; tiende, desde mediados del siglo XVI y durante el XVII, a las formas en movimiento, dinámicas y fastuosas, con abundante ornamentación. Característico de este arte es el estilo llamado jesuítico especialmente en Italia, España e Iberoamérica, donde el barroco más rico y recargado alcanzó su apogeo en las iglesias de la Compañía de Jesús. Es el barroco de los países católicos.

contrarrestos. Dícese en general de los elementos que oponen su masa y peso a los empujes. Así los estribos, machones y contrafuertes.

contrarretiario. *Secútor.

contraste. Oposición intencionada entre diversos elementos de un conjunto, de modo que resalten sus cualidades peculiares de forma especialmente evidente. Estas cualidades pueden ser de *color, *luz, *volumen, forma, etc.

– Incisión de valoración en un metal precioso.

conversation-piece (ingl.). *Cuadro conversación.* Pintura representando a un grupo familiar en una habitación en que las personas han sido retratadas en amable conversación. Es una pintura de *género practicada en el s. XVII por holandeses y flamencos y a partir del XVIII por los pintores ingleses.

copa. Vaso montado sobre un *pie y apto para beber.

– Se denomina así al **kylix* griego.

copete. *Remate pequeño.

copia. Repetición de una obra de arte, por otra *mano que la del autor original, con intención de conseguir un grado máximo de semejanza. No debe confundirse con la *réplica que es la realizada por el mismo autor del original. Ni la copia ni la réplica llevan *arrepentimientos.

copón. *Vaso sagrado donde se guardan las hostias. Es exceso culterano llamarlo *píxide.

copto. Relativo al arte de la comunidad cristiana de Egipto, y cuyo desarrollo más importante tiene lugar entre los siglos V y VIII.

coquina (pronúnciese cocuina). Cocina de la casa romana, cercana al *triclinio y separada de él.

coracha. Muro con *adarve, que enlaza o une la torre *albarrana con el recinto fortificado principal.

coraza. *Armadura compuesta de *peto y *espaldar, generalmente de metal.

corazón. *Abismo.

corbata (del it. *corvatta, crovat-*

ta, de Croacia). Prenda de vestir, en forma de tira o banda de tejido fino, que ciñe el cuello bajo la camisa o el cuello de ésta, y cuyas puntas caen sobre el pecho. Se anuda o laza de formas diversas.

– Cuello en forma de babero partido y rectangular.

cordón. En *Heráldica, la cinta que corresponde a una condecoración.

cordonada. En *Heráldica se llama así la *carga formada por hebras entrelazadas o cuerdas.

cordoncillo, de–. Dícese de las cerámicas fabricadas a torno o a molde, a las que se aplica una especie de cuerda, que puede ser lisa o modelada, formando dibujos, siendo muy frecuente en los platos la distribución radial.

core. **Kore.*

corégico, monumento–. (*χορηγικός*). Monumento griego erigido en honor de un director de coro *(corega)* tras su victoria en un concurso.

coreografía. Arte de componer bailes y, por extensión, de componer y dirigir figuras de danza y movimientos rítmicos en los espectáculos.

coriceo (de *κεώρυκιος* = saco para púgiles). Sala de entrenamiento pugilístico en la Antigüedad.

corimbo (*κόρυμβος*). Ramo de flores o frutos rematados por una inflorescencia, empleados como ornamentación en vasos, pilastras, etc.

– Alto copete con que suele aparecer tocado el monarca sasánida.

corintio. V. órdenes clásicos.

corintios, vasos–. Los producidos en Corinto desde fines del s. VII hasta mediados del s. VI a. de C. Su pasta es clara, fina, sus figuras negras tienen perfiles contorneados. Es notable la influencia oriental en su temática zoológica y vegetal.

cornamenta (de *cuerno).* Parte superior de un entablamento formado saliente sobre el friso.

cornisa (del lat. *cornice* < *coronis* = coronamiento). Parte sobresaliente superior de un *entablamento. ☞ 38, 39.

– Serie de *molduras colocadas rematando algo.

cornisa de cincha. Franja horizontal de muro que separa dos *pisos.

cornisamento. Conjunto de *molduras coronando una *arquitectura.

cornisamiento. *Cornisamento.

cornucopia. Cuerno de la abundancia.

– Espejo con el *marco tallado y *dorado.

coro. Parte de la iglesia reservada al clero.

– En la iglesia primitiva cristiana, espacio reservado al clero menor. Su ubicación cambió de

sitio dentro del templo a lo largo de los siglos.
– Se suele localizar en el centro o a los pies de la nave mayor, y también puede estar elevado (coro alto).
– V. trascoro.
– Indebidamente, por incorrectas traducciones del francés *choeur,* se refiere al *presbiterio.

corolítico (de *κόρος* = tallo y *λυτός* = enredado). Lo que se ornamenta con guirnaldas en espiral.

corona. Tocado que se lleva como adorno o signo de dignidad. Es circular y adopta varias formas. Caracteriza, sobre todo, a los monarcas. ☞ 19.
– En *Heráldica, figura u ornamento exterior del escudo, que se usa para distinguir los diversos grados de la nobleza titulada.
– Clases de coronas:
– abierta, la que no lleva *diademas.
– cerrada, la cubierta con diademas.
– de archiduque de Austria, círculo de oro realzado con ocho *florones (visibles tres y dos medios), cerrado por un bonete grana, con cuatro diademas (visibles dos) cargadas de perlas y surmontado de un mundo cruzado.
– de barón, aro de oro rodeado de un rosario de perlas en seis pliegues (visibles tres), ceñido o no por dos brazaletes, uno arriba y otro abajo.
– de conde, la de oro que remata en 18 perlas sobre pequeñas puntas (visibles nueve) y guarnecida de piedras.
– de conde de Barcelona, la guarnecida de piedras con ocho espigones grandes (visibles cinco), intercalados de ocho pequeños y terminados en perlas, de las que van cargados (visibles cuatro), cerrado con bonete carmesí rematado en perla.
– de duque o ducal, la guarnecida de piedras y perlas, con ocho florones (visibles tres y dos medios, uno de éstos a cada lado). Los florones no llevan perlas interpoladas para diferenciarla de la de los infantes.
– imperial, la de oro guarnecido de pedrerías con ocho florones (visibles tres enteros y dos medios), rodeando un bonete de gules mantenido por ocho diademas de oro (visibles), cargadas de perlas y rematada la central por globo cruzado; a veces, dos *ínfulas penden del aro.
– de infante de España, la que es como la real, sin diademar.
– de marqués, la de oro con piedras y perlas, con ocho florones (cuatro foliados y los otros en pirámide de tres perlas; visibles uno y dos medios de la primera especie y dos intercalados de la segunda).
– de príncipe de Asturias, la real con sólo cuatro diademas.
– de rey o real, la de oro guarne-

cida de piedras, con ocho florones foliados (visibles tres y dos medios), interpolados de ocho perlas (visibles, cuatro). Los florones se cubren con diademas cargadas de perlas que se unen arriba, en el centro, en un mundo surmontado de cruz.
– real de Aragón, la real sin diademas.
– de vizconde, la de oro con cuatro perlas gruesas (visibles tres) y, a veces, otras cuatro menores interpoladas (visibles dos).
– *Aureola.
– *Deambulatorio.
coronar. *Rematar.
coronel. *Corona *heráldica.
coroplastia (de χωροπλαστική). Arte y técnica de *modelar en barro.
corpecico. Corpiño.
corpiño. *Cos.
corporales. Son dos piezas de lino que, en la misa, se extienden sobre el *ara para soportar la hostia y el cáliz.
cortado. Lo está el *escudo heráldico dividido horizontalmente en dos partes iguales. ☞ 31-33.
corte. V. encuadernación.
– a pluma: sección oblicua en que concluye una moldura bruscamente.
– *Sección.
córtex. Superficie exterior rugosa que presenta el *sílex en estado natural. No debe confundirse con la *pátina.
cortile. Patio italiano, abierto y porticado.
cortina. En *Heráldica, cada una de las piezas de tela que caen del *vértice de un *pabellón, en las *armas de un soberano.
– V. escudo.
cortinado. En *Heráldica, *escudo partido por dos líneas que, arrancando del punto medio de la parte superior o inferior del *jefe, terminan en los *cantones de la *punta. ☞ 30.
corvus. Máquina formada por una viga articulada acabada en un gancho y colgada de una armadura de madera de modo que pudiese ser lanzada contra los muros o para enganchar una nave enemiga.
cos. *Jubón femenino.
coselete. *Coraza ligera de metal o cuero.
cosida. En *Heráldica, la pieza que, contraviniendo la norma del *blasón, es de *metal en campo de metal o de *color en campo de color.
cospel. V. flan.
cota. Arma defensiva del cuerpo, en cuero o metal, que cubría el cuerpo a modo de camisa.
– *Jubón.
– *Acotación.
– V. loriga.
cotile. Vaso, taza. V. **skyphos*.
cotiza (del fr. *cotice*). *Pieza heráldica en forma de *banda y de la mitad de su anchura. Se opone a *traversa. ☞ 33.

– V. bandado.

cotizado. Lo es el *escudo heráldico cubierto por *cotizas. Según Flavià, se dice también «de la faja, la banda, la barra, el palo, el cabrio y la cruz *acostados por dos cotizas [...]. Cuando dichas piezas van acostadas por dos cotizas en cada costado, se dice que van doblemente cotizadas».

coturno. Bota griega, de suela gruesa, que cubría parte de la pierna de modo semejante a como lo hacía el **calceus*. Era especialmente usado para la caza y las actuaciones teatrales. No tenía forma especial, de modo que podía usarse indistintamente para los dos pies. Se ataba con cintas rojas. En Roma se usó en el *teatro.

couché. Dícese del papel *brillante y de superficie *satinada y *barnizada. Es voz francesa. En espanol, cuché.

cramponado (del fr. *cramponé)*. Se dice del *mueble heráldico cuyos extremos tienen forma de medio arpón.

crancelín (del fr. *crancelin)*. En *Heráldica, *figura que representa un segmento de corona con sus florones, el cual cruza el *campo del *escudo, generalmente en el sentido de la *banda.

craquelado. Galicismo con el que se indica el conjunto de fisuras superficiales de una *porcelana, *pintura, etc., que le dan aspecto cuarteado, bien sea ello efecto del tiempo o el mal trato, bien se haya conseguido intencionadamente.

crátera, cratera (del lat. *cratera*, < *κρατήρ*). En origen, toda gran vasija destinada a mezclar agua al vino, según el uso *clásico de no beberlo solo. Cuatro de las formas más extendidas son: la llamada crátera de columnas, de forma bastante globular y con las asas dispuestas a modo de tallos cilíndricos verticales o fustes, rematados por un saliente horizontal. Abundó en el s. VI a. de C.; la crátera de volutas, que también recibe el nombre por la forma de sus asas, que sobresalen bastante por encima de la boca. Sucedió al tipo anterior, durando hasta el s. IV a. de C., la crátera de cáliz o **kylix*, cuyo cuerpo tiene la forma de un gran *cáliz de perfil generalmente rectilíneo, como de trapecio invertido. Es una forma relativamente moderna que permanece durante mucho tiempo; la crátera llamada campana, en forma de campana invertida, solía tener las asas implantadas no en la boca, sino en la panza, y dirigidas hacia arriba. Es un tipo más bien tardío, difundido en la época final de la pintura sobre vasos. ⊶ 14.

craticio, craticium. V. *opus*.

creciente. Voz *heráldica. V. luna.

credencia. Especie de mueble, a manera de repisa o estantería. próximo al altar, sobre el que se colocan los objetos cultuales precisos para una celebración. Desde el Renacimiento estuvieron bellamente trabajadas.

crepida (voz latina, del gr. *κρηπίς*). Sandalia de origen griego, semejante a las actuales.

crepidoma (*κρηπίδωμα*). En general, fundamento, basamento de una edificación. *Base o pedestal de un templo con tres escalones o gradas.

– V. estereóbato. ⇨ 39.

creseida (de Creso). Nombre de una moneda lidia, en *electron, del siglo VI a. de C.

cresta. Elemento de una *crestería.

– Crestería.

crestado. Lo es el animal heráldico cuya cresta va en *esmalte distinto al de su cuerpo («crestado de gules»).

crestería. Serie de ornamentos, generalmente *calados, que *corona un edificio, el borde de una techumbre, etc.

– *Cresta.

– V. tracería.

creta. V. imprimación.

crinado. En *Heráldica, lo está el animal cuya crin lleva *esmalte diferente que su cabeza.

crióforo (de *κριός* = cordero y *φόρος* = llevador). Que lleva un cordero a las espaldas.

criosfinge (de *κριός* = carnero y *σφίγξ* = esfinge). Esfinge con cabeza de carnero.

cripta. **Confessio*.

– *Capilla subterránea que sirve de cámara sepulcral.

– Santuario subterráneo.

criptopórtico. *Pórtico, pasillo o *galería, a menudo subterráneo siempre cubierto, que libra del viento y de la intemperie.

criselefantino (de *χρυσός* = oro y *ἐλέφας* = elefante, marfil). Hecho o compuesto en oro y marfil. En estatuaria, se hacía en oro el recubrimiento de los ropajes y en marfil el de las partes visibles del cuerpo.

crismera (de *chrisma* = unción, ungüento sacro). Recipiente, por lo general en forma de **pyxis* o de *urna, donde se guardan el aceite y bálsamo consagrados para ungir.

crismón. Monograma de Cristo, formado por sus dos primeras letras en griego: X (ji) y P (ro), a las que pueden añadirse, una a cada lado, las letras alfa y omega, que representan el principio y fin de todas las cosas. A partir de la alta Edad Media, se sustituyó muchas veces por las letras IHS, entrelazadas o no. ⇨ 17.

– V. cruz. ⇨ 20.

crisografía (de *χρυσός* = oro y *´γραφία* = escribir). Arte y técnica de la escritura con oro diluido y, por extensión, con plata.

crisol. Vaso más ancho por arriba que por abajo, de barro re-

fractario, porcelana, oro o plata, etc., que se emplea para fundir materias a temperaturas muy altas.
– Parte baja del horno que recibe la *colada.
cristal. Vidrio muy transparente, de gran calidad, que resulta de la fusión, a altas temperaturas, de arena de sílice, minio y potasa.
– de roca: cuarzo cristalizado, perfectamente incoloro, de gran limpieza y difícil *talla, en el que se labran *figuras y recipientes.
– de Bohemia: el fabricado desde el s. XVII en esta región a base de potasio y silicatos de calcio. Es especialmente sonoro, pesado y límpido, fácil de grabar y tallar.
cristiano. V. bordado de tipo–.
Cristo. Imagen de Jesús crucificado.
cróbilo, cróbylos (*κρωβύλος*). Lazo de cabellera, a modo de moño o remate, propio del peinado griego, originariamente de ancianos y niños, y específicamente aplicado a las representaciones de Apolo y Artemisa-Diana, cuando lo llevan.
crochet (galicismo). Elemento foliáceo que anima las agujas y gabletes del gótico.
– *Fronda.
– *Trepado.
cromático, Relativo al *color o a sus teorías.
cromlech. Monumento *megalítico formado por una serie de *menhires dispuestos de modo que acoten un espacio circular o elíptico.
cromolitografía. Procedimiento para obtener *litografía en *color. Como ocurre en la *cromoxilografía, deben hacerse tantos grabados en piedra cuantos colores se desee emplear.
cromoxilografía. *Xilografía en color. Cada uno de los colores exige una plancha diferente.
crónlech. Voz que la Real Academia ha admitido, significando *cromlech. No se usa.
cronograma (de *χρόνος* = tiempo y *γράμμα* = dibujo, escritura). Escrito en el que algunas letras, de mayor tamaño, son números romanos que, sumados, dan la fecha de la obra en la que figuran. No suelen aparecer en orden aritmético.
croquis. *Dibujo sumario tomado del natural o para fijar una inspiración repentina.
crucería. *Nervios en la intersección de *bóvedas. V. bóveda. ☞ 11, 12.
crucero. Espacio en que se cruzan, en un templo, dos naves perpendiculares *(croisée)* siendo una de ellas la nave principal.
– De las dos naves que se cruzan, la menor o transversal es la *nave crucero, llamada *transepto,* con galicismo.
– Para que pueda hablarse propiamente de crucero debe ser la nave transversal de la misma

anchura y altura que la mayor. ⟹ 8, 10.
– Patio de–. Una de las tipologías del palacio musulmán, cuyo patio queda dividido en cuatro terrizos por medio de dos andadores o paseadores altos que se cruzan transversalmente. Así es el Patio de los Leones, de la Alhambra granadina.
crucifixión. *Representación gráfica de una crucificación, y por antonomasia la de Jesús.
cruciforme. En forma de *cruz.
crudo. Dícese de cierto *color amarillo pálido, semejante al del *marfil viejo, la *cera, etc.,y concretamente al de la *seda cruda o al de la lana sin blanquear.
crujía. Espacio comprendido entre dos muros de carga.
– Cada una de las partes principales en que se divide la *planta de un edificio desde el punto de vista constructivo.
– *Nave, *panda o pasillo de algunos edificios que da acceso a las piezas laterales.
– En algunas catedrales, paso cerrado con verjas o barandillas, desde el *coro al *presbiterio.
cruz. Figura formada por dos líneas que se atraviesan o cortan en ángulo recto y que reciben el nombre de *brazos. ⟹ 20-23.
– En *Heráldica, *pieza *honorable resultante de unir el *palo y la *faja y que es la cruz heráldica por antonomasia o «cruz plena». Entre las variedades más usuales (véanse láminas) destacan las siguientes:
– aguzada (con extremos puntiagudos).
– de Alcántara (griega floronada con sinople).
– de áncora o ancorada (en forma de áncora o con los extremos en forma de áncora).
– ansata (o egipcia, cruz de tau rematada en asa).
– apuntada (con extremos en cabeza de clavo).
– de Aragón (o de Íñigo Arista, patada, curvilínea y apuntada por abajo, de plata).
– de armiños (griega de cuatro colas de *armiño).
– de Avis (igual que la de Calatrava).
– de Borgoña (*sotuer *ebrancado).
– de Calatrava (como la de Alcántara y de gules).
– de calvario (sobre gradas).
– capitada (*crux capitata* o latina).
– de Caravaca (patriarcal sostenida por angelotes).
– de las catacumbas (la latina cuyo travesaño vertical es la *rho* griega).
– celta o céltica.
– cercenada (cuyos brazos acaban en *losanges cuyo eje mayor va horizontal).
– de cinco brazos (radiales, curvilíneos y cóncavos).
– commissa (o de tau).
– de Constantino (griega floro-

nada de *gules con el *crismón superpuesto, de plata).
– de crismón (formada por el cruce de las letras griegas X y P, primeras del nombre de Cristo).
– sotuer resultante de la unión de una *banda y una *barra.
– cuadrada (griega).
– cuadrada agujereada (con el cuadrado central al vacío).
– de Danebrog (latina, patada, curvilínea, cóncava y de plata).
– decussata (sotuer).
– doble (latina con dos travesaños iguales en su parte superior).
– de doce puntas (griega hendida y patada).
– ebrancada (dos troncos cruzados, con las ramas arrancadas pero visibles sus arranques).
– egipcia (o ansata).
– encuadrada (griega cuyos brazos parten de un cuadrado central).
– ensanchada (patada).
– espinosa (formada por espinos).
– espiral (griega con los brazos recorridos por cintas en espiral).
– del Espíritu Santo (patriarcal con las extremidades ancoradas).
– estrecha (por oposición a plena, de la mitad de su anchura).
– esvástica (o gamada).
– flordelisada (rematados sus brazos en flores de lis).
– florenzada (con los remates abiertos curvilíneamente).
– gamada (esvástica o gamadión, griega con los brazos doblados en ángulo recto, formando cada uno una letra gamma mayúscula).
– granada (formados en brazos por granadas yuxtapuestas).
– griega (con los cuatro brazos iguales o cuadrada).
– horquillada (con extremos bífidos rectilíneos).
– hugonote (de ocho puntas con las dos inferiores sobre una paloma *despeñada).
– india (griega de brazos serpentiformes).
– de Íñigo Arista (o de *Aragón).
– immissa (latina *immissa)*.
– de ípsilon (en forma de Y. También, de tau bífida).
– de Jerusalén (griega potenzada y cantonada de otras cuatro iguales de menor tamaño. También, de Tierra Santa o del Santo Sepulcro).
– lanceolada (con extremidades de remate triangular).
– latina (con el travesaño en el primer cuarto del palo, *crux capitata)*.
– latina immissa (con el travesaño en mitad del palo).
– laureada (formada por cuatro espadas con las puntas hacia afuera y rodeadas de laurel).
– de Lorena.
– de Malta (de ocho puntas y plata).
– de Molina, de Montesa (como la de Calatrava, en *sable y cargada con otra griega de gules).

– occitana (o de Tolosa).
– de ocho puntas (griega, hendida y patada).
– de palmas (formada por cuatro palmas).
– papal (con tres travesaños de longitud creciente).
– de la Pasión (o latina).
–*patada patriarcal (como la papal pero con dos travesaños).
– pisana (*tricúspide y pometeada de plata).
– *pometeada, portada (inclinada, en el sentido de la *banda heráldica).
– potenzada, puntiaguda, radiada, rasgada, recruzada, resarcelada, rusa (con tres travesaños, el primero y tercero más cortos y el tercero inclinado en *barra).
– de San Andrés (*sotuer de gules).
– de San Antonio (o de tau).
– de San Esteban (de ocho puntas, de gules).
– de Santa Eulalia (sotuer).
– de San Jorge (plena de gules sobre plata).
– de San Juan Bautista (cruz plena de plata en campo de gules).
– de San Julián (sotuer *recruzado de sable).
– de San Lázaro (de ocho puntas, de sinople).
– de San Mauricio (griega trilobulada de plata).
– de San Pedro (latina *ranversada).
– de Santa Tecla (de tau).
– de Santiago (latina de gules en forma de espada con los extremos del travesaño floronados y el pomo en punta de lanza).
– del Santo Sepulcro (o de Jerusalén).
– de Sobrarbe (mal llamada así la de Arista o Aragón antiguo).
– de tau (*commissa*, de San Antonio o Santa Tecla).
– de tau bífida (o de ípsilon).
– teutónica (latina, patada y cóncava, de sable y fileteada de plata).
– de Tierra Santa (o de Jerusalén).
– de Tolosa (u occitana, *tricúspide, *vacía y *pometeada de oro).
– trebolada (terminada en cuatro tréboles).
– de vid (horquillada, las hojas de cuyas horquillas son losanges).
– Sinónimo de reverso, lado menos importante de un objeto con dos caras.

cuadrado incuso. Huella en *hueco que presentan algunas *monedas, en forma de cuadrado. V. *moneda incusa.

cuadrante. V. armadura y *quadrans*.

cuadrifolia, cuadrifolio. Ornamentación formada por cuatro arcos de círculo tangentes o secantes y dispuestos a modo de pétalos de una flor. A veces se hallan separados por pequeños ángulos rectos.

cuadriga. Carro de dos ruedas

tirado por cuatro caballos usado sobre todo en procesiones y carreras. Es vulgarismo pronunciar cuádriga.
cuadrigado, cuadrigato. *Denario romano con una *cuadriga como *tipo.
cuadrilongo. Dícese del *escudo rectangular. El alemán lleva una muesca arriba, a la izquierda (del observador). El español es cuadrilongo redondeado por abajo. El francés acaba en punta por abajo. El inglés es apuntado como el francés y con orejetas agudas en cada ángulo superior.
cuadro. En general; obra pintada *mueble, no *mural.
– Aplícase generalmente al *lienzo o *tabla pintados al *óleo y enmarcados.
cuartel. Cada uno de los cuatro espacios iguales en que queda dividido el *campo del *escudo heráldico por dos líneas que se crucen. Por analogía, cada espacio del campo en que se divide éste por las líneas divisorias, aunque no se entrecrucen. ⇨ 29.
cuartelado. Dícese del *campo del *escudo, en *Heráldica, cuando está dividido en cuatro partes iguales por dos líneas perpendiculares, vertical y horizontal. Si la división de cuatro cuarteles procede de otras líneas se dice cuartelado en *cruz, *escuadra o *sotuer. Los *cuarteles se numeran de arriba abajo y de izquierda a derecha (del observador). ⇨ 30.
cuarterón. Cada uno de los elementos encajados por los *montantes de una puerta, ventana, etc.
cuarto bocel. V. moldura. ⇨ 35.
cuaternio. *Moneda de otro cuñada por Augusto, que valía cuatro *dureos.
cubiculum. Dormitorio, en la casa romana.
– Habitación pequeña o resenada.
cubiculus. Pequeña salita o ensanchamiento que existía en las *catacumbas.
cubierta. En general, sistema de cierre de la parte superior de una construcción.
– Específicamente, cubierta plana, sin *abovedar y sin que intervengan elementos curvos.
– V. armadura.
cubismo. Movimiento artístico que valora la expresión primaria del volumen y la *forma –reducidos a conos, cubos, cilindros, esferas– frente al descuido en que en este aspecto había llegado a incurrir el *impresionismo, atento sobre todo a la superficie y a la apariencia momentánea de la realidad. El cubismo deriva del *postimpresionismo y se bifurcará en dos ramas principales: la sintética, que busca mostrar de modo simultáneo la forma de un objeto visto desde *perspectivas diferentes, y la analítica, o primera fase cubista en que los cuerpos se desintegran mostrando sus

componentes volumínicos esenciales. En muchos aspectos, el cubismo es una reacción contra ciertas vías impresionistas que habían llevado el desapego de la realidad a extremos verdaderamente asistemáticos. El cubismo vuelve a tomar contacto con el mundo físico, ateniéndose a la última realidad formal de las cosas y reduciéndolas a sus *esquemas geométricos esenciales. Sus orígenes están, fundamentalmente, en las obras de última época de Cézanne, aunque sus primeros cultivadores propiamente hablando fueron Picasso y Braque.

cubo. *Torre circular o poligonal de una fortaleza, adosada a la muralla.

cubriente. *Color añadido a otro para reforzarlo.
– V. imprimación.

cucullus. Cualquier capucha o capuchón del vestido *clásico.

cuché. **Couché.*

cuchillo, a–. Dícese de los elementos puestos de canto (especialmente ladrillos, sillares, etc.).

cuchillo de sílex. Pieza que tiene un borde sin *retoque, cortante, mientras el otro conserva el *córtex o ha sido retocado de modo que no corte.

cuenca o arista, azulejos de–. Estas piezas presentan dibujos en hueco obtenidos por presión de un molde y coloreados luego enteramente gracias a los esmaltes depositados en las concavidades o cuencas delimitadas por una arista o canto vivo, el color sólo puede correrse en el caso de que se desborde de su compartimento por exceso.

cuerda seca, cerámica de–. Aquella en que los *colores aparecen puros planos, yuxtapuestos cuidadosamente, dejando un fino trazo de separación, cuyos *perfiles se consiguen mediante una pincelada de materia grasa. La *estampación, hecha con esta materia o manganeso, se rellena luego con colores esmaltados o *fundentes.

cuero cortado. *Motivo decorativo formado por una placa que tiene los bordes recurvados al modo en que quedan los extremos del cuero o del metal cuando se recortan con una tijera.

cuerpo. Parte de un edificio separada del superior por *cornisa o *imposta.
– *Piso del *retablo: Conjunto de los pisos. ↪ 42.
– V. escudo.

cuestorio (*quaestorium*). V. **castra.*

cúfica. Escritura árabe, usada muchas veces con propósito ornamental, que debe el nombre a la ciudad de Cufa, en Mesopotamia. Su aspecto es angular.

cumbi. Tela muy fina, tejida en lana de vicuña, que hacían los incas destinada a vestidos de reyes y señores.

cuneiforme. Escritura grabada en piedra, arcilla, metal, etc., por medio de cuños, usada en Mesopotamia y Próximo Oriente por sumerios, acadios, babilonios, asirios, hititas, egipcios, etc., y que fue un verdadero sistema internacional de comunicación en el que se escribieron numerosas lenguas y, principalmente, el acadio. Es la escritura propiamente dicha más antigua que conocemos, con orígenes en el tercer milenio a. de C.

cuneus. Cada una de las partes en que queda dividido el *auditorio romano por los pasillos de acceso. Es a modo de cuña o triángulo. ☞ 45.

cuño. *Sello en *relieve.

– En Numismática, una de las dos piezas de metal que reproducen, en negativo, el *anverso o el *reverso de una *moneda o *medalla. Suele ser de acero, desde tiempos de Constantino.

– V. acuñación.

cúpula (del it. *cupola* < *cupulla* = cubeta). *Bóveda semiesférica. Generalmente cubre un espacio cuadrado cuyo paso a *planta circular u octogonal se da por medio de *trompas o *pechinas. Cuando se desea conseguir una mayor elevación de la cúpula, se hace a ésta reposar no sobre las trompas o pechinas directamente sino sobre un ancho anillo o *tambor, a modo de cuerpo cilíndrico u octogonal. ☞ 41.

– Cuando la iluminación no se hace mediante *vanos en el tambor o quiere reforzarse ésta, se agrega a la parte superior de la cúpula una pieza llamada *linterna que es un segundo cuerpo cilíndrico o poligonal cubierto, a través de cuyos vanos, practicados en derredor, entra la luz: no debe confundirse con el *duomo o domo, que a veces la recubre exteriormente.

– de gallones o gajos: la que recuerda o imita el aspecto de los gajos de una naranja.

– Falsa cúpula: la obtenida por aproximación sucesiva de hiladas.

– *de paños. V. bóveda.

cupulino. Casquete con que a veces se remata una *cúpula.

cureñado. En *Heráldica, dícese del cañón cuya cureña va en *esmalte distinto («cureñado de sable»).

curia. Edificio público que en Roma servía para asambleas de magistrados. Por antonomasia, la sede del Senado.

– Sede de un tribunal o dicasterio.

curo. **Kouros*.

curvada. En *Heráldica, se dice de la *partición del *escudo, alguno de cuyos perfiles se muestra curvo. Se especifica «arriba», o «abajo» según la parte del escudo a que mira la convexidad de la curva. ☞ 33.

curul. V. *sella curulis*.

custodia. Objeto, comúnmente de orfebrería, que reposa, si es sencillo, sobre un pie trabajado; sirve para mostrar la Hostia a la adoración de los fieles. Puede adoptar formas arquitectónicas, muy complejas, imitando *templetes o construcciones de varios pisos. Sus materiales más frecuentes son el oro, la plata y los metales preciosos y sobredorados.
– V. ostensorio.

cyathus (*κύαθος*). Ciato, pequeño tazón griego, dotado de una larga asa vertical, que lo hacía apto para ser introducido en la *crátera, y sacar de ella la bebida que se vertía en las copas. ➾ 14.

cylix. **Kylix.*

cymasis. Címasis, reborde de la *teja griega colocada en el extremo de la *techumbre, con objeto de canalizar el agua de lluvia e impedir que caiga sobre la *fachada.

cymbium (de *κυμβίον*, de *κύμβη* = barquilla). Cimbio, vasija grecorromana en forma de campana o nave invertida.

CH

chaflán. Esquina cortada por un plano para evitar una *arista.
chalé, chalet. Casa hecha al estilo suizo; casa de recreo, aislada.
chamberga, pintura a la–. Procedimiento de *pintar objetos, no expuestos a la intemperie, usando colores preparados con *barniz de pez griega y aguarrás.
chambrana. *Doselete. ∞ 42.
– Labor o adorno de piedra o madera que se coloca alrededor de puertas, ventanas, chimeneas, etc.
– Cada uno de los listones que unen las patas de una mesa para afirmarlas.
champlevé. V. esmalte.
chaniwa. Jardín japonés cerrado que rodea una casita de té (**chashitsu*). Lo surca una vereda *(roji)* que va desde la entrada hasta la casita de té, formada por piedras planas dispuestas en desorden aparente.
chanoyu. En japonés, «el agua caliente del té». Designa la preparación del té verde en polvo y a menudo se traduce por «ceremonia del té». Constituye un pasatiempo estético y un camino de introspección, purificación y búsqueda de la paz interior. Consiste en una reunión para tomar té de acuerdo con ciertas reglas establecidas y en un determinado ambiente, todo ello dispuesto por un «maestro». La costumbre china de tomar té verde se convirtió en una peculiar costumbre ritual japonesa por influencia del budismo *zen y a causa de la labor de distintos maestros del té (como Sen No Rikyu). La ceremonia implica una serie de gestos y objetos artísticos también impregnados de la estética zen, proclive a la sobriedad, simplicidad, pobreza, rusticidad, naturalidad, asime-

tría e incluso aparente imperfección.

chapitel. Remate apuntado de una *torre, generalmente bulboso, cónico o piramidal.

– Por extensión, torre cubierta con un gran chapitel.

charoniae. **Caroniae.*

chashitsu. Casita de té japonesa, pequeño edificio para la ceremonia del té (**chanoyu*). De extrema simplicidad y sobriedad por influencia del budismo zen, las casitas de té lograron su forma clásica en el periodo Momoyama (1572-1615). De materiales perecederos (como madera y bambú) y aspecto rústico, su interior es una sola sala vacía para la ceremonia, con un nicho (**tokonoma*) donde se coloca algún elemento decorativo y una pequeña despensa. Se le llama también *chatei*, *chaseki*, *cha-ya*, *kakoi*, etc.

chatón. Cabeza de clavo grande, a modo de tachuela, que se usa para ornamentar.

chawan. Taza japonesa de té. De modo especial, la de cerámica artística usada en la ceremonia del té (**chanoyu*).

chelense (de Chelles, Francia). *Abbevillense.

chetón (del fr. *jeton* = ficha). Pieza semejante a la tésera, en metal, que sirve para votaciones, controles de asistencia, etc.

cheurón (del fr. *chevron*). *Cabrio.

chevrón, cheurrón (en fr., *chevron*). Ángulo, diente de sierra, especie de *cabrio, usado sobre todo en *Heráldica.

– V. escudo.

chilani. *Bit khilani*, tipo de casa sencilla y primitiva del Próximo Oriente. También se transcribe como *hilani* (con hache aspirada) y *jilani*.

chimenea. Instalación calefactora, embutida en la pared, con una visera o campana para recoger los humos y que los vierte al exterior a través de un conducto que sobresale del tejado adoptando muy variadas formas.

– El conducto exterior de una chimenea.

chinampa. Estructura azteca de origen agrario, que ancla con pilotes en un pantano tierra cultivable superponiendo capas hasta sobrepasar la superficie.

chinelas. Calzado sin talón que, a diferencia de los pantuflos, tenía piso de suela y no de corcho.

chinesco. V. matizado–.

chino. V. bordado de tipo–.

chinoiserie. Término francés con el que se designa una obra artística hecha al gusto chino.

Chippendale. Estilo mobiliario de mitad del s. XVIII que recibe el nombre de su creador inglés, Thomas Chippendale (1718-1779) y que pervivió durante los comienzos del XIX. Se caracteriza por su sobriedad y su armonía, a pesar de tener influencias

góticas, orientales y holandesas.
Chopper (en inglés: cortador, pico). V. *pebble-tools.*
chopping-tool (del ingl. **chopper* y *tool* = utensilio). V. *pebble-tools.*
chorrera. Guarnición del vestido hecha de *encaje.
- V. guarnecer.
churingas (del austr., *tiuringa*). Pequeñas piedras sagradas que guardan algunos pueblos primitivos por creer que en ellas residen los espíritus de sus antepasados.
- Por analogía formal se ha llamado así, a veces, a ciertos cantos rodados prehistóricos *decorados con *pigmentos, como los aparecidos en Mas d'Azil. Dicha denominación es impropia y debe rechazarse.
churrigueresco (de Churriguera). Relativo al *Barroco español, en Arquitectura. Recibe el nombre de José de Churriguera (1665-1723). Es extraordinariamente fastuoso y muy abundante en Hispanoamérica.
- Por extensión, cualquier *arquitectura abigarrada, muy decorada. etc.

D

dadaísmo. Movimiento antiacademicista, nacido en 1915 y por lo tanto en plena Guerra Europea, como protesta contra cualquier orden establecido o cualquier sistema racionalizado y sujeto a normas. Los sentimientos de angustia, de absurdo, de anonadamiento, de desastre universal a que abocaba en sus consecuencias el mundo capitalista, convirtieron a los *dada* en gentes negativistas y desconcertantes, cuyo impulso se perdió con la presencia joven del surrealismo, que articuló un sistema más complejo y expresivo basado en el psicoanálisis, donde se expresaban sensaciones semejantes pero más ricas, complejas y universales. Su fundador fue el rumano Tristan Tzara en 1916. El nombre de *dada,* hallado hojeando al azar el diccionario francés de Larousse, significa el primer sonido emitido por el niño, sin expresión ni consciencia. En 1922 se escindió el movimiento.

dado. Parte central y mayor de un *pedestal.
- Hexaedro.

dadóforo (de *δᾳδοφόρος* = el que lleva una tea). Joven portador de un hachón. En el culto mitraico suele haber representados dos de ellos: uno con la antorcha alzada (Caute, representado al sol naciente) y otro con la antorcha baja (Cautopate, representando al ocaso).

daga. Arma blanca, corta, de dos filos, aunque las hubo de uno, tres y hasta cuatro. Originalmente la usaron sobre todo los dacios.

daguerrotipo. Procedimiento inventado por Daguerre (1769-1851) para fijar con una cámara obscura las imágenes sobre

planchas de plata sensibilizadas al vapor de yodo. Es el antecedente directo de la *fotografía, aunque se diferencia de ella en que se obtienen *impresiones positivas, necesitándose tantas placas cuantas *reproducciones se desee hacer.
– *Retrato obtenido por este sistema.
dalmática. Túnica larga y de amplias mangas que substituyó a la **stola* y que se usó en el Bajo Imperio tanto por hombres cuanto por mujeres; llegaba bajo las rodillas o hasta los pies, y fue al principio un vestido de lujo. ☞ 51.
– Vestidura sacerdotal que cubre el *alba. Es propia de los diáconos y subdiáconos que asisten al presbítero oficiante. Carece de mangas, pero posee dos bocamangas, piezas laterales que nacen en los hombros y que caen cubriendo los brazos en su parte superior; va abierta por los lados. Las partes decorativas más importantes son: *collares, *bocamangas, *antepiés y *jabastros.
damasco. Tela rica, de seda o lana, por lo general decorada con hermosos dibujos a todo lo ancho del tejido, que tuvo su origen en la ciudad de su nombre.
damasquinado. *Embutido de hilos de metal precioso en ranuras muy finas practicadas en una placa de metal (hierro o acero) más pobre.
dammar. V. fijador.
damnatio memoriae. Nombre latino con que se conoce una decisión tomada por el poder político o religioso en la Antigüedad, romana o no, por la que se condenaba al olvido oficial y a la execración a algún personaje, su nombre, sus efigies, etc., debiendo ser desfigurados o destruidos todos aquellos objetos que los reprodujesen.
danake (de *δανάκη* = monedita). Moneda persa de plata, de valor poco superior al *óbolo. Con este nombre se denominó más tarde el óbolo de Caronte y a cualquiera acuñado en Asia (y Antioquía especialmente).
danchado. En *Heráldica, lo es el animal con dientes representados en *esmalte distinto al del cuerpo. También el mueble y la *pieza cuyos perfiles son *dientes. V. dantelado.
dantelado. En *Heráldica, con *dientes agudos numerosos y de pequeño tamaño.
danubiana. Escuela pictórica bávara y danubiana existente a principios del s. XVI. A ella pertenecieron Altdorfer y L. Cranach entre otros. Realizaron la síntesis del *gótico y del *manierismo en Alemania, logrando un arte dramático que se halla espiritualmente presente en el Romanticismo alemán.
dar. Puerta, en árabe.
dardo. *Ornamentación en for-

ma de aguda punta que separa dos *ovas. ☞ 37.

dárico. *Moneda de oro acuñada por Darío I. Su valor comenzó siendo el de 20 dracmas áticas. Suele llevar en el anverso, en sus distintas épocas y como una constante, un rey tirando al arco.

data. Conjunto de circunstancias de tiempo y lugar en que ha sido realizado un hecho.

deambulatorio. Pasillo que rodea la parte trasera del *presbiterio. Es prolongación de las *naves laterales y sólo excepcionalmente se da sin ellas. *Girola. ☞ 8.

– En los edificios de planta central, espacio deambulable que rodea al espacio central.

decástilo (*δεκάστιλος* = de 10 columnas). Con diez *columnas en su frente.

decemiugis, decenyugo (*decemiugis* = con 10 yugos). Carro romano tirado por diez caballos.

decoración. *Ornamentación.

– «El conjunto de los elementos de una obra de arte que se dirigen directamente a los sentidos, tales como el color y el tono. O que directamente suscitan sensaciones imaginativas, como la forma y el movimiento» (Berenson).

Decorated (Style). Segunda fase de la evolución del *Gótico en Inglaterra, que va desde el último cuarto de siglo XIII a mitad del XIV. Termina en el estilo *perpendicular y se divide en dos períodos: geométrico y curvilíneo, según la ornamentación de sus grandes ventanas.

decorativismo. Predominio, en una escuela u obra de arte, de lo ornamental sobre lo estructural.

decorativo. Que contiene *decoración, que decora.

– Que no tiene papel *constructivo.

– V. decoración.

decumana, puerta–. Puerta situada al extremo del *decumano y, en especial, del decumano máximo.

decumano (*decimanus* o *decumanus,* de *decima* = la décima parte). Línea topográfica trazada por los gromáticos o topógrafos romanos para orientar algún trazado (catastral, campamental, urbano, etc.) de acuerdo con la disposición del cosmos y que sigue el rumbo Este-Oeste. Por extensión, calle urbana dispuesta de ese modo en un trazado viario en forma de damero. El decumano central era el decumano máximo.

– V. *kardo*.

decuncia, decunx. *Óbolo de plata de sistema ático, en Siracusa.

– *Moneda de cuenta romana, que valía 10/12 de *as (de *decem unciae*, diez onzas).

decussata. V. cruz. ☞ 20.

decussa, decussis. Moneda

cuyo valor era el de diez *ases. Su signo era una X grabada en el bronce.

dedálica (de Dédalo). Nombre dado a la *escultura griega del siglo VII a. de C. y, concretamente, a la que se supuso fabricada en Creta por el artista Dédalo. Es la primera escultura de la época *arcaica. Sus productos más típicos son los **xóana*.

deesis (de *δεήσις* = plegaria). Representación de Jesús con la Cruz, con San Juan Evangelista y María al pie de la misma. A veces, Jesús aparece en el trono celestial. Es un motivo muy empleado en el arte bizantino hasta el s. XIV.

defendido. En *Heráldica, se dice del animal cuyos colmillos van en *esmalte distinto al de la cabeza («defendido en gules»).

defixión (del lat. *defixio* = maleficio). Inscripción mágica que invoca un daño sobre una persona. Las *tabellae defixionis* o láminas con una maldición grabada son un documento arqueológico frecuente.

degenerado, arte–. «Fue llamado así, por los teóricos del nacionalsocialismo alemán, el arte que representa la realidad natural con formas crudas o deformadas o que se aleja de ella para buscar motivos abstractos de expresión o revelación. Las obras de arte, incluso de artistas extranjeros, en oposición a las mismas concepciones nazis, fueron quitadas de los museos alemanes. Muchos artistas, entre los que hubo también arquitectos de las nuevas corrientes, fueron obligados a emigrar de Alemania» (Masciotta).

degenerante. Llámase así al *arco adintelado. (En desuso.)

deificación. Representación de un ser ornado con los *atributos de la divinidad.

delantal. *Antipendio.

delantera. *Fachada.

delineación. Acción y efecto de trazar las líneas que dan forma a una *figura.

– Trazado de un plano a escala.

Delta místico. Triángulo radiante en cuyo interior está el ojo de Yahvé o su sigla hebraica, *YHWH.*

delubro (del lat. *delubrum* < *deluere* = limpiar). Santuario de los latinos, en el que se alojaba un estanque o una fuente para purificarse; también se llama así a la parte más recóndita del templo donde se halla la estatua del dios.

demótica, escritura–. Escritura cursiva de los egipcios, de época tardía, de uso común frente a la hierática o jeroglífica.

denario. Unidad monetal romana de plata. Valía inicialmente diez ases de bronce y luego se devaluó a dieciséis, pasando de unos 4,5 gr a 3,9; por ello llevó sucesivamente las marcas X y XVI (ésta, en forma de estrella de seis radios, por superposición de los tres numerales).

dendrocronología (de δένδρον = árbol y χρόνος = tiempo). La dendrocronología es una técnica que extrae datos cronológicos del estudio de los anillos que, en el interior de los troncos de los árboles, marcan las diversas fases de su crecimiento, variando en su anchura y color según la edad de la planta, la humedad de las estaciones, su duración, etcétera. Si se dispone de una serie o secuencia suficientemente homogénea y continua, los resultados llegan a ser sorprendentemente precisos y alejados en el tiempo.

dendróforo (de δενδροφόρος = portador de árboles). Que porta una rama de árbol.

dentada. V. moneda–.

dentado. En *Heráldica, *danchado. V. diente y dantelado.

dentellado. Con dentellones o salientes a modo de almenado o escalonado.

denticulado. En *Heráldica, *bordura o perfil con *dientes que alternan *esmaltes y los tienen distintos que el campo o la *pieza, *mueble, etc., en que se representan.

– Útil de piedra, prehistórico, que presenta una serie de escotaduras en uno o varios bordes que aparecen sembrados de indentaciones más o menos regulares.

dentículo. Adorno en forma de paralelepípedo colocado de modo que sobresalga del fondo, al objeto de conseguir efectos de luz y sombra. Se presentan en serie, formando la decoración llamada denticulado. ⇒ 40.

deprimido. V. arco. ⇒ 3.

derrame. Corte sesgado de las *jambas de una ventana o disposición de un *vano de manera que se aumente la recepción de luz, por ser mayor la abertura en la parte exterior del muro. Con propósitos defensivos, el derrame es inverso o al interior. ⇒ 42.

– V. aspillera.

desarmado. En *Heráldica lo es el animal que, poseyendo uñas, no las lleva representadas.

desarrollo. Dibujo en el que se muestran como algo simultáneo y sin solución de continuidad las diversas partes de algo que en la realidad no puede ser abarcado desde una perspectiva fija o única.

desbastar (de *basto*). Disminuir el grosor de una pieza al *modelarla, *tallarla, etc.

descarga (de *cargar* < *carricare* < *carrus* = carro). Transmisión de *empujes.

– V. arco de descarga. ⇒ 3.

descensio. V. bálneo.

desconchado. Desprendimiento parcial de la capa de *pintura, *esmalte, etc., que recubre a un objeto. Suele ser debido a la mala conservación del mismo, bien por falta de cuidados, bien porque no fue fijada convenientemente.

desguarnecido. Adjetivo que, en *Heráldica, se aplica al animal no salvaje que aparece desnudo por entero (sin bridas, collar, bozal, etcétera).

desmembrada. En *Heráldica, se dice de la rapaz sin garras.

desmochado. En *Heráldica, *brisado.

desnudo. Representación de una *figura desnuda.

– Escasa o nulamente ornamentado.

– Superficie lisa sobre la que se aplican adornos.

despeñada. En *Heráldica, el ave que tiene las alas abiertas y la cabeza gacha, como si cayese.

despidiente. *Vierteaguas.

despiece (del célt. *pettia* = pedazo, *pieza).* *Convención en el Arte *rupestre del Paleolítico Superior que consiste en delimitar, mediante *líneas o *tintas planas, los diferentes *tonos del pelaje de un animal, sus diferentes planos de *volumen, etc.

– del arco o bóveda: modo de estar dispuestas sus piezas o *dovelas (V. enjarjado). *Despiezo. ☞ 6.

despiezo. Despiece (2.ª acep.).

desplome. Saledizo.

desramado. En *Heráldica, *ebrancado, *ecotado.

destrictorio (del lat. *destrictorium* = sala de limpieza). V. bálneo.

deunx, deuncia. Moneda romana de cuenta que valía 11/12 de *as (es decir, 11 onzas).

devoción, armas de–. Las heráldicas adoptadas por eclesiásticos, solas o junto a las familiares, con un fin religioso.

dextans, dextante. Cinco sextos de la unidad y, en particular, moneda romana de cuenta (no acuñada) que valía 10/12 de *as.

dextrógiro. En *Heráldica, el brazo humano entero que va del flanco diestro del *escudo al siniestro (según el observador, de izquierda a derecha). V. brazo izquierdo.

diacónico (de *διακονικόν* = *diaconicum).* Literalmente, lugar de servicio, *ábside lateral de la *basílica paleocristiana, especie de *sacristía donde se guardaban las ofrendas, en el lado opuesto a la *prótesis. ☞ 10.

diadema (de *διάδημα* = que ciñe). Cinta que ciñe el pelo y la frente. Significa, en los varones, alguna dignidad y, en especial, la del soberano desde época helenística. Se emplearon también, desde los comienzos de la metalurgia, diademas metálicas.

diadúmeno (de *διαδούμενος* = el que se pone la diadema). El portador de *diadema, o el que se la ata en la frente.

diagonal. *Nervio de la *bóveda de *crucería que la cruza diagonalmente pasando por la *clave. ☞ 12.

diamantado. En *Heráldica, que lleva *carga de un diamante en el centro.

diamante. Carbono puro cristalizado, transparente e incoloro. Es el cuerpo más *duro –es decir, difícilmente rayable por otro– que se conoce. Su rareza le da gran valor. Como en estado natural no es atractivo, precisa de una buena *talla para adquirir precio.

– V. punta de–.

diapreado (del fr. *diapré).* En *Heráldica se dice del elemento adornado con arabescos.

diartrosis (*διάρθρωσις*). Término griego que literalmente significa dividir por articulaciones o componer articuladamente. En la *estatuaria griega *clásica, la mayor parte de las innovaciones aportadas al estudio del cuerpo humano lo fueron al del varón por ser éste más diartrósico que el de la mujer, ya que, presentando un aspecto igualmente unitario, sus partes están más separadas en apariencia, puesto que faltan en la anatomía masculina las pequeñas capas adiposas que redondean típicamente la femenina. Las masas musculares varoniles daban a la vez sensación de formar elementos aislados entre sí, susceptibles de un tratamiento peculiar e individual, sin dejar por ello de estar integrados en un todo homogéneo. Este reto a la técnica de los artistas clásicos –el de armonizar las partes con el todo sin confundir a éstas pero logrando a la vez la unidad de ritmo y composición– fue vivamente sentido por los teóricos del clasicismo.

diaspre (del it. *diaspro* = jaspe). Seda de color uniforme en dos tonos haciendo aguas. Frecuentemente en los documentos de los siglos XIV y XV aragoneses y catalanes.

diástilo. Edificio cuyos *intercolumnios miden tres diámetros de *columna (seis *modulos), según Vitruvio.

diátesis (de *διάθησις* = ordenación de las partes). Principio clásico y vitruviano que regula la armoniosa disposición de los elementos arquitectónicos y la elegancia del conjunto.

diatreta (de *διατρήτα* = vasos perforados o torneados). Vaso o copa preciosos de metal o vidrio, artísticamente grabados o calados y con relieves.

diazómata (de *διαζώματα* = corredores). Eran las divisiones horizontales de los graderíos, a diferencia de los **cunei*, o divisiones verticales. ☞ 44.

–En Roma se llamaban **praecinctiones*. Estos muros dividían la *cárea o conjunto de gradas en *ima, summa* y *media*, según la distancia de cada uno de los círculos (**menianum)* resultantes de la *arena.

dibujo. Representación gráfica por medio de líneas, trazos y sombras, obtenido mediante lápiz, pluma u otro objeto semejante.
– *Representación en la que predomina el trazo sobre el *color.
dicalco (de δίχαλκον = que vale dos bronces o calcos). Moneda de cobre o bronce griega, que valía 1/4 de *óbolo.
didracma, dídracma (de δι-δραχμή). Moneda griega de plata que valía dos dracmas. A veces se llamaba así a la *estátera.
diente. En *Heráldica, el formado por dos segmentos que hacen ángulo. Si éste es agudo, el diente es dentado (o diente, a secas), si recto, vibrado; si obtuso, centellado.
diente de perro. Saliente cúbico o paralelepipédico.
–Ornamento arquitectónico en forma troncopiramidal.
dientes de sierra. Ornamentación en ángulos entrantes y salientes yuxtapuestos alternativamente.
diestra, diestro. Referente al flanco del escudo que queda a la izquierda del espectador. V. escudo. ☞ 28.
Difro, diphrum (de δίφρος = asiento para dos, asiento). Nombre griego de la silla curul, asiento de marfil de los cónsules romanos.
difuminado. Hecho con *difumino.
– Que consigue los *efectos del difuminado.
difumino. Cilindro de piel, papel u otra materia apta para difuminar, es decir: extender el *trazo del *lápiz dando *empaste a las *sombras, *rebajando los *contornos, logrando efectos de *suavidad, vaguedad de perfiles, etc.
dignidad, armas de–. Lo son, en *Heráldica, las propias de un cargo o función.
dije (subst. *dije* < *decir*, por *cuento, menudencia)*. Cualquier joya o alhaja que se lleva como adorno.
dinamismo plástico. Ismo contemporáneo italiano, futurista, que se caracteriza por su preferencia por la velocidad pura, incluso independizada del movimiento. Sus hombres más representativos son Carrá, Marinetti y Severini.
dinanderie. Bandeja petitoria de *aleación de cobre o latón, labrada en Dinant, ciudad belga del distrito de Namur. Lleva un anillo de inscripciones en torno a un núcleo central y una orla de flordelisados en el borde. Es voz francesa.
dino (de δῖνος = giro, torneado, de donde vaso redondo o globular). Hermosa vasija griega, de formas muy características, que recuerdan a las de los modernos quinqués. Es una especie de caldero o receptáculo colocado so-

bre un soporte vertical, más o menos recargado de líneas. Durante la época *arcaica estuvo bastante en boga, pero no más tarde, ya que gran parte de su superficie no era apta para la *decoración figurada. No obstante, logró mantenerse gracias a su peculiar apariencia, y debió de pervivir al menos hasta fines del s. V a. de C., aunque su mejor momento fueron los siglos VII y VI.

dintel. Elemento horizontal que soporta una carga, apoyando sus extremos en las *jambas o *pies derechos de un *vano. ⇒ 42.

– V. adintelado.

dintorno. *Delineación de las partes de una *figura contenidas en su interior.

– Contorno interno.

dióbolo (de *διόβολον* = de 2 óbolos). Moneda griega de plata que valía 1/3 de *dracma o dos *óbolos.

dionisíaco, dionisiaco. Relativo a Dioniso. Es decir: al mundo de los sentidos y de lo sensual e instintivo. Fue popularizado el término por Nietzsche y se contrapone a lo *apolíneo, que significa lo relativo al mundo de la luz, de la razón y del orden armónico.

diorita. Piedra dura, parecida al *basalto, de *color verde o verdinegro, muy utilizada en Mesopotamia y Egipto, que, tras recibir *pulimento, presenta aspecto brillante y muy hermoso.

diphrum. *Difro.

Dípilo, Dípylon (de *Δίπυλον* = de 2 puertas). Cementerio de Atenas, llamado así por la doble puerta junto a la que se hallaba, y que dio nombre a un tipo de *cerámica ática geométrica fechable en los siglos IX y VIII a. de C.

diploídio, diplois (de *διπλοίδιον* = jitón doblado). Doblez o pliegue de la parte superior del *jitón.

díptero. Rodeado de doble fila de *columnas. Las dos filas deben distar un *intercolumnio. Suele tener cada fila 8 ó 10 columnas. ⇒ 46.

– Edificio con dos alas o costados salientes.

díptico. Trabajo hecho en dos hojas que pueden cerrarse a modo de libro.

– consular: díptico de la época romana, generalmente hecho en *marfil, que se desarrolló intensamente en el Bajo Imperio y que presentaba, en *relieve, *escenas alusivas a la dignidad del cónsul o magistrado que lo había mandado fabricar.

Directorio. *Estilo contemporáneo de la última fase revolucionaria francesa, transición entre el estilo Luis XVI y el estilo Imperio. Como ornamentaciones predilectas emplea la *palmeta, la margarita, el *losange y, en general, temas de inspiración egipcia y clásica.

disco. Objeto de forma plana y circular.
– En *tipología lítica, útil *tallado bifacialmente, y de aspecto circular o casi circular.
– Pieza *cerámica, plato o cuenco, utilizada desde los almohades y en especial en el *mudéjar.
discóbolo (δισκοβόλος). Atleta lanzador de disco.
discóforo (δισκοφόρος). Portador de disco.
diseño. Fase de realización de una obra de arte, intermedia entre la concepción y su acabado.
– *Esbozo, *bosquejo.
– industrial: aplicación de una idea o técnica artística a una actividad o producto industrial.
diskeles. *Disquele.
disminución. En *Heráldica, una *pieza reducida en su anchura. (El *palo, por ejemplo, tiene una primera, que es la *cotiza; y una segunda, que es el *bastón, a su vez primera disminución de aquélla.)
disquele (de κέλης = que corre). Símbolo que consiste en dos piernas que nacen de un mismo punto que suele estar decorado con una cabeza femenina o un *gorgoneo. Se hallan dobladas por la rodilla, a veces con pequeñas alas en el tobillo, dirigidas en una misma dirección y puestas de perfil. Semejantes fueron el *trisquele y el *tetrasquele.
dístilo (de δίστυλος = con dos columnas). Con dos *columnas en *fachada.
– Con dos columnas.
diván. Colección o antología de poemas árabes.
– Sofá sin respaldo y con almohadones.
divina proportio. *Sección áurea.
divisa (lema). Empresa o emblema de un personaje o institución. Puede ser una simple *figura (o cuerpo), una leyenda (ánima) o ser una «divisa perfecta» (con cuerpo y ánima explicativa).
divisa (pieza). En *Heráldica, vale por «faja en divisa» o «ceñidor» y es una disminución de la *faja. V. escudo y faja.
divisionismo (de *división).* *Ismo francés (hacia 1880) extendido a Italia, cuyos defensores afirmaban la necesidad de pintar aplicando el *color sin empaste ni mezcla, sino puro, en puntos, vírgulas y pequeños trazos, aplicando las leyes de los colores complementarios, de modo que la fusión del color no se realizase en el cuadro sino en el ojo del espectador, obteniéndose así una gran sensación de vibración luminosa.
– Se llama también *puntillismo, y es una escuela neoimpresionista.
doble, cruz–. V. cruz. ☞ 20.
doctores de la Iglesia. *Padres de la Iglesia.
dodecástilo (de δωδεκάστυλος

= de doce columnas). Edificio con doce columnas en fachada.

dodrante (de *dodrans* = as menos un cuarto). Moneda romana que valía 3/4 de *as, y cuyo signo era S ∴, es decir, un *semis y tres *onzas.

doelenstuk (del hol. *doel* = compañía y *stuk* = escena). Representación de *género de una compañía ciudadana y burguesa con sus atributos y enseñas militares que fue muy común en los Países Bajos en los siglos XVI y XVII. Hals, Herst y Rembrandt *(La ronda de noche)* pintaron algunas de las más famosas.

dogu. Estatuilla antropomorfa japonesa, generalmente femenina, de terracota, de tipo mágico y propiciatorio, típica del periodo prehistórico Jomon (10.000-300 a. de C.).

Dolio, dolium. Vasija, a modo de gran tinaja, muy usada en Roma para guardar líquidos y sólidos. Era muy semejante al *pithos* griego, y solía enterrarse hasta más de la mitad de su altura, para evitar su fractura y hacer más cómoda la extracción de su contenido.

dolmen. *Megalito en forma de mesa. Generalmente se usó como sepultura.

– de corredor: cueva artificial formada por yuxtaposición de dólmenes trilíticos.

dominio, armas de–. V. soberanía.

domo. *Duomo.

donante. Representación, en una obra de arte, del que la mandó realizar como ofrenda a la divinidad, a un santo, etc.

donjón (del fr. *donjon*). *Torre, último baluarte de un castillo, normalmente con salida independiente al exterior y protegida para facilitar la huida. Es galicismo.

donjonada. En *Heráldica, *torre de la que sale otra menor. También se aplica a la muralla torreada.

dorada, cerámica–. V. dorado

dorado. En *cerámica, «imitación de los reflejos del oro mediante la aleación de plata, cinabrio, sulfato de cobre, óxido de hierrro y azufre. Aplicado disuelto en vinagre, sobre la pieza vidriada o esmaltada (ya vitrificada) y tras la tercera cocción de la pieza, con mucho humo y menos fuego, queda adherida a la cubierta, teniendo que refregarla para sacar la corteza que se forma y que aparezca el dorado. El color del dorado varía según el humo que recibe la pieza dentro del horno» (Llubiá).

– También se llama al dorado *«reflejo metálico».

– V. loza dorada.

dorar. *Revestir exteriormente de oro, bien sea mediante *baño, o por aplicación de *láminas, *panes, etc.

dórico. Uno de los *órdenes clásicos. V. orden.
doríforo (de *δορυφόρος* = portador de lanza). Atleta portador de lanza.
dormición. Muerte de la Virgen. *Tránsito.
dorso. *Reverso, *cruz o *envés. – En tipología lítica, cara de una pieza opuesta al *plano de lascado por el que se ha desprendido del *núcleo.
dosel. *Cubierta ornamental de un asiento, *imagen, *estatua, etc. con la que se realza su dignidad. Suele ser, sobre todo en el gótico, a modo de *templete abovedado y *recargado. Usualmente va fijo por uno de los lados a la pared o estructura que lo sustenta. Si va sobre *columnas es más propio llamarlo *baldaquino o *templete, reservándose entonces la denominación de dosel para la parte superior de éstos.
– V. doselete.
doselete. *Dosel típico de la *arquitectura gótica, a menudo imitación de las formas de un *templete, *ornamentado con *pináculos y en abovedamiento. ☞ 42.
dovela. Pieza en forma de cuña, usualmente sin vértice, cuya parte inferior unida a las de sus vecinas, forma el *intradós de un *arco. Las *dovelas que componen el arco se caracterizan por su disposición radial. ☞ 2, 6.
– acodada: a *montacaballo.
dovelado. Dispuesto de modo semejante a las *dovelas que forman el *arco.
dracma (*δραχμή*). *Moneda y unidad monetal griega, de plata, seismilésima parte del *talento en los sistemas duodecimales, centésima parte de la *mina. Valía seis *óbolos. Sus múltiplos fueron di-, tetra- y decadracma. Sus submúltiplos, el hemitartemorio (1/48), el trihemitartemorio (1/16), el hemióbolo (1/12) el tritemorio (1/8), el óbolo (1/6) el trihemióbolo (1/4), el dióbolo (1/3), el hióbolo o hemidracma (1/2) y el tetróbolo (2/3). En época imperial, su valor equivalía al del *denario.
dragante. Dícese de la cabeza de animal heráldico que engulle una *pieza.
dragón. Monstruo, especie de serpiente alada y cuadrúpeda. Desde Pedro IV el Ceremonioso, adorna la cimera de los reyes de Aragón, como animal expresivo del apellido de la Casa Real (dragón = d'Aragón). De su degeneración surge el murciélago o *rat penat* que adorna el escudo de algunas ciudades de la Corona de Aragón que recibieron privilegios de los reyes, como Teruel y Valencia.
dragón monstruoso. En *Heráldica, el que tiene cabeza humana barbada de sierpes.
dragonado. Voz heráldica para

designar a un ser cuya mitad posterior es de dragón.

dripping (*goteo*, en inglés). Técnica pictórica que vierte colores fluidos sobre la tela extendida en el suelo. Su más notable pintor ha sido Jackson Pollock (1912-56).

droguete. Género de tela, comúnmente de lana listada de varios colores, que suele tener flores entre las listas y que se fabrica desde el siglo XVI.

dromos (*δρόμος*). Avenida de *esfinges. En general, pasillo de acceso, largo corredor, sobre todo si acaba en una **tholos*, hipogeo o *dolmen de corredor.

Duecento. En italiano, siglo XIII.

dulce, talla–. V. grabado.

duomo. Italianismo, por catedral o iglesia principal de un lugar, sobre todo en Italia y Alemania.

– Gran *cúpula exterior, al estilo de las que se hicieron en el Renacimiento italiano, de modo que constituya la parte más importante o sobresaliente de la arquitectura de la iglesia.

– abombado: el edificado sobre un polígono.

dupondio (del lat. *dupondius* = dos pesos o ases). Moneda romana que valía dos ases de bronce.

dureza. Grado de dificultad que existe en rayar un cuerpo. No debe confundirse la falta de dureza con la fragilidad, pues muchas substancias muy duras (el *diamante, el *vidrio, el *sílex) son muy quebradizas.

– Agresividad, discordancia de un *color.

– V. duro.

durmiente. En *Heráldica, lo es el animal en actitud de dormir, con la cabeza apoyada en las patas delanteras.

duro. Lo que produce un *contraste brusco.

– Lo que, en *dibujo o *pintura, se presenta angulosamente, sin *modelar ni *matizar, etc.

– V. dureza.

Düsseldorf, escuela de–. Escuela de pintura de la primera mitad del s. XIX, relacionada con el estilo *Biedermeier.

E

Early English. Locución inglesa que designa el primer período del *Gótico inglés, con numerosas influencias normandas. Poco a poco fue evolucionando para originar el **Decorated* y terminar en el *perpendicular. Cubre los siglos XII y XIII.

ebanista. Artesano que fabrica *muebles trabajados.

ébano. *Madera muy dura, pesada y compacta, de bello color negro, apta para trabajos de precio.

eboraria. Arte de trabajar los marfiles.

eborario. Relativo al marfil.
– El artista que lo trabaja.

ebrancado (del fr. *ebranché).* En *Heráldica, árbol sin sus ramas. Dícese igualmente del tronco pelado en el que sólo quedan los arranques de las ramas, de las ramas deshojadas, etc. (La *cruz de Borgoña es un *sotuer ebrancado). Vale por *desramado y ecotado.

eclecticismo. En Arte, corriente *estética que admira las *obras maestras de todos los tiempos y *estilos.
– V. academicismo.
– Sincretismo, mezcla de estilos y modos.

ecorchée, figure– (fr.). Figura sin piel, mostrando los músculos, de la que existen muchos ejemplos en el s. XVI; formaron parte del estudio anatómico que realizaban los artistas.

ecotado. *Ebrancado.

ectipo (del lat. *ectypus* = en relieve). *Vaciado en *relieve de un *original.

ecuestre. Sobre un caballo.
– Relativo al caballo o a la equitación.

echado. En *Heráldica, el animal en reposo que tiene la cabeza alta.

edículo. Pequeño edificio.
– *Templete usado como *tabernáculo, *relicario, etc.
efebeo, efebeion (de *εφηβεῖον* = lugar de jóvenes). *Gimnasio, en la Antigüedad clásica.
efebo. Joven griego; adolescente.
efectismo. Cualidad de un artista de plasmar con viveza en su obra determinados rasgos, caracteres o elementos de modo que produzcan en el espectador una determinada impresión muy vivamente.
efecto. Impresión conseguida en *pintura mediante la conjugación de *luces, *sombras y colores.
– Impresión conseguida por una obra de arte sobre los espectadores.
– *Figura pintada al efecto, o con mucho efecto: la que produce una viva impresión de algún género.
– V. efectismo.
efigie. *Retrato de una persona.
– Rostro de una persona.
– *Perfil de un rostro en una *moneda.
efireos, vasos– (de Efira). Vasos micénicos hallados sobre todo en Efira. Son copas pequeñas, torneadas, de color marrón por fuera y sonrosado por dentro o amarillentas por fuera y grises por dentro. Se hallan pintados en negro o pardo (en las copas amarillentas), o en rosa (en las de color cuero) los motivos florales que las ornamentan.
égida. Piel de cabra que servía de escudo y coraza a los dioses griegos y sobre todo a Zeus y Atenea.
– Coraza de gala ornamentada con la cabeza de Medusa, usada en el mundo helenístico.
eginética, escultura– (de Egina). Dícese de la escultura arcaica griega del s. VI a. de C. que pertenece a la escuela de Egina, caracterizada por la especial sonrisa que imprimía a los rostros de sus obras. Sus arquetipos son los del templo de Afaya en Egina, conservados en Múnich.
egipcia. V. cruz. ☞ 20.
eje. Línea real o imaginaria que determina la división de algo en dos partes iguales o proporcionadas.
ejecución. Realización, elaboración.
– Dominio de la técnica de un oficio, pero no del arte. (Un cuadro puede estar mal compuesto, pero bien ejecutado.)
elaiothesion, elaiothesium, eleotesio (de *ἐλαιοθέσιον* = cuarto para el *aceite). V. bálneo.
elanzado (del fr. *élancé).* En *Heráldica, animal lanzado a la carrera.
electron (de *ἤλεκτρον* = *ámbar; oro y plata). Aleación natural o artificial de oro y plata, empleada en la Numismática antigua. Se le solía añadir algo de

cobre y su porcentaje de plata solía ser mayor del 20 por 100.
– Ámbar amarillo.
elefantino. Hecho en *marfil.
elíptico. V. arco. ⚭ 4.
Elizabeth (Style). Estilo arquitectónico inglés, entre 1558 y 1603, en que se produce la rápida transición de las formas medievales a las barrocas.
emaki. Rollo japonés de papel vegetal o seda que presenta en horizontal una narración mediante figuras pintadas y signos escritos. Miden entre 20 y 50 cm de alto y hasta 2 m de largo. Por la izquierda, un cilindro de madera facilita su enrollado e inclusión en la funda de seda que lo protege, unida a menudo al cilindro. De origen chino, alcanzó su esplendor al final del periodo Heian (794-1192) y en el Kamakura (1192-1333) y fue soporte predilecto de la pintura **Yamato-e*.
embanderado. En *Heráldica, que porta una banderola.
embás (de ἐμβάς = bota). Calzado humilde de fieltro, usado en Grecia. Se fabricaba en muchas modalidades. Una de ellas, al parecer, debió ser usada «por los actores que tenían un papel secundario en la tragedia» (Caffarello).
emblema. Parte central del *mosaico, generalmente *historiada, que se elabora por separado del resto o expresamente para cubrir un *vano.
– *Figura simbólica, *atributo.
– Placa metálica trabajada en relieve y generalmente conteniendo una frase en prosa o verso, que se encastraba en un objeto.
emblema. *Divisa heráldica.
embocado. Voz heráldica que adjetiva a los instrumentos (trompas, clarines, etc.), cuya boquilla y orificio de salida son de *esmalte diferente al resto del objeto.
emborronada. La *pintura en la que predominan los *colores sucios o negruzcos.
embrazado. V. escudo. ⚭ 30.
embridada. En *Heráldica, la montura con bridas esmaltadas de modo distinto al del cuerpo.
embutido. *Incrustado.
– Labor mediante la que se insertan pequeñas piezas de una o varias maderas, mármoles, etc., sobre otra de distinta especie.
– *Taraceado.
– *Escultura embutida es la que ha sido incorporada de un modo u otro o a cualquier obra arquitectónica.
empaste. Aplicación abundante de *pasta o capa de *color al *óleo a la superficie de un *lienzo, consiguiendo que no se presente plana sino rugosa, para transmitir sensación de *relieve.
empenada (del fr. *empennée*). Lo está, en *Heráldica, la saeta o flecha cuyas plumas llevan *esmalte distinto del resto de la *figura.

emperónema (de ἐμπερόναμα, ἐμπερόνημα = vestidura con broche). Vestimenta griega que se sujetaba con una fíbula o broche a los hombros.

empinada. En *Heráldica, la figura animada con las manos apoyadas en un soporte vertical.

emplecto (ἔμπλεκτον = cemento, trabazón). Vitruvio llama así al núcleo interior de los muros hechos como el **opus caementicium*.

emplomado. Conjunto de barras de plomo entre las que se sujetan los *vidrios de una *vidriera.
– Afianzado con plomo.

empotrado. Dícese del objeto inserto íntimamente en una estructura.

empresa heráldica. Figuración simbólica de las aspiraciones o virtudes de una persona, familia o institución en su *heráldica. V. divisa (lema), emblema.

empuje. Fuerza que parte de una estructura edificada transmite a otra que la sustenta o, a su vez, la *descarga a una tercera. Especialmente se dice de la originada por una *bóveda o un arco y también de la fuerza resultante de la relación de dos bóvedas o partes de construcción ligadas una con otra.

empulgado. Lo es, en *Heráldica, el arco armado con flecha y con la cuerda tensada. Dícese, por extensión, de la ballesta armada y cargada.

emulsión. Líquido acuoso combinado con otro aceitoso o resinoso de tal modo que no se separen, utilizando un agente emulsivo. Hay múltiples emulsiones utilizadas en *pintura.

emuselado (del fr. *emmuselé*). En *Heráldica, se dice del animal con el hocico preso en bozal u otro artilugio similar.

encabado. En *Heráldica, dícese del objeto o instrumento con mango esmaltado de modo diferenciado y, en particular, del martillo, de la hoz y de la sierra.

encajado. Lo está el *escudo heráldico dividido por la mitad (a modo de *faja, *palo, *banda o *barra) pero por una línea dentada cuyos picos van de flanco a flanco del escudo. Encaje. Tejido de mallas, lazadas o *calados, hecho en hilo fino y formando bellos y a menudo complicados *dibujos.

encalado. Cubierto por una *lechada de *cal.
– *Enjalbegado. *Jalbegue.

encamonada. V. bóveda.

encarado. En *Heráldica, *afrontado.

encarnar. Dar *color a las partes del cuerpo no ocultas por la vestidura, en pintura y escultura.
– En la *imaginería en madera, ésta era recubierta con *yeso sobre el que se aplicaba directa-

mente el color, a diferencia del *estofado.

– En *Heráldica, representar una figura en sus propios colores naturales.

encasamento. Recuadro o zona de las varias en que se ha divido una obra que hay que decorar.

encastrado. En *Heráldica, lo es el *escudo cuya línea de *partición forma *figuras (flores, cruces, etc.) que encajan unas en otras en perfecta simetría. ☞ 33.

encáustica, encáustico, encausto. Tipo de *pintura en la que los *colores se deslíen en *cera fundida debiendo, por tanto, pintarse en caliente. Es resistente a la luz y al agua.

– A veces se denomina encáustico a un revestimiento superficial a base de cera.

encendido. En *Heráldica, el animal con fuego en las fauces y los ojos.

encerrado. En *Heráldica, *mueble o *figura rodeado por una orla o elemento similar.

enclavado. Dícese del *escudo heráldico dividido en dos partes, una de las cuales penetra en la otra mediante un *merlón.

encofrar. Disponer un corsé o cerco desmontable al *hormigón para que no se desparrame mientras fragua.

encogido. *Acrupado.

encoladura. Encolado, tratamiento que recibe un papel, *lienzo, *pergamino, etc., que es embebido en una mezcla a base de cola con objeto de poder ser lavado.

encómboma (de *ἐγκόμβωμα* = que se abotona). Vestido sencillo, abotonado y de tejido grosero, típico de esclavos, pastores y gente humilde.

encuadernación. Juntar, unir y coser varios pliegos u hojas y ponerles cubiertas es encuadernar. Las partes más importantes de un libro encuadernado son: el canto, o lado opuesto al lomo, también llamado corte, que puede estar dorado, etc., o no. El corte, en general, son las tres partes en que las hojas no han sido cosidas, es decir, el canto y los dos contracantos –uno arriba y otro debajo del canto–. El lomo es la parte por la que se unen las tapas o cubiertas del libro, y puede ir decorado. En el lomo se suele pegar o grabar un tejuelo, pieza a modo de etiqueta donde se enuncian título y autor. Los libros encuadernados de valor suelen conservarse en un estuche que los protege. Todos los libros llevan guardas, o páginas en blanco al principio y al final, que sirven de protección y embellecimiento a las impresas.

encuadrada, cruz–. V. cruz. ☞ 21.

encuadre (de *cuadro*). Delimitación del espacio artístico en que se sitúa un *tema en una obra pictórica, en un *grabado, etcétera.

enchapinado. Dícese de lo que se cimenta sobre *bóveda.

enchufe. Mango hueco de la cruz profesional donde se envaina el palo que la soporta.
– *Cañón (2.ª acepción).

endentado. V. escudo. ☞ 30.

endonártex. Este neologismo designa al *nártex interior cuando hay dos de ellos contiguos en una *basílica. El exterior se llama exonártex.

endrómide (de *ἐνδρομίς* = para correr > *endromis*). Calzado gimnástico de cuero o fieltro, con lengüeta y tiras que lo sujetaban a la pierna. Algunos dejaban descubiertos los dedos del pie. Los latinos tradujeron este término por *coturno* y usaron *endromis* para denominar un manto de tejido grueso usado comúnmente por los atletas.

Eneolítico. Período prehistórico en el que se une al trabajo de la piedra el descubrimiento del cobre, del bronce, del oro y la plata, que se trabaja con técnicas líticas. Equivale a *Calcolítico.

enfilado. Lo es el *mueble o pieza que, en *Heráldica, atraviesa un anillo, corona, etc.

enfoscado. Primer *revestimiento de *yeso, *mortero, etc., que se da a un muro antes del *enlucido para enrasarlo y tapar sus imperfecciones.

enfurecido. Término heráldico para describir la actitud *rampante del caballo, el gato, el toro o el unicornio. Vale igualmente furioso.

engalba (del cat. *engalva).* *Engobe.

engaño. Técnica (artesanal, más que artística) que pretende inducir al espectador a la creencia de que se halla ante el objeto real y no ante una representación del mismo.
– V. *trompe l'oeil.*

engastar. Sujetar una piedra preciosa, *esmalte, etc., a una montura, por medio de pequeños dientes, cola, etc., de modo que pueda exhibirse sin desprenderse.

engatillar (de *gatillo).* Sujetar con gatillos o grapas.
– Encajar el extremo de una pieza en un hueco o muesca de otro elemento.

englandado (en fr., *englanté).* En *Heráldica, el árbol *cargado de glandes o bellotas.

engobe (del lat. *ingluvio* = yo lleno o engullo). «Mezcla de tierra no vitrificable y agua que se aplica sobre toda o parte de la pieza de obra de tierra, para cubrir el color de ésta y decorarla o trazar dibujos sobre ella» (Gómez Moreno).
– «Capa de arcilla muy depurada, bastante líquida y vitrificable a la cocción, extendida sobre la superficie de los vasos cuando la arcilla está todavía blanda para

quitarles cualquier irregularidad» (Caffarello).

en gola. V. arco. ↪4.

engolada. En *Heráldica, se dice de la *pieza cuyos extremos salen de las fauces de un animal.

en gota. V. esmalte.

engrosar. Trazar a un *dibujo un *contorno por encima del primero. Se destina a reforzarlo, hacerlo más evidente o a aumentar el espacio ocupado por una *figura.

– Ensanchar una *columna hacia media altura del *fuste.

enjalbegar. Blanquear con *lechada de *cal, *yeso, etc.

enjarjado, enjarje. Enlace de varios *nervios de una *bóveda en el punto de *arranque.

– *Despiece especial de las *dovelas de un *arco de tal modo que, en la parte correspondiente a los *arranques, están dispuestas horizontalmente o en *hilada, hasta la altura de los *riñones, adoptando entonces, y hasta la *clave, la disposición *dovelada o radial.

– Adarajas. ↪ 6.

enjavado, punto–. Es un punto de *tapiz hecho con hebras tendidas generalmente sobre oro llano, sin pasar, muy esparcidas y a las que se entretejen hilos apretados. Es anterior al oro matizado y su evolución terminará en él.

enjuta. Espacio que queda entre el *arco y el *dintel.

– V. albanega.

enlucido. Segunda capa de *cal, *yeso, etc., que se da a un muro sobre el *enfoscado. Forma su aspecto exterior.

– Revestimiento de un muro con mortero de cal y yeso. A veces se extiende irregularmente para que presente un aspecto rugoso.

enócoe. *Oinócoe. ↪ 15.

enripiado. Conjunto de *ripios o piedras pequeñas que se colocan entre los *mampuestos para que asienten bien.

enriquecer. *Decorar, aumentar la *ornamentación, el *colorido, etcétera.

ensamblar. Unir dos piezas de una obra, sobre todo de *madera, de modo que la una encaje en la otra gracias a una entalladura, etc., sin que pueda desprenderse.

ensanchada, cruz–. V. cruz. ↪ 21.

ensayador. Este cargo aparece en el s. XVIII, recibiendo además los nombres de marcador de plata y tocador de oro, visitador, etc. Es un cargo consecuencia del centralismo administrativo, y distinto del *fiel contraste. Visita los talleres y tiendas, comprobando la ley de las piezas, mediante la *burilada, marcando con su marca. Asume las funciones del fiel contraste, coincidiendo ambos cronológicamente.

– Se llamaba marcador al teniente visitador, porque ensayador es el general del Reino.

ensis. Espada de dos filos, larga y recta, con la que se golpeaba de canto. (Es voz latina.)

ensillado. En *Heráldica, el caballo cuya silla tiene esmalte diferenciado. Sillado.

ensuciar. Empañar un *color, quitarle *brillo, mezclarlo inadecuadamente.

entablamento. Conjunto de *arquitrabe, *friso y *cornisa, en los *órdenes clásicos.

– Conjunto de elementos horizontales que forman el *remate de algo.

– Conjunto de elementos horizontales sostenidos por *columnas o *pilares,

entada (del fr. *entée)*. La *pieza heráldica enclavijada en otra. Entado en *punta se dice de un elemento en forma de triángulo, en la punta del *escudo, como el que representa a Granada en el escudo de España.

entalle. Piedra preciosa o de valor trabajada en *hueco. Se opone al *camafeo, cuyo trabajo es en *relieve.

– Corte profundo que se da en una madera, de *contornos bien delimitados.

entallador. Nombre antiguo de los escultores decoradores.

éntasis (de *ἔντασις* = tensión de algo que está encerrado). Engrosamiento de una *columna, generalmente hacia el centro, de modo que, por efecto de la *perspectiva, parezca recta en lugar de cóncava, que es como podría aparecer sin el éntasis.

– Engrosamiento.

entibado. Conjunto de apoyos, generalmente inclinados, que sirven para sostener y apuntalar una estructura, usualmente subterránea (mina, zanja, etc.), que soporta un peso excesivo o considerable por el que puede ser destruida.

– En general, dícese de cualquier elemento ajeno a la estructura artística, que cumple funciones destinadas a evitar desplomes, derrumbamientos, etcétera.

entorchado. Dícese del *fuste estriado en espiral.

– También del de la *columna salomónica.

entrearco. *Columna única o *pilastra sobre la que se apoyan dos *arcos contiguos.

entrecalle. V. retablo.

– Distancia que separa dos molduras. ⟴ 42.

entrecruzado. Entrelazado.

entrega, entregada. V. columna.

entrelazado. Dícese del elemento heráldico que se combina con otro igual pasando a su través.

entrepaño. Parte de un muro comprendida entre dos *vanos, *columnas, *pilastras, etc.

entretenido. En *Heráldica, *entrelazado.

envés. *Reverso, *cruz. Se opone al *haz o *cara, lado más importante del objeto.

enviajado. Dícese del elemento arquitectónico oblicuo o inclinado.

eólico. Dícese del capitel formado por dos volutas laterales que arrancan directa y verticalmente del fuste de la columna. ➾ 17, 37.

eolito. *Piedra de la aurora.* Se da este nombre a alguno de los objetos de piedra que se supuso habían sido los primeros *tallados por el hombre y cuya dotación se hizo en el Terciario. En realidad, sus aparentes *retoques eran debidos a la acción natural.

– Se designa con este nombre a cualquier pieza de *sílex o piedra semejante que presenta una apariencia trabajada sin haberlo sido por mano humana.

ephaptis (de ἐφαπτίς = manto). Vestido semejante a la *clámide, usado por los cazadores y los soldados que lo empleaban también como arma defensiva, enrollándose al brazo una parte.

epícroco *(epicrocus)*. Significa transparente. En neutro *(epicrocum)* alude a un pequeño manto, de lana fina, generalmente de color azafrán, ligero y transparente.

Epifanía. En sentido restringido, en Occidente, desde el s. IV, representación de la adoración de los Reyes Magos a Jesús.

– Manifestación de Cristo al mundo.

epígrafe. Inscripción.

– Inscripción conmemorativa.

– Inscripción monetal. ➾ 34.

Epigrafía. Ciencia que estudia los *epígrafes e *inscripciones, sus clases, variedades, etc., desde el punto de vista fundamentalmente histórico. Las dos variedades de epigrafía más desarrolladas en Occidente son las que se refieren al mundo clásico y la medieval. Los epígrafes son sobre materia dura.

– Conjunto de los epígrafes o inscripciones de un museo, edificio, etc.

epínetro (de ἐπίνητρον = rueca). Objeto *cerámico griego, llamado asimismo *onos*, que servía para el hilado de lana y que fue abundantemente *decorado a semejanza de lo que ocurría con los *vasos. Era *oblongo, de *perfil rectangular y con la base inferior plana. Generalmente adoptaba forma hueca, con una abertura longitudinal y otra en uno de los extremos. Su ornamentación más frecuente era a base de escenas de gineceo.

epíquise (de ἐπίχυσις = vaso > lat. *epichysis)*. Vaso sin pie, con el cuello netamente diferenciado del dorso, con larga boquilla saliente y cuerpo bajo y cilíndrico, usado para verter las libaciones

episcenio (de ἐπισκήνιον > *episcaenium* = sobre la escena). Parte superior de la **scaena*. ➾ 45.

episemas, episemon (de ἐπίσημον = enseña). Rayos, coronas, estrellas, etc., con las que los soldados romanos decoraban el *scutum*.

episodio. *Cuadro o *representación de un suceso concreto y particular de un hecho, real o imaginario, del que dicho suceso se ha tomado como muestra representativa.

– *Escena secundaria, sin relación directa con el tema principal.

epistasio. V. gimnasio.

epistilio (de ἐπιστύλιον = sobre la columna > *epistylium)*. *Arquitrabe. Suele decirse cuando no va acompañado de los restantes elementos del *entablamento clásico, y sobre todo si es de madera o no está trabajado.

– También designa a la parte del arquitrabe que reposa directamente sobre la columna, bajo el *friso. El epistilio dórico está formado por bloques monolíticos en forma de cubos que se unen a mitad del *ábaco, ligeramente al interior del borde externo de éste. En la parte superior se halla bordeado por un *listel que lo separa del *triglifo y del que penden las *gotas. El epistilio o arquitrabe jónico consta de tres fajas lisas, en saledizo las superiores sobre las inferiores *(fasciae)*.

epitafio. *Inscripción funeraria.

– Lugar que ocupa una inscripción funeraria.

eques. En latín, *gladiador que combatía a caballo, y cuyas armas eran: casco con visera, pequeño escudo redondo y lanza.

– Jinete.

– *Eques romanus* es, en ciertos contextos, el ciudadano que pertenece al *ordo equester*, el segundo tras el *ordo senatorius*. Los *equites romani* (teóricamente, 1.800) tenían derecho a vestir el distintivo angusticlavio.

– V. *clavus*.

equidna (de ἔχιδνα = víbora). Monstruo mitad mujer y mitad serpiente. Equidna fue la madre de Cerbero.

equilibrio. Posición estable de una *figura o conjunto.

– Buena y armónica distribución de algo.

equino. *Moldura saliente, bajo el ábaco, que forma el cuerpo principal del *capitel dórico. Su convexidad y su altura variaron según las épocas. ∞ 37, 39.

ergasterio, ergasterion (de ἐργαστήριον = lugar de trabajo > *ergasterium*). Taller de un artesano.

ergastinas (de ἐργαστῖναι = trabajadoras). Nombre que se da a las jóvenes que tejían el *peplos que debía vestir la estatua de Atenea durante las fiestas Panatenaicas.

ergástula. Cárcel o cubículo para los esclavos o los condenados.

erizada. En *Heráldica, la estrella que muestra pequeños rayos entre sus puntas.

esbozo. Primera forma dada a una obra. Suele ejecutarse con rapidez, improvisadamente.

escafio, escafo (de *σκαφίον, σκαφίς*). *Vasija grecorromana en forma de navecilla. Es un genérico para vaso cóncavo, escudilla, cuenco.

– Orinal. Escupidera.

escala. Proporción real que guardan una representación y lo representado por ella. Se expresa en términos aritméticos, por medio de fracciones en que la unidad representa el tamaño real del objeto reproducido y el denominador el número de veces en que ha sido disminuido en su representación. Las escalas se indican, asimismo, gráficamente.

escalariforme (de *escala)*. En forma de escala de cuerda.

– V. signo, ideomorfo y tectiforme.

– Cierto *retoque hecho a un útil de piedra.

escalera. Serie de escalones consecutivos, aptos para subir y bajar por ellos.

– de caracol: la que se desarrolla en espiral. *Husillo.

escaleriforme (de *escalera)*. En forma de escalera.

– V. tectiforme, ideomorfo y signo.

escalinata. Gran escalera exterior, sobre todo si es de un solo tramo. Si consta de dos o más se llamará *doble, triple,* etc.

escalón cintrado (de *escala* y *cintra):* El que describe un trayecto curvilíneo de lado a lado de la *escalera, a diferencia del normal, que es rectilíneo.

escalonado. En *Heráldica, que está sobre gradas (usualmente, dos o tres).

escamilo. **Scamillum.*

escapo. *Fuste.

escapulario. Tira o pedazo de tela con una abertura por donde se mete la cabeza, y que cuelga sobre el pecho y la espalda; sirve de distintivo a varias órdenes religiosas.

– V. hábito.

escaqueado. A modo de tablero de ajedrez. Decorado con escaques o casillas cuadradas, alternando las blancas y las negras, las salientes y las entrantes, etc.

escara (de *ἐσχάρα* = altar). Altar de las divinidades y los héroes, de forma redonda, sin pedestal, con una hendidura para que la sangre de las víctimas y las libaciones caigan directamente bajo tierra. Solía dedicarse a los dioses subterráneos.

escarabeo (del lat. *scarabaius)*. Objeto en forma de escarabajo, muy usado en Egipto en la Antigüedad como amuleto mortuorio, pues se le atribuían diversas propiedades benéficas y de protección. Tanto sus formas cuanto sus materiales y *decoración variaron enormemente. No fue exclusivo de Egipto, sino que se empleó en todo su ámbito de influencia.

escarlata. *Color rojo vivo, muy brillante, obtenido de la cochinilla y tratado químicamente.
– V. color y pigmento.

escarpa. Inclinación dada al exterior de un muro mientras que su interior permanece vertical. Puede ser en talud, o a la inversa. *Talud.
– Lado de un foso en talud más próximo a la fortaleza.
– V. contraescarpa.

escarzano. V. arco. ☞4.

escena. Parte del teatro antiguo, **scaena*. ☞ 44, 45.

escenafronte. Parte del teatro antiguo, **scaenafrons*.

escenografía. Conjunto de elementos arquitectónicos, *paisajísticos, *decorativos, etc., que se disponen en una obra de arte de manera que se produzca efecto de un determinado ambiente.
– Arte de pintar decoraciones escénicas.

esciagrafía, esciografía (de *σκιαγραφία* = pintura con sombras). Arte de pintar las sombras o las secciones de arquitectura, sobre todo en los planos.

escifo. **Skyphos*.

escocia. Moldura *cóncava, continua, compuesta de dos curvas de diferente radio, llamada así porque, colocada en la *basa de la *columna, contribuía a los *efectos de luz y sombra (*σκότιος* = obscuro). Su borde inferior es *saledizo. ☞ 35, 37, 38, 40.
– V. troquilo, *geison* y escota.

escoplo. Herramienta de hierro acerado con mango de madera y corte a *bisel, usado en el trabajo de la piedra y la madera.

escorchado (del fr. *écorché* = despellejado). Dícese en *Heráldica del animal representado sin piel y en color de *gules.

escorpión (*scorpio*). Máquina romana de guerra semejante a la **ballista* y que, como ella, actuaba según el principio de palanca.

escorzo. Modo de representar una figura que en la realidad estaría dispuesta perpendicular u oblicuamente al plano en que ha sido representada. En realidad, toda perspectiva exige la existencia de un escorzo, pero sólo se habla de él cuando es acusado. En Pintura, exige, como en Escultura, un completo dominio de las leyes de la *perspectiva, y es muy útil para subrayar determinados efectos.
El abuso es nocivo, y deben evitarse los escorzos incomprensibles o inverosímiles. Cuando un escorzo representa una actitud difícil o es muy pronunciado, se habla de escorzo violento.
Se emplea también en Escultura y muy a menudo en las pinturas sobre *bóvedas o espacios curvados o que ganan altura con ra-

pidez. En este último caso, se tendrá en cuenta la necesidad de ir agrandando la figura a medida que ésta se distancie del espectador.

escota. Dice Gómez Moreno que el término *escocia es un italianismo. La Academia, en efecto, propone éste, como forma castellana.

escotaduras (et. inc., *escota* cota). Dícese, en tipología lítica, de las que aparecen en los bordes de lascas o láminas, preparadas por retoque múltiple, a menudo marginal y fino, o producidas discontinuamente por el uso irregular.

escriptorio *(scriptorium).* Lugar en que trabajaban, en los *monasterios medievales, los monjes amanuenses e *iluminadores, y donde se enseñaban las técnicas correspondientes.

escrúpulo. **Scrupulum.*

escuadra, a–. En ángulo de 90°.

escuadra, en–. División *cuartelada del *escudo heráldico resultante de partir el campo con una cruz gamada cuyos brazos van en dirección contraria a la de las agujas del reloj y que genera cuatro espacios iguales en forma de escuadra o ángulo recto.

escudete. *Escusón.

escudo. Campo, superficie o espacio de distintas formas en que se pintan los *blasones de un estado, población, familia, corporación, etc. ☞ 24-33. Los elementos del escudo son: el campo, o superficie del escudo por su interior. Por la forma que tiene el campo, el escudo puede ser: redondo, ovalado, gótico o apuntado, en losange, aguzado o acaudado, redondeado, en peto, etc. Las divisiones del campo pueden hacerse en partes iguales dando lugar a los escudos: partido, cortado, tronchado, tajado, terciado, cuartelado, jironado: o en partes desiguales (iniguales): cortinado o mantelado, calzado, embrazado, encajado, endentado o enclavado, adiestrado, flechado, etc.

– Las partes del escudo son las que muestra la figura. El área formada por las partes del jefe se llama frente; la formada en la zona central, cuerpo; y punta, la inferior. Diestra, siniestra y centro, las áreas verticales, siendo las dos primeras los flancos del escudo.

– Se denomina esmalte del escudo a cualquiera de los colores, metales o forros del mismo. Sólo hay dos metales: oro y plata; cinco colores: gules (rojo), azur (azul), sable (negro), sinople (verde) y púrpura (morado); y dos forros: armiños y veros, que no se definen por su color, sino por su forma. Los esmaltes y concretamente los metales y colores, al ser representados en blanco y negro, están sujetos a una convención internacional, como se explica en la figura.

– Las *figuras son heráldicas o naturales. Entre las primeras destacan las «piezas honorables» que son jefe, palo, faja, cruz, banda, barra, sotuer, cabrio, bordura, orla, perla o palio, campaña o barba, girón, pila, trechor (orla estrecha), franco cuartel, cantón, escusón, punta y lambel. Hay, además, «piezas honorables disminuidas», entre las que nombraremos: comble (jefe menguado en un tercio), vergeta (palo estrecho), divisa (faja estrecha), jefe en divisa, trangle, trangle ondulado, burelas, gemelas, gemelas en banda, tercias, tres tercias, tercias en sotuer, estrecha (cruz estrecha), filete en orla (línea orlante), filete en cruz, filetes vibrados (en sierra), filiera (filete que orla el borde), flanquís (sotuer estrecho), estaye (cabrio estrecho), cotiza (banda estrecha), contracotiza (barra estrecha), bastón (filete a modo de banda), traversa (filete a modo de barra) y bastón Pery (en diagonal pero incompleto, que puede ir en banda o barra). Se verá también la voz *cruz.
– Las principales variedades de las figuras naturales son astros, cuadrúpedos, aves, insectos, figuras humanas (o partes del cuerpo), figuras artificiales (castillo, cadenas, etc.) y figuras quiméricas (dragón, grifo, etc.).
– El timbre, o adorno exterior del escudo, es de varias clases. Una de ellas, es la de los *timbres* en sentido estricto, o adornos colocados sobre el escudo (tiara, capelo, corona, yelmo con o sin cimera, cruces, mitras, báculos, etc.); lambrequines, u hojas de acanto que bajan del timbre a ambos lados del escudo; condecoraciones (de órdenes militares o nobiliares y civiles); insignias (de dignidad eclesiástica, política, militar, etc.); bandera y estandartes; soportes y tenantes (figuras que enmarcan) según sean animales o humanas, respectivamente; divisa (lema o leyenda del escudo) y, por último, pabellón u ornamento exterior sólo empleado por emperadores y soberanos autónomos, en forma de tienda de campaña de color púrpura. Una última especie de timbre o adorno es la *voz de guerra,* que sólo pueden usar los soberanos y que consiste en una invocación o lema.
– V. corona.
– Arma defensiva que se llevaba embrazada. Véanse sus diferentes denominaciones.

escuela. Serie de artistas que trabajan de acuerdo con un conjunto de normas semejantes.
– Conjunto de dichas normas y, en general, de las características que hacen que un artista o su obra presenten numerosos rasgos comunes con los de otro u otros. Se refiere, sobre todo, a los conceptos generales y al

modo técnico de trabajar o representar.
– V. taller.

esculpóneos *(sculponea)*. Zuecos romanos, tallados en madera.

escultura. Arte de modelar, de tallar y esculpir en barro, piedra, madera, metal u otra materia conveniente, representando de *bulto un objeto, real o imaginario, una figura, etc.
– Obra de un escultor.
– *Fundición o *vaciado que se forma en los moldes de las esculturas hechas a mano.
–Vulgarmente, *estatua.

escusón (del fr. *écusson)*. En *Heráldica, pieza en forma de *escudo pequeño situada en el *abismo y de un tercio del tamaño del escudo. Cuando *carga sobre escudo *cuartelado, es de menor tamaño y se describe como escusón sobre el todo. Sobre el todo del todo es un escusón que carga sobre otro. V. escudo. ➾ 29.

escutiforme. En forma de *escudo rectangular.
– Se aplica generalmente a los *tectiformes, *signos o *ideomorfos que tienen esta forma en el arte *rupestre del Paleolítico Superior.

escútula. *Tesela rómbica en el *mosaico pavimental.

esencia de trementina. V. aglutinantes.

esféndone (de σφενδόνη = honda). Lado menor y curvilíneo del *circo, del *estadio, etc., al que se da este nombre por el parecido con una honda que esta pared daba al edificio.

esferisterio (σφαιριστήριον). Frontón de juego.
– Algunos creen que en el esferisterio no se practicaba la pelota, sino el pugilato.
– V. gimnasio.

esfinge. Ser monstruoso, con cabeza y pechos de mujer, alado y con cuerpo y extremidades de león.
– Por extensión, cabeza humana sobre cuerpo de felino.

esfumado (del it. *sfumato*). *Pintura de *contornos vagos y *difuminados. Dícese en especial de la pintura de Leonardo da Vinci y sus imitadores.

esgrafiado. Decoración que consiste en trabajar sobre una superficie *enlucida levantando su primera capa de acuerdo con un *dibujo previo, de modo que se consiga la presencia de dos *colores o *tonos (el del *fondo, que no se levanta, y el de la primera capa, en los lugares en que no se ha esgrafiado). A veces, las capas de enlucido son varias para conseguir policromía.
– También se denomina así a toda decoración obtenida por un procedimiento semejante, como aplicando *pasta blanca sobre *estuco negro, etc.

esgucio. *Nacela, *caveto.

esmalte (del fráncico **Smalt* = de fusión). *Pasta vítrea, *brillante, dura y susceptible de *pulimento, que se obtiene por *fusión en el horno, entre 700 y 850 grados, del polvo de esmalte, que es un *vidrio coloreado por óxidos metálicos. Puede ser *opaco o *translúcido y se aplica sobre *cerámica o metal, aunque es esta última aplicación la que tiene mayor importancia y ha sido más empleada y estudiada, distinguiéndose, entre otras, las siguentes importantes modalidades:

– alveolado o tabicado *(cloisonné):* se coloca, sobre la superficie del metal, perpendicularmente a éste, una serie de laminillas finas, de menos de un milímetro de altura, que forman un tabicado siguiendo las *líneas del *dibujo. Las laminillas son fijadas al metal por medio del *fundente con que éste se ha revestido, o con pequeñas gotitas de soldadura de plata. Los espacios formados entre los tabiques se rellenan con el polvo de esmalte y se procede a la fusión. Las principales variantes de este procedimiento son: la *filigrana, que substituye las laminillas por alambre muy fino, y el *fenestrado, que no tiene fondo, puesto que sólo consta de los tabiques, sin plancha de metal que los sustente. El esmalte en redecilla *(resillé)* o enrejado, es un tabicado sobre fondo de esmalte liso.

– campeado o, mejor, excavado *(champlevé):* se diferencia del anterior en que la superficie que ha de esmaltarse se obtiene vaciando el fondo de metal, con buril o por medios químicos (ácidos diluidos, etc.). Pueden ser objeto de vaciado o excavado tanto las líneas y perfiles del dibujo, para ser trazado éste en esmalte, cuanto el fondo, de modo que el esmalte lo cubra, dejando en metal el dibujo de la figura. Igual que en el procedimiento anterior, tras la fusión se pulimenta el conjunto con *esmeril, para que esmalte y metal queden al mismo nivel; si se prefiere que el esmalte sobrepase el ras del metal, se obtiene el llamado esmalte en gota.

– pintado: el que ha sido tratado con *pintura aplicada o *pincel, una vez fundido y frío. Para *fijar la pintura, se vuelve a hornear, a temperatura inferior, para que no funda el esmalte. Impropiamente se llama pintura con esmalte al esmalte *lemosin,* en el que no es forzosa la intervención del pincel. Se consigue mediante la yuxtaposición de diversos polvos de esmalte, sin separar entre sí por tabiques, excavados ni ninguna otra cosa, y que forman una composición. Su dificultad estriba en que durante la fusión es mayor el riesgo de que se mezclen los diversos polvos, estropeando al trabajo.

En él se usa el pincel, tras la fusión, para perfeccionar detalles.
– translúcido: también, esmalte sobre relieve de los plateros. En rigor, se trata de un *policromado sobre *figuras en *relieve o *bulto redondo, hecho con esmalte. Como indica su nombre, es translúcido, lo que produce un bello efecto, ya que los altibajos del relieve dan *claroscuro a cada color.
– V. nielado y escudo.
esmeralda. Piedra preciosa, diáfana, de *color verde.
– Color de la esmeralda.
esmeril. Nombre que se da a algunos materiales pulverizados, muy duros (corindón, sobre todo: V. sílex), usados para adelgazar y *pulimentar el vidrio.
– la superficie del *vidrio esmerilado posee un aspecto peculiar, punteado, y es *translúcida.
espacialismo. Movimiento artístico de origen italiano, en la posguerra de la II Guerra Mundial, que busca crear emociones cromáticas y plásticas proyectadas en el espacio. Su principal representante fue Lucio Fontana.
espadaña. Pared elevada sobre la *fachada, que sirve de *campanario. Suele poseer uno o más vanos en donde se ponen las campanas y generalmente remata en *piñón.
espaldar. Pieza de la *armadura que cubre la espalda.
– Respaldo de una silla o banco.
espanuido. *Florenzado.
español. V. cuadrilongo (escudo).
espátula. Pieza de material blando –cuero, madera, asta– en forma de cuchara aplanada que sirve para recoger los *colores de la *paleta. Se puede usar a modo de *pincel, para producir *empastes, o para alisar la pintura aplicada por éste.
– Se suele denominar así a otro utensilio, antes llamado cuchillo de paleta, hecho en metal, que consiste en una hoja plana, ensanchada en su parte final, sin filo, o bien formando un ángulo más o menos obtuso, que se utiliza con fines semejantes.
– Se usa en *modelado, para *retocar.
espatulado. Hecho con *espátula.
– Semejante a la espátula.
– Dícese de la *cerámica que ha sido bruñida con una espátula.
espejo. En *Arquitectura, vano redondo u oval.
– También, *motivo decorativo consistente en un óvalo colocado en el interior de una *moldura.
espeo. **Speos.*
espiga. *Espina.
– Parte más estrecha de un escalón de caracol por la cual éste se une al eje de la escalera o *espigón.
espigado. *Spicatum* (**opus*–).

espigón. *Columna en torno a la cual se desarrolla una escalera de caracol.
– de la *crestería: cuando ésta es muy desarrollada en altura, *eje en torno al cual se sitúan los *motivos ornamentales, muchas veces en barro, loza o plomo.
espina. **Spina* (del circo romano).
espinapez. Labor de *ladrillos cubriendo un suelo a *espina.
espinazo. *Nervio de la *bóveda estrellada que une las claves de los arcos que la sustentan pasando por la *clave de la bóveda.
– Nombre que se da a la clave.
espinosa, cruz–. V. cruz.
espira. Fragmento de espiral o hélice.
– Parte de la *basa que está sobre el plinto.
espiral. Línea curva que da vueltas alrededor de un punto alejándose progresivamente de él.
espiral, cruz–. V. cruz. ☞ 21.
espoliario. **Spoliarium*.
espolín. Tela de seda con flores esparcidas.
– Lanzadera pequeña para tejer las flores que se mezclan en la tela de seda, oro y plata.
espolón. *Estribo, *contrafuerte, *machón, para reforzar un muro.
espuma de mar. Material poroso, blanco y muy ligero, abundante en Asia Menor, de aspecto agradable y fácil *talla; es silicato de magnesia hidratado.
esquema. V. esquemático.
esquemático. Reducido a sus líneas fundamentales, a los elementos imprescindibles o más significativos.
esquifada. V. bóveda y moneda. ☞ 13.
esedario (del lat. *essedarius* = del carro de guerra). Gladiador que luchaba en un carro de combate.
estadio. **Stadion*.
estamno (*στάμνος*). De figura peculiar, esta *vasija con tendencias globulares se distingue por sus típicas asitas horizontales, implantadas en la *panza, y por su *boca, que se estrecha en comparación con el tamaño total. Su uso primordial era el de la conservación del vino y estaba, por ello, relacionada con el culto *dionisíaco. ☞ 15.
estampa. *Grabado, una vez que ha sido reproducido de la plancha.
estampación. *Impresión.
– Acción de imprimir mediante *estampas.
estampada, cerámica–. «Imitación de la cerámica producida en Inglaterra, especialmente en el s. XIX, mediante moldes y decorada con dibujos que se imprimían (con planchas que al principio grababan allí) en cierto papel con colores especiales (a modo de calcomanía) que se aplicaba al recipiente para transportar el dibujo, y una vez adherido y vidria-

do, con otra cochura aparecían los colores» (Llubiá).

– Llámase también cerámica impresa.

estampilla. *Sello o marca peculiar de un artífice.

estampillada. Dícese de la cerámica que ha recibido estampilla como marca de su manufactura o propiedad.

estandarte. V. escudo.

estannífero. V. barniz.

estarcido. Hecho con la bolsa o muñequita de estarcir, saquito relleno e impregnado de polvo negro o rojo. El estarcido es un procedimiento de *calco que consiste en *dibujar una *figura que se quiere *reproducir, en un papel grueso, agujereando su contorno con finos orificios muy cercanos entre sí. Colocado el papel sobre una superficie, se golpea encima con la bolsita y el polvo dibuja la *silueta deseada.

estátera (de *στατήρ* = estátera, peso, moneda). *Moneda griega antigua, de oro, plata o *electron, que sirvió de unidad monetal. La de oro valía 10 de plata. La de plata, en Atenas, valía dos dracmas.

estatua. Obra de *escultura en *bulto redondo representando la *figura humana.

estatua-columna. *Estatua de *canon generalmente esbelto, *adosada al *fuste de una *columna y de su misma altura aproximada, característica de las portadas de algunas iglesias del s.XII.

estatuaria. Arte de hacer *estatuas, y por extensión la *Escultura.

estauróforo (*σταυρόφορος*). Que lleva una cruz.

estauroteca (de *σταυρός* = poste de tormento). Relicario conteniendo fragmentos de la Cruz.

estaye. *Tenaza.

esteatita. Talco, mineral de magnesio y sílice, muy *blando y de color *amarfilado.

estela. Originariamente, pequeño monumento, generalmente monolítico, erigido en conmemoración o recuerdo de algo.

– Se ha extendido la denominación a cualquier *columna rota, *cipo, etc., que cumpla funciones semejantes.

estereóbato (*στερεοβάτης*). Según Vitruvio –aunque los exégetas no están de acuerdo–, zócalo o pedestal sin ornamentación ninguna. Otros interpretan que es el basamento sólido sobre el que reposa el conjunto del templo o de cualquier edificio. Otro significado –menos extendido– es el de *pilastra de cimentación o *plinto correspondiente a cada columna. El uso más extendido es el primero y el más verosímil el segundo. V. estilóbato y crepidoma.

estereometría. Técnica para medir los cuerpos en *relieve.

estética. Ciencia que estudia las teorías de la belleza.
– Estético se usa, además, en el sentido de «dispuesto de acuerdo con las normas estéticas».
– La estética, como ciencia, «suele presentar estos aspectos: Filosofía estética, Estética comparada, Psicología estética, Estética experimental y Estética sociológica» (Pérez Rioja).

estibadio *(stibadium)*. Mueble en forma de lecho circular que reemplazó a los *triclinios rectos cuando en Roma se pusieron de moda las mesas circulares.

estílide. Columnita, **stylis*.

estilizar. Simplificar los volúmenes, *líneas y *contornos de un cuerpo sin privarlo de su aspecto característico. No tiene por qué significar forzosamente alargamiento, aunque muchas veces *estilización* se emplee en este sentido.

estilo. Conjunto de rasgos originales y persistentes en un artista, época, *escuela o zona geográfica, que permiten identificar las obras como hechas por o en ellos.
– Instrumento punzante para escribir sobre superficies blandas, enceradas, etc. La manera de usarlo cada cual determinaba la existencia de una *caligrafía o *stilum* peculiar en cada caso. De ahí se pasó a la primera acepción, por extensión.

estilóbato (*στυλοβάτης*). Obra que forma el plano de sustentación de las *columnas de una *columnata.
– Baldosa sobre la que apoya un *plinto.
– Plinto más alto que lo normal, rematado con filetes o molduras.
– *Pedestal continuo de una columnata. (No confundir con *estereóbato.) → 39.

estilometría (de *στύλος* y *μέτρον*). Técnica de medir las *columnas.
– Conjunto de medidas de una *columna o *columnata.

estípite (del lat. *stipes* = palo, tronco). Elemento en forma de tronco de *pirámide invertido que puede tener funciones de soporte. Usualmente se superponen unos a otros. → 27.

estirado –del lienzo. V. imprimación.

estoa (de *στοά* = pórtico columnado). *Columnata griega, *porticada, galería cubierta que servía como lugar público de encuentro y que resguardaba del sol y la intemperie. Era frecuente su construcción en el ágora o cerca de alguna plaza.

estofa. Seda con labores. Puede ser:
– *historiada, con personas o animales.
– *pampolada, con follaje.
– listada, en fajas.

estofado. Paño que cae en pliegues abundantes y complejos.
– Paño o tela ricamente decorados.

– V. estofar.
estofar. Raspar el color aplicado sobre la superficie dorada, haciendo dibujos, de modo que aparezca el oro. Es una especie de *esgrafiado sobre oro.
– *Pintar sobre el oro *relieves al *temple.
– Blanquear una *talla en madera para dorarla.
– V. dorar y pan de oro.
– Pintar en una escultura la parte de los paños.
estola *(stola)*. Ornamento sacerdotal que pasa, a manera de banda, por detrás del cuello, cayendo sus dos puntas sobre el pecho.
– Banda larga de piel usada para abrigar el cuello.
– Traje largo de las matronas romanas llevado encima de la *túnica. Era muy larga, abierta en el centro para introducir la cabeza, y se sujetaba con broches a los costados. En la parte baja llevaba una instita o franja decorada. Se ceñía, bajo el pecho, con un *cíngulo que ayudaba a formar amplios pliegues llamados *rugae*. Fueron reemplazadas por las *dalmáticas a partir del siglo IV.
estratigrafía. Sucesión de estratos.
– Representación de esa sucesión. V. *estrato.
estrato. Capa geológica, netamente diferenciada de las adyacentes.
– Estrato arqueológico es un estrato formado por la aparición, en disposición horizontal, de una serie de materiales tales que permiten afirmar un momento de la vida de los antiguos ocupantes del lugar distinto del anterior y del posterior. La sucesión de estratos mediante la cual puede atestiguarse la existencia de una secuencia cultural completa se llama **facies arqueológica*.
estrecha. V. escudo.
estrella de David o de Salomón. Figura en forma de estrella de cinco puntas que puede inscribirse en un pentágono regular. También se le llama pentalfa.
estrellada. V. bóveda. ⇒ 8, 12.
estrellado. En *Heráldica, se aplica al *sotuer o la *cruz cuyos cuatro brazos simulan una estrella de cuatro puntas.
estría. Acanaladura (V. acanalado), usada como motivo ornamental, sobre todo en los *fustes, recorriéndolos en sentido vertical. ⇒ 37, 39, 40.
– V. estrígil.
– maciza: aquella cuyo hueco se halla ocupado por un junquillo o *baquetón, especialmente en la parte inferior del fuste.
estribado. V. armadura.
estribo. *Contrafuerte. ⇒ 11.
– Saliente en el extremo de un *machón de un puente de piedra. Si va contra la corriente es un *tajamar, y *espolón si va a su favor.

- Cualquier construcción destinada a contrarrestar el excesivo *empuje sufrido por una pared.
- V. armadura.
estriga (del lat. *striga* = ranura, surco). Cierta clase de calle en el campamento romano (**castra*).
estrígil, estrigilo, estrigilos. Especie de cepillo metálico con *acanaladuras en forma de S que usaban los romanos y griegos para quitarse el aceite, el sudor, etc.
- Ornamentación a base de acanaladuras sinuosas o en S.
estructura. Modo general de disponerse los elementos de un conjunto en relación unos con otros para formar un todo coherente y orgánico.
- Conjunto de elementos de una estructura o que forman estructura.
estuco. Mezcla de *cal muerta y polvo de *mármol, *alabastro o *yeso, que tiene numerosos usos por su baratura y ligereza. Una vez seco, presenta aspecto suave y liso. Tiene el inconveniente de su gran fragilidad y poca consistencia. Es muy apto para *reproducciones –por su fácil uso en estado de *lechada– y obras decorativas como *cielos rasos, *molduras, etc.
estuche. V. encuadernación.
- Cualquier especie de funda o vaina.
estudio. Aposento de trabajo del artista.
- *Croquis, *dibujo o *pintura realizado con minuciosidad y detalle del que se sirve el artista para mejorar sus técnicas de *representación de movimientos, *anatomías, cielos, mares, etc.
estupa. **Stupa*.
esvástica. **Svástica*.
esviaje. Desviación oblicua de una red o de una *bóveda respecto de su *eje.
ethos (*ἦθος*). Concepto griego que expresa la intención de representar el estado normal, habitual o medio de un ser, por oposición a *pathos*, que designa la expresión de emociones, pasiones o alteraciones extremas.
euripo (de *εὔριπος* = canal). Canal de desagüe.
- V. *fala*.
euritmia. Literalmente, cualidad de lo que tiene buen *ritmo; *armonía y orden entre las partes de un conjunto y de éste con todas.
éustilo. Llama así Vitruvio al edificio que presenta una columnata con intercolumnios de 4 1/2 módulos (2 1/4 diámetros) y cuyas columnas centrales distan 6 módulos.
evangeliario. Libro litúrgico que contiene los evangelios dispuestos según el calendario cristiano, y que en la Edad Media fue habitualmente decorado, a veces con gran riqueza, destacando también algunos por su preciosa *encuadernación.

evirado (del it. *evirato*). En *Heráldica, dícese del animal masculino cuyo sexo usualmente visible no se ha representado.
exáliptro (de ἐξάλειπτρον = vaso). Vaso para perfumes y ungüentos, de oro o plata, semejante por la forma al *alabastron y al *lécito.
exástilo (de ἑξάστυλος = de seis columnas: *hexastylos*). *Hexástilo.
excavación. Trabajo sistemático propio del arqueólogo, que consiste fundamentalmente en el desenterramiento metódico de objetos elaborados por el hombre en cualquier época. Los sistemas arqueológicos y de excavación han llegado a ser muy complejos y tecnificados. El desconocimiento de los usos y procedimientos exactos de actuación en excavaciones comporta siempre la destrucción irreparable de los testimonios, su disposición, *estratigrafía, cronología, etc. En España, la ley persigue con dureza a los excavadores clandestinos.
excavado. V. esmalte.
– Que ha sido objeto de *excavación.
excisa (del lat. *excido* = sacar cortando, tallando). *Decoración excisa sobre *cerámica es aquella que ha sido obtenida mediante la extracción, antes de la cocción, de partes de la *pasta, de modo que se formen *dibujos diversos en *resalte.
exedra. Banco semicircular y específicamente el de la *basílica paleocristiana. Se colocaba uno a cada lado de la *cátedra episcopal, elevados por escalones. Se destinaban a los presbíteros y son llamados **subsellia* por algunos autores.
– Exedra es también una sala para conversar, en la casa clásica, con bancos, abierta al *peristilo.
– Ábside.
– Obra de planta semicircular.
exento. Aislado, solo, sin contacto con nada.
exergo. Zona que se reserva, en el *campo de una *moneda o *medalla, para colocar el *epígrafe. A veces, se suele delimitar por una línea que atraviesa el campo en su parte inferior. ☞ 34.
ex libris. Etiqueta o *sello que el propietario pone a un libro para indicar la pertenencia del mismo. Generalmente es una *representación artística y se coleccionan por sus diversos valores, tanto *estéticos como históricos, ya que aparecen hacia mitad del siglo XV, contemporáneamente con el desarrollo de la imprenta.
exómide, exomis (del lat. *exomis* < ἐξωμίς = vestido). Vestidura corriente, sujeta al hombro izquierdo y que dejaba libre el derecho
exonártex. V. endonártex.
experimental, arte–. Es un modo sencillo y bastante preciso

de denominar a las tendencias vanguardistas del arte y, en general, al arte contemporáneo, subrayando su condición constante de búsqueda (partiendo o no de planteamientos teóricos elaborados) de nuevos modos de expresión y acceso a las emociones y sensaciones.

expresionismo. Movimiento artístico nacido a fines del siglo XIX, opuesto al realismo que caracterizaba a los impresionistas. Se preocupa mucho menos de reproducir la realidad aparente y sus formas o armonías, que de trasladar al arte la expresión de los sentimientos y del mundo de las vivencias interiores del artista. Habitualmente sus obras más típicas intentan reflejar, de modo brusco e inquietante, las angustias y sentimientos del hombre ante la incertidumbre de los tiempos contemporáneos. No obstante, el término puede hoy aplicarse a cualquier tendencia a acusar violentamente la expresión con merma de otros valores o contenidos, por analogía con el expresionismo histórico.

– Los expresionistas más característicos son los del grupo *Die *Brücke* (El puente), de Dresde, hacia 1905 y los del **Blaue Reiter* (Caballero Azul).

exterior. *Fachada.

– Un exterior es una escena o lugar al aire libre, en contraposición a *interior o cercado por muros y *cubierta.

extradós. Galicismo por *trasdós.

extremo distal. En la *lasca, se llama extremo *distal al que ocupa un lugar opuesto al talón o *extremo proximal. Generalmente, en el borde distal se produce la punta o parte activa del útil.

exvoto. Cualquier tipo de testimonio, generalmente *trabajado de modo artístico, que se lleva como ofrenda a un ser sobrenatural en cumplimiento de una promesa *(ex voto)*, agradeciendo un favor otorgado, etc.

F

fábrica. Construcción, obra.
– Obra hecha con *ladrillo, o piedra y *argamasa.
faceta. *Cara de un cuerpo prismático o poliédrico.
– Una de las caras en que ha sido *tallado un diamante.
facies. V. estrato.
facistol. Gran *atril, sobre un pie, donde se colocan los libros para cantar. Los situados en el *coro suelen tener cuatro caras y ser giratorios.
facsímil. *Reproducción exacta.
factura. En *pintura y *escultura, manera de estar ejecutada una cosa. La buena o mala factura de algo indica su buena o mala ejecución.
fachada. Por antonomasia, la parte anterior o principal de un edificio por el exterior.
– En general, superficie exterior de un edificio.
faja. En *Heráldica, *pieza *honorable, horizontal, que atraviesa el *campo de flanco a flanco y que mide un tercio de la anchura del escudo. – V. escudo y cinta. ⇾ 29, 33.
fajada. V. columna. ⇾ 18.
fajado. Es fajado el escudo que muestra *fajas alternadas de metal y color, en número par (arquetípicamente, seis) y no superior a ocho. (En tal caso son más estrechas que la faja plena.) Si hay más de ocho piezas, se denominan divisas o ceñidores. V. escudo y cinta.
fajón. V. *arco. ⇾ 11, 43.
– Recuadro de yeso que se pone alrededor de los huecos de puertas y ventanas.
fala. Torre construida sobre la *spina* del *circo y en el espacio que separa la meta del *euripo.
falcado. Con curvatura semejante a la de la hoz.

faldistorio. Sitial de madera, metal o marfil, empleado por el obispo en algunas liturgias especiales. No tiene respaldo, aunque sí apoyo para los brazos. Es transportable y sus patas forman una *x*, como en la *silla curul, recordando su origen como mueble plegable. Normalmente se recubre con un paño del color litúrgico que exige la ceremonia que se celebra.

faldón. –de una *chimenea. Conjunto de los dos *lienzos del *dintel que forman su boca.

– de tejado, vertiente del tejado, cuando es triangular.

– V. armadura.

falera (del lat. *phalera)*. Disco, generalmente *decorado, que se usaba sobre la *coraza y que constituía una condecoración en el ejército romano imperial. En origen sirvió como ornamento a las corazas y a los arneses.

falsa. V. bóveda y moneda.

falsa puerta. Estela funeraria egipcia que representa la comunicación entre el mundo de los vivos y el de los muertos y que suele hallarse en las mastabas figurando una puerta.

falsificación. Imitación fraudulenta de una obra de arte.

falsificada. V. moneda–.

falso, apoyado en–. Dícese del elemento constructivo que no apoya o descarga directamente sobre un sostén o que no se halla en la vertical de su base.

falso dintel. El formado por *ladrillos colocados de canto o a sardinel, unidos por sus caras anchas.

falúa. Embarcación de lujo, normalmente dotada de carroza, destinada a transportar personas de dignidad social, política o religiosa elevada.

falleba. Sistema de varillas y manubrios, que sirve para cerrar puertas, ventanas, etc., y que en esencia funciona insertando sus extremos en anillas, escarpias, o hendiduras practicadas en lo alto y lo bajo del marco de la falleba.

– Manubrio de la falleba.

fallido. En *Heráldica, se dice del elemento simétrico, incompleto por faltarle una mitad, que se indica («espada fallida a siniestra»), refiriéndose siempre la descripción al flanco del escudo y no al punto de vista del observador. En ocasiones se emplea para describir *piezas incompletas a las que les falta la parte baja. Los heraldistas más conspicuos reservan el término, empero, para traducir el francés *défaillant,* sin que parezca que haya equivalencia precisa para *failli,* por no abundar esos casos en la heráldica hispana. También es *fallido o *rompido el *cabrio que presenta interrupciones.

fama. Figura femenina tocando una trompeta.

– Trompeta que toca esa misma figura.

fantasía. Obra que no se sujeta a cánones, eminentemente imaginativa y personalista.
fanum (voz latina). Lugar que ha sido objeto de una *consecratio* a una divinidad y donde no es necesario que existan edificaciones.
faretra (de φαρέτρα = estuche: *pharetra*). Carcaj, en el Mundo Clásico.
faros (φᾶρος, φάρος). Manta, pieza de paño, en general. *Himatión que permitía cubrir la cabeza.
fasces. Haces de varas unidas formando un cilindro, portadas por los lictores, que acompañaban en diverso número a los altos magistrados romanos. Fuera del recinto de la ciudad se les añadía un filo de hacha indicando el derecho de vida y muerte que los cónsules adquirían en el exterior del *pomerio. *Fascio.
fascia. En principio significa venda, tira de tela. Puede ser una *diadema, las tiras que cubrían las piernas, etc. La *fascia pectoralis* era una tira ancha de tela que sujetaba, bajo el vestido, el pecho femenino, a modo de sostén.
fascio (del lat. *fascis* = haz). El fascio está formado por varas de 1,5 m de largo, aproximadamente, y por un hacha inserta en él lateralmente y sujeta por correas rojas. Lo llevaban los lictores, funcionarios que acompañaban a los magistrados superiores *(cum imperio)*, al *pontifex maximus* y a las vestales. V. fasces.
fastial. La piedra más elevada de una obra acabada.
– *Hastial.
fastigio. Frontón triangular que remata un exterior.
fatimí, arte–. El de la época de estos califas, cuya dinastía dominó África del Norte y Egipto (909-1171), donde fundó El Cairo. El pórtico delante de la *mezquita, el empleo de la *bóveda de arista, los *mocárabes, la abundancia de *nichos y la decoración figurada forman las características más notables de este arte. A diferencia del estilo *tulúnida al que continúa, emplea, siguiendo la tradición omeya, la piedra *sillar y la *columna. Recoge, asimismo, la herencia *abasida de estirpe persa.
fauces. Paso de una a otra parte de la casa, en la grecorromana.
fauno. Ser mítico, con torso humano, abdomen de macho cabrío, cuernos, pezuñas y orejas en punta, que suele acompañar a Dioniso (V. dionisíaco) y a menudo asociado con *ninfas y *efebos. V. sátiro.
fauvismo (del fr. *fauve* = salvaje). *(Salvajismo.)* Movimiento en que sus *pintores emplean sólo *tonos puros, inventados, sin relación con la realidad, surgido en 1905. Negaron la licitud de buscar la *forma a través de la

*luz y la *sombra o la *representación del espacio basada en el *claroscuro. Por lo demás, carecieron de programa fijo, adoptando cada artista la vía expresiva más adecuada a sus ideas. Sus precedentes son *postimpresionistas, como Van Gogh, y su principal representante artístico y teórico fue H. Matisse que agrupó a sus compañeros en el Salón de Otoño, en 1905. El nombre de *fauves* (silvestres, salvajes) fue empleado despectivamente por la prensa. Braque y Dufy se unieron al grupo.

favisa (del lat. *favissa).* Subterráneo de un templo que sirve de almacén de imágenes, objetos votivos y litúrgicos, etc., en la Roma antigua.

fayenza. Loza fina obtenida a partir de una pasta arcillosa y silícea, cocida entre 1.000 y 1.300 grados. Se recubre con esmalte opaco, de plomo y estaño. Es sinónimo de *mayólica y debe su nombre a la ciudad italiana de Faenza donde, en el Renacimiento, se fabricó una mayólica con esmalte blanco y sobria ornamentación. El nombre de mayólica (Majórica = Mallorca) se popularizó en Italia en el s. XIV.

Fayum, arte del–. El que se dio en esta región del Nilo (a unos 70 km al S. de El Cairo) en época helenística, entre los siglos I al V d. de C. Especialmente notables son los *retratos funerarios hechos al *temple o a la *encáustica y que se enterraban con el cuerpo. Son casi los únicos ejemplares de *pintura griega llegados hasta nosotros.

fe. En *Heráldica, galicismo por *alianza o *manos enlazadas.

fecás, fecasio (*φαικάς, φαικάσιον*). Calzado blanco y delicado que en Grecia se usó ceremonialmente. Fuera de estos usos, se consideraba prenda mujeril, infantil o afeminada, y también en Roma, por lo que se llamaba despectivamente en diminutivo (*φαικάσιον = phaecasium).*

feloplastia (de *φελλός* = corcho). Arte de reproducir en corcho.

fenestrado (del lat. *fenestra).* V. esmalte.

– Que tiene ventanas.

fenestraje. Conjunto de las ventanas de un edificio.

fénix. Ave fantástica, de forma variable, que aparece a menudo de frente y con la cabeza de perfil, representada renaciendo sobre una hoguera simbólica denominada inmortalidad.

férculo (del lat. *ferculum*, de *ferre*, llevar). Camilla antigua, en Roma.

– Gran bandeja romana.

fermall (voz catalana). Joyel, pectoral de broche o placa decorada.

festón. Adorno formado por pequeñas convexidades yuxtapuestas a modo de onda.

– Adorno compuesto de hojas, flores y frutos.

festoneado. Con *festones.

– V. arco. ☞ 4.

fête champêtre (fiesta campestre, en fr.). *Pintura de *género, muy popular en el arte francés del s. XVIII, cuyo cultivador más importante fue Watteau.

fiadores. Piezas metálicas, a modo de tirantes, que afianzan las patas de una mesa. Frecuentemente se hallan ornamentadas.

fiale (*φιάλη*). Pequeño cuenco cerámico griego, desprovisto de *pie y usado para beber.

fibra, grabado a–. V. grabado.

fíbula. *Broche o *hebilla a modo de imperdible. Los arqueólogos hallan en ellas elementos muy valiosos para el establecimiento de la cronología en los yacimientos. Reciben el nombre según sus formas: en arco de violín (segunda E. del Bronce, campos de urnas), de arco simple (submicénicas), zoomorfas, en escorpión (La Tène I), etc.

fictile, opus– (del lat. *fictilia* = cosas de barro). El trabajo realizado con arcilla.

fiduciaria. V. moneda.

fiel, fiel contraste. Cofrade responsable de la ley y calidad del trabajo en las piezas dentro del gremio de plateros. Hasta el s. XVIII marcaba las piezas con el punzón del fiel contraste, que llevaba su nombre y era distinto del que utilizaba como platero. En algunas ciudades era obligatorio que este punzón llevase además las dos últimas cifras del año.

fiereza. Nombre heráldico que se da a las barbas de un pez o ser marino monstruoso, cuando son de *gules.

figulino. Hecho en barro cocido.

figuras. En *Heráldica, se llama así a ciertas *cargas del escudo, que se clasifican como «naturales» (seres naturales vivos o inanimados o sus partes) y «artificiales». Éstas son de varias clases específicamente heráldicas (*carbúnculo, *crancelín, etc.), comunes (objetos diversos) y fantásticas o quiméricas (sirena, fénix, dragón, etc.).

figurado. En *Heráldica, se dice de los astros y otras *figuras redondas (*bezante, etc.) cuando muestran rostro (en fr. *figure*) humano.

figuras negras, cerámica de–. Técnica de decoración cerámica, griega, nacida a comienzos del s. VII a. de C., que pintaba sobre el fondo rojo escenas en negro, ayudándose con grabados finos y también con pequeños toques o líneas rojas y blancas. Se difundió en el s. XI, alcanzando gran perfección en Atenas. Comenzó a ser substituida hacia el 530 a. de C. por la cerámica de *figuras rojas.

figuras rojas, cerámica de–. Técnica ceramográfica iniciada en Atenas (c. 530 a. de C.) que sucedió a la de *figuras negras. Sus *temas se dibujaban en rojo o se grababan sobre la *arcilla fresca, pintándose el fondo de negro con una pintura que adquiría brillo y consistencia con la cocción. Los detalles se grababan o pintaban en negro sobre la figura roja. Esta técnica comenzó a desaparecer en el s. III a. de C. tras su apogeo en el V.

figurativo. Dícese del arte que representa algo identificable, en oposición al *abstracto.

fijación. Tratamiento con el que se consigue dar permanencia a algo: así, es preciso fijar determinadas materias aplicadas a una superficie para que no se desprendan de ella (pintura al pastel, por ejemplo). Casi todos los tipos de pintura requieren ser fijados a su soporte. V. fijador.

fijado. Dícese de la *pieza o *mueble heráldicos cuya parte baja o pie termina en ángulo agudo.

fijador. Líquido que se emplea para *fijar una *pintura, normalmente compuesto por un cuerpo resinoso (resina de almáciga, dammar, trementina, colofonia, goma-laca, etc.) disuelto en alcohol, éter o bencina en muy baja proporción (un 2 por 100) sobre todo si es *pintura al pastel lo que se ha de fijar. El fijador debe ser *transparente y no alterar los *colores en absoluto.

fila. En *Heráldica, cada una de las hileras de un billetado, escaqueado, *mazonado, etc.

filacteria (φυλακτήριον). Cinta o banda que se representa como si fuera de tela, pergamino, etc., con las extremidades enrolladas y que lleva un *epígrafe o leyenda. Generalmente va en manos de *figuras. Valía, entre otras cosas, por amuleto, u objeto que preserva. La acepción la tomó la Historia del Arte del Evangelio de Mateo (23, 5).

filadiz. Seda que se obtiene del capullo roto.
– El tejido obtenido con ella.

filete. En *Heráldica, designa a la pieza representada en su anchura mínima, último grado en la reducción de una pieza. Su emplazamiento se indica añadiéndole el nombre de la pieza que corresponda. Así, será filete en *banda, *barra, *cruz, *cabrio, *faja, *sotuer, etc.

fileteada. Lo está la *carga heráldica envuelta por un *filete de *esmalte diferente. Vale por bordeada, contorneada y perfilada.

filetes vibrados. V. escudo.

filiera (del fr. *filière*). En *Heráldica *bordura de la mitad de su ancho ordinario. ☞ 33.

filigrana. Labor delicada y fina.
– Marca del papel, que se ve al trasluz.
– Técnica de joyería antiquísima

que trabaja soldando a la base metálica hilos y gránulos de oro o plata.
– V. esmalte de–.

fingido. Dícese del elemento arquitectónico que lo parece cuando en realidad está pintado o dibujado. V. engaño.

fitomorfo (de φυτὸν = vegetal; μορφή = forma). De aspecto o forma de vegetal.

flabelo, flabellum. Abanico antiguo que adoptó numerosas formas. Los más característicos eran abiertos y formados por un cuerpo triangular curvilíneo, sujeto por el vértice a un mango largo y rematado en la base mayor por plumas costosas. Se ha empleado en el siglo XX a ambos lados de la *sella gestatoria* del Pontífice Romano. ⇾ 49

flagelación. Representación del tormento de los azotes infligido a Jesús.

flambante. En *Heráldica se dice del elemento ondulado en forma de llama. Se llama, asimismo, flamboyante. Aunque ambas voces son galicismos, son las correctas en *blasón y no «flameante».

flamboyante. *Flambante.

flámeo. **Flammeum*.

flamero. Especie de *candelabro decorativo, que no sostiene velas sino mezclas químicas, dando una vistosa llama.

flamígero. V. Gótico.

flammeum. Velo rojo con que la esposa romana solía cubrirse la cabeza el día de su boda.

flan. Disco o lentejuela de metal sobre el que se *acuña la *moneda.

flanco. En *Heráldica designa tanto cada lado del *escudo cuanto el espacio del *campo contiguo a los bordes externos de aquél, hasta un quinto del total de la anchura. Son dos: diestro y siniestro (designados desde el punto de vista del escudo y no del espectador). ⇾ 28-30.

flanquis (del fr. *flanchis*). En *Heráldica, pieza en forma de *sotuer que tiene la mitad de la anchura de éste. Llámase también lazo.

flaturario, flaturarius. Operario romano encargado de fundir los *cospeles para la *acuñación, preparándolos mediante la operación llamada *flandere*.

flecha. *Aguja que remata una torre.
– del *arco: altura del arco desde su línea de *arranque hasta su *clave. ⇾ 2.
–Tejado piramidal de gran elevación con respecto a las dimensiones de su base.

flechado. Lo es el *escudo dividido en dos mitades, una de las cuales penetra en la otra con un ángulo agudo. También se dice de una *pieza o *mueble heráldicos cuyas extremidades tienen forma de punta de flecha. ⇾ 30.
– Que tiene tejado de *flecha.

fliácicos (de φλύαξ = bromista, burlón). Dícese de los vasos de la Magna Grecia en que se representan escenas de las comedias populares corrientes en esta región en los siglos IV y III a. de C.
flor. –de *cuño: dícese de la *moneda acuñada con cuño nuevo. Moneda a flor de cuño es la conservada como si estuviese recién acuñada.
flor de lis. Figura de la flor del lirio (fr. *lis)*, muy abundante en diversas representaciones artísticas. La flor de lis *heráldica, emblemática de la Casa de Borbón, está compuesta por tres pétalos. El central aparece de frente y alzado y los laterales son curvos y aparecen de perfil, cayendo sus puntas hacia afuera. En la parte baja van los tres reunidos por una especie de ceñidor o anilla del que vuelven a salir tres pedúnculos apuntados y curvilíneos, ascendentes hacia el exterior los dos laterales. Si la flor se representa sobre tallo largo, puede hablarse de bastón flordelisado.
flordelisada. V. cruz. ⚭ 21.
flor de piel. Lado del *pergamino o de la piel de un animal opuesto a aquel en que crece el pelo o la lana.
floreal (fr.). **Liberty*.
florenzada. V. cruz. ⚭ 21.
florenzado. Dícese, en *Heráldica, del elemento que muestra flores de lis con el pétalo central abierto y botones entre éste y los laterales. También se usa la palabra espanuido, galicismo por *épanoui.*
florido. Estilo del *Gótico.
– En *Heráldica, dícese del vegetal con flores que llevan *esmalte distinto al que exhibe el follaje.
florón. Adorno colocado en la *clave de una *bóveda o en cualquier cruce de *nervios, generalmente en madera y en forma de flor.
– Ornato *esculpido en forma de hoja o flores. Es muy abundante en el *gótico.
– *Remate en forma de flor.
– En *Heráldica, adorno vegetal en forma, frecuentemente, de hoja de acanto, apio o fresa y más propiamente si figura en el remate de una *corona.
floronado. En *Heráldica, que remata en una flor de lis.
fóculo, foculus. Brasero romano.
– V. bálneo.
fondaq. Hospedería para los mercaderes que llegaban de fuera de la ciudad a vender sus productos, en Granada.
fondo. Último plano de una representación, en profundidad.
– Plano de *color sobre el que destacan los demás.
– Plano final o terminal de algo.
Fontainebleau, escuela de–. La formada en torno al mecenazgo de Francisco I por diversos artistas italianos y franceses que lo-

graron introducir el Renacimiento en Francia y darle una forma nacional. La escuela de Fontainebleau introdujo, asimismo, el *manierismo en Francia. Cuatro de sus hombres importantes son Rosso, il Primatice, Delorme y Goujon.

forja. Modo de trabajar el metal y sobre todo el hierro, exponiéndolo al fuego en la fragua y maleándolo con un martillo sobre el yunque.

– Por extensión, trabajo en metal forjado.

forma. Configuración, aspecto exterior que reviste una materia. Es su estructura aparente, su orden, lo que por medio del trabajo artístico consigue transformar lo inerte o inexpresivo en algo inteligible y susceptible de provocar emociones estéticas o de otro tipo.

– Cada *arco en que descansa la *bóveda vaída. (En desuso.)

formalete. *Arco de medio punto.

formalismo. En una obra de arte, el predominio de los componentes técnicos o formales sobre los contenidos expresivos o poéticos.

– Falta de profundidad expresiva.

formero. V. arco. ☞ 8, 12.

formón. Instrumento semejante al *escoplo. Es más ancho de boca y menos grueso.

fórnace, fornax. V. bálneo.

foro. En el mundo romano, plaza principal de una población, donde se celebraban el mercado, las reuniones ciudadanas y donde se situaban algunos de los más importantes edificios del culto y la vida civil. Corresponde al *ágora griega.

– Fondo del escenario o de la escena.

forrada. V. moneda–.

forrar. Operación de *restaurar por medio de la cual se refuerza un lienzo añadiéndole otro por la parte de atrás.

forro. Clase de esmalte de *escudo heráldico. Los forros heráldicos son los armiños y los veros. V. escudo. ☞ 28.

fosado. En *Heráldica, se dice de la torre o castillo rodeados por un foso.

fotografía. Arte de fijar y reproducir por medio de reacciones químicas en superficies adecuadas la imágenes recogidas en el fondo de una cámara oscura.

fototipia. Procedimiento de reproducir clisés fotográficos sobre una capa de gelatina, con bicromato extendido sobre el cristal o cobre.

– Arte de estampar estas reproducciones.

– Estampa fototípica.

fraguar. Dicho de la *cal, *yeso, *cemento, etc., llegar a trabar y endurecerse consistentemente.

francés. V. cuadrilongo (escudo).

Francia, sembrado de–. V. sembrado.

franco-cuartel. Es una *pieza heráldica, teóricamente del tamaño de la cuarta parte del escudo, aunque a menudo se representa algo aminorada. Va en el primer cuartel (el superior izquierdo para el observador). Si su tamaño es un noveno del *campo, se llama cantón. V. escudo. ☞ 29.

franjado. En *Heráldica, dícese de la bandera, el gonfalón, pabellón o mantel con franja de oro y, a veces, con franja de *esmalte simplemente distinto.

frente. V. escudo.

fresco (del germ. *frisk*). Pintura al fresco es la ejecutada sobre un muro con *revoque de *cal húmedo y con los colores desleídos en agua de cal. Como la intensidad del *color disminuye rápidamente a medida que la cal se absorbe, si se quieren conseguir tonos *vivos es necesario aplicar nuevas capas inmediatamente, ya que el retoque al fresco es muy difícil, haciéndose normalmente, cuando es preciso, al *temple o por otro sistema. Si el desleimiento y la aplicación de la pintura se han hecho debidamente, se forma una película de carbonato de calcio que une indisolublemente los colores a la pared. Se llama *buon fresco* a la pintura al fresco que no ha sido retocada después al temple o por otro procedimiento. Ésta recibe el nombre de *fresco seco*.

fresquista. El que pinta al *fresco.

frete. En *Heráldica, enrejado compuesto por bandas y barras muy estrechas (esto es, propiamente, por *cotizas y *listas). Las componentes de un frete pasan, alternativamente, por debajo y por encima de las otras.

fretes. *Molduras cuadradas o semicirculares que, sobre otra más ancha o una *faja lisa, forman meandros, ondas, líneas cruzadas, etc.

frigidario, frigidarium. V. bálneo. ☞ 47.

frigio, gorro–. *Gorro frigio.

friso. Faja decorativa de desarrollo horizontal y específicamente la parte entre el *arquitrabe y la *cornisa en los órdenes clásicos. ☞ 37, 39.
– V. orden.

frita (del lat. *fricta* = frita). Mezcla de los materiales que componen el *vidrio, después de calentada, para producir en ella un inicio de *fusión. La frita se aplica a la *cerámica en estado incandescente, estando por el contrario la vasija ya cocida. Se vuelve ésta a cocer para que la parte vítrea forme cuerpo con ella. En un tercer proceso, si se desea, se obtiene el *vidriado.

fronda. *Decoración tupida a base de elementos vegetales y so-

bre todo de hojas cuyos extremos suelen encorvarse.
frontal. Parte anterior del *altar, *antipendio. Suele estar *decorado de algún modo, y lo fue con especial riqueza durante el *románico.
– Paño que se colocaba en la parte frontal del altar para engalanarlo. Consta de sobrefrontal, frontal y caídas.
frontalera. *Sobrefrontal.
– Es la parte superior del *frontal; normalmente llevaba decoración diferenciada. V. frontal.
frontalidad, ley de la–. Término creado por Lange, tratadista danés y arqueólogo de fines de siglo. Se refiere sobre todo a los artes griego y egipcio, y en la actualidad se interpreta del modo que sigue: la línea que pasa por entre las cejas, por la nariz y el ombligo, debe dividir al cuerpo en dos partes iguales y exactamente contrapesadas. (V. **contrapposto* y *diartrosis). Normalmente comporta *isocefalia y, en *relieve y *pintura, suele mostrar la cabeza de perfil y el cuerpo de frente. Responde usualmente a un estadio poco desarrollado de las técnicas de *representación en *perspectiva.
frontis. *Fachada anterior.
– *Frontispicio.
frontispicio. Fachada delantera de algo, y sobre todo, del edificio.
– *Frontón, remate triangular sobre la parte central de una *fachada.
– Cabecera de un libro, a menudo *grabada en cobre, especialmente en los siglos XVII y XVIII.
frontón. Remate triangular de una fachada, pórtico, ventana, etcétera. El espacio cerrado que delimita se llama *tímpano, sobre todo si está *decorado. ∞ 2, 37.
– curvo: el que consta de un arco de circunferencia cortado por una base horizontal. Suele alternar con el triangular los *remates de los *vanos de una *fachada.
– desventrado: el que tiene la base partida.
– *partido: aquel cuyos lados ascendentes no llegan a juntarse. A veces, se enrollan a modo de *volutas.
frottage (frotación, en fr.). Nombre dado por Max Ernst al *dibujo obtenido premeditadamente y con una intención artística frotando un lápiz sobre un papel colocado encima de una superficie con irregularidades (madera, tejido, etc.).
frutado (y no «afrutado». Del fr. *fruité*). En *Heráldica, se dice del árbol con fruta de *esmalte distinto al del follaje.
fumario, fumarium. V. apoteca.
funcional (de función). Dícese del Arte que manifiesta, a través de su intención y de la *forma que da a sus creaciones, un inte-

rés específico por el uso a que van destinadas.

fundación. *Cimientos.

fundente. Substancia que se mezcla con otra para facilitar su *fusión. Se emplea en *esmalte, cerámica, etc.

fundición. Procedimiento para obtener esculturas en bronce. Las dos maneras tradicionales se describen en el término *cera perdida.

– Muchos autores llaman fundición de arena al procedimiento de fundición con *cera y *alma interior, más complicado y largo que el primero, pero mucho más barato por la cantidad de bronce que ahorra y porque, una vez hecho el modelo, se trabaja con el molde que se obtiene, quedando aquél siempre dispuesto para ser objeto de nuevos moldes, lo que permite hacer tiradas en serie de una misma pieza.

funículo. *Moldura decorada imitando una gruesa cuerda, a base de espirales entrelazadas.

furioso. Voz heráldica. *Enfurecido.

fusado, fuselado (del fr. *fusé, fuselé*). Se dice del *escudo cuyo *campo está enteramente cubierto de *husos yuxtapuestos esmaltados alternativamente de un *metal y un *color. ⇴ 33.

fusayola (del it. *fusaiola*). Pieza del telar en la Antigüedad, generalmente *cerámica, tronco o bitroncocónica, perforada, que se colocaba en lo alto del huso de hilar. Suele llevar algún sello, señal, marca de propiedad, etc. Las hay también ornamentales, para remate de grandes alfileres, etc.

fusión. Acción de derretirse y transformarse en líquido un metal u otro cuerpo sólido, generalmente por haberse producido una elevación considerable de temperatura.

– Se llama también fundir a dar forma a una *colada de metal fundido mediante *moldes.

fuso. V. huso (Heráldica).

fustado. En *Heráldica, se predica del árbol cuyo tronco va esmaltado de modo distinto que las hojas y, por analogía con ello, de la lanza o la saeta con punta en *esmalte diferente, etcétera.

fuste. Parte de la *columna que constituye el *pie derecho, situado entre el *capitel y la *basa. ⇴ 37.

– *Caña, *caria.

fusuma. Panel corredizo japonés, marco o armazón de madera cubierto por grandes hojas de papel, para formar las paredes de las habitaciones en la casa tradicional. Se aplica el nombre preferentemente a los que muestran pinturas. En templos y palacios se han decorado con célebres obras pictóricas.

– V. *sho-ji*.

futil, futile. Vaso de boca ancha y poca base, usado en las ceremonias religiosas de Vesta.

futurismo. Fundado por Marinetti en 1909, este *ismo busca expresar el dinamismo de la vida moderna, mecanizada e industrializada, dando la sensación del movimiento o de los sentimientos dinámicos, simultaneando las posiciones sucesivas de los cuerpos, pero de tal modo que la *forma pueda ser entendida por el espectador, para hacerle partícipe de lo representado. Se relaciona con el *cubismo en algunos aspectos –descomposición en planos y volúmenes– y estudia sobre todo el movimiento, prescindiendo de las líneas continuas, de la *armonía y del «buen gusto». Balla, Carrá, Severini y Boccioni son sus figuras más destacadas.
– V. dinamismo plástico.

G

gablete. Remate sobre las arcadas, formado por dos líneas que crean en lo alto un ángulo apuntado, característico del *Gótico.
– escalonado: propio de la arquitectura de los países nórdicos.
– V. piñón y frontón.

galactotráfusa (de *γαλακτοτραφέω* = nutro con leche). Dícese de una figura femenina en actitud de amamantar y especialmente de la Virgen María representada de esta manera.

galbo (del ár. *qâlib*). *Perfil elegante de una *columna, *vasija, edificio, etc. En la columna se suele emplear como sinónimo de *éntasis.

gálea. *Casco con carrilleras usado por los soldados romanos. En su origen fue de cuero y a veces se adornó con penacho o dos cuernecitos. Roma lo perfeccionó y embelleció.

galería. Corredor amplio, generalmente en un piso alto, con pared en un solo lado.
– Exposición permanente de obras de arte.

galero, galerus. Especie de gorrito ajustado, un tanto semejante a una boina o casquete, aunque se adhiere completamente al cráneo. Era propio de campesinos. Por ser muy escueto y corto el cabello de los atletas –que lo cuidaban para no dejarse coger de él en la lucha– se llamaba también galero a su peinado. (Mercurio suele ir tocado con galero, así como los flámines y otros sacerdotes).

gálibo (de calibo, calibre). *Perfil; plantilla que se recorta para comprobar la corrección de un perfil, generalmente curvo.
– Buen aspecto de una *columna por sus acertadas proporciones.

gálica. **Gallica* (sandalia).

galilea, puerta–. Vestíbulo que precede a los monasterios y catedrales medievales, especialmente en Inglaterra y Francia. Se destinaba a diversos usos, tanto penitenciales cuanto de convivencia. Según unos, recibe este nombre por ser el término de la procesión pascual, símbolo del regreso de Cristo a Galilea tras su muerte. Para otros el nombre se debe al responsorio *Veri Galilaei* que los canónigos entonaban allí el día de la Ascensión.
– Se usa en España el término para designar al *pórtico o *atrio si está ocupado con tumbas y a la pieza cubierta, fuera del templo, sin retablo ni altar, que sirve a veces de cementerio.
galocha. Calzado con suela de madera o hueso que se llevaba sobre los zapatos para protegerlos del barro o la suciedad.
galón. Borde de la *cenefa, cuando, en lugar de ser sobrepuesto, está tejido en el mismo paño que ella; en caso contrario y siendo ancha se llama *retorcha.
– Tejido fuerte y estrecho, a modo de cinta, con que se guarnecen vestidos y otras cosas.
galvanotécnicas. Las que se valen de la electricidad por contacto, según descubrimientos de Galvani (1737-1798). La galvanocromía colorea los metales por oxidación; la galvanotipia obtiene clisés mediante la galvanoplastia que, por electrolisis, consigue copia metálica o recubrimiento metálico de un objeto.
gallica. Gálica, calzado de origen galo, muy usado en Roma en el s. I a. de C. Intermedio entre la **solea* y el **calceus*. Era una sandalia que guarnecía la punta, el talón y los lados del pie.
gallón. *Ornamentación curva, muy saliente, con que se decoran a veces los *boceles y las piezas de orfebrería. Su *perfil es el de un cuarto de huevo. A veces se forman *cúpulas de gallones por yuxtaposición de estos elementos.
– V. cúpula.
gama. Serie de los colores.
– Serie de *matices de un *color. Comenzó significando la nota *do* en la nomenclatura de Guido d'Arezzo (en griego: *gamma*). Luego pasó a designar la escala completa y finalmente amplió su aplicación musical a la cromática.
gamada. V. cruz. ⚭ 21.
gammadión, gamadión. *Cruz gamada.
gánosis (de *γάνος* = brillo, fulgor). Mezcla de aceite, cera y colorantes que se aplicaba a las estatuas de mármol en la Antigüedad para colorearlas, enlucirlas, etc. **Kosmesis.*
garganta. Estrechamiento.
– Parte más delgada de la *columna.
gárgola. Desagüe saledizo del

tejado, normalmente *esculpido en forma fantástica. → 8.

garitón. En arquitectura militar, especie de torrecilla para la vigilancia de la guardia.

garlanda (por guirnalda). Tocado en forma de rodete.

garnacha. Vestidura talar con mangas cortas que forman cuerpo con el vestido. Es amplia y suelta.

gaveta. Cajón de escritorio.

geisípodos (de γεισίποδες = sostenes de la cornisa). Dentículos. En concreto, los que dividen el *epistilio del *geison en el orden jónico.

geison (γεῖσον). *Cornisa volada sobre el *friso en los *órdenes clásicos. → 37.

– *dórico: la *cornisa del *frontón dórico que presenta en su cara inferior lajas planas y rectangulares llamadas *mútulos.

– *jónico: el que por su parte inferior es cóncavo, sin decorar.

– El geison presenta muchas veces una faja moldurada o *cimacio. A veces tiene perfil de *gola, creando una zona de sombra llamada *escocia.

gemelas. En *Heráldica, *pieza formada por dos *filetes de igual esmalte, paralelos y separados por una distancia algo mayor que la anchura de cada uno de ellos. Según la disposición que adopte se denomina gemelas en *banda, en *faja, en *palo, en *sotuer, etc. V. escudo.

geminados. Dícese de los *vanos, *ventanas, *columnas, unidos de dos en dos.

– En general, dícese de un elemento que consta de dos partes iguales o las reúne.

género. Pintura de género es la que representa *temas y *escenas de lo cotidiano.

geométrico. Dícese del arte cuyos elementos decorativos y ornamentales están formados por motivos geométricos fundamentalmente.

– Dícese del arte griego entre los siglos X y VIII a. de C., inclusives.

georgiano. Estilo inglés que corresponde a los años 1714-1766 (reinados de Jorge I y Jorge II), paralelo al estilo Luis XV. En América pervivió en el siglo XIX.

Gestalt, teoría de la–. Teoría psicológica que considera al hecho de consciencia como forma o estructura total. En arte, gestáltico, es un trabajo organizado de manera semejante a la del proceso industrial, en su planteamiento, método y desarrollo.

gestatoria. V. *sella*.

gigante, orden–. V. colosal, orden.

gigantomaquia. Lucha de los Titanes contra los dioses griegos.

gimnasio. Institución griega dedicada a la instrucción tanto física como espiritual. En la época clásica podía constar de las partes siguientes: una exedra columnada y unos porches, estancias menores (*oikoi, akroatéria)* donde se hallaban el *apodytérion* o vestuario; el *loutrón*, o sala para lavarse; el *epistasion*, o sala de los vigilantes; el *konisterion* y el *aleipterion*, donde se embadurnaban los atletas con arena y aceite; el *sphairisterion*, para practicar pelota o pugilismo; el *korykeion*, donde se entrenaban con un pesado saco de arena; el *pyriaterion*, para el baño de vapor y de agua caliente; el *propnigeion*, o sala para calentar el agua; y el *xustós* y la *paradromis*, pistas cubierta y descubierta, respectivamente.

ginaikonitis, gunaikonitis. V. gineceo.

gineceo. Parte de la casa griega destinada a la vida privada y a las mujeres. Se contrapone a *androceo.

giottescos. Se aplica a los seguidores de Giotto en la escuela florentina del siglo XIV.

giraspe. *Hilos de oro.

girola. *Deambulatorio.

girón. *Pieza heráldica en forma de triángulo rectángulo. Su hipotenusa va de un ángulo del *escudo al centro de éste. El girón puede ser también curvilíneo. Es gironado el escudo del todo cubierto por girones cuyos vértices coinciden en el punto central del *abismo. En tal caso, suelen alternarse un metal y un color. Se especifica el número total de girones si es superior a los ocho que se crean al partir, cortar, tajar y tronchar el campo («gironado de diez», etc.) así como su forma, si fuese curva. ☞ 29, 30.

gladiador. Luchador que combatía en los juegos públicos romanos o *munera*. Trabajaba a sueldo de un empresario o *lanista* en una escuela o *ludus*. Había muchas clases de gladiadores, según sus armas y técnicas de combate. El **andábata* luchaba a ciegas, el **contrarretiarius* (a veces llamado **secutor)* llevaba espada, yelmo, cnémides y escudo. El **dimachaerus* llevaba dos espadas; el **eques* era un jinete; el **essedarius* conducía un carro; el **iaculator* llevaba yelmo y jabalina; el **laqueator*, lazo; el **mirmillo*, espada, escudo, casco y polainas; el **hoplomachus*, con armamento pesado; el **paegniarius*, con clava; el **provocator*, con coraza, espada y pequeño escudo; el **pulsator*, mal conocido; el **retiarius*; el **samnita*; el **saggitarius*, con flechas; el **scissor*, también desconocido; el **tracio* y el **veles*, ligeramente armado.
– V., además, mirmidón, *secutor*, *essedario*.

glande. Proyectil para la honda, muchas veces de plomo. Lleva inscripciones destinadas a ofender al enemigo, etcétera.

glasear. Operación que tiene por objeto quitar las rugosidades al papel destinado a la *impresión dándole brillo.

glauco. *Verde pálido, cercano al azul.

glifo (de γλυφή = corte). *Decoración, canal angular poco profundo, en sentido vertical. ⇨ 39.
– En la escultura maya, figura o símbolo que informa sobre el personaje representado.
– V. triglifo.

glíptica. Arte del grabado de las piedras duras y de las preciosas. También, el arte de grabar *cuños y *sellos, aun siendo de metal. Si el trabajo excava el dibujo, será diaglíptico, y anaglíptico si lo deja en relieve.

gliptoteca. *Colección o museo de piezas de *glíptica.
– En sentido amplio, museo de esculturas.

gloria. Habitación cuyo suelo está recorrido por galerías o tubos de barro cocido, por donde pasa el aire caliente. Este sistema de calefacción deriva de los baños romanos y árabes.

glorieta. Jardincillo o quiosco en un parque o jardín, especialmente en el Barroco y el Neoclásico.

glosemática. Término lingüístico que, aplicado a la teoría artística, significaría el intento de definir funcionalmente los datos expresivos, independientemente de su propia sustancia peculiar, considerados como formas puras.

gnomon. Indicador de la hora en el reloj de sol. (No debe decirse gnomo.)

Gobelinos (Gobelins). Manufactoría parisina (1601) de tapices, que recibió su nombre del de una familia de artesanos que era propietaria de los locales en que se asentó la primitiva fábrica. En 1662 se transformó en fábrica real, con Le Brun como director. La fábrica sigue hoy funcionando desde su renacimiento a comienzos de siglo bajo la dirección de G. Geoffroy.

gofrado (del fr. *gaufre* = panal). *Estampación por medio de hierros calientes de *motivos ornamentales en forma de *cordoncillos, tanto en hueco como en relieve. Término usado en *encuadernación.

gola. *Moldura en forma de S (V. cima). ⇨ 35, 39.
– Se opone al *talón. A veces se llama gola lésbica, en oposición a la cima reversa o dórica.
– Adorno del cuello hecho de lienzo plegado y alechugado.

golilla. Adorno que circunda el cuello, hecho de cartón forrado de tela negra y que sostiene un adorno en tela blanca engomada o almidonada.

gonfalón. Extranjerismo por estandarte.

goma arábiga. V. aglutinantes.

goma-laca. V. fijador.

gorgona (de Γοργώ). Ser monstruoso, mujer que tenía cabellos formados por serpientes, y que transformaba en piedra a quien la miraba. Su cabeza fue muy representada en la época clásica, sobre todo en escudos y armaduras, en recuerdo de la leyenda mitológica en la que intervinieron Atenea y Perseo.

gorgoneo, gorgoneion (*γοργόνειον*). Elemento decorativo a base de la cabeza de la Gorgona.

gorgorán, gorguerán. Tela de seda con cordoncillo, sin otra labor por lo común, aunque también lo había listado y realzado.

gorguera. *Collarino.
– *Moldura cóncava. *Cima recta muy acentuada.
– Adorno del cuello, hecho de lienzo, plegado y encañonado, en forma alechugada. *Gola.

gorro frigio. De origen minorasiático, de forma cónica o en cuerno y con la extremidad inclinada hacia adelante, no se usó corrientemente en el mundo clásico. Se suele representar en color rojo y fue muy empleado desde fines del siglo XVIII en las alegorías republicanas y de la libertad, cuyo símbolo pasó a ser, por creerse que era típico de los esclavos romanos manumitidos (libertos), probablemente por confusión con el *píleo. ➾ 34.

gota. Pequeño cono truncado, bajo la *régula y los *mútulos de un *entablamento.
– *Figura heráldica en forma de gota o lágrima. Se llama de pez, de agua (o lágrima) o de sangre si su esmalte es *sable, *plata o *gules, respectivamente. Si el campo está del todo cubierto de gotas se denomina al *escudo goteado. V. escudo.

goterón. V. orden. ➾ 37, 39.

Gothic-Revival. *Neogótico.

Gótico. Estilo que sucedió al Románico, característico del siglo XII y ss. en Occidente. Comenzó significando, despectivamente, «bárbaro, propio de godos», por contraste con la serenidad armónica del arte italiano.
– Flamígero o florido es el Gótico tardío, complejo y recargado, enormemente dinámico y móvil.

gouache. Nombre francés de la *aguada.

grabado. Procedimiento por el que se consigue una *estampa mediante la obtención previa de una matriz o plancha. Hay dos tipos fundamentales: aquel en el que la plancha se trabaja de modo que el *dibujo queda en *relieve (especialmente la *xilografía) o bien aquel en el que el dibujo queda en hueco (sobre plancha de cobre, u otros materiales altamente pulidos).
– La xilografía es la técnica del grabado en madera, con el siguiente proceso de elaboración: realizado el *boceto de la obra a grabar y calcado sobre el taco o plancha de madera, se talla con ayuda de cuchillos, *gubias, *formón, *buril, etc., vaciando de

madera los blancos y dejando en relieve los negros; así obtenida la plancha, se entinta con el rodillo y se procede al *estampado, que puede realizarse a mano por frotación o mediante el *tórculo. Las maderas utilizadas pueden ser blandas (dóciles al tallado, pero poco resistentes a largas tiradas), o duras (entre las que destacan el peral, el cerezo o el boj).

– Se llama grabado *a contrafibra* al procedimiento xilográfico que utiliza una plancha de madera cortada de este modo, es decir, en sentido transversal al tronco originario; también se le denomina grabado al boj, por la frecuente utilización de esta madera; es adecuado para largas tiradas o grabados de tamaño reducido. En el grabado *a fibra* la plancha de madera utilizada está cortada en el sentido de las vetas, como una tabla. El desgaste que sufre la madera con las repetidas estampaciones, hace que las primeras sean más perfectas y de mayor valor.

– El grabado sobre cobre o en hueco conoce dos sistemas principales: el *aguafuerte y el grabado a buril o *talla dulce. El primero es un procedimiento químico. El segundo consiste en incidir sobre la plancha con un buril, con el solo impulso de la mano del artista.

– Para obtener grabados en *color se necesitan siempre varias planchas que se estampan sucesivamente, entintando cada vez con un color.

– Otras técnicas afines al aguafuerte son: el grabado al aguatinta (*aguatinta); el *barniz blanco, o a modo de lápiz, cuyo proceso consiste en recubrir la plancha con un barniz húmedo y graso, sobre el que se coloca el papel con el dibujo que se quiere grabar, pasando un lápiz duro o un punzón sobre las líneas; al terminar, se levanta el papel en cuyo reverso estará adherido el barniz blando removido de la plancha en las líneas sometidas a presión del lápiz; finalmente la plancha se somete a la acción del aguafuerte.

– El grabado en negro, llamado también a la manera negra, al humo o *mezzatinta,* consiste en trabajar la plancha por medio de un rascador de varias puntas (el *rocker,* o *berceau),* produciendo un graneado uniforme por entrecruzamiento de líneas, con el que se valoran los tonos claros y oscuros.

– El puntillado es un procedimiento que omite las líneas tradicionales, sustituyéndolas por puntos.

– En el grabado a punta seca no se utilizan ni los barnices ni el ácido. La plancha de metal desnuda es hendida directamente con una punta aguda de acero, diamante o rubí *–punta seca–*,

que según el ángulo de incisión y la fuerza de presión, obtiene unas líneas de bordes ásperos que se conocen con el nombre de rebabas. Al imprimir o estampar, la rebaba se desgasta rápidamente, por lo que las tiradas a punta seca son reducidas, a no ser que se someta la plancha al *acerado, o baño de acero.
– V. linóleo y serigrafía.

grabar. V. grabado.
– Señalar por medio de incisiones, labrar en *hueco o *relieve una superficie, de modo ligero.

grada. Escalón largo y corrido.
– Tarima al pie del *altar.
– En plural, conjunto de escalones monumentales.

gradina (del fr. *gradine*). *Cincel dentado que se usó en la labra de la piedra en la última época gótica.

Gradual. Versículos que se dicen o cantan tras la Epístola y antes del Evangelio. Primitivamente se cantaban mientras el diácono subía los escalones del *ambón.
– Libro que contiene el Gradual.

gráfico. Descripción representada por figuras o signos.
– Relativo a la escritura o la imprenta.
– Se dice de una obra que es muy gráfica cuando expresa adecuada y vivamente lo que representa.
– Abundantemente ilustrado.

gráfila, grafila. Orlita, generalmente de puntos o en línea, que tienen las *monedas rodeando el *campo. ☞ 34.

grafilado. Decoración de semicilindros unidos por sus aristas, que da una superficie ondulada.

grafito. Mineral negro agrisado, compuesto de carbono casi puro, del que se fabrican barritas que sirven para dibujar.

grafitos. *(Graffitti):* También llamados así, del latín. Inscripciones, letreros, etc., que se encuentran en las paredes de los edificios y que expresan sentimientos, ofensas, invocaciones o fechas. Hechos por los visitantes especialmente en lugares de veneración, prestigio o visita frecuente. No debe emplearse la forma plural para designar un solo grafito.

gramalla. Vestidura de luto o duelo, larga hasta el suelo, muy usada en épocas pasadas.

gramiles. Ranuras o hendiduras que, paralelas y en sentido longitudinal, decoran generalmente el *papo de una viga.

granada, cruz. V. cruz. ☞ 21.

granulado. Decoración de joyas con pequeñas bolitas soldadas de oro o plata.
– Que forma gránulos o granos diminutos.

grapa. Pieza metálica que une dos elementos arquitectónicos.

greca. *Faja decorada a base de ángulos rectos enlazados por sus extremos, que forman a manera de meandros rectilíneos.

gregüesco. Calzón muy ancho usado en España en los siglos XVI y XVII.
gremial. Paño rectangular, similar al frontal de altar en su forma, dimensiones y adornos, que llevan los tres clérigos de la misa en procesiones y otras ocasiones. También lo usan los obispos en ceremonias de pontifical.
gres. Voz francesa *(grès)* que designa un tipo de *cerámica de pasta compacta, revestimiento transparente u opaco y que generalmente se colorea.
griega. V. cruz. ⚭ 21.
grifo. Animal fantástico con cabeza y alas de águila y cuerpo y orejas de *león. En *Heráldica, suele aparecer *rampante.
gringolado (del fr. *gringolé)*. En *Heráldica, se dice del elemento de cuya extremidad o extremidades brotan cabezas de sierpe (dos, en la *cruz).
grisalla (del fr. *grisaille)*. Composición pintada a base exclusivamente de la *gama del gris, del blanco y del negro, imitando el efecto del *bajo relieve. Se usó mucho en el siglo XVI.
– Manera de pintar según este procedimiento. V. esmalte.
grisela. Seda con flores u otro dibujo de labor menuda.
grito de guerra. En *Heráldica, lema muy breve, usado por un linaje en el campo de batalla que, a veces, aparece en el escudo de armas, usualmente bajo la cimera.
grodetur (del fr. *gros de Tours)*. Tela sin brillo, de más cuerpo que el tafetán, especie de damasco sin labor. Su nombre viene de *gros de Tours,* pero se fabricaba también en otros sitios.
– *Nobleza.
grulla. En *Heráldica lo correcto es representar a este animal con la pata derecha alzada y sujetando una piedra llamada vigilancia.
grumo. Conjunto de follajes que rematan, en el Gótico, los pináculos, vértices, etc.
grotesco. Motivo *decorativo a base de seres fantásticos, vegetales y animales, complejamente enlazados y combinados formando un todo. Es un tema propio del Renacimiento y suele estar formado, en su parte superior, por una cabeza o *torso humano o animal que se acaba en un juego de plantas o elementos vegetales por abajo, al modo de los que se encontraron en algunos edificios romanos como la Domus Aurea de Nerón.
grylli (de *γρύλλοι* = caricaturas). Monstruos o personajes de aspecto cómico (generalmente enanos de gruesas nalgas) que aparecen en el arte clásico.
guadamecí, guadamacil. Cuero adornado con relieves y pinturas.
guanín. *Tumbaga.
guarda. V. encuadernación.
guardacopa. V. subcopa.

guardaguas. Conjunto de piezas de plomo, zinc, etc., que cubren las juntas de una techumbre.
guardainfante. Especie de *miriñaque.
guardamalleta. Pieza de adorno que pende sobre el cortinaje por la parte superior y que permanece fija.
– V. lambrequines.
guardapolvo. *Polsera del retablo, pieza a modo de *alero corrido, que enmarca el *retablo por arriba y por los laterales para protegerlo del polvo. Suele estar *decorado. ☞ 42.
– Tejadillo en *saledizo que resguarda del agua a un balcón o ventana.
guardilla. *Buhardilla.
guarnecer. Adornar con *guarniciones.
– *Revestir.
guarnecido. En *Heráldica, se dice del caballo que lleva todo su aparejo, y del arma blanca cuya empuñadura muestra *esmalte diferente.
guarnición. Adorno para hermosear o enriquecer una pieza de *tejido, etc.
gubia. Formón de media *caña, delgado, usado para *labrar en carpintería superficies curvas.
guilloqueado (del fr. *guillochis*). *Decoración grabada a base de *figuras geométricas enlazadas. Los más frecuentes se hacen con *buril sobre metal, pero también aparecen *taraceados.
guirnalda. *Motivo ornamental formado por hojas, flores y frutos, unidos por cintas y que forman un todo continuo, normalmente colgado de sus extremos y combado hacia abajo.
gules. *Color heráldico rojo. Su representación convencional en blanco y negro es un fino rayado vertical. V. escudo. ☞ 28.
gumbat. *Tarbé.
guttus (voz latina). Pequeño recipiente de cuello estrecho y largo del que brotaba el líquido gota a gota. Se usaba en Roma para óleos y perfumes en la palestra, en los convites y en los sacrificios.

H

Haarlem, escuela de–. Nombre dado a una serie de pintores que trabajaron en esta ciudad holandesa, tales como el primitivo G. de St. Jean, los renacentistas Van Scorel y Goltzius, o F. Hals, D. Hals, de Bray, Brouwer, etc., en el siglo XVII.

hábitos. Damos solamente los hábitos de las órdenes religiosas que con mayor frecuencia aparecen en la *iconografía religiosa.
– Agustinos: hábito con esclavina y capuchón negros; cinturón de cuero negro.
– Benedictinos: túnica talar, *escapulario y pequeño capuchón, con cinturón de cuero, negros. Para funciones en el *coro llevan amplia *cogulla de mangas anchas.
– Camaldulenses: como los benedictinos, pero en *color blanco.
– Carmelitas: túnica, esclavina con capuchón y escapulario, todo castaño. Para solemnidades usan capa blanca.
– Cartujos: hábitos parecidos a los benedictinos, pero de color blanco. Las tiras del escapulario van unidas en los flancos a la altura de la rodilla por ancha faja del mismo paño y color.
– Cistercienses: hábito blanco, cinturón de cuero negro, y escapulario negro que sólo llega a las rodillas.
– Dominicos: hábito, escapulario y esclavina con capuchón, de color blanco. Encima capa ancha y larga con capuchón, de color negro. Cinturón de cuero con rosario.
– Franciscanos: los frailes menores llevan hábito castaño con breve esclavina y capuchón. Cordón blanco en el cinto con rosario. Los capuchinos, el mismo hábito, sin esclavinas, y con capuchón muy largo. Los con-

ventuales van de negro y llevan esclavina hasta el codo.

– Mercedarios: hábito, escapulario y esclavina con capuchón, totalmente de blanco. En el pecho, *emblema de la orden: *escudo, cortado, en la parte superior una *cruz de Malta blanca sobre fondo rojo; en la parte inferior, cuatro barras rojas sobre fondo gualda.

– Trinitarios: hábito como los dominicos. En el pecho, lado izquierdo, una cruz con el palo vertical rojo, y el transversal, azul.

– Otras congregaciones religiosas más recientes (teatinos, jesuitas, escolapios, redentoristas, filipenses, paúles, salesianos, etc.) visten, como los sacerdotes, sotana y manteo. Se distinguen por algún detalle como el fajín negro o la forma del cuello.

Haggadah. Servicio doméstico judío para la víspera de Pascua y el único libro con una larga y consistente tradición de iluminación.

hagiográfico. Relativo a la vida de los santos.

haîk. Nombre árabe que se aplica a un vestido del faraón que se lleva sobre el *shenti*. Es una pieza de lino transparente, sujeta por un solo nudo. Un ángulo se pone sobre el hombro izquierdo. Se enrolla el paño en torno a la cintura formando una corta falda sujeta por un ceñidor. Se sube la pieza y se vuelve a rodear el cuerpo, esta vez con holgura, para formar una segunda falda ancha y larga. El extremo se hace subir desde detrás al hombro derecho y se anuda con el extremo inicialmente puesto en el hombro izquierdo. El nudo queda sobre el pecho.

– El *haîk*, a pesar de su uso por los faraones de las dinastías XVIII y XIX, es una prenda femenina. ⇾ 49.

halo. *Nimbo, *aureola, luminosidad que rodea a una figura.

Hallenkirche. Palabra alemana con que se significa cierto tipo de iglesia *(Kirche)*, generalmente de *planta basilical, con *bóvedas de crucería y con las *naves laterales de la misma altura que la central, dando sensación de componer una gran sala *(Halle)*. En castellano se le llama iglesia de planta de *salón.

hallstáttico (de Hallstatt, Austria). Relativo a la I Edad del Hierro (aprox. 1000-500 a. de C.), especialmente en Europa Central y Occidental.

hamus. Genéricamente, garfio. En particular, cuchillo ritual con un saliente en la hoja que provoca, al ser extraído del cuerpo de la víctima, un gran desgarro con la consiguiente hemorragia. Se empleó en Roma en los sacrificios en que los iniciados debían ser rociados con la sangre de la víctima.

han. *Caravasar.
hanap. Nombre germánico de una copa de metal precioso usada para beber en los países germanos en la Edad Media. Su uso pervivió hasta el siglo XVIII.
hanchement. Palabra francesa (de *hanche* = cadera) que designa la especial actitud que muestran ciertas estatuas góticas y especialmente las de la Virgen y el Niño reposando sobre un brazo de aquélla.
hanga. Arte japonés del grabado en madera. La *xilografía fue introducida desde China en el siglo VIII y alcanzó su apogeo en el periodo Edo (1615-1868).
– V. *ukiyo-e*.
haniwa. Figurilla japonesa funeraria, de arcilla. Representan hombres, mujeres, animales y objetos como casas y barcas. Se fijaban en filas concéntricas en la superficie exterior de los kofun o túmulos funerarios prehistóricos del periodo Kofun (300-552). Asentaban la tierra del túmulo y evitaban su corrimiento tras la lluvia, además de constituir el ajuar del difunto en el Más Allá y de separar el mundo de los vivos y el de los muertos.
haram. Sagrado, sala de oraciones en la mezquita, que constituye la parte cubierta del recinto.
harneruelo (de *harinero*). Paño horizontal que forma el centro de los *artesonados.
– V. armadura.
hasta. Lanza larga, en Roma.
hastial. Triángulo superior del muro *testero de una obra, enmarcado por las *vertientes.
– *Fachada.
– escalonado: el que presenta las vertientes con escalones.
– Fachada de los pies de la iglesia.
– V. piñón.
hathórico, hatórico. Relativo a la diosa egipcia Hathor o Hator. Dícese de los *capiteles que reproducen su cabeza o la forma de su instrumento simbólico, el *sistro. ☞ 17.
haz. *Cara, *anverso, lado opuesto al *envés.
– de columnas: *columna con varios *fustes, pero una sola *basa y un solo *capitel.
hazalejo. Lienzo usado como toalla. *Humeral.
hebilla. Pieza generalmente de metal, compuesta normalmente de una patilla o vástago y uno o varios pasadores. Sirve para abrochar.
hedra (ἕδρα). Asiento móvil, en Grecia.
hecté, hecto (ἑκτή). Moneda griega de oro, sexta parte de una *estátera, equivalente al peso de dos *óbolos de plata.
helenístico. Propio de la etapa final del arte griego que convencionalmente se hace comenzar a la muerte de Alejandro Magno. No debe confundirse con lo helénico.

hélice. *Voluta, fragmento de *espiral. Dícese sobre todo de las que hay en los *capiteles.
helicoidal. Relativo a la hélice. ↪ 33.
– Curva *espiral que se desarrolla verticalmente.
– V. bóveda.
heliocámino (ἡλιοκάμινος). Habitación destinada en Grecia a recibir y guardar el calor solar, especie de estufa.
hemiciclio (ἡμικύκλιον). Máquina semicircular y giratoria que servía para el cambio de escena y se situaba en uno de los *thyrómata* del *teatro helenístico.
hemiciclo. Semicírculo.
– Se dice especialmente de un graderío semicircular, de las bóvedas semicirculares y de las *armaduras recortadas en curva que sostienen las *dovelas durante la construcción de una bóveda.
hemicriso (ἡμίχρυσος). Que tiene una mitad de oro.
– En numismática, media *estátera de oro.
hemihecto (ἡμίεκτον). Moneda griega, duodécima parte de la *estátera, equivalente al peso de un *óbolo de plata.
hemilitra (ἡμίλιτρον). Moneda de plata de la Magna Grecia, que valía media *litra.
hemióbolo (ἡμιωβόλιον). Medio *óbolo (1/12 de dracma).
hemión (ἡμιόνιον). Équido salvaje, muy representado en el arte prehistórico, pequeño y peludo, de tamaño y aspecto intermedios entre el asno y el caballo.
hemispeo (ἡμίσπηος). Templo parcialmente excavado en la roca.
hendido. En *Heráldica, con los extremos hendidos en ángulo. ↪ 33.
hendidor. Pieza característica de los **pebble-tools*.
Hepplewhite. Estilo–. El neoclásico creado por G. Hepplewhite (m. 1788) en Inglaterra que fue frecuente en mobiliarios de madera.
Heráldica. Arte y ciencia del *blasón.
Hermes. Escultura que representa medio cuerpo humano acabado por abajo en un pilar, más ancho por arriba que por la parte inferior. Originariamente era un pilar coronado por un busto de Hermes.
– *Termes.
hermética (de Hermes). Dícese de la columna cuyo capitel tiene forma de cabeza humana.
Hermosilla. Capital del estado mexicano de Sonora. Seda usada allí, con pequeñas florecillas.
heroico. V. paisaje heroico.
heroo, heróon (pl. *heroa)* (ἡρῷον). Tumba cultual de un héroe. Frecuentemente, una *tholos*, circundada de un espacio rectangular o **temenos*.
– Tumba notable, en general.
herradura. V. arco. ↪ 3, 6.

herraje. Conjunto de piezas de hierro que *guarnecen una puerta, ventana, etc., generalmente de madera.

herreriano. Estilo–. El que caracteriza a la época de Felipe II, creado por Juan de Herrera (1530-1597). Es un estilo depurado, matemático, austero y monumental, cuyo arquetipo es el monasterio de San Lorenzo de El Escorial.

hexaptérico, hexapterigio. V. ripidio.

hexástilo (*ἑξάστυλος*). Con seis columnas en el frente.

hialografía (de *ὕαλος* = vidrio y *γράφω* = escribo, dibujo). Arte de grabar el vidrio con diamante, esmeril o ácido.
– Arte de pintar el vidrio.
– Grabado o pintura sobre vidrio.

hialurgia (de *ὕαλος* = vidrio y *ἔργον* = obra, trabajo). Arte de fabricar y trabajar el vidrio.

hibernáculo, hibernaculum. Parte de la casa romana construida previniendo el frío invernal, usualmente orientada al sur.
– Cuartel de invierno.

híbrida. *Moneda–.
– Dícese de la obra que combina estilos distintos o elementos de distinto estilo que no se compaginan bien o denuncian claramente la falta de unidad de concepto o realización.

hidra. Monstruo serpentiforme de siete cabezas. En *Heráldica suele representarse de perfil, con alas de murciélago o dragón y garras de águila.

hidria (*ὕδρια*). *Vasija griega destinada a contener agua. Su forma se asemeja a la del *estamno *(stamnos)*. Su elemento peculiar es la posesión de tres asas, dos de las cuales, pequeñas y a ambos lados de la panza, servían para verter al vaso. La tercera, vertical y mayor, servía para transportarla cómodamente. Se usó entre la época arcaica y el siglo IV a. de C. ☞ 14.

hierática. Escritura–. La egipcia cursiva, procedente de la jeroglífica de la cual es una esquematización. El nombre le fue dado por los griegos.

hieratismo. Se aplica a la tendencia en la que predomina un concepto monumental, majestuoso, rígido y contenido, y más especialmente al arte egipcio. No debe confundirse con inexpresividad.

hierotesio (*ἱεροθύσιον*, -sic-). Recinto sagrado, santuario en general, en Grecia, especialmente el dedicado a todos los dioses.

hierro. Metal dúctil, maleable y muy tenaz, que tiene *color gris azulado.
– colado: obtenido por *fusión.
– dulce: hierro muy duro empleado en *forja y construcción.
– forjado: hierro dulce trabajado a la forma.
– fundido: colado.

Hierro, Edad del–. Época de la Prehistoria y la Protohistoria, subsiguiente a la Edad del *Bronce. Se inició en Europa sudoriental, probablemente, a fines del II milenio a. de C. y se caracterizó por el uso de la metalurgia *del hierro. Su descubrimiento debe de estar en el área cultural hitita, hacia el 1200 a. de C.

hierros. *Ornamentación hecha en hierro.

higa. V. azabache.

hilada. Serie horizontal de *ladrillos o piedras en un muro o bóveda.

hilani. **Chilani.*

hilera. Parhilera. V. armadura.

hilos contados. *Bordado de–.

hilos de oro. Oro de Chipre: es un hilo de seda cubierto por membrana animal y pan de oro. Es el tipo más usado hasta el siglo XIV.

– Oro chino: fina tira de cuero dorada por el haz.

– Torzal redondo: fina mecha de seda cubierta por estrechísima lámina de oro o plata dorada. Introducido en el siglo XIV permitió todas las posteriores maravillas en los trabajos de bordado y tejido (el hilo de oro va sobre el de seda arrollado en espiral).

– Media trenza: cordón similar al torzal pero más recio, formado por dos torzales muy gruesos.

– Giraspe: mecha de seda de color, torcida con hilo de oro. Se llama así también a la labor realizada con hilo de esta clase.

himacio (mejor que el muy usado himatión) (*ἱμάτιον*). Vestidura griega exterior, llevada sobre el *jitón por los hombres libres, que llegaba hasta cubrir las rodillas. Su forma era *oblonga y era vestido apto para hombres y mujeres, aunque estas últimas se cubrían a veces con él la cabeza, dejando el rostro al aire. Una de sus puntas se colocaba sobre el hombro izquierdo, pasándola hacia adelante y dejándola asegurada por el brazo. Hecho esto, se pasaba el himacio por encima del hombro, de modo que cubriese el costado derecho, hasta la altura del hombro. No obstante, eran numerosas las maneras de colocarlo, que variaron notablemente según las modas.

himatión. *Himacio. ☞ 50.

himnario. Parte del *Breviario que contiene los Himnos.

hipalectrio (*ἱππαλεκτρυών*). Animal fabuloso, con **protome* de caballo y cuerpo de gallo.

hipetro (de *ὕπαιθρος* = a cielo abierto). Descubierto, sin *techumbre.

– Dícese en concreto de un templo griego descubierto en su parte central o *naos. Era decástilo y en el centro tenía un orden doble de columnas superpuestas e interrumpidas por las paredes de modo que formasen un deambulatorio.

hipocausto. Cámara subterránea para la producción de aire caliente empleada en la Antigüedad clásica.
– V. bálneo.
hipodema (ὕποδημα). Sandalia muy común usada en Grecia por las clases populares. Sus tipos y materiales fueron muy variados.
hipogeo. Sepultura excavada subterráneamente.
– Edificio subterráneo, *cripta, capilla bajo tierra.
hipogrifo. Monstruo cuya parte anterior es la de un águila y la posterior la de un caballo.
hipópodo (ἱπποπόδός). Ser fabuloso, con cuerpo humano y patas de caballo, empleado en ornamentación.
hiposcenio. Lugar bajo el **pulpitum* en el *teatro romano, para guardar la maquinaria, el vestuario, el mobiliario escénico, etc. Servía de almacén permanente. ∞ 45.
hipóstilo (ὑπόστυλος). De techumbre sostenida por numerosas *columnas.
hipotraquelio. V. orden dórico.
– Parte de la *columna que marca la transición entre *fuste y *capitel.
– Hablando del orden dórico, Vitruvio dice así: «El *capitel tiene que ser dividido, según la altura, en tres partes, de las cuales una es para el *ábaco con su *cimacio, la otra para el *equino con sus anillos, y la tercera para el hipotraquelio». Algunos tratadistas opinan que esa tercera parte inferior del capitel es el traquelio y que el hipotraquelio es la parte inferior de éste, la que está en contacto con el remate del fuste.
hippalektryon. *Hipalectrio.
hiraniwa. Jardín japonés plano, sin colinas ni lagos.
hircogallo. Monstruo con cuerpo de gallo y cabeza de macho cabrío o de carnero.
hisopo. Instrumento religioso, generalmente de metal o de metal precioso, rematado en cerdas o en una bola agujereada que las contiene, y que sirve para rociar con agua bendita o cualquier líquido consagrado. No es exclusivo de la religión católica.
hispanomusulmán. V. bordado.
historiados. En *Arquitectura y *Escultura, *friso, *capitel, etc., que han sido *decorados con *representaciones *figuradas.
historiar. Decorar con profusión especialmente a base de motivos menudos, abundantes y *figurados.
histórico. V. paisaje histórico.
hoja. Cualquiera de las partes que pueden abrirse en una puerta, ventana, etc.
hojarasca. *Ornamentación a base de hojas.
hojas. *Hojarasca, ornamentación a base de hojas vegetales.
hojuela. Lámina de oro o plata,

de dos o tres milímetros hecha a troquel.
holkeion. *Holquio.
holmo (ὅλμος). Vaso en forma de cuerno.
– Especie de *lebes que se colocaba sobre un trípode.
holquio (ὁλκεῖον). Vaso semejante a la *cratera.
hom. *Árbol de la vida en la iconografía oriental. Es término mesopotámico.
hombros. Del arco: conjunto de dovelas de la parte superior del arco (hasta los *riñones que constituyen su segundo tercio).
– de la vasija: puntos más altos del perfil, antes del cuello y de la boca.
homenaje. *Torre del homenaje es la mayor de un castillo, llamada así porque en ella prestaban los vasallos juramento a su señor.
hon-den. Edificio principal de un santuario sintoísta japonés o dependencia donde se venera al Kami o dios del sintoísmo.
hon-do. **Kon-do*.
honorable, pieza. En *Heráldica, lo son las siguientes: banda, barra, bordura, cabrio, campaña, cruz (plena), faja, jefe, palo y sotuer. (V. estas voces.)
hopalanda. Falda grande y pomposa, particularmente la vestida por los estudiantes en las antiguas universidades.
hoplita. Soldado griego de infantería armado pesadamente.
hoplo, hoplon (ὅπλον). Gran escudo rectangular y cóncavo que cubría ampliamente el cuerpo del infante pesado griego.
hoplómaco (ὁπλομὰχος). *Gladiador.
horquilla, cruz de–. V. cruz.
horquillada. V. cruz. ➾ 21.
hormigón. Mezcla de piedras, *arena, agua y *cal o *cemento empleada en la construcción.
– armado: reforzado con hierros por el interior.
– tensado: aquel cuya armadura de hierro ha sido previamente tensada (pretensado) para evitar dilataciones, grietas, etc.
– vibrado: el que ha sido sometido a vibraciones durante el fraguado para hacerlo más compacto.
hornacina. Hueco coronado por un cuarto de esfera, generalmente practicado en un muro y destinado a recibir una *estatua, etc.
– *Nicho.
horno. V. bóveda de–. ➾ 13.
hórreo, horreum. En la casa romana, despensa de grano.
– Generalmente se llama hórreo a un edificio que sirve para granero y que se edifica sobre columnas o pilares con objeto de aislarlo del agua o las alimañas.
hors d'oeuvre. Vocablo francés *(fuera de obra)* con el que se designan las partes de una obra artística, y especialmente arquitec-

tónica, que no guardan relación con el conjunto por haber sido añadidas posteriormente y sin seguir el plan primitivo o su espíritu.

hotel (del fr. *hôtel*). Además de su acepción usual, designa a un edificio de una o más plantas, confortable y cómodo, construido aisladamente, en el campo, fuera de los núcleos urbanos, etc., habitado por una sola familia.

hueco. *Vano.

– Trabajo mediante el que se vacía un fondo para dejar figuras en *resalte o, por el contrario, haciendo que las figuras estén menos salientes que el plano primitivo.

huecograbado. El que se ejecuta en *troqueles de metal, madera o piedras finas para *acuñar monedas o medallas, fabricar *sellos, etc.

hueco relieve. V. relieve y hueco.

huella. Plano horizontal de un escalón.

– V. altura.

hueso. Cada una de las piezas duras que forman el esqueleto.

– Material de que están compuestas.

– Obra a hueso: en seco, sin *argamasa alguna, ni mortero.

huevo. V. aglutinantes.

– Ova.

humeral. Paño litúrgico que se coloca sobre los hombros para recoger la custodia o el copón, envolviéndolo, en las solemnidades.

humilladero. *Cruz sobre *pedestal que hay junto a un camino o a la entrada de una población.

humo, grabado al–. V. grabado.

húreo (*οὐραῖος*). Serpiente representada en el tocado divino o faraónico. Es grafía incorrecta por *úreo o *ureus*.

husillo. Escalera de caracol de *alma o *macho.

huso. Óvalo alargado, rectángulo de lados menores curvos.

– En blasón, *losange largo y estrecho.

hydria. *Hidria. ☞ 14.

hypocausis. V. bálneo.

hypocaustum. V. bálneo.

hypodema. *Hipodema.

hyposcaenium. *Hiposcenio.

I

icástica (de *εἰκαστική* = imagen, representación). Italianismo que significa la capacidad de representar la realidad al natural, sin elementos fantásticos.
icnografía (de *ἴκνος* = huella del pie y *γραφία* = dibujo). Representación gráfica de la proyección horizontal de un edificio; planta.
icono. *Imagen en el arte cristiano ortodoxo.
– *Tabla religiosa pintada al *estilo bizantino.
Iconografía. Ciencia que estudia el origen, formación y desarrollo de los temas figurados y de los *atributos con que pueden identificarse y de los que usualmente van acompañados. En realidad, bajo esta denominación se comprende también la *iconología. Las dos grandes series iconográficas del arte occidental, son la *mitológica clásica y la *cristiana, que han dado lugar a densos y voluminosos estudios, repertorios, diccionarios, etcétera.
– V. Iconología.
Iconología. Ciencia que estudia el sentido que las formas, imágenes, etc., de una obra, poseen en cuanto concierne a lo alegórico o lo simbólico.
iconostasis. Especie de biombo colocado ante el altar de las iglesias de rito ortodoxo, que sirve para ocultar al oficiante, cuando consagra, de la vista de los fieles, separando el presbiterio de la nave. Suele tener estructura arquitrabada, sosteniendo *iconos, *estatuillas, etc.
– Por extensión, se llama así al cancel de algunas iglesias anteriores a la época *románica.
ideal. V. paisaje ideal.
idealismo. Tendencia de los artistas que desean acercarse todo

lo posible a la representación perfecta de los temas de sus obras, buscando siempre el *arquetipo y la superación de las taras o defectos que todo *modelo individual presenta.

ideografías. Dibujos inspirados en objetos reales, generalmente esquematizados, que representan ideas, personas, acciones, cosas o conceptos. El estadio ideográfico es intermedio, en la evolución general de las técnicas de escritura, entre el pictográfico y el alfabético.

ideomorfos (de idea y *μορφή* = forma). *Signos que en el arte prehistórico aparecen frecuentemente, cuyo significado es desconocido, aunque se cree que expresan ideas concretas relacionadas con el mundo mágico-religioso. Sus variedades son muy numerosas, llamándose, genéricamente, tectiformes, porque los más usuales tienen forma de cabañas o techos. Los hay también *escutiformes, *serpentiformes, *escalariformes, *puntiformes, *claviformes, etc. Es preferible llamarlos signos.

iglesia. Templo cristiano.

Iglesia y Sinagoga. Representación alegórica del Nuevo y del Antiguo Testamento. La Iglesia es una mujer coronada, portando generalmente la Cruz y a veces un cáliz. La Sinagoga lleva los ojos vendados, las tablas de la Ley y una lanza quebrada.

ikebana. Arte tradicional japonés de la composición floral. Con ramas, flores, piedras y agua se dispone el conjunto de modo que transmita una idea moral, psicológica o estética al iniciado. También se denominan así los arreglos o composiciones florales sin mayor pretensión. Literalmente, significa «flores vivas».

iluminar. Cubrir con *colores superficies limitadas por un contorno.
– Distribuir la *luz en un cuadro.
– Ornamentar con colores *vivos y brillantes. Se usa especialmente referido a la *decoración por este procedimiento de los libros desde la Edad Media hasta la invención de la imprenta.

ilusionismo. Término acuñado por Wickhoff para designar la técnica pictórica que, reproduciendo de modo sumario formas arquitectónicas, da al espectador ilusión de realidad. Se aplica especialmente al *fresco romano. Es sinónimo de **trompe l'oeil*.

ilustración. Comentario u ornamento gráfico de un texto. Para algunos autores (Berenson) se opone a la ornamentación, por cuanto que no posee aquélla un significado en sí misma, sino en relación con el texto a que acompaña.

ilustrado. Impreso y adornado con láminas o *grabados.

ima toga. Vuelta exterior de la toga, más baja que ninguna *(ima)*, que cubría la parte inferior de la pierna derecha. V. toga.

imafronte (del lat. *imafrons)*. *Fachada de los *pies de una iglesia, opuesta a la *cabecera.

– V. hastial.

imagen. *Estatua, *efigie o *pintura de un ser celestial.

– Apariencia, aspecto exterior de algo.

imaginería (de imagen). Arte de la *talla o *pintura de *imágenes sagradas.

– Bordado de–. V. bordado.

imago. *Representación de la *efigie de un antepasado, en Roma, a cuya exhibición tenían derecho las familias patricias. Esta efigie, generalmente, era en cera y se obtenía como mascarilla en el momento de la muerte. Posteriormente las *imagines* se hicieron también en materiales preciosos.

imam, imán. Director de la plegaria en la *mezquita.

imbornal. Boca o agujero por donde se vacía el agua de lluvia. V. gárgola.

imbricación. Disposición imitando la de las escamas de un pez.

ímbrices (del lat. *imbrex* = teja). Tejas que despiden el agua hacia abajo sin dejarla penetrar en la *techumbre por estar dispuestas montados los extremos de unas sobre los de otras. En singular, **imbrex*. ☞ 34.

– V. imbricación.

imoscapo. Parte inferior del *fuste.

– Diámetro inferior de la *columna.

imperial griega. *Moneda–.

Imperio. Estilo–. El que se desarrolló, al modo neoclásico, en tiempo de Napoleón I. Se emplea el término sobre todo para muebles, vestuario, joyería y, en general, artes industriales.

impilia (de ἐμ-πίλια = de fieltro). Palabra latina que designa las medias o polainas con que los antiguos se envolvían pies y piernas.

impluvio, impluvium. Estanque rectangular para el agua de lluvia, en Roma.

– V. *atrium*.

imposta. *Hilada algo *voladiza sobre la que se asienta un *arco o una *bóveda. ☞ 2, 6.

– En general, *saledizo que separa dos *plantas de un edificio.

– Madero horizontal flanqueando un vano.

impresión. Marca o señal que se deja en un objeto por presión.

– Efecto que produce una obra de arte.

impresionismo (del fr. *impressionisme)*. Nombre derivado del título de un *cuadro de Monet: *Impression: soleil levant,* que sirvió para calificar mordazmente a un grupo de pintores que seguían un semejante orden de ideas, a partir de 1872-74. Los impresionistas aplicaron a la *pintura el estudio científico de la *luz, el *color, la *sombra, el *contraste, etcétera. Pintaban de modelo *natural y al aire libre, anotando las tonalidades atmosféricas y los reflejos lumínicos sobre las cosas a diferentes horas del día, para captar el momento fugaz, la impresión instantánea. Es un tipo de *realismo que derivaría luego hacia técnicas como el *puntillismo.

– Especialmente notable es su característica de poner en contacto los colores elementales (azul, amarillo y rojo) con sus complementarios (naranja, violeta y verde, respectivamente) para producir efectos de pura luz, consiguiendo sorprendentes efectos atmosféricos.

– Monet, Pissarro, Renoir, Moriset, Degas y Cézanne (estos dos durante un cierto tiempo nada más) son los nombres más relevantes del primer impresionismo.

imprimación. Capa de *fondo que se dispone sobre el *lienzo, *tabla, o cualquier otro soporte antes de ser pintado, para darle más cuerpo, hacerlo menos absorbente, más luminoso, facilitando con ello un trabajo adecuado y proporcionando mayor duración a los *cuadros.

– del lienzo: para proceder a la imprimación, en primer lugar hay que realizar el *estirado del mismo sobre un *bastidor. Una vez estirado, se aplican *aglutinantes, substancias de relleno para espesar el fondo y llenar los poros del lienzo (*creta, *yeso natural), a ello se añaden *colores cubrientes para evitar que las substancias de relleno pierdan su elaboración propia. La imprimación de un fondo de yeso o creta se obtiene así: 1) un encolado previo, extendido en capas delgadas; 2) imprimación propiamente dicha: una parte de yeso o creta (substancia de relleno) y otra de blanco de zinc (color cubriente) disueltos en agua, en distinta proporción si la imprimación va a darse con la *espátula o con el *pincel. A esta solución se le añade cola y se calienta al baño María. El fondo debe ser muy fino, nunca recubriendo el lienzo como una placa, ya que entonces no es elástico y se cuartea; 3) sobre el fondo, se pueden aplicar *aislantes para limitar la absorción, a base de una capa de *barniz. Los fondos pueden ser también de color, pero en general puede decirse que una imprimación en blanco sienta bien bajo todos los colores.

– de la tabla: la madera presenta grandes ventajas para ser pintada por su espesor y solidez, pero ofrece inconvenientes tales como el de hincharse con la humedad, contraerse cuando se seca o al calor, etc. Los viejos maestros ponían gran cuidado en la elección de sus tablas y en su protección contra la humedad para evitar su deformación o *alabeo. Deben utilizarse, pues, maderas bien secadas al aire durante uno o más años El fondo de imprimación sobre la tabla debe ser de creta o yeso, obteniéndose de este modo: 1) encolado previo en capas muy delgadas; 2) el fondo, de yeso, blanco de zinc y cola, que debe aplicarse en cinco o seis capas muy delgadas y perpendiculares unas a otras alternativamente, tras secados superficiales de las mismas que duran poco tiempo.

– La imprimación en pintura es de importancia máxima y de ella dependen en gran parte la luminosidad y la vida de la obra de arte.

impronta. *Vaciado en *relieve o *hueco hecho en una materia blanda o dúctil.

– Huella dejada por un molde cualquiera (sello, cuño, etc.) en hueco o relieve.

in antis. Dícese del templo clásico que tiene *antas en la fachada en lugar de columnas. El caso más frecuente presenta dos antas en la puerta, enmarcadas por dos columnas. ✑ 46.

incensario. Vaso generalmente de metal y trabajado donde se quema el incienso y que tiene una tapadera perforada para que al ser agitado se establezca una corriente de aire que avive los carbones y queme la resina produciendo su aroma característico.

incertum. V. *opus*. ✑ 36.

inciso. *Decorado con cortaduras o entalles.

– En *cerámica, decorado con entalles hechos por presión. V. excisa.

– La cerámica incisa, para Llubiá, es la que posee «decoración obtenida al sacar la engalba (*engobe) o bien el color que se ha aplicado al recipiente con una pluma, punzón, espátula o cuchillo, o bien hendiendo el barro, antes de cocerlo».

inclinado. Dícese del *escudo heráldico cuyo eje pasa por el *cantón siniestro del *jefe y por el centro o *abismo.

incrustación. Motivos decorativos conseguidos vaciando parcialmente un fondo y rellenándolo con piezas de otro material distinto de modo que ajusten perfectamente en sus *contornos, formando dibujos, líneas, etc.

– V. embutido y taracea.

incunable (del lat. *incunabula)*. Libro impreso antes de 1500. Si es anterior a 1470 se llama paleotipo.

incusa (del lat. *incussa* = golpeada, batida). V. moneda.

india, cruz. V. cruz. ✑ 22.

indumenta. Conjunto de la ropa interior romana.

industriales (de industria). Artes–. Se caracterizan por ser su finalidad la de dotar de aspecto y contenido artísticos a los enseres, vestidos, viviendas y utensilios, de manera que a su fabricación industrial o artesanal se una la intención decorativa o artística. Así pues, para que un trabajo pueda ser clasificado dentro de las artes industriales requerirá haber sido concebido simultáneamente según su finalidad práctica y según su aspecto formal. Por lo tanto, no podrá hablarse de artes industriales en los casos en que un objeto haya sido diseñado primero según el uso que debe dársele y haya sido decorado con posterioridad, y por otra mano que no la que lo creó. Por otro lado, el objeto, aun siendo artístico, debe cumplir perfectamente su finalidad práctica originaria, sin que su diseño artístico o su decoración lo impidan en manera alguna.

– En la actualidad, esta denominación tiende a reservarse a las artes con sistemas industrializados de producción, usándose en sustitución de este término los de artes decorativas o suntuarias para expresar el concepto que antes se ha definido. También se les llama artes aplicadas.

infamado. Dícese en *Heráldica del animal (sobre todo sí es águila o *león) representado sin cola. Suele ser señal de infamia impuesta al titular del *escudo. De ahí que se hable, asimismo, de armas infamadas.

inflamado. En *Heráldica, se dice del elemento (una bomba, un corazón) que aparece con una llama en su parte superior si ésta es de *esmalte distinto al del resto.

informalismo (del ingl. *informalism*). *Ismo artístico que propugna repudiar cualquier forma tradicional, excluyendo incluso las formas geométricas, para lograr un acercamiento máximo a la capacidad de expresión de la materia por sí misma.

ínfula. Palabra latina que significa *venda de lana blanca,* con dos cintas colgando de los lados, que ceñía la cabeza del sacerdote, de las vestales o de las víctimas animales. Era signo de consagración a la divinidad.

– Se aplica de igual modo a las cintas que penden de los tocados pontificales o prelaticios, abaciales, imperiales o regios.

infundíbulo, infundibulum (del lat. *in-fundere* = verter en). Embudo usado con fines rituales, en Roma.

ingenuismo (de ingenuo). **Naïf.*

inglés. V. cuadrilongo.

inglete, a–. Dícese de la unión de dos elementos en junta de 45°.

inmemoriales, armas–. En *Heráldica, las muy antiguas y verdaderas cuyo privilegio de

concesión no se conserva. Suelen ser anteriores al 1400.
inmortalidad. Nombre emblemático de la hoguera sobre la que se representa al ave *fénix.
inro. Literalmente, cajita de sellos. En origen, recipiente para guardar y proteger los sellos japoneses para firma y su tampón. En el periodo Edo (1615-1868) se convirtió en una artística miniatura, a menudo lacada, para guardar medicamentos que se llevaba colgada del cinturón. Suele tener como complemento un **netsuke*, figurita tallada en marfil, hueso, etc.
insignia. V. escudo.
instita. V. *stola*.
ínsula. Casa de vecindad de la antigua Roma, formada por varios pisos y que constituía normalmente una manzana. Solían ser de alquiler. Se dice por oposición a *domus,* casa aislada y de un solo propietario o inquilino.
interassile, opus– (del lat. *interradere* = raer o excavar a intervalos). Trabajo de orfebrería que perfora los metales y los decora a martillo, cincel, etcétera.
– En el Renacimiento se llama así al trabajo en hueco y relieve, hecho con buril y punzón, sobre lámina metálica.
intercolumnio. Espacio vacío entre dos columnas, generalmente sujeto a *módulo.
– V. diástilo, eustilo, sistilo, picnostilo y areostilo.
Internacional. Estilo pictórico del Gótico (llamado también cortés o cortesano) a fines del s. XIV y comienzos del s. XV. Es un estilo rebuscado, estilizado, un tanto arcaizante, que cultivó el fresco, el temple y la miniatura.
– En Inglaterra y Alemania se le llama, más frecuentemente, francoflamenco.
intertignio (del lat. *tignum* = viga, leño). Espacio entre dos piezas de madera (postes, vigas, etc.) y, por extensión, entre dos *triglifos. Metopa, espacio que ésta cubre.
intervallum. V. *castra*.
intradós. Superficie inferior de un *arco, *bóveda o *dovela. ☞ 2, 6.
– Superficies verticales que enmarcan un *vano.
inventada. *Moneda–.
islámico. De Islam, sometido a Alá. Sinónimo de musulmán.
ismo. Tendencia artística definida por sus características propias, que la diferencian suficientemente de las tendencias restantes.
isocefalia (de ἴσος = igual y κεφαλή = cabeza). Norma artística que alinea las cabezas a una misma altura.
– V. frontalidad, ley de la–.
isódomo (de ἰσόδομος = de igual construcción). *Aparejo–: el formado por *sillares iguales y dispuestos en hiladas iguales.
– *Obra–: la compuesta de partes iguales.

isométrica (de ἴσος = igual y μετρόν = medida). *Proyección en que se representa un edificio como si hubiese sido dibujado desde abajo, estando colgado en el aire e inclinando. Presenta las tres dimensiones y no distorsiona las líneas, excepto las diagonales y las curvas. Es semejante a la axonométrica, que da del objeto representado una impresión menos real aunque no distorsiona las curvas y diagonales.

iván, iwán. También, liwán o liván: gran sala *abovedada en el palacio persa, abierta en uno de sus lados.

J

jabalcón. Madero ensamblado en uno vertical que sirve para apear otro horizontal o inclinado, especialmente en una *armadura. ∞ 7.

jabastro. Estrecha tira de *retorcha o *galón que por los hombros une a modo de *tirante los *antepiés de las *dalmáticas.

jácena. *Viga maestra.
– Viga que forma un *dintel con gran *luz.

jade. Piedra tenaz y muy dura, de aspecto jabonoso, blanco o verde, con puntos rojos o morados.

jaharrar. *Guarnecer de *yeso o *mortero, pasando una regla.

jairado (de jira, jirón). Cortado en modo *esviado.

jalbegue. Acción de *enjalbegar.
– Blanqueo hecho con *cal o *arcilla blanca.
– *Lechada de cal.

jaldeta. Viga secundaria, colocada transversalmente sobre las *jácenas o vigas maestras, formando rectángulos o cuadrados, en una techumbre plana de madera o *alfarje.

jamba. Elemento vertical, que no es una *columna, y que sostiene, con su pareja, un *dintel de una ventana o puerta. Especialmente si está *trabajada.
– Superficie vertical de las que flanquean un vano. ∞ 2.

jano. En *Heráldica se denomina así cualquier cabeza masculina con dos rostros mirando uno a cada lado del *escudo.

jardín. El jardín arquitectónico comprende muchas variedades, de las que destacamos:
– la italiana, característica de los siglos XVI y XVII, simétrica, con escalinatas, terrazas, miradores, cascadas, etc.
– la francesa, típica del XVII y derivada de la anterior, más com-

plicada, con nichos y de grandes dimensiones.
– la inglesa se desarrolla en el s. XIX y es más natural y libre.
jaspe. Tipo de cuarzo, opaco y duro, y de diversos colores, predominando rojo, amarillo y verde. V. jaspeado.
jaspeado. *Decorado imitando la superficie del *jaspe, con vetas y salpicaduras.
– Que imita al *mármol veteado.
jefe. *Pieza *honorable del escudo, de un tercio de la anchura de éste, colocada en *faja a partir de su borde superior. V. escudo. ∞ 28, 29, 33.
jefe estrecho. *Comble.
jeprés. **Khepresh*.
jeroglífico. Signo de la escritura monumental egipcia.
– Mensaje o lema representado gráficamente mediante figuras y que ha de ser descifrado.
Jerusalén. Cruz de–. V. cruz. ∞ 22.
jesuítico. Estilo–. El más rico y recargado del Barroco en arquitectura religiosa. Fue especialmente abundante en España y sus posesiones y en Roma. V. Contrarreforma.
ji-in. En Japón, templo-monasterio o complejo monástico budista. Una palabra seguida de la sílaba *-ji* designa un templo budista concreto. Así, *Kinkaku-ji* es «templo budista de Kinkaku». **Tera*.
jinja. Santuario sintoísta japonés o edificio donde se veneran los dioses o *Kami* del sintoísmo. En ellos, además, se llevan a cabo actos lustrales y las ceremonias más festivas de la vida del japonés sintoísta: bodas, presentación de los niños a los Kami, etc. Su principal dependencia es el **hon-den*.
jironado. V. escudo.
jitón (de χιτών = vestido). También llamado quitón o quitono, que son castellanizaciones más apropiadas, aunque poco usuales. Prenda interior griega, semejante a la *túnica romana. Sus clases principales son dos: el *dórico, corto, generalmente de lana, y el jónico, largo y hecho en lino, vestidura típica en Atenas en la época *clásica. Su estructura es así: un trozo de tela, cuadrangular, arrollado al cuerpo de modo que dejase un costado cubierto y otro no. En el lado cerrado, generalmente el derecho, se practicaba una abertura para el brazo, mientras que por el otro lado las dos puntas superiores se unían en el hombro mediante un *broche, quedando el brazo libre. Se ceñía al cuerpo con un *cíngulo. Con el tiempo se le añadieron algunos aditamentos, tales como mangas cortas, ya que la manga larga era considerada apta únicamente para las mujeres. El jitón sujeto a los dos hombros era característico de los hombres libres. Las clases sociales menesterosas lo usa-

ban con una sola abertura en el lado izquierdo, dejando al aire el hemitórax derecho y el brazo de este lado. Llevado de este modo se llamaba **exomis*, y solía estar hecho en pieles, sobre todo en las poblaciones del campo. El de las mujeres dorias, muy extendido, era como una camisa abierta por los dos costados desde la cadera, y se llevaba, en la juventud, sujeto a la cintura de modo que llegase hasta la rodilla, más o menos. Las restantes mujeres griegas emplearon frecuentemente el jitón jónico, más recatado y elegante, largo hasta el tobillo o el suelo. Por eso las representaciones de *amazonas suelen hacerse empleando para vestirlas el jitón dórico, más propio para actividades deportivas o bélicas. El llamado doble jitón consistía en un lienzo de gran tamaño, arrollado al cuerpo y sujeto a los hombros, que caía sencillamente hasta los pies. ☞ 50.

jitra (de *χύτρα* = vaso de agua). Olla común, panzuda, a veces dotada de tres pies, que podía ponerse al fuego sobre un trípode o *lasanum*.

jokaku. Castillo japonés, fortaleza residencial del señor feudal. Nace en el periodo Momoyama (1572-1615).

jónico. V. órdenes clásicos.

juaguete. Sinónimo de bizcocho, pieza que sólo ha recibido una cocción; entonces se halla en estado de bizcocho.

jubón. Vestidura que cubre desde los hombros hasta la cintura, ceñida y ajustada al cuerpo.

Jugendstil. Nombre alemán para designar al **Modern Style* o **Liberty*.

junquillo. *Moldura saliente, convexa, más delgada que el *bocel. Suele disponerse en esquinas.

junta. Línea o superficie de unión, empalme o *ensambladura.

jutba. Sermón o alocución de los viernes que pronuncia el *imam desde el *mimbar.

K

kabuki. Teatro clásico japonés nacido en el periodo Edo (1615-1868) con vocación más popular y menestral que el teatro **no*. Los espaciosos teatros para *kabuki* se construían en los centros mercantiles de las grandes ciudades, para solaz de los mercaderes y el mundo que los rodeaba. El *kabuki* mezcla música, danza, acrobacia, mimo e interpretación, con un resultado muy colorista y gran riqueza de decorados y vestuario.

kakemono. Pintura colgante japonesa, de formato vertical, generalmente sobre seda o papel, con sendas barras de madera o hueso en sus extremos para que el *kakemono* quede bien extendido al ser colgado. De origen chino, comenzó a emplearse en Japón durante el periodo Kamakura (1192-1333).

kálathos (κάλαθος). *Cálato.

kalipter. *Caliptro.

kalpis. *Cálpido.

Kamakura-bori. En japonés, decoración de laca roja o verde sobre una talla de madera en relieve. Parece haber surgido como imitación de las técnicas chinas *tsuishu* y *koka-ryokuyo*.

kami. Divinidad del sintoísmo japonés. V. *shin-zo*.

kanga. En japonés, cierta pintura china. V. *kara-e*.

kántharos (κάνθαρος). *Cántaro.

kara-e. En japonés, «pintura china». Designa las pinturas de la dinastía Tang que llegaron a Japón en los periodos Nara (710-794) y Heian (794-1192). A las japonesas coetáneas se les llamó **yamato-e*. Las pinturas chinas de las dinastías Sung y Yüan también fueron llamadas así por un tiempo, pero más tarde se las llamó *kanga*.

kardo (pl. *kardines).* Línea topográfica trazada por los gromáticos o topógrafos romanos para orientar algún trazado (catastral, campamental, urbano, etc.) de acuerdo con la disposición del cosmos y que sigue el rumbo Norte-Sur. Por extensión, calle urbana dispuesta de ese modo en un trazado viario en forma de damero. El *kardo* central era el *kardo maximus.*
– V. decumano.
kare-sansui. Austero jardín japonés de arena, rocas y pequeños toques de vegetación. Ligado a la estética *zen, suele ser de pequeñas dimensiones, sobrio y de elegante simplicidad y es tenido como la más original manifestación del arte japonés de la jardinería. Fueron famosos los ejemplares del periodo Muromachi (1333-1572).
karoniae. **Caroniae.*
karquesion. *Carquesio.
katagrapha. *Catágrafos.
katana. Espada japonesa. Se lleva colgada de la cintura con el filo hacia arriba; menor que la llamada **tachi*, que se lleva colgada con el filo hacia abajo.
kathodos. *Cátodo.
katholikón (*καθολικόν*). Iglesia principal, de planta central, en un monasterio bizantino. Literalmente, lugar común.
kaunakés. Falda de vellones típica del arte sumerio (Parrot).
kelebe (*κελέβη*). Vaso grande y de boca amplia, cuerpo ancho y típicas asas columnadas que unen la boca a los hombros del vaso.
keramis (*κεραμίς*). Cerámido, teja plana o levemente cóncava (pl. *keramides).* Tejado hecho con cerámidos.
– Cualquier objeto obra de alfarero.
– Vaso cerámico común, inespecífico.
kerkis (*κερκίς*). Cérquido. Equivale a **cuneus.* ☞ 44.
– V. cávea.
kerno (*κέρνος*) (pl. *kernoi).* Vasija ritual, con opérculos o vasijitas alrededor (cotiliscos), formando cuerpo, a las cuales se vierten los diversos líquidos que forman la ofrenda y que se mezclan en el cuerpo del vaso. Típico de los coribantes de Cíbele (Cibeles). ☞ 14.
kero. Vaso ritual troncocónico de los incas, en madera incisa o pintada.
khepresh. Jeprés, tiara azul del faraón, símbolo de su poder militar.
kibla. *Quibla.
kimono. En japonés, lo que se lleva encima (*ki*, ponerse; *mono*, cosa). Hoy designa el traje típico japonés, especie de túnica con amplias mangas que llega casi hasta los pies. La Real Academia recoge quimono.
kinético. *Cinético.
kiosco. *Pabellón decorado situado en un paraje pintoresco.

– Pequeña construcción cubierta por una *cúpula o casquete, de *planta central, y generalmente sin paredes.

klaft. Tocado egipcio de tela compuesto por un cuadrado de tejido rígido decorado con franjas paralelas que ciñe la cabeza y deja caer sus bordes sobre hombros y espalda.

klímax (*κλῖμαξ*). Escalerilla que, junto con otras semejantes, divide verticalmente la *cávea en *cunei o *kerkides.

kofun. Tumba japonesa de gran túmulo para un jefe de clan o emperador del periodo prehistórico Kofun (330-552). Era un enorme montículo de tierra, rodeado por uno o más fosos, de planta circular, rectangular o en ojo de cerradura, en cuyo interior se situaban las cámaras para el cadáver y su ajuar.

koilon (*κοῖλον*). La *cávea del *teatro griego.

koimesis (*κοίμησις*). Dormición de la Virgen en el arte bizantino.

kolpos (*κόλπος*). Pliegue que forma una bolsa sobre la cintura. **Sinus*.

kon-do, hon-do. Término japonés que designa la principal dependencia de un templo-monasterio budista, en la que se venera la imagen principal. Literalmente significa sala de oro.

konisterion (*κονιστήριον*). V. gimnasio.

konístra (*κονίστρα*). Arena, espacio entre la *cávea y la **scaena*.

kore (*κόρη*) (pl. *korai*). Core (y no «coré»), joven griega. Específicamente, las esculpidas durante la época arcaica del arte griego. V. *kouros*.

korykeion (*κορυκήιον*). V. gimnasio.

korymbos (*κόρυμβος*). Alto copete con que suele aparecer tocado el monarca sasánida. V. corimbo.

kosmesis (*κόσμησις*). *Gánosis.

kóthon (*κώθων*). Gran copa de labio redondo y entrante, con una o tres asas horizontales.

kotyle (*κοτύλη*). *Cotile.

kouros (*κοῦρος*) (pl. *kouroi*). Curo, joven griego, y especialmente los esculpidos en la época arcaica del arte griego.
– V. *kore*.

kous (*χοῦς*). Vaso para libaciones, de 3,24 l de capacidad. Tenía forma de jarro y se usaba en honor de Baco.

krak (del ár. *karak*). Fortaleza cruzada en Siria. Generalmente este término (muy usado en Francia) alude a castillos de las cruzadas góticas.

kudurru. Pequeña *estela oval, de significado religioso o jurídico, frecuente en la Antigüedad del Próximo Oriente, y sobre todo entre los cassitas. Es palabra acadia.

kyathos (*κύαθος*). **Cyathus*.

kylix (κύλιξ). Quílice (cáliz), vasija griega, equivalente a nuestras copas, aunque de mayor tamaño, que tuvo numerosas variantes. La más común es aquélla en que el receptáculo, amplio, se sustenta, sobre un pie vertical de poca altura que, a su vez, reposa sobre una ancha base. Fue muy empleado para ser pintado, puesto que su amplia superficie vertical se prestaba a ello, así como su fondo. ⇨ 14.

L

lábaro. Estandarte propio de las milicias romanas. Por antonomasia, el decorado con el *crismón, llamado lábaro constantiniano.

laberinto. *Decoración que recuerda el dibujo en *planta de las *líneas de un conjunto, generalmente intrincado y lleno de recovecos y pasadizos, a manera de lo que ocurría en el Laberinto de Creta construido para el Minotauro.

– A veces se aplica este nombre a algunas construcciones del Antiguo Egipto, de compleja planta.

labio. Reborde del cuerpo principal o cesta del *capitel corintio sobre el cual se aplica el *ábaco.

labrar. Trabajar artísticamente de algún modo un objeto y especialmente mediante *talla, *relieve o *hueco.

– la piedra: tallarla, darle forma.

labrum. V. bálneo.

labrys (*λάβρυς*). Hacha *bipenne, probablemente con sentido simbólico, que acaso diera lugar, en Creta y Grecia, a la palabra *laberinto. ⇨ 17.

laca. *Barniz muy brillante, sólido y espeso, obtenido de resinas vegetales, oriundo del Extremo Oriente. Se aplica en numerosas capas sobre el objeto que ha de ser laqueado.

– Nombre que se da a un objeto laqueado.

– V. *urushi*.

laca de rubia. V. pigmento.

lacería. *Ornamentación geométrica que consiste en una serie de líneas entrecruzadas alternativamente unas sobre otras formando diversas figuras estrelladas y poligonales. La matriz a partir de la cual se desarrolla el dibujo que se repite indefinidamente es un polígono, generalmente regular, de cuatro, y sobre todo, seis y ocho lados.

lacerna. Manto obscuro y basto, con capucha, que se llevaba sobre el vestido durante el mal tiempo. Augusto la incorporó al equipo militar, prohibiendo su uso en el *foro y el *circo. Más tarde se llamó así a una prenda ligera, costosa y fina que se llevaba sobre la *toga en actividades al aire libre.

lacónica *(laconica* < *λακωνικά)*. Calzado semejante al *embás, especie de botín, con cordones.

lacónicos, vasos. Los fabricados en Laconia entre los siglos X y V a. de C. (exclusive). En el s. VI eran de *figuras negras con retoques en rojo o grabados, sobre fondo de *engobe amarillento.

laconicum. Especie de baño de vapor.

– V. bálneo.

lacre. *Pasta sólida, de *goma laca y *trementina, con *colorante, generalmente *rojo, que se usa derretida, para imprimir sobre ella *sellos o marcas con los que, una vez fría y dura, se cierran cartas, se marcan documentos, etc.

lacrimatorio. Nombre impropiamente dado a un pequeño vasito de vidrio, generalmente globular y de cuello largo y estrecho, usado en Roma funeralmente y destinado a contener esencias y perfumes, ungüentario.

lacuna. *Cávea.

lacunar, lacunario. Hueco o serie de huecos que se producen, para *decoración, en un *sofito, *artesonado, en la parte baja de un *dintel, bóveda, etcétera.

– También se le dice lagunar o lagunario.

lado. –de la *moneda: el *anverso o el *reverso.

– Cualquiera de las caras o *facetas de un cuerpo poliédrico.

– Lateral.

ladrillo. Paralelepípedo rectangular, hecho de arcilla cocida, que posee cualidades notables de consistencia, duración y rigidez.

Lady Chapel. Término que en Inglaterra designa a la capilla dedicada a la Virgen, generalmente situada tras el coro. A veces consiste en un pequeño *edículo aislado, orientado al Este, y unido a la iglesia por una galería.

Laena. *Lena.

laethem (de *Laethem-St. Martin*, cerca de Gante). Nombre de una escuela flamenca de pintura nacida a comienzos del siglo XX en torno al escultor G. Minne. Su tendencia dominante fue *expresionista.

lágino (*λάγυνος*). Especie de garrafa griega, con un asa, de cuerpo panzudo y poco elevado, con el cuello largo y el asa alta, empleada con frecuencia en época *helenística.

lagoena. *Laguena.

lágrima. *Gota.
lagrimante. En *Heráldica, ojo representado con lágrima o lágrimas.
laguena *(lagoena).* En Roma, botella, frasco en general.
lagunar, lagunario. *Lacunar.
La Haya. Nombre de una escuela realista de pintura que existió entre 1860 y 1900. De tendencia *impresionista fueron sus miembros Bosboom, Isräels, Mesdag, los Maris y otros.
lamassu. Toro alado de algunas artes y mitologías del Próximo Oriente, empleado como elemento *arquitectónico o *decorativo.
lambel (tomado de Heráldica). Recuadro moldurado que corona los huecos del último Gótico (en arq. civil levantina).
– En *Heráldica, pieza que tiene la figura de una faja con tres caídas semejantes a gotas arquitectónicas. Suele ir horizontal en la parte superior del *escudo a cuyos lados no llega para señalar que son las armas del segundón y no del heredero. ⇒ 29.
lambel antiguo. Antecedente del *lambel heráldico, cuya traviesa va de flanco a flanco del *escudo y cuyos tres colgantes son rectangulares y no trapeciales.
lambrequín, lambrequines. Adorno en metal, *troquelado, o de tela o madera, colgante y *corrido, que se coloca bajo *aleros, frisos, etc., o adornando la cubierta de un *baldaquino. También, *guardamalleta.
– En *Heráldica, simulación textil de hojas de *acanto con que se adorna el casco y que caen a ambos lados del *escudo. No es raro que se esmalten con los metales y colores de éste o que se carguen con sus *figuras.
lámina. Plancha fina.
–*Grabado, *estampa.
– Apariencia bella.
lámina de sílex. Tipo especial de *lasca, a veces llamado *hoja*, cuya longitud es mayor que el doble de su anchura. Su *cara dorsal está cruzada por una, dos o tres *aristas longitudinales. Generalmente sus bordes son paralelos. V. leptolítico.
– Las láminas de sílex, para Laplace, se dividen en: grandes láminas, láminas, laminillas y microlaminillas, según sus longitudes sean de 10 a 12, 6 a 5, 3 a 2,5 o menos cm. Por su forma pueden establecerse muchos tipos: cresta, guía, con dorso, chaflán, con muesca, con pedículo, de hoz, con truncaduras, con picantetriedro, de cabeza arqueada, de golpe de buril, etc.
lampadario (del lat. *lampadarius).* *Soporte de un hachón o tea, con *pie o sin él.
– Dícese del funcionario que precede al magistrado romano, alumbrándole.

lampasado. En *Heráldica, se dice del animal salvaje cuya lengua lleva *esmalte distinto al del cuerpo, salvo que sea un ave. V. linguada.
lanceolada, cruz. V. cruz. ☞ 22.
lanceolado. En *Heráldica, lo que tiene forma de punta curvilínea de lanza.
lanceta. *Arco alancetado.
lanx (genit. *lancis).* Bandeja honda, generalmente redonda, pero también ovoidal o rectangular, usada en Roma. *Misorio.
lapidario. El que trabaja la piedra.
– Museo lapidario es el que tiene carácter eminentemente epigráfico.
– Perteneciente a las piedras preciosas.
lapislázuli. Piedra azul, opaca, con vetas blancas y puntitos rojizos, muy empleada en decoración y enriquecimiento.
lápiz. Barra de mineral blando que sirve para dibujar. Puede ser *grafito, *arcilla, plombagina, etc.
– *Dibujo o trabajo hecho a lápiz.
laqueator. *Gladiador que combatía con lazo y bastón, pero sin casco.
larario, lararium. Templete dedicado a los dioses lares, que normalmente se colocaba en el **atrium.*
– *Viga maestra.
larguero. Cada uno de los dos palos que se colocan a cada lado de un trabajo de carpintería.
– *Viga maestra.
lárnax (*λάρναξ*). *Sarcófago de *barro seco o cocido.
lasano, lasanum. V. jitra.
lasca. Fragmento o esquirla desprendido de un *núcleo de *sílex u otra piedra semejante. ☞ 48.
– Las lascas de sílex, para Laplace, se dividen en: grandes lascas, lascas, lasquitas y microlascas, estableciéndose sus límites en 6, 3 y 1,5 cm de longitud. Por su forma pueden ser de muchos tipos: con chaflán, con dorso, truncadas, de ángulo, de costado, de *decalotado,* de decorticado, oblicuas, etc.
La Tène. Nombre de una fase de la *Edad del Hierro y de su yacimiento epónimo, en Suiza. Se extiende, aproximadamente, entre 450 a. de C. y 100 d. de C., siendo esencialmente céltica.
lateral. Dícese de todo lo que se halla a un lado, de una fachada que no sea la principal o su opuesta y, en general, de cuanto queda a derecha o izquierda del *eje de un objeto o edificio, de su *nave central, etc.
latericio. De ladrillo.
latericium. V. *opus.*
laticlavo. V. túnica lacticlavia.
latina. V. cruz. ☞ 22.
latina inmisa, cruz. V. cruz. ☞ 22.
latón. *Aleación de cobre y zinc.
lauda, laude. Cubierta de un

sarcófago o sepulcro, generalmente grabada, y especialmente si lleva reproducida la figura del difunto.

laureado. En *Heráldica se reserva el término para las figuras coronadas con *laurel.

– V. cruz laureada.

laurel. Decoración que reproduce las hojas o ramas de esta planta, símbolo de la victoria. Se dispone en forma de *orla o corona.

lavar. Dar *color o *sombra con *tinta diluida en agua y, sobre todo, con *tinta china, de modo que se cubra una superficie de color de modo uniforme. Es un procedimiento ya en boga en el siglo XVI.

– Limpiar con agua.

lavatorio. Especie de gran receptáculo, a modo de bañera, destinado a lavar el cuerpo de los religiosos difuntos.

– Escena en la que se representa un lavado de pies, respondiendo a tradiciones evangélicas y cristianas.

lavatrina. Baño privado, retrete de la casa romana.

lazo. En *Heráldica, *flanquís.

lazo de amor. En *Heráldica, lazo de cordones, con dos bucles circulares y cuyos cabos se dirigen a los flancos del *escudo.

lebes (λέβης). Palangana para recibir el agua *lustral tras el lavatorio de manos. ⇨ 14.

– gámico. Vasija semejante al *dino, con dos asas dobles en la parte superior de los *hombros, de uso ritual seguramente. ⇨ 15.

lebrillo. Vasija grande, más ancha por el fondo, utilizada para fregar, lavar la ropa, hacer la matacía del cerdo, etc.

lecane, lekané (λεκάνη). Variante de la *píxide *(pyxis)* griega, con fuertes asas y tapadera, que sirvió para usos similares. Su acepción general es cubeta. ⇨ 15.

leccionario. Pared que a veces separa el coro de la nave. Suele poseer aberturas y un coro alto con pretil o antepecho, desde el que se leían los textos sacros.

– Libro que contiene las lecciones de los maitines.

lécito (λήκυθος). Vaso griego, destinado a contener aceite y pomadas, emparentado con el *alabastron y con el *aríbalo (lécito aribalístico). Es de forma esbelta y con asa, recordando un tanto a una jarra estrechada por el cuello. Su uso fue quedando adscrito a menesteres funerarios. Aparece ya en la época arcaica y, revestido de blanco, será muy empleado en el s. V a. de C. ⇨ 15.

lectica. Litera, camilla, lecho portátil de la antigua Roma.

lectisternio. Comida de los dioses. Ceremonia en que se simulaba esta comida, reclinando a las imágenes en lechos de tablas cubiertos con almohadones

– V. *lectus.*

lectus. – *cubicularis:* cama para dormir, en Roma.
– *lucubratorius:* especie de lecho usado en Roma para leer, escribir o trabajar desde él.
– *tricliniaris:* el que se usaba para comer en el **triclinium*.
– Según el lugar que se ocupase en la mesa y en el *lectus tricliniaris,* se podía deducir la importancia de los comensales siguiendo esta norma: la mesa se hallaba rodeada por tres lados de *lecti.* Desde el lado libre, la disposición era así: en el centro, se situaba el lecho de honor o *lectus medius,* dividido en tres partes por almohadones. A la derecha (del espectador), el *summus*; a la izquierda el *imus,* o de menor dignidad. En cada uno, el lugar de honor estaba junto al respaldo, y era el *locus summus.* Pero el invitado de honor se colocaba siempre en el *locus consularis,* que estaba en el *medius,* junto al amo de la casa, es decir, en el extremo izquierdo.
lecythos. *Lécito.
lechada. Masa muy fina de cal o yeso, en estado líquido, usada para blanquear o para obtener *vaciados.
leche. V. aglutinantes.
lecho. Capa más baja de material dispuesta en los *cimientos de un edificio.
– Material formando una capa continua sobre la que se asienta otro.
– Cara del *sillar que actúa como lecho del superior.
V. tablero de dovela.
lechuguilla. Cuello alechugado. V. gorguera.
– Puños de camisa, grandes y almidonados, dispuestos en figura de hojas de lechuga, sobre todo en tiempos de Felipe II y Felipe III.
legionaria. *Moneda–.
legítimas, armas–. V. puras.
Leiden, escuela de–. La que se formó en la ciudad del mismo nombre en los siglos XVI y XVII. Lucas de Leiden y Rembrandt son sus miembros más famosos.
lekané. *lecane.
lemnisco. Cinta que se enrolla en torno a guirnaldas, etc., en las ornamentaciones arquitectónicas.
lemosín. V. esmalte.
lena *(laena)*. Prenda romana de invierno muy gruesa, de lana, que se llevaba prendida al hombro con un *broche. Se usó a menudo como traje de visita o paseo, sobre todo durante la noche.
lenós (ληνός). Gran recipiente, especie de abrevadero o bañera. En particular, designa a la tinaja usada en Roma, especialmente bajo los Antoninos, como sarcófago.
lentejuelas. Circulitos de oro o plata hechos a troquel.
león. En *Heráldica se le re-

presenta generalmente en actitud *rampante. Si va *pasante, de perfil y con la cabeza mirando al frente se le llama *leopardo o *león leopardado. Y león pasante si la cabeza mira al flanco.

leonado. En *Heráldica, se llama así al *león *rampante que mira al espectador.

leoncillo. En *Heráldica, nombre del *león cuando hay más de cuatro en el *escudo.

leopardado. Cierta clase de *león heráldico. V. león.

leopardo. Nombre heráldico del *león cuando vuelve la cabeza al frente. Es *leonado si está *rampante. Si el leopardo heráldico reproduce las características físicas del leopardo, se denomina leopardo natural.

lepaste (λεπάστη). Copa de grandes dimensiones en la que los invitados bebían por turno.

leptolítico (de λεπτός = fino y λίθος = piedra). Hecho sobre *láminas de sílex.

lesché. *Lesque.

lesena (acaso de λάξευμα > *laxeuma*). *Banda lombarda.

– *Pilastra de *fachada, de tipo ornamental, muchas veces sin *basa ni *capitel. ∞ 43.

lesje. *Lesque.

lesque (λέσχη). Lugar de reunión pública destinado a la conversación y al paseo, en la Grecia antigua.

levalloisiense (de *Levallois,* Francia). Nombre de una técnica de talla de la Edad de piedra, consistente en trabajar los *núcleos de manera que, en cierto modo, se prefigure en ellos la forma que quiere obtenerse para la *lasca que se va a desprender y cuya forma, naturalmente adaptada siguiendo esta técnica, es de punta. Si la superficie del núcleo ha sido bien preparada y el golpe se da con corrección, puede predecirse con bastante exactitud cuál es la forma que la lasca va adoptar. Aunque se descubrió posiblemente en el Paleolítico Inferior, forma el substrato más fuerte y potente del Paleolítico Medio.

levantado. Lo está el animal heráldico alzado sobre sus patas traseras.

ley. Grado de pureza de un metal o *aleación.

leyenda. *Epígrafe.

– retrógrada: la escrita en sentido contrario al normal (en castellano de derecha a izquierda).

– V. bustrófedon, como combinación de leyendas directa y retrógrada.

– Nombre genérico con que se designa a cualquier inscripción que figure en el *escudo heráldico.

liberales, las 7 artes–. Nombre dado por la escuela alejandrina al conjunto del *trivium* y el *quadrivium,* es decir: a la gramática, la retórica, la dialéctica, la arit-

mética, la geometría, la astronomía y la música.
Liberty. V. modernismo.
libra. Unidad de peso y cuenta monetal romana equivalente a 327,45 gramos.
libre. *Bordado–.
Libro de armas. Armorial, colección de escudos de armas heráldicas.
Libro de horas. Libro que recoge el texto de los oficios y rezos correspondientes a las horas litúrgicas, y que suele ir bellamente *miniado e *iluminado.
Libro de los muertos. Conjunto de plegarias, textos e invocaciones de carácter religioso y funeral, que se introducía en los *sarcófagos egipcios para que sirviese al difunto de credencial y recordatorio ante el tribunal de Osiris. Muchos de ellos fueron bellamente pintados.
libros litúrgicos. Los que contienen textos de la Liturgia católica y, por antonomasia, los siguientes: Martirologio, Misal, Breviario, Pontifical, Ritual y Ceremonial de los Obispos.
licocéfalo. Con cabeza de lobo.
lienzo (del *linteum*). Tela sobre la que se pinta, especialmente la hecha de lino o algodón, cáñamo, etc.
– Pintura sobre lienzo.
– Porción de muralla que corre en línea recta.
ligado. En *Heráldica, dícese de lo que va unido mediante cinta, tira o lazo y del halcón cuya garra se ve amarrada.
ligadura. Nervio, en una *bóveda de crucería, que une la *clave con el vértice de los *terceletes. ⇒ 12.
ligamento. Cruce de trama y urdimbre.
lima. Ángulo diedro que forman dos vertientes de un tejado. Si el ángulo es saliente se le llama lima tesa y lima hoya si es entrante.
– V. armadura.
limabordón. V. armadura.
limace (en fr. *limaco)*. *Punta de sílex doble, fusiforme, cuya cara interior es plana y sin *retoque y la superior bombeada, aligerándose el espesor del dorso con escalones regulares que van hacia los bordes y las puntas.
limas moamares. V. armadura.
limón. Apoyo de una escalera, del lado del *vano.
limus *(limus)*. Faldilla, afornada con una faja de púrpura oblicua, que llega en ocasiones a los pies. Era propia de los ediles, los escribas y determinados acólitos en los sacrificios.
línea. Distancia entre dos puntos. Teóricamente comporta una dimensión única: la longitud, no pudiendo, en principio, apreciarse en ella anchura ni superficie algunas.
– Por oposición a color, se designa con este término a toda obra artística, especialmente en *pin-

tura, en la que predominan sensiblemente el *dibujo y los *contornos sobre el *color.

línea de arranque. La que pasa por los *arranques.

líneas de fuga. V. perspectiva.

lingote. Barra maciza de metal fundido, generalmente en forma de paralelepípedo.

linguada. En *Heráldica, el ave con lengua esmaltada diferentemente al cuerpo. No confundir con *lampasado.

linóleo, grabado en–. Es una técnica de grabado en relieve, en el que en lugar de la madera como plancha se utiliza un linóleo grueso.

linterna. Remate, generalmente sobre *cúpula, que sirve para dar luz. V. cúpula. ⚭ 41.

– A veces, torrecilla con aberturas, ventanas o vidrieras con que se corona el espacio del *crucero.

– En una pieza de orfebrería, la *manzana o *nudo de esta forma.

linternón. *Linterna pequeña. No tiene por qué servir para dar luz y suele colocarse en lo alto de un *pináculo, de una torre, o como remate de una escalera.

lipsanoteca (del lat. *lipsanotheca).* *Relicario, en una caja preciosa, generalmente en *marfil o madera cara.

lis. *Flor de lis.

lista. *Traversa, *barra heráldica de la mitad del ancho normal.

listado. Término heráldico. V. bandado.

listel. *Filete.

– Espacio entre dos *acanaladuras de un *fuste.

lithostroton. *Litóstroto.

lítico. Relativo a la piedra.

litofanía (de *λίθος* = piedra y *φαίνω* = brillo, manifiesto). Trabajo que se hace sobre materiales translúcidos (ciertos vidrios, alabastros, porcelana, etcétera) para obtener mayor o menor luminosidad disminuyendo o aumentando su grosor.

litografía. Sistema para obtener grabados en plancha de piedra. Se trata la superficie con un lápiz de materia grasa que delimita el dibujo que se quiere conseguir; después, se somete a uno de estos dos procedimientos: bien se baña con ácido, que corroe las partes no engrasadas, dejando el dibujo en relieve, bien se aplican dos clases de *tinta acuosa y grasa, la primera de las cuales se fijará en el fondo mientras que la segunda cubrirá las líneas dibujadas con el lápiz graso. Las tiradas son obligadamente cortas porque desaparece la fineza del dibujo con el uso. La incomodidad del manejo de la piedra litográfica y su carestía hacen de éste un sistema poco difundido. Una característica peculiar es el aspecto granulado de la *estampa obtenida. El procedimiento citado se inventó en 1796 por Senefelder.

– Estampa obtenida litográficamente.
litopón (de *λιθοποιόν* = que petrifica). V. pigmento.
litóstroto (*λίθόστρωτον*). *Mosaico colocado a modo de pavimento.
litotipia (de *λίθος* = piedra y *τύπος* = huella). *Litografía.
litra (*λίτρα*). Unidad ponderal y monetal de la Magna Grecia, dividida en dos mitades (cada una de ella llamadas **hemilitron*). Su valor fue variable.
lituo *(lituus)*. Instrumento a manera de cayado o *báculo usado por los augures en la Antigüedad romana. En principio, no debía tener nudos.
– Trompa de la caballería romana.
lituus. *Lituo.
liván. *Iwán.
lizo. Cada uno de los hilos que forman la *urdimbre y entre los cuales pasa el tejedor la lanzadera con la *trama.
– Alto lizo. El telar de alto lizo se caracteriza por disponer verticalmente la urdimbre. Por extensión se denomina así al *tapiz obtenido en este telar.
– Bajo lizo. El telar de bajo lizo dispone su urdimbre horizontalmente. Los lizos pueden moverse por medio de pedales o calcas. Se llama así también al tapiz obtenido en este telar, que no puede, a simple vista, distinguirse del de alto lizo.
lobo. En *Heráldica se representa siempre con la cola enhiesta, para no confundirlo con el zorro.
lobulado. V. arco. ⊶ 4.
lóbulo. Cada una de las partes, a modo de ondas, que sobresalen en el borde de una cosa. Pueden ser tanto cóncavos como convexos.
loculi, lóculos (pl. de *loculus)*. Conjunto de *nichos o huecos practicados en un muro donde se situaban los restos de un difunto. Los lóculos destinados a contener *urnas cinerarias eran a modo de cuadrados con el lado superior convexo.
– V. columbario y catacumba.
logeion. *Logeo. ⊶ 44.
logeo (*λογεῖον*). En el *teatro griego, tablado de madera, largo y estrecho, desde el que declamaban los actores. En época *helenística se llamaba así al centro del *proscenio.
logia. *Galería cubierta, necesariamente abierta, al menos por un lado; muchas veces se sostiene sobre *pies derechos.
lombarda. V. bandas lombardas.
lomo. La parte más prominente de los bordados de relieve, en tallos y hojas.
– V. encuadernación.
lonja. Edificio público destinado a usos mercantiles y especialmente a la contratación, especie de bolsa de valores.
– Plazuela porticada, con preti-

les o verjas, que hace las veces de atrio de una iglesia o está inmediata a éste.

Lorena. Cruz de–. ☞ 22.

loriga. Especie de *cota, arma defensiva. ☞ 51.

Sus tres especies principales, de nombre latino, son:

– La *lorica hamata*, o cota de mallas.

– La *lorica scammata*, o formada por escamas de acero.

– La *lorica segmentata*, formada por bandas de metal que recubren los hombros y el pecho y, a veces, también la espalda.

lorrado (del fr. *lorré*). Se dice, en *Heráldica, del pez cuyas aletas tienen *esmalte distinto del de su cuerpo.

losange o losanje. Es voz francesa que significa rombo, especialmente en *Heráldica.

– En Heráldica, es *escudo en losange el que adopta la forma de éste, descansando sobre uno de sus ángulos agudos. Regularmente es muestra de titularidad femenina, sobre todo en el caso de mujeres solteras.

– V. malla y ovalado.

losanjado. Dícese del *escudo heráldico cubierto enteramente de *losanges que alternan un *metal y un *color. Si los losanges cubren el *campo diagonalmente se habla de *losanjado en *banda o en *barra, según la dirección que adopten.

lotiforme. En forma de *loto o de flor de loto. ☞ 18.

loto. Planta acuática de hojas muy grandes, peciolo delgado, abundante a orillas del Nilo. Se emplea como motivo decorativo, especialmente en el arte egipcio, donde dio forma a un *capitel llamado lotiforme, que recordaba un tanto a una campana invertida.

loutrón (λουτρόν). V. gimnasio.

loza. *Alfarería de barro esmaltado o barnizado. La loza debe ser fina, y estar bien cocida, entre 1.000 y 1.300 grados centígrados. El *esmalte debe ser a base de estaño, o plomo, *transparente. La pasta es fina, porosa, absorbente, opaca y de color blanco.

loza dorada. La vasija de arcilla purificada, tras un primer secado al sol, para evitar resquebrajaduras, recibía la primera cochura. Luego se aplicaba al *juaguete el vidriado o *barniz blanco, de plomo y estaño, y la *decoración en azul cobalto, cociéndose a 990 grados de calor. Finalmente se le daba a la pieza el *dorado, a base de sulfuros de cobre y plata, desleídos en vinagre y aplicados con pluma o pincel. Una tercera cocción a una temperatura que oscilaba entre 650 grados al principio y 500 más tarde, ponía fin a tan compleja factura.

loza verde y dorada. De época califal; los óxidos de cobre y manganeso se aplicaban sobre las piezas que habían recibido engobe blanco y cubiertas con barniz plumbífero.

loza verde y morada. Decorada a base de cobre y manganeso sobre *esmalte blanco de plomo y estaño.

lucarna (del fr. *lucarne)*. Ventana en *saledizo sobre la pendiente de un tejado. Es galicismo.

– En castellano es más correcto *lumbrera.

lucerna. Candil antiguo de mecha y aceite. Hay ejemplares muy bellos en cerámica y bronce.

lucernario (de lucerna). *Linterna.

lucilo, lucillo. *Sarcófago de piedra, adosado al muro y colocado en un *nicho cobijado por un *arcosolio.

Luis XIV. Estilo–. El Barroco, fastuoso y recargado, en boga en Francia durante la segunda mitad del s. XVII y los comienzos del XVIII. Tiene su arquetipo en Versalles.

Luis XV. Estilo–. El *rococó en su apogeo, entre 1723 y 1774. Es un estilo elegante, frívolo y curvilíneo.

Luis XVI. Es el estilo que marca un cierto regreso a formas más sobrias, en el último tercio del XVIII francés, tras los excesos del Barroco.

lumbrera. *Lucarna.

luminismo (de *lumen)*. Modo de pintar la *luz y sus efectos, de modo que sean parte sobresaliente de la obra.

luminosidad. Cualidad de una *pintura de representar adecuadamente la *luz, la *iluminación y los fenómenos luminosos.

– Buena iluminación de un *cuadro conseguida por el pintor al representar las luces.

luna. En *Heráldica, se representa llena y con rostro humano. En otro caso, se denomina creciente, menguante, montante o ranversada, según sus cuernos miren al flanco diestro (izquierda del observador), siniestro, lado superior o inferior del *escudo, respectivamente, y tiene consideración de *mueble heráldico.

lunel. *Figura heráldica formada por cuatro *crecientes unidos por sus puntas y formando círculo.

luneta. Superficie pintada del *luneto.

luneto (de luna). Bovedilla en forma de media luna, abierta en la *bóveda principal para dar *luz a ésta. ☞ 9.

– Hueco de una bóveda o *cúpula formado en ella por la intersección de otra más pequeña.

– Menos frecuentemente se denomina así a cada uno de los cuatro *paños que componen una *bóveda de arista.

– Pintura o *relieve en forma de media luna.

– V. bóveda.

luquete. Casquete esférico que cierra la *bóveda baída.

lustral. *Purificador.

lutro, lutrón (λουτρόν). Baño o agua de baño.

– V. gimnasio.

lutróforo (λουτρόφορος). Vaso destinado al uso ritual en la celebración de matrimonios y funerales, en la Antigüedad. Es de formas estilizadas y alargadas, semejante a un jarrón estirado. Solía poseer dos amplias asas curvadas, enmarcando el cuello, generalmente muy largo. ⚭ 15.

luz. Agente físico que hace visibles las cosas.

– de un vano: su anchura máxima.

– En *Pintura, *luminosidad.

– *Vano. ⚭ 2.

LL

llaga *(plaga)*. Junta entre dos *ladrillos de una *hilada.
lleno. *Escudo cuyo *campo lleva un solo *esmalte sin *carga alguna. Otros tratadistas lo aplican al elemento o a la *figura que lleva en dos de sus tercios esmalte distinto del de su campo. Vale por *pleno y *raso.
llorón. **Pleurant*.

M

macelo, macellum. Mercado romano. Tienda romana.
– El mercado cubierto solía constar, básicamente, de tres partes: un gran rectángulo, porticado o no, una serie de tiendas abiertas tanto hacia el exterior como hacia el interior y una **tholos* en el centro.
macizar. Rellenar compactamente un *vano.
macizo. Obra sólida, opuesta a *vano.
macla (del fr. *macle)*. *Malla.
macolla (or. desc.). Conjunto ornamental de flores, tallos y hojas que nacen de un mismo pie.
– Conjunto de hojas de *acanto en el *capitel corintio o *compuesto, en una *columna o en un *balaustre.
macsura. Espacio que en la *mezquita se encuentra entre el **mihrab* y los fieles, generalmente cercado o protegido, para que allí oren el Califa o sus dignatarios. Es voz árabe.
machaera. *Máquera.
macho. *Pilar, machón.
– Todo lo que penetra en una hendidura.
machón. *Pilar de obra *maciza.
– Pilar de un puente de piedra.
– *Contrafuerte.
madera. Parte sólida de los árboles debajo de la corteza.
– Las maderas, en *pintura, se dividen en duras (como el ébano, arce, haya, fresno, plátano, olmo, acacia, nogal, peral, castaño), blandas (pino, abeto, pinabete, chopo, abedul, castaño de indias) y muy blandas (tilo, álamo y sauce).
– V. imprimación y tabla.
madina. *Medina, ciudad musulmana.
madona, madonna. Representación de la Virgen María. Es italianismo.

madrassa. *Medersa.

maenianum (pl. *maeniana).* Porción de graderío dividida en cuñas por las escaleras y delimitada, arriba y abajo, por los pasillos *(*praecintiones* o **diazómata)* en los edificios antiguos para espectáculos. Solía haber tres. ☞ 45. V. cávea.

– Terraza o *mirador en *saledizo en la casa romana.

Maestá. Italianismo que designa a la Virgen entronizada con el Niño. *Majestad.

maestra. Dícese de la pared más importante de una obra, del listón de madera que regula la construcción de una pared, o de la *viga más importante de una *techumbre.

maforte *(mafors).* Abrigo corto con capucha usado por las mujeres romanas.

magdaleniense (del fr. *magdalénien).* Nombre del último período en que tradicionalmente se divide el *Paleolítico Superior; recibe su nombre de Madeleine (Dordogne, Francia) y suele considerarse que durante su transcurso alcanza su apogeo el arte rupestre.

mainel. *Parteluz. V. ajimez. ☞ 42.

maiolica. *Mayólica.

Majestad. Dícese específicamente de las representaciones de Cristo o la Virgen en actitud triunfante.

– Cualidad de una obra que la acerca a lo sublime.

makemono. Pintura semejante al **kakemono*, pero realizada horizontalmente para ser colocada en el suelo. Es palabra japonesa.

maki-e. Arte japonés de trazar con laca motivos decorativos sobre objetos ya lacados y esparcir sobre dichos motivos (cuando la laca está aún húmeda) polvos, generalmente de oro o plata, que quedan adheridos. El acabado es muy variado. Se desarrolló en el periodo Heian (794-1192) y no ha dejado de utilizarse.

mal ordenado. Voz heráldica. V. ordenado (escudo).

máleo *(malleus).* Martillo (mallo) ritual romano para sacrificar terneros o bueyes.

malta. *Cruz de–. ☞ 22.

malla. En *Heráldica, malla, *losange *vacío. El *escudo cuyo *campo se cubre por entero de mallas se llama escudo mallado.

malleus. *Máleo.

mampara. Especie de *biombo o panel, *cancel ligero. Es incorrecta la pronunciación mámpara.

mamperlanes. *Alizares.

mampostería. Fábrica de piedra sin *labrar o con labra tosca, que se *apareja o dispone de modo irregular. Cada una de las piedras que la forman se llaman *mampuestos, a los que, para que asienten bien, se les colocan, a menudo, unas pequeñas piedras a modo de calce llamadas *ripios. (*Enripiado.)

– aparejada: cada hilada tiene la misma altura en todo su recorrido, aunque las *hiladas no son forzosamente iguales entre sí.
– careada: aquella cuyo enripiado no es visible.
– concertada: sin *ripios.

mampuesta. *Hilada, hecha de *mampuestos.

mampuesto. *Mampostería.

manante. En *Heráldica, se dice de la fuente o manantial cuyo chorro de agua va esmaltado diferentemente.

mancerina. Plato con abrazadera circular en el centro, donde se coloca y sujeta la jícara en que se sirve el chocolate. *Salvilla.

mancha. Estudio hecho en *pintura para observar previamente a la ejecución el *efecto de las *luces y la distribución del *color.

manchada. Lo es la *figura heráldica con manchas en *esmalte distinto, sobre todo si se trata de un creciente, de una *luna o de animales cuya piel está naturalmente moteada, como la pantera o la serpiente.

manchismo (de mancha). *(Tachisme; Action-Painting)*. Nombre dado a una pintura actual, *no figurativa, que intenta expresar, mediante el color y la materia del cuadro, sensaciones tales como el movimiento, la velocidad, la energía, etc. Son muy importantes las masas de color y los materiales no específicamente pictóricos con que se trabaja: *arena, alambre, etc., para conseguir una superficie peculiar en la obra terminada.

mandala (en sánscrito, círculo). Representación diagramática del Universo que a menudo se pinta, dibuja o esculpe en ambientes budistas o tántricos.

mandapa. Vestíbulo con porche columnado de la pagoda india.

mandía, mandya (*μανδύα*). Abrigo que se abrochaba con una fíbula en la espalda o en el pecho. Era de tela gruesa. La palabra griega es quizá de origen persa.

mandorla. Italianismo que significa *almendra* y que designa un óvalo o marco almendrado que circunda a Cristo en *Majestad especialmente en el arte *románico. ☞ 42.

manga. Tebeo japonés (de *man* = cómico, chistoso, distorsionado; y *ga* = imagen pintada, dibujada o impresa). Nacido en el siglo XX, ha trascendido a los dibujos animados de televisión y cine y a los videojuegos. Ha alcanzado gran éxito en Japón y en Occidente. En la versión impresa, el tebeo *manga* se publica frecuentemente por entregas en revistas especializadas con gran variedad temática.

manica (leer mánica). Palabra latina que designa un arma defensiva en forma de manga de metal que protege el brazo.

maniera nera. V. grabado.

Manierismo (del it. *manierismo).* Estilo de transición entre el *Renacimiento y el *Barroco, cuya denominación ha sido recientemente creada, y que se caracteriza, sobre todo en *pintura, por su exceso de refinamiento (poniendo, por ejemplo el *tema central fuera del centro del *cuadro), su *morbidez y sensualidad reflejadas, contenida y veladamente, en el estudio de *desnudos, la elección de *colores, el leve alargamiento de las *figuras, etc., y la llamada línea *serpentinata,* que forman las espaldas y caderas de las figuras, levemente torcidas, contrabalanceadas, dando impresión de suave movimiento. El retrato está profundamente intelectualizado, como alejando al retratado del espectador, sin querer transmitirle la personalidad del *modelo. Una de las principales características de este estilo es su continua búsqueda de lo no convencional, incluso de lo que puede ser inquietante, dudoso, etc., para el espectador no acostumbrado. No debe nunca emplearse como sinónimo de amaneramiento.

– Cronológicamente abarca desde 1520 hasta fin de siglo. No obstante, se usa el término para designar cualquier tendencia artística erudita y rebuscada.

manifestador. *Dosel, *templete donde se expone la Eucaristía a la adoración.

manípulo *(manipulus).* *Enseña militar romana, así llamada por corresponder a la unidad legionaria de ese nombre, compuesta de 120 hombres divididos en dos centurias.

– Ornamento sacerdotal que se ciñe al brazo y cuyos extremos caen colgando.

maniquí. Modelo que sustituye al hombre o la mujer y que puede adoptar diversas posiciones. Suele ser un muñeco articulado y, según Vasari, comenzó a ser usado en Italia a fines del siglo XV.

mano. Voz heráldica que designa a la *figura de una mano que muestra su palma. Puede ser *apalmada o contrapalmada, según se trate de la mano derecha o de la izquierda. Fluvià define así otras manos heráldicas: bendicente, cuando tiene encogidos el pulgar, anular y meñique, cubiertos éstos por aquél; jurante, cuando anular y meñique están plegados y el pulgar, estirado, se separa del medio y del índice. Mano de justicia es «un bastón en cuyo extremo superior lleva una mano jurante de oro».

mano de Fátima. Motivo decorativo en el arte musulmán.

manos enlazadas. Expresión heráldica, sinónima de *alianza.

mansarda. Galicismo por *buhardilla.

mansio. Construcción romana colocada a intervalos regulares en las calzadas para servir de reposo y proceder a los relevos de correos, caballos, etc. Marcaba el final de una etapa.

mantio. **Manteion.*

manteion (*μαντεῖον*). Lugar del santuario griego en que el oráculo era recibido.

mantel. En *Heráldica, pieza triangular del *escudo cortinado.

mantelado. En *Heráldica, aplícase al *escudo cortinado, partido en forma de *cortina doble abierta.

mantelete. Adorno heráldico, a modo de *manto, que sale del *burulete y cae por detrás del casco y del *escudo.

manteo. Capa larga con cuello típica de los presbíteros, que la usan sobre la sotana.

– También designó a un faldellín femenino.

manto. En *Heráldica, adorno exterior del *escudo, rojo y forrado de *armiños, coronado arriba y con un lazo burlado de oro, cuyas dos partes caen una a cada lado del escudo. Propiamente ha de reservarse a príncipes no soberanos, grandes de España y duques no soberanos. Es de más categoría que el *mantelete.

manuelino (de Manuel I, rey de Portugal entre 1495 y 1521). Estilo complejo, que emplea estructuras renacientes y ornamentaciones tardogóticas, muy suntuario y de aspecto complicado.

manutergio *(manutergium).* Paño de lino blanco para secar sus manos el sacerdote tras el lavabo de la misa.

manzana. Ensanchamiento esférico o cuasiesférico en el *astil o mango de algunas piezas de *orfebrería. *Nudo, *macolla.

– Ornamento en forma de manzana.

maqsura. *Macsura.

máquera (de *μάχαιρα* = *machaera).* En la Antigüedad clásica, espada curva, especie de sable. El término, genéricamente, designaba al cuchillo, machete u hoja de metal con gran capacidad de corte.

maqueta. Reproducción o modelo a escala de una escultura o una arquitectura.

maravillas del mundo, las Siete–. Conjunto de monumentos considerados en la época helenística como los más espléndidos del orbe civilizado: la Pirámide de Keops, el Mausoleo de Halicarnaso, los jardines colgantes de Semíramis en Babilonia, el Faro de Alejandría, el Coloso de Rodas, el Zeus Olímpico de Fidias y el templo de Artemisa en Éfeso.

marbete (del ár. *marbat).* Franja de muro que sobresale un poco, estrecha y plana, sin *pie ni *capitel. (No confundir con *pilastra.)

marcado. En *Heráldica, dícese del dado o exaedro que muestra sus puntos de valor en *esmalte distinto del que lleve el poliedro.

marcador. V. ensayador.

marcas de cantería. Signos que presentan los sillares y sillarejos de las construcciones románica y gótica, hechos por los canteros para que se supiese quién los había labrado, ajustar la cuenta de su trabajo, y juzgar la calidad del mismo.

marcas de platero. V. burilada y punzón.

marco. –del cuadro. Cerco, generalmente en madera, con que se rodea un lienzo pintado para conservarlo y exhibirlo. Puede estar hecho en cualquier material consistente.

– de una puerta o ventana: conjunto de *umbral, *jambas y *dintel.

marfil. Materia que forma los dientes de los vertebrados, dura, esmaltada y de color blanquecino. El arte de trabajarla se llama *eboraria y los objetos hechos con ella *elefantinos.

marina. *Representación de un *paisaje marino.

marinado (del fr. *mariné).* En *Heráldica, se dice del ser imaginario cuya mitad posterior es pisciforme.

maristán. Hospital de locos.

mármol. Piedra caliza, de textura compacta y cristalina, susceptible de pulimento y con frecuencia coloreada y veteada. El mármol más apreciado y empleado en *escultura es el de color perfectamente blanco, siendo especialmente famosos los del Pentélico en Grecia y los de Carrara en Italia.

marquesina. Cubierta o pabellón que protege la tienda de campaña.

– Cobertizo que avanza sobre una puerta a modo de techumbre en *saledizo.

– V. umbella.

marquetería. Trabajo con maderas finas. *Ebanistería.

– *Taracea.

marsupio, marsupium. Nombre genérico dado a las bolsas o morrales en la antigua Roma. Suele llevar uno Mercurio, en el arte romano.

martyrion, martyrium. Pequeño templo de planta central donde se veneraban la memoria y los restos de un mártir.

masa. En *arquitectura, el volumen externo de una obra. En *pintura y *escultura la forma considerada en sí misma, prescindiendo de detalles.

máscara. Representación de un rostro, generalmente deformado.

mascarón. –de proa. Figura que se colocaba, como adorno y símbolo, en la proa de los navíos, generalmente una talla.

– Cara grotesca o fantástica usada como ornamento.

mastaba (del ár. *masatib* = banco). Tumba egipcia, en forma de tronco de pirámide de planta rectangular, con los muros, por lo tanto, en talud, conteniendo generalmente una capilla y un hipogeo.

– V. *serdab*.

mástil. Larga pieza, generalmente de madera, colocada verticalmente para sostener una bandera, etc.

masto (*μαστός*). Taza en forma de mama, con dos pequeñas asas casi horizontales.

matacán. Parapeto en *voladizo de un castillo, sostenido por *ménsulas.

matar. Echar agua a la *cal viva o al *yeso.

– Eliminar un ángulo, dejándolo redondo o en *chaflán.

mate. Que carece de *brillo, o con poco brillo.

matiz. Cada una de las gradaciones que puede recibir un *color sin perder sus características propias e individualizadoras.

matizado chinesco. V. puntos de seda.

matroneum, matronio. Galería destinada a las mujeres en la *basílica paleocristiana. Se abre a la *nave central y va sobre las laterales. En Italia pervivió largo tiempo.

mausoleo. Tumba *monumental y suntuosa, al modo de la de Mausolo de Caria.

maylis. Despacho, salón de recepciones en el palacio musulmán.

mayólica. *Loza común a la que se ha aplicado un *esmalte metálico. Introducida en Italia, donde se popularizó, y procedente de talleres musulmanes baleares. V. fayenza.

mazacote. *Hormigón.

– Obra artística más sólida que elegante.

mazonado. Hecho en mazonería.

– En *blasón, dícese de la figura heráldica en la obra de *sillería.

– Para Fluvià, el término ha de reservarse propiamente a las figuras y edificios, el perfil de cuyos sillares se indica en *sable. En otro caso, ha de especificarse.

mazonar. Hacer una obra de *mazonería.

mazonero. *Albañil.

mazonería. *Fábrica de *cal y canto.

– Bordado de oro y plata.

meandro. Decoración, generalmente en *bandas, a base de líneas sinuosas y complicadas.

– *Greca, a la que a veces se llama meandro recto.

mecané (*μηχανή*). Maquinaria teatral con la que se transportaba por los aires a los actores cuyo papel exigía la ficción del vuelo.

mechinales. Agujeros que resultan en una pared, por ocuparse durante su construcción con las agujas del andamio.

medalla. Pieza metálica, generalmente circular, que ha sido *acuñada para conmemorar un hecho o con fines de protección religiosa sobre el individuo, representando en este último caso *motivos o *alegorías relativos a lo sobrenatural.

medallón. *Decoración en relieve, enmarcada circular u ovalmente.

– Moneda mayor en tamaño que las usuales. Medalla de gran tamaño.

– contorneado *(contorniato)*, pieza de cobre generalmente delgada y de poco relieve, con el *borde resaltado para impedir su desgaste. Suelen ser fundidos y de temática diversa.

medersa. En árabe, especie de academia religiosa donde se enseñaba la teología coránica, desarrollada arquitectónicamente por los selyúcidas, que solía constar de un patio con una fuente o aljibe al cual se abrían las celdas de los estudiantes. Contaba, además, con una amplia sala que hacía las veces de *mezquita y lugar de estudio.

media asta. Anchura de una pared de la mitad de un *asta.

mediacaña. Tubo cortado longitudinalmente por la mitad, formando un canal semicircular.

– *Moldura de esta forma, *troquilo. → 35.

– Parte interior de un semicilindro.

media columna. La empotrada que sólo deja ver su mitad.

media naranja. *Boveda semiesférica.

media trenza. V. hilos de oro.

medianero. El muro que separa dos casas, salas, etc.

medianil. Pared *medianera, común a dos casas, salas, etc.

medina. Ciudad musulmana, *madina.

medio bocel. Pequeña *moldura convexa semicircular.

medio cañón. V. bóveda. → 12.

medio cortado. Dícese, en *Heráldica, del *escudo formado por otros dos unidos en sentido horizontal, de modo que sólo se representa la mitad superior del primero y la inferior del segundo.

medio punto. V. arco. → 3, 5.

medio relieve. Relieve que sobresale la mitad del *bulto.

megalítico. Relativo a la cultura megalítica, que se caracteriza arquitectónicamente por sus monumentos hechos con grandes piedras. V. dolmen, menhir, cromlech, taula, naveta, talayot, *tholos*.

megalito. *Monolito de gran tamaño.

– Monumento *megalítico.

megalografía (de *μέγας* y *γράφω*). Término técnico para designar la pintura, generalmente mitológica, inserta como un cuadro en la pared de un edificio clásico.

mégaro, mégaron (μέγαρον). Edificio micénico, sala rectangular con *columnas, de la que según algunos se deriva la *planta del templo griego. A veces iba precedida de un doble *atrio.

mekané. *Mecané.

melcochada. *Retorcha. Retorcha de dibujo en forma de cordón grueso.

melusina. En *Heráldica, sirena que se baña en una pila de agua.

membrada. En *Heráldica, lo es el ave natural o fantástica cuando tiene las patas de *esmalte distinto al de su cuerpo.

ménade. Mujer que, con los sátiros y los silenos, forma parte del cortejo de Dioniso-Baco. Suele ir tocada con hiedra y bailando frenéticamente. Es sinónimo de bacante.

menhir. Piedra larga, *monolítica, clavada verticalmente en el suelo. Es palabra bretona.

menianos. **Maenianum*.

menisco. Media luna. Objeto en forma de creciente.

menologio. Martirologio dividido por meses, propio de la iglesia griega.

menores, artes–. Artes *industriales. Es término en desuso.

mensa. *Altar romano. Parte superior del altar cristiano.

– *Mensa Delphica*, la circular colocada sobre un trípode como los consagrados a Apolo en Delfos, de donde toma el nombre. Se hacía en toda clase de materiales.

– *Mensa lunata*, de tablero semicircular, apta para ser utilizada con el **stibadium*.

ménsula. Elemento en *saledizo que sirve para sostener alguna cosa. A diferencia de la *cartela, tiene más *vuelo que altura.

– Apoyo ornamentado en *saledizo del plano en que se sustenta.

meridiano. *Nervio o *moldura en saledizo que divide verticalmente y por su máximo recorrido a una cúpula o *bóveda de tipo esferoidal.

merleta (del fr. *merlette*). Pájaro de perfil, sin pico y con las alas recogidas. A menudo se trata de una *brisura.

merlón. V. *almena. ∞ 1.

mesa de altar. Parte horizontal superior del *altar donde se embute el *ara.

mesaulos. *Metaulos.

meseta. Rellano o descansillo entre dos escaleras o tramos de escalera. Se le llama meseta corrida si da acceso a más de una entrada o escalera.

mesilla. Superficie superior de un antepecho, una balaustrada, etc.

mesolítico (de μέσος y λίθος). Periodo prehistórico, que separa el Paleolítico del Neolítico, y cuya duración suele situarse entre el 8000-4000 a. de C. en Europa, si bien su cronología es variable e imprecisa.

mesomphalos. *Mesónfalo.

mesónfalo (μεσόμφαλος). *Fiale con un abultamiento central, a menudo decorado con una cabeza de Gorgona.

meta (del lat. *meta*). Columnita cónica, en ambos extremos de la *spina* del *circo romano, en torno a la cual debían girar los caballos y los carros. A su lado se colocaban los *ovaria*, con tantos huevos de piedra o metal cuantas vueltas faltaba dar al circuito; o los delfines, que echaban agua por la boca indicando, según la echasen o no, la misma circunstancia. ⇨ 16.

– Por analogía, cualquier construcción minúscula de forma cónica o piramidal.

– V. fala.

metafísicos. Pintores italianos de comienzos del siglo XX (Chirico, Carrá, Morandi) que se hallan formalmente en las raíces de la pintura surrealista.

metal. V. escudo. ⇨ 28.

– Cuerpo simple, sólido a la temperatura ordinaria (salvo el mercurio). Es un buen conductor de la electricidad y tiene un *brillo característico.

metálico. Dícese del *color o *tono que tiene un brillo neto, limpio, semejante al del metal.

metaulo (de μεταυλή). Patio o puerta que comunicaba el *parastas con la zona destinada a la servidumbre y a los dormitorios femeninos, en la casa griega.

– *Fauces.

métopa, metopa (*metopa*). Espacio que media entre dos *triglifos, en el *friso clásico. Generalmente es cuadrado y se adorna con rosas, *bucráneos, etc., o simplemente con color. Puede ser de piedra, *mármol o *terracota. ⇨ 39.

– Ornamentación situada en un espacio rectangular, sobre todo si está enmarcado u orlado, especialmente en la decoración mural y en la *cerámica.

metorcha. *Ajedrezado. *Retorcha con motivo de este tipo.

metrología. Nombre que recibe el estudio de los valores y sistemas monetarios y métricos.

mexuar. Salón del consejo de visires, en árabe.

mezquita. Lugar de oración para los musulmanes. Generalmente consta de una sala alargada y comúnmente con columnas, cuyo muro final, orientado a La Meca, se llama **quibla*. En él existe un nicho o **mihrab*. Otra de sus partes es la **macsura*. Ante la mezquita hay un patio o **sahn* para las abluciones. Cerca del *mihrab* está el **mimbar* o púlpito. Por el exterior tiene un *alminar o *minarete, cuando menos, para que el almuédano o *muezzin* llame a la oración.

mezzatinta. V. *grabado.

micénico (de Micenas). Relativo a la civilización que floreció en el Peloponeso entre el 1500 y el 1000 a. de C. aprox., famosa por sus construcciones *ciclópeas. Creación suya parece ser el **mégaron*.

Midas, cabeza de–. Cabeza humana con orejas de asno.

miembro. En *Heráldica, pata completa de un animal si va sola.

mihrab. V. mezquita.

milano. *Cola de milano.

miliario. Hito de las calzadas romanas que indicaba el constructor o restaurador y las distancias en miles de pasos (millas) al punto de origen o de destino.

– El miliario que indicaba el comienzo de la vía era llamado *áureo* por sus letras doradas de bronce que indicaban las distancias desde Roma a todos los confines del Imperio. En tiempos augusteos, se colocó en el *Foro, cerca del templo de Saturno.

mimbar. V. *mezquita.

mina. Sexagésima parte del *talento.

– Como medida ponderal, equivalía en Grecia a 436,6 gr (unas 100 *dracmas).

minarete (del ár. *al-minar*). *Alminar.

– V. mezquita.

minas. *Moneda de–.

minbar. *Mimbar.

miniado. Adornado con *miniaturas.

– *Bañado con *minio.

miniatura. *Pintura a la *aguada sobre *pergamino o papel, hecha en pequeño tamaño.

– Otras se hacen al *temple o al *óleo, sobre diversos materiales, como el *marfil, etc.

– Cualquier trabajo artístico de tamaño diminuto.

minio. Polvo rojo anaranjado, a base de plomo oxidado, empleado en *pintura y como *aislante para impedir la corrosión del hierro.

minoico (del lat. *Minos, -ois*). Perteneciente a la civilización cretense entre el 2800 y el 1250 a. de C., aproximadamente.

Minotauro. Ser monstruoso con cuerpo de hombre y cabeza de toro.

mirador. Corredor, *galería o *pabellón desde donde puede contemplarse una vista, *paisaje o *exterior.

miriñaque. Estructura interior de tela, rígida, almidonada y a veces reforzada con aros, para dar vuelo a las faldas.

mirmillón (del lat. *mirmillo*). *Gladiador armado de espada y escudo. Solía luchar frente a un *retiario o a un *tracio. Llevaba un casco rematado con un pez (*mirmillo*, del griego *μορμύλος*, pez).

misal. Libro con el orden y modo de celebrar la misa.

misericordia. Pieza en los asientos de los *coros, añadida por la parte inferior, generalmente *decorada, que solamente es visible cuando el asiento se pliega, y que servía para que los canónigos se sentasen disimuladamente durante los rezos en que se debía estar de pie.

misorio, missorium. Disco de plata decorado que los cónsules o emperadores del Bajo Imperio ofrecían como obsequio. Solía representar al oferente y a su familia. (El famoso «disco de Teodosio» de la Academia de la Historia española es un *missorium).*

– También recibían este nombre (pl. *missoria)* los *clípeos votivos de metal o mármol que se colgaban en templos, edificios públicos, etc.

mitra. En *Heráldica se usa como *figura y como *timbre. En este caso suele ser de oro o plata, forrada de *gules y con las *ínfulas de *metal.

mixtilíneo. V. arco. ∞ 5.

mixtum. V. *opus.* ∞ 36.

moamares. V. armadura.

moaré. Tela fuerte de seda, lana o algodón, labrada o tejida de manera que forme aguas.

mobatana, mubatana. Manto forrado de piel en el traje *mozárabe. Es voz árabe.

mobiliar, mobiliario. Relativo al mueble.

– Dícese del arte ejecutado en objetos que pueden desplazarse, que no pertenecen a un conjunto inmóvil: plaquetas, estatuillas, cofrecitos, muebles, etc.

mocárabe. Decoración de prismas, yuxtapuestos y dirigidos hacia abajo, que acaban en un estrechamiento también prismático, cuya superficie inferior es cóncava. Forman a modo de estalactitas, o racimos de estalactitas.

– Es peculiar de la arquitectura musulmana.

modelado. Ejecución en barro o *cera del *modelo que se propone el artista reproducir en una substancia consistente.

– En *pintura: todo lo que da a una pintura aspecto de *bulto redondo.

modelos. Arquetipo.

– En *escultura, un *modelado.

– Persona que sirve para que el artista haga sobre ella *estudios del *natural acerca de la *figura humana y sus características.

Modern Style. *Modernismo.

modernismo (también: *Modern Style* y *Liberty,* en inglés; *Art nouveau,* en francés; *Wiener sezession* y *Jugendstil,* en alemán, *Floreale,* en italiano). Estilo nacido a fines del siglo XIX que tomó su primer nombre de la casa inglesa *Liberty and Co.* Es un estilo rebuscado, móvil, con un dinamismo espiral *(coup de fouet),* amante del arabesco fantástico y cuyo mayor mérito consiste en haber adecuado los productos artísticos a la vida moderna y los objetos modernos al gusto artístico. El modernismo puso fin a los *eclecticismos* reinantes y a los *academicismos en boga. En Arquitectura, constituye (por el empleo de diseños atrevidos y de materiales nuevos como el cemento armado) el punto de partida del quehacer contemporáneo. Destaca su influencia en las artes *industriales y *decorativas, donde se acusa el empleo de *temas florales y de la fauna acuática. Actualmente se usa con preferencia el término *Art nouveau* para designar a este modo artístico.

modernizar. Restaurar una obra antigua dándole aspecto moderno o de obra reciente.

modillón. Elemento *saledizo, a modo de pequeño bloque, con que se adorna o sustenta un elemento *volado, por su parte inferior.

– Ornamento a modo de *ménsula.

modillón de rollos. El que lleva en su curva cóncava adosada una serie de baquetones o rollos que quedan como escalonados, y que a veces en su frente llevan un filete que los corta. Nacido en la arquitectura califal cordobesa evoluciona a lo largo de la arquitectura medieval.

módulo. Unidad arquitectónica de medida que en los órdenes clásicos suele ser el semidiámetro inferior de la columna. ➾ 39.

– Diámetro, en milímetros, de una *moneda.

– Medida convencional que relaciona unitariamente las partes y el todo de la obra de arte.

modulor. Término francés que designa el sistema de relaciones para construcciones ideado por Le Corbusier (1887-1965). Es una serie de dimensiones basadas en el cuerpo humano en situación vertical e ideal (1,826 m) y en posición de brazo levantado (2,26 m). Estas medidas, divididas según sus *secciones áureas, dan unas escalas enteras cuyas partes determinan los *módulos constructivos.

mofarraje, mofarrex. En el traje mozárabe, *túnica cuya abertura deja las piernas al desnudo.

mojinetes. V. armadura.

molde. Pieza que reproduce en *negativo la forma que quiere darse a la *figura que se trata de *reproducir. En el interior del molde se verterá la *colada o se introducirá el material en el que haya de hacerse la reproducción.

– Cuando se trata de moldear *metal fundido, se recurre a moldes hechos en materias refractarias.

moldura. Elemento corrido que se coloca sobre una superficie para decorarla y que se clasifica según su perfil, siendo normalmente de poca anchura. ➾ 35.

– Los principales tipos de molduras son: el *filete o *listel, de sección cuadrada o rectangular:

el *bocel o *toro, semicírculo convexo; si es muy pequeño, se llama *baquetón o *baquetilla; el *cuarto bocel es la mitad del bocel, o cuarto de círculo convexo; la *media caña, o semicírculo cóncavo; la *escocia; el *caveto o *nacela, de cuarto de círculo cóncavo; la unión de un caveto y un cuarto bocel, se llama *gola cuando la parte más saliente es el caveto; y si es el cuarto bocel, se llama *talón.
– V. cima.

moler. –el *color. Operación que consiste en triturar los pigmentos por medio de la moleta –especie de mano de mortero en vidrio, mármol o porcelana– para reducirlos a polvo fino de modo que puedan ser fácilmente mezclados con los *aglutinantes, y ser transformados en pintura.

Molina. Cruz de–. V. cruz. ⟴ 22.

monasterio. Conjunto de edificios donde viven personas entregadas a la vida religiosa en comunidad, y que suele responder a una estructura muy precisa de acuerdo con las reglas de la Orden que lo ocupa o del monacato cristiano en general.

moneda. Pieza de oro, plata, cobre u otro metal, regularmente en figura de disco y *acuñada con un signo oficial y que sirve como medida en cambios y transacciones. ⟴ 34.
– anepígrafa: sin leyenda.
– bárbara: la imitada por los germanos y los pueblos invasores de la romana.
– de consagración: acuñada con ocasión de la divinización de un monarca antiguo.
– dentada: o serrada, la que tiene el *canto dentado a modo de sierra.
– esquifada: *nummus scyphatus* bizantino, de *cuños abombados.
– falsa: la que intenta reproducir una verdadera. Distinta de la
– falsificada: moneda legal alterada por un falsario, con objeto de darle aspecto distinto al original para que cobre mayor valor en el mercado del *coleccionismo.
– fiduciaria: la de valor intrínseco menor que el nominal. (Prácticamente todas las actuales.)
– forrada o suberada: compuesta por cospel de poco valor revestido de un baño de metal precioso.
– híbrida: el anverso es de una acuñación y el reverso de otra. Son errores o falsificaciones.
– imperial griega: las romanas acuñadas en las provincias griegas.
– incusa: la que presenta *anverso en *relieve y *reverso en *hueco. V. cuadrado incuso.
– inventada: la que nunca ha tenido existencia sino en la imaginación de un falsario que la crea para lucrarse con su venta como ejemplar raro.

– legionaria: acuñada por un general romano en campaña.
– de minas: monedas romanas de circulación local emitidas para su uso en el ámbito de una explotación minera.
– de necesidad: moneda fiduciaria que circula interinamente, destinada a suplir la falta de dinero en circulación.
– obsidional: la puesta en circulación en un territorio asediado. Se hacían en los más diversos materiales: *pergamino, madera, plomo.
– de placer: la que se hace para ser usada como joya, imitando monedas verdaderas, con ligeras variantes en el cuño para impedir la persecución legal por falso amonedamiento.
– póstuma: acuñada tras la muerte del personaje a que se refiere.
– reacuñada: la que ha sido acuñada por segunda vez, sobre todo en tiempo de carestía de metal, en que se aprovechan monedas viejas como cospeles.
– recortada: la que ha sido limada o descantada para guardar parte de su metal precioso.
– de restitución: la que habiéndose acuñado después de la emisión originaria hace referencia al primer *tipo, con la mención *RESTITVIT*.
– serrada: dentada.
– sin reverso: la que lo tiene liso.
– suberada: forrada.

monocopia. Es la estampación de una imagen realizada sobre plancha de vidrio, metal, material acrílico, etc., mediante el empleo de *pintura al *óleo o tintas especiales, sin efectuar incisión ni usar ácidos. Se estampa dicha imagen en el papel bien por medio mecánico (*tórculo, etc.) bien por simple presión de la mano sobre el dorso del papel, al que se traslada la pintura, quedando así la plancha casi totalmente despojada de tinta u óleo. Este hecho impide la reimpresión, y de ahí su nombre. Normalmente no se considera a la monocopia una técnica de *grabado ni de pintura, sino de estampa.
– *Monotipo.

monocromo. De un solo *color.

monóforo (de *μόνος* y *foris*). *Vano de una sola abertura.

monograma. Letras enlazadas con las que se significa, abreviada o simbólicamente, un nombre. El más frecuente en arquitectura religiosa es el *crismón.

monolito. Monumento o *columna hechos de un solo bloque de piedra.

monopíleo, monópilo (de *μόνος* y *πύλη*). Con una sola puerta.

monopodio *(monopodium)*. Mesa romana colocada sobre un *pie macizo a modo de *pilar.

monóptero. Edificio circular rodeado de una fila de *colum-

nas sobre *estilóbato y sin paredes, pero cubierto. Puede o no tener *cella.
monóstilo (de μόνος y στυλός). Edificio formado por una sola *columna (al modo de la columna trajana).
monotipo (de μόνος y τύπος). *Monocopia.
monstruoso. En *Heráldica, designación genérica de cualquier animal representado con cabeza humana.
montacaballo (de monta y caballo). Colocación de las *dovelas de un *arco de modo que, por su parte superior, formen cuerpo con la *hilada, a modo de *sillares.
montante. Cada uno de los elementos verticales del *bastidor de una puerta, ventana, etcétera.
– Listón horizontal que divide un *vano.
– Pequeña ventana sobre la puerta de una habitación.
– V. luna.
montea. *Dibujo a tamaño natural de un elemento arquitectónico que suele hacerse en el lugar de su emplazamiento o en sus proximidades, de modo que sea tenido a la vista cuando dicho elemento se construya. Suele llevar numerosas acotaciones que expresan minuciosamente las dimensiones.
– Flecha.
Montesa. Cruz de–. V. cruz. ∞ 21.
monumental. Dícese de lo que es impresionante por su tamaño, disposición o grandeza.
morabito. Ermita o santuario de un ermitaño musulmán.
mórbido. Blando, muelle, delicado, suave, especialmente aplicado a la *carnación.
mordiente. Substancia que, en la *estampación, fija los colores.
– *Aguafuerte con que se ataca una plancha o lámina metálica para grabarla.
Morelli, método de–. El empleado y difundido por G. Morelli (1816-1891) para atribuciones de pinturas. Se basa en la comprobación empírica de que casi todos los pintores emplean morfologías semejantes cada vez que pintan un objeto (manos, cabellos, etcétera).
– A veces se llama a este método de Lermolieff, incorrectamente, pues Iván Lermolieff fue un seudónimo de Morelli.
morillo. Pieza de *metal, *cerámica, etc., que se usa para sustentar la leña en las *chimeneas, de modo que no esté en contacto con el suelo y se produzca buena circulación de aire, facilitando así la combustión y el manejo de los leños. Suele estar *decorado y forma siempre pareja con otro semejante.
mornado (del fr. *morné*). En *Heráldica, dícese de un *león o un águila a quienes faltan el pico o la lengua, la cola y las uñas.

moro, cabeza de. En *Heráldica, cabeza cortada, a menudo de *sable, de perfil y *tortillada.
morrión. V. yelmo.
mortero. *Argamasa.
– Utensilio, a manera de vaso, en el que se machacan diversas substancias; existen ejemplares de gran valor artístico.
mosaico. Decoración que se forma yuxtaponiendo, sobre un fondo de cemento, pequeñas piezas paralelepipédicas, llamadas *teselas, que tienen diversos colores y que forman dibujos diversos. Los tipos de mosaico son, esencialmente, cuatro, de los cuales uno *(sectile)* no se elabora con teselas.
– *Opus signinum*: recibe su nombre de la ciudad de Signia. Consiste en un pavimento liso a base de polvo de ladrillo, teja, etc., en el cual, antes de que fraguase, se inscrustaban teselas de diferentes colores formando un sencillo dibujo sobre el fondo liso.
– El *opus tessellatum* es el que se hace con teselas cúbicas, todas iguales y de distintos tonos. Es muy apto para componer dibujos geométricos, pero no para escenas figuradas. Para éstas, es más común el uso del *opus vermiculatum,* en que cada tesela adopta el contorno preciso, pudiéndose así formar toda clase de trazados. Es muy frecuente ver las dos técnicas combinadas, usándose el *vermiculatum* para los contornos y el *tessellatum* para su relleno.
– El *opus sectile* es una *taracea más que un mosaico, y se consigue por la yuxtaposición de grandes piezas de mármol o piedras marmóreas de diferentes colores, que encajan unas con otras formando pavimentos o paredes, según un *modelo previo.
– Los mosaicos *bizantinos empleaban teselas *vidriadas, *esmaltadas, *doradas, etc., consiguiendo *efectos de gran riqueza *cromática y *luminosa.
– En general, el proceso seguido por los artistas clásicos, requería la triple presencia del *pictor imaginarius* o dibujante, del *pictor parietarius,* que adaptaba la composición a la pared o al suelo y del *musivarius* o realizador final que trabajaba con teselas.
– V. musivaria, *lithostroton*, emblema.
moscóforo (de *μόσχος* = ternero y *φορός* = que lleva). Que lleva un ternero a cuestas.
motivo. Tema o asunto de una obra de arte.
– decorativo: tema en que se basa una *ornamentación.
mozárabe. Dícese de lo relativo a los cristianos que vivían entre los musulmanes españoles.
– En lo que concierne al *estilo mozárabe, la denominación se refiere a las técnicas peculiares creadas y empleadas por ellos,

en las que se unieron felizmente influjos musulmanes, visigodos, etc.

muaré. *Moaré.

mudéjar. Dícese de lo relativo a los musulmanes que vivían entre los cristianos españoles.

– Su estilo característico se basó, desde el punto de vista de los materiales, en el uso preferente del *ladrillo, la *cerámica, la *madera y el *yeso.

mueble. Enser doméstico que cumple funciones de ornamento o utilidad, generalmente hecho de o con madera en las épocas históricas, que ha sido trabajado y decorado de muy diversas maneras adaptando sus formas y enriquecimientos a los diversos estilos artísticos, a medida que éstos se iban produciendo.

– *Mobiliar.

– En *Heráldica, *carga que se encuentra en rango inferior a la *pieza y superior a la *figura. Muebles son los bezantes, billetes, bolas, colas de armiño, crecientes, escotaduras, escudetes, estrellas, lambeles, lises, losanges, potenzas, rodeles, triángulos, etc. (V. estas voces.)

mukerna. *Mocárabe. Es voz árabe.

múleo *(calceus mulleus)*. Bota roja o violeta con suela alta, llevada en Roma por los magistrados curules y los patricios.

– V. cálceo.

múltiples. Mediante los múltiples, editados en forma de láminas en *serigrafía, *relieves o esculturas, todo cambia: la obra prototipo es fiel e integralmente recreada por medios adecuados. No se trata ni de *copia ni de *reproducción. La concepción de la obra de arte y la ética adherida a la producción de arte se encuentran profundamente transformadas: la obra de arte no debe ya su valor a la mano del artista, sino a la emoción, al choque, al mensaje que es capaz de suscitar, sean cuales sean los medios utilizados. La aportación de los múltiples es, por lo tanto, doble. Por una parte se identifican con la multiplificación del objeto de arte, sin que el número suprima la cualidad. Por otra están ligados a la idea de una presencia multiplicada y destruyen por ese mismo hecho el mito de la obra única e inimitable, parcialmente caduco (Vasarely).

Mundo. Representación heráldica del poder imperial o regio. Es una bola coronada por una cruz y cintrada con un anillo en su ecuador y medio anillo que va de la cruz al anillo central.

mundus. Fosa ritual excavada en la fundación de una ciudad romana. A veces se echaba en ella un puñado de tierra del país de origen de los fundadores. Se cerraba con el *lapis manalis* y se consagraba a los dioses.

muñequilla. V. estarcir.

muñones. Elementos salientes que ocupan en el *capitel el sitio que en lo clásico llenaba una flor, tienen forma general cónica truncada, con florecita, y forman una característica del capitel románico creado por el maestro de la catedral de Jaca.

mural. Hecho sobre, o relativo a, una pared o muro.
– *Pintura mural.

Murano. Vidrio que recibe su nombre del de la ciudad italiana en que se fabrica desde la Edad Media.

murciélago. Se usa como cimera en algunos escudos españoles de los antiguos Estados de la Corona de *Aragón Se trata de una mala interpretación de un *dragón.

múrice. Molusco del que se extrae la *púrpura.

musallah (pron. musalá). Gran explanada al aire libre, solamente provista de **quibla*, para realizar la plegaria en las grandes festividades musulmanas.

museo. Lugar donde de modo permanente se exhiben al público colecciones y objetos de arte. Su tutela suele estar encomendada al Estado, a Corporaciones de Derecho público o a Entidades benéficas o culturales. Su organización y disposición han dado modernamente lugar a una ciencia o técnica de los museos (la museología) que estudia la manera correcta de disponer, iluminar y conservar los objetos museados, con objeto de que jueguen un papel activo en la educación del visitante, no siendo considerados como objetos muertos que sólo ocasionalmente se visitan.
– En origen, el Museo (*μουσεῖον*) fue un lugar consagrado a las Musas y dedicado a actividades intelectuales.

museografía. Técnica de la clasificación, descripción y catalogación de los objetos de un museo.
– V. museología.

museología. Técnica y ciencia del *museo, de su ordenamiento como edificio, su ambientación y la de sus partes. Estudia las funciones del mismo, su estructura en tanto que elemento con un fin social y la disposición de todos y cada uno de sus elementos de modo que dicho fin sea susceptible de alcanzarse plenamente.
– La museología comprende a la museografía, y no al contrario. La primera es preferentemente conceptual. La segunda se realiza en la conservación y correcta disposición de las instalaciones.

musivaria (del lat. *musivum - [opus],* mosaico). Arte y técnica del *mosaico.
– Conjunto de mosaicos.

musivo (del lat. *musivus*). Relativo o perteneciente al *mosaico.

musivum. V. *opus*.

musteriense (de Le Moustier, Dordoña, Francia). Periodo del Paleolítico Medio en el que se difundió notablemente la técnica llamada de Levallois para trabajar la piedra.
– En cifras aproximadas, puede situársele entre el 100 y el 40.000 a. de C.

musulmán. Creyente. Sinónimo de *islámico, para referirse a esta cultura.

mutebag. Túnica ceñida y sin mangas en el traje *mozárabe. Es voz árabe.

mútulo *(mutulus).* Laja de piedra rectangular o cuadrada, a modo de *modillón, de la que cuelga una triple fila de tres o seis *gotas. Suele situarse en la cara inferior del *geison dórico, dejando a ambos lados unos espacios libres o *viae*. ☞ 39.
– Si el mútulo es pequeño (tres filas de tres gotas), se coloca en correspondencia con la *métopa. Si es grande, con el *triglifo.
– Cabeza de la viga que asoma por el muro.
– V. orden.

N

nabíes. Palabra hebrea (= profetas) con que se designa a un grupo de pintores franceses de fines del XIX que, siguiendo a Paul Sérusier, gustaron del simbolismo y de las técnicas de la yuxtaposición de tonos puros. Hicieron una pintura decorativa y retórica. Bonnard y Denis formaron parte del grupo.

nabo. *Alma de la escalera de caracol.

– Cilindro vertical colocado en el centro de un armazón en el que se apoyan las piezas que la componen.

nacela. V. moldura. ⇒ 35.

naciente. En *Heráldica, se dice de la figura representada únicamente en su mitad superior en el centro del *campo, de una *partición o de una *pieza o bien encima de un *timbre.

nadando. En *Heráldica, se dice del animal marino puesto en *faja.

naídio (pl. naídia) (*ναίδιον*). Literalmente, templete, capilla. Monumento sepulcral en forma de *templete, característico de Atenas. Es diminutivo de *naos.

naïf (*Ingenuo*). Nombre que se dio al arte de los pintores encabezados por Rousseau y que se caracterizaban por la búsqueda de la candidez y la ingenuidad (se les llama también *ingenuos*), por la espontaneidad, el autodidactismo, sin propósito científico alguno. Su pintura es, en efecto, cándida y poética, muy lírica, produciendo un efecto simpático e inmediatamente inteligible por el espectador. Su *estilización buscada conscientemente, la *paleta diáfana y sencilla, la *composición primitiva, son los principales aspectos de este *ismo. Rousseau murió en 1910.

naos (ναός). Cámara central donde se emplazaba la *estatua del dios en el templo *clásico.
– *Cella.

nártex (νάρθηξ). Parte del *atrio de la *basílica paleocristiana, contigua a la misma, *porticada, y que estaba reservada para los catecúmenos. ☞ 10.

nasiterna. Palabra etrusco-latina que designa una gran vasija para líquidos, con asa y pico como el *oinócoe.

nasjí. Escritura árabe de caracteres más libres y cursivos que la *cúfica.

natatio. V. bálneo.

natural, al. Califica, en *Heráldica, a lo que ha sido representado con su coloración natural.

naturaleza muerta. Pintura que representa una *composición a base de seres inanimados (animales muertos, vegetales y cosas). El término procede del siglo XVIII, aunque el género es mucho más antiguo.
– *Bodegón.
– En inglés y alemán se le llama *naturaleza silenciosa (Still-life* y *Stilleben,* respectivamente).

naturalismo. Tendencia artística que trata de seguir y representar lo más fielmente posible a la naturaleza, huyendo del idealismo.

naumaquia. Combate naval celebrado como espectáculo.

nave. Cada uno de los espacios que, delimitados por muros o *columnas en fila, se extienden a lo largo de un edificio.
– central: nave principal.
– de crucero: *crucero.
– lateral: cualquiera de las paralelas a la central o principal. ☞ 10, 12.

naveta. Recipiente para contener el incienso; suele tener forma de navecilla y estar trabajado.
– Construcción *megalítica balear, en forma de tronco de *pirámide de base rectangular o en quilla de barco aplanada e invertida.

Nazarenos. Grupo artístico alemán de hacia 1810, inspirado casi místicamente en Durero y Rafael, cuyos miembros, especialmente fresquistas, vivieron ascéticamente en Roma intentando plasmar en arte el ideal de la vida cristiana mediante la adscripción a sistemas *compositivos *lineales y usando de una estudiada y suave distribución de los *colores al modo de Fra Angelico o de Rafael.
V. purismo y prerrafaelismo.

nébrido, nebris (νεβρίς). Piel de animal, generalmente un cérvido, atributo de Dioniso y de lo dionisíaco.

nebulado. En *Heráldica, se aplica al elemento cuyos perfiles adoptan forma de nubes, a modo de ocho tumbados y alargados, alternando los salientes esmaltados de un modo con los entrantes, que llevan el esmalte del campo o de otro elemento del *escudo.

necesidad. *Moneda de–.

necrópolis. Lugar dispuesto adecuadamente para servir de sede a las *sepulturas de los miembros de una comunidad, especialmente de una ciudad.

negativo. Imagen que *reproduce la que se quiere obtener, de modo inverso: en *hueco, si ha de ser en *relieve; en blanco, si ha de obtenerse en negro; y viceversa, etc.

– Dícese, en el arte rupestre, de los *dibujos de manos en las que está pintado el *contorno, dejando sin *pintar el espacio que ha ocupado la mano.

negro. V. pigmento.

negro, grabado en–. V. grabado.

nemes. **Klaft*. ➾ 49.

neoático (*νεός y ático*). Último momento del arte helenístico, entre el s. II a. de C. y el s. II d. de C., en que se vuelve a los temas y modos característicos de la Atenas de los siglos V y IV a. de C.

neobarroco. Estilo imitación del Barroco que floreció en la segunda mitad del s. XIX como reacción a la frialdad académica imperante. París posee un aspecto neobarroco, así como muchas otras grandes ciudades europeas. El neobarroco tiene puntos de contacto con la vena romántica y se dio también en Pintura y Escultura.

neoclásico. *Estilo artístico inspirado en las formas del arte *clásico que se desarrolló a fines del s. XVIII y principios del s. XIX. Reproducía las formas solemnes y graves del arte grecorromano, aunque nunca se desprendió de una cierta frialdad impasible y de un *academicismo muy peculiar. No obstante, sus realizaciones fueron notables por su grandiosidad y elegancia. Al neoclasicismo pertenece el napoleónico estilo Imperio, así como el burgués Biedermeier.

neogótico. Estilo inspirado en el Gótico, cuyo florecimiento debe mucho a las corrientes del romanticismo nacionalista. Apareció en Inglaterra a mediados del XVIII. Durante el XIX, la Europa continental conoció una fiebre neogótica que restauró y completó catedrales (como la de Barcelona). En 1836 se construía en este estilo el Parlamento de Londres.

neoimpresionismo. Técnica de pintura que aplica los principios cromáticos y lumínicos del *divisionismo, que actúa por yuxtaposición de colores, sin mezclarlos en el cuadro. Seurat, Signac y Pissarro son sus representantes iniciales.

Neolítico. Periodo posterior al *Mesolítico y anterior al *Eneolítico y a la Edad del *Bronce; llega hasta el 2500 a. de C. aproximadamente, y su inicio se remonta, en algunos lugares, en torno al 8000 a. de C.

neoplasticismo. Teoría estética propugnada por el grupo De Styl o De Stijl, fundado por P. Mondrian en Amsterdam en 1917. Las *composiciones son rigoristas, rectilíneas, y los *colores, primarios (amarillo, rojo, azul) o *anticolores* (blanco, gris, negro). Se distingue el movimiento por su gran pureza plástica.

neorrenacimiento. Estilo finisecular del XIX que imita las formas renacentistas, contemporáneo del neobarroco. Sus países predilectos fueron los germánicos y, sobre todo, Alemania y Dinamarca.

nervada. Dícese de la hoja vegetal heráldica cuyas nervaduras se han distinguido con un *esmalte diferente.

nervadura. Conjunto de los *nervios.

– *Moldura saliente.

nervio. Elemento saliente y *corrido del *intradós de una *bóveda. → 11, 12.

– de aristón: el que marca la intersección de dos bóvedas.

– fajón: que sigue el perfil del intradós.

– V. diagonal, terceletes, ligaduras, espinazos combados.

nestórido (νεστορίς). Vaso griego con variedades semejantes a la *crátera, al **stamnos* y a la **hydria*.

neto. *Dado.

netsuke. Figurita japonesa labrada en cualquier material y característicamente en marfil, que representa a personas, animales, flores y vegetales y motivos diversos. Se coloca en el extremo del cordón que une los compartimentos del *inro.

nicho. *Hornacina. → 43.

– Cualquier concavidad para colocar una cosa.

nielado. *Ornamentación de la plata que se obtiene incrustando un *esmalte de *color negro a base de plomo, cobre y azufre en una serie de ranuras o incisiones finas previamente practicadas en la plata formando *dibujo. Puede hacerse sobre otros metales preciosos.

Niké (νίκη). Nombre griego de la Victoria. Nique es castellanización más correcta.

nimbada. En *Heráldica, la cabeza ornada con *nimbo circular de oro y dispuesto tras ella.

nimbo. *Luminosidad que rodea la cabeza de una figura. Se suele emplear como sinónimo de aureola aunque ésta sirve también para designar una luminosidad que envuelve todo el cuerpo.

– En el arte cristiano es un elemento tomado del arte pagano. El de Cristo, que suele llevar una *cruz inscrita, es como el de los santos, de forma circular, a diferencia del de los personajes del

Antiguo Testamento, que suele ser de forma poligonal. Los nimbos de forma cuadrada corresponden a personajes vivientes. Para los beatos se utilizan desde la Edad Media nimbos de forma estrellada.

ninfeo (del lat. *nymphaeum*). Fuente monumental, suntuosamente *decorada, en la antigua Roma. Originariamente, templo dedicado a las ninfas.

Nique. **Niké.*

nise-e. En japonés, retrato.

niwa. En japonés, jardín.

nobleza. *Grodetur.

nódulo. – de piedra. *Riñón.

no figurativo. V. figurativo. Es la tendencia opuesta.

– V. abstracto.

no-gaku. Variedad del teatro clásico japonés, de tipo aristocrático. Los actores se cubren con máscaras (**omote*) que expresan los sentimientos o carácter del personaje. Su acción es de una belleza casi abstracta, de movimientos lentísimos, durante los cuales los actores alargan los sonidos de forma que el recitado llega a parecer un canto ante un escenario muy sencillo, apenas decorado. Una pequeña orquesta de flautas y tamboriles acompaña al recitado. Nota característica del *no-gaku* es su notable estilización, muy influida por el *Zen. Nace en el periodo Muromachi (1333-1572).

normal. Úsase muchas veces como sinónimo de perpendicular.

novecento. Italianismo por siglo XX.

núcleo. *Riñón de *sílex u otra piedra semejante, previamente trabajado para la mejor obtención de *lascas. ☞ 48. Pueden ser astillados, bipolares, discoides, globulosos, informes, *levallois, octogonales, piramidales, poliédricos, etc.

nudada. La cola del *león, en *Heráldica, cuando va anudada con nudos en forma de borlas; o la *pieza que presenta un abultamiento circular.

nudillo. Pequeña viga horizontal que une dos *pares gemelos de una armadura por su parte media, y que evita su *pandeo o inflexión. ☞ 7.

– Esta *armadura se denomina de par y nudillo.

– V. armadura.

nudo. Formación poligonal, lobular, en linterna o tracería en el astil y mango de ciertas piezas de orfebrería, y especialmente en *cálices, *custodias, **pyxis*, *cruces, *candeleros, mazas, etc.

– Lugar en que coinciden varias piezas o elementos de una estructura.

nudo gordiano. Nudo complejo, símbolo de la dificultad. Es famoso el que fue emblemático de Fernando el Católico, atado a un yugo de carreta y al que, incorrectamente, se confunde con el yugo que lo soporta.

nuégado. Especie de *hormigón.

número áureo. *Sección áurea.

Numismática. Ciencia que estudia la *moneda *(nummus)* y la *medalla.

– Contemporáneamente, el auge alcanzado por las medallas artísticas ha dado lugar a una ciencia especial que las estudia, llamada medallística.

nuragha (pl. *nuraghi).* Palabra sarda para designar unas torres fortificadas construidas en la isla. Tienen forma troncocónica y son *megalíticas.

nurido (del fr. *nourri).* En *Heráldica se dice del vegetal truncado en su parte baja. Es incorrecta la forma «nurrido».

O

obelisco. *Pilar aislado, con remate apiramidado, de sección cuadrada o rectangular, generalmente *ornamental, decorativo. Admite una variada morfología.
oblatorio *(oblatorium).* *Prótesis de la *basílica, ábside lateral dedicado a la bendición de las especies.
oblongo. Más largo que ancho.
óbolo. Submúltiplo de la *dracma, que valía su sexta parte.
obra. Trabajo artístico.
– Edificio en construcción.
– Técnica o material empleados en un edificio o trabajo artístico.
obra de barro, obra de tierra. Recipiente conseguido mediante la combinación de tierra, aire, agua y fuego.
obra en seco. Obra *a hueso.
obra maestra *(Chef d'œuvre. Capolavoro).* Trabajo artístico de mérito excepcional.
obra menor. En el conjunto de la obra de un artista, dícese de una obra secundaria o de menor mérito.
obsidiana. Mineral feldespático, de origen volcánico, de aspecto vítreo negro y muy brillante, en el que se tallan objetos.
obsidional. *Moneda–.
ocre. Mineral terroso, amarillento, óxido de hierro hidratado mezclado con arcilla.
– V. pigmentos.
ocrea. Pieza de la *armadura antigua semejante a la *cnémide. Cubría, con una sola pieza, la pierna desde la rodilla al pie. Podía ser de metal o cuero.
octógono. Edificio de planta octogonal.
octóstilo. De ocho *columnas en fachada.
óculo (del lat. *oculus).* Pequeña ventana en forma de O. ✑ 37.
ochavado. Figura de ocho ángulos iguales cuyo contorno tie-

ne ocho lados, alternando entre sí los de igual longitud.

odeón (pl. *odea,* odeones). *Teatro destinado en Grecia a las audiciones musicales. Estaba dotado de techumbre. Podía ser cuadrangular y estar columnado. ∞ 34.

oecus. Habitación que en la casa grecorromana hacía pareja con el **tablinum*. Era un salón noble, espacioso y adornado. Daba al *peristilo. Según Vitruvio, había dos tipos: el egipcio, con tres naves y el corintio, con una sola. También se habla del *oecus tetrastilus,* cerrado por tres lados y con el cuarto abierto al peristilo y del *cyzicenus* (por la ciudad de Cízico), orientado al Norte y con dos ventanas al exterior.

oferente. Que está en actitud de ofrecer.

offset. Voz inglesa que designa un procedimiento de *reproducción que emplea una rotativa que reproduce en papel, mediante rodillos, una *litografía.

ofídica (de *ὀφίτης*). Llámase así a la *columna compuesta por un *fuste doble que recuerda en su forma a dos espirales o serpientes enlazadas.

ohrmuschelstil. Término alemán *(estilo Oreja)* que designa el *estilo ornamental del primer *Barroco centroeuropeo. Es afín al estilo *rocalla de época *Luis XV. Se basa, como indica su nombre, en curvas y circunvoluciones.

oikoi. V. gimnasio.

oinócoe, enócoe (de *οἰνοχόη* = servir vino). Vaso griego, de tamaño menor, que servía para sacar el vino de la *crátera o del **estamno* a fin de servirlo cómodamente. Se parece mucho a las actuales jarras y sobre todo a los tipos usados para servir líquidos en los que flotan sólidos, con el pico levantado en reborde para impedir el paso de estos últimos. Fue muy común y tuvo numerosas variantes. El asa solía remontarse por encima de la boca. Es más correcta la forma enócoe. ∞ 15.

ojiva. Forma determinada por dos porciones de curva del mismo radio que se cortan en ángulo agudo volviendo su concavidad una a la otra.

ojiva, arco de–. *Arco de ojiva o arco en ojiva no es sinónimo de arco *apuntado. Es un arco tendido diagonalmente bajo una *bóveda para reforzarla. La armadura organizada por dos arcos de ojiva que se cruzan se llama bóveda de ojivas o de *crucería.

ojival. Voz usada impropiamente como sinónima de *gótico.
– Que tiene *ojivas.

ojivas. *Bóveda de–.

ojo. Centro de la *voluta jónica.
– *Óculo.

ojo de buey. Ventana circular u oval.

olambrilla. Azulejo decorativo de unos siete centímetros de lado que se combina con baldosas rectangulares, generalmente rojas, para formar pavimentos.
óleo. Técnica de *pintura que consiste en *disolver los *colores en un *aglutinante oleoso, como el aceite de linaza, el de nuez o aceites animales. Para que seque mejor se le añaden cuerpos volátiles como el *aguarrás. Permite una gran variedad de efectos pictóricos. – V. aglutinante.
– *Cuadro pintado al óleo.
oleografía. Procedimiento litográfico que intenta reproducir los efectos de la *pintura al *óleo. Se trabaja sobre piedra con lápices grasos. Tiene semejanzas con la *cromolitografía Se usó mucho en la segunda mitad del s. XIX. Hoy tiene un uso casi exclusivamente despectivo refiriéndolo a las pinturas de colores mal dispuestos o combinados.
olpe (*ὄλπη*). Vaso griego. Los arqueólogos llaman así a un vaso semejante al enócoe u *oinócoe, de boca redonda, poca panza y cuello cilíndrico. ⇒ 15.
ombligo. En *Heráldica, *punto del *escudo, que está en el *centro de la línea imaginaria que separa el *abismo de la *punta. ⇒ 28.
omeya. El arte omeya (660-750) recoge la tradición sirio-cristiana y aplica sus sistemas a la *mezquita, que cobra en esta época carácter y estructura propios. Ornamentalmente es importante la influencia de la *musivaria bizantina con elementos *sasánidas que también se aprecian en el *relieve.
omoforio (*ὠμοφόριον*). Larga tira de seda que los obispos ortodoxos llevan sobre los hombros.
omote. Máscara del teatro japonés **no-gaku*.
onagro. Variedad de la **ballista* romana.
ondado. En *Heráldica, dícese de lo que muestra sus perfiles hechos con ondas.
ondas. *Decoración que imita geométricamente los perfiles consecutivos de las olas del mar.
– Las ondas llamadas *griegas*, a base de *S* tendidas y enlazadas unas a otras, reconocen diez variedades principales: sencillas, dobles, afrontadas, opuestas, festoneadas, alternadas, ligadas, floroneadas, ornamentadas y separadas.
ónfalo (*ὀμφαλός*). Piedra sagrada, generalmente en forma de *cipo, muchas veces ornada, que pasaba por ser el centro del universo. Hubo varias en Grecia (ónfalo = ombligo).
onos (*ὄνος*). *Epínetro.
onza. Duodécima parte de la *libra romana. Era un subdivisor del *as y la más pequeña unidad romana, a excepción de su divisor, la *semuncia o media onza.

– Su *marca era un punto o bolita.

opaco. Que no deja pasar la luz.
– Dícese del *color apagado, obscuro, sombrío.

opalina (de ópalo). *Vidrio compuesto fundamentalmente de carbonato de plomo. Sus colores son delicados y se obtienen fácilmente reflejos sonrosados y azules, como los del ópalo.
– En Francia se usó mucho en la segunda mitad del XVIII y en el XIX.

Op-Art (del ingl. *Optical-Art).* Arte que busca efectos luminosos y ópticos, móviles y contrastados, a base de procedimientos combinados con recurso al magnetismo, la electricidad, la teoría de los colores y los principios de la óptica, tanto física cuanto fisiológica.

opistódomo, opistodomos (*ὀπισθόδομος*). Parte posterior de un edificio. En el *templo griego solía consistir en una sala o *atrio sin comunicación con la *naos. – V. ádito.

opus. *Aparejo, en latín. V. aparejo. ➾ 36.
Los términos más usados son:
– *albarium*: blanqueado del muro.
– *caementicium:* el de *argamasa o mortero mezclado con piedra.
– *craticium*: el de barro y piedras con travesaños de madera.
– *incertum:* el de *mampuestos sentados con *mortero.
– *latericium:* el hecho con ladrillos.
– *mixtum:* el de *sillar y *ladrillo.
– *musivum:* el *mosaico.
– *quadratum:* el de sillar bien dispuesto.
– *reticulatum:* el que presenta aspecto de red de rombos o cuadrados.
– *scutulatum:* pavimento formado por piedras o trozos de mármol rómbicos y menudos.
– *sectile*: V. mosaico.
– *segmentatum:* el que incrustaba en el pavimento hecho con restos latericios, piedras pequeñas y brillantes.
– *signinum:* V. mosaico.
– *spicatum:* el de ladrillos a *espina.
– *tectorium:* revestimiento uniforme de un muro.
– *tessellatum:* V. mosaico.
– *testaceum:* **Latericium.* A veces designa la obra que emplea detritos cerámicos.
– *vermiculatum:* V. mosaico.
– *vittatum:* el de pequeño sillar o mampuesto escuadrado dispuesto en hiladas.

orante. Que está en actitud de orar.

oratorio. Capilla en una casa particular.
– Coro de los clérigos en la iglesia conventual.
– Palco o tribuna reservado permanentemente en una iglesia a dignatarios.

orchestra (*ὀρχήστρα*). Área

circular en el centro del *teatro griego y semicircular en el romano. ➾ 44, 45.

orden. En arquitectura, conjunto formado por la *columna y el *entablamento dispuestos según módulos y cánones más o menos fijos. ➾ 37-40.

– Clásicos: los característicos del mundo grecorromano, que son:

– Orden dórico griego: uno o más escalones (*κρηπῖδες*) forman su parte inferior, *crepidoma o *estereóbato. Sobre ésta reposa directamente el *fuste, sin *basa; suele ser más ancho por abajo que por arriba y posee *éntasis. El fuste es acanalado (suele tener entre 16 y 20 acanaladuras de *sección horizontal elíptica que se cortan en *arista viva) y raramente monolítico. El *capitel consta de un *equino (*ἐχῖνος*) de forma circular y de *ábaco (*ἄβαξ*) de forma cuadrada. En origen, el *perfil del equino fue una curva convexa proyectando un *saledizo considerable sobre el fuste. Más tarde perdió parte de su amplitud y se transformó en un tronco de cono invertido. Bajo el equino se hallan las armillas, rehundimientos pequeños y horizontales mediante las que se opera la transición al fuste. En algunos casos, éste se exvasa ligeramente bajo las armillas, formando una apófisis o apófige (*ἀποφυγή*). A menudo, una o dos filas de armillas rodean además la parte superior del fuste, a poca distancia del equino, formando una especie de *friso o *hipotraquelio bajo el capitel (*ὑποτραχήλιον*) atravesado por las acanaladuras. El *entablamento tiene arquitrabe generalmente liso, separado del friso por un *listel. El friso se forma con triglifos (*τρίγλυφοι*) y metopas (*μετόπαι*). Aquéllos son pequeños pilares espaciados regularmente cuyo frente ofrece dos acanaladuras o glifos y media acanaladura sobre cada arista a izquierda y derecha. Estas acanaladuras están separadas por filetes de igual anchura (*μηροί*). Todo triglifo lleva encima un capitel, formado por un *filete y, en la basa, acaba sobre el arquitrabe por otro, bajo el que se disponen seis pequeñas gotas cilíndricas o cónicas. Cada parte del friso entre dos triglifos es una metopa, de superficie cuadrada, casi siempre con decoración en *relieve. La *cornisa carga en saledizo sobre el friso y se compone de un *alero (*γεισιπόδισμα*) y de una *moldura terminal o *cimacio (*κυμάτιον, ἀκρογείσιον, ἐπωτίδες*). El primero se proyecta sobre el friso en forma continua y volada, como en los otros órdenes. Su parte inferior se dispone de modo que las aguas de lluvia no dañen el friso; se adorna con unas regletas o mútulos, inclinadas adelante y separadas por breves intervalos; bajo cada uno penden 18 gotas en tres filas de seis; siempre hay un *mútulo en el eje de cada esquina, lo que a veces exige que el primero y el último intercolumnios sean algo menores. La cornisa remata en un *frontón triangular marcándose la transición de ésta al *tímpano por una *sima o moldura cóncava. Los vértices del frontón se adornan con *acroteras y en el tímpano se coloca decoración esculpida. La columna dórica comenzó teniendo poca altura (9 módulos) llegándose a 11 en época de Pericles (4 para el entablamento) y a casi 16 en tiempos helenísticos.

– Orden jónico griego: la columna reposa sobre basa circular (*σπείρα*) que suele estar compuesta por 3 elementos (basa ática): dos *toros y entre ellos una *escocia (*τρόχιλος*) con listeles o baquetones de separación. La basa de tipo jónico consta de dos escocias separadas por pares de baquetones y sobre ellas un toro estriado horizontalmente. El fuste (*ξώμα*) se une a la basa por una leve incurvación y está acanalado por estrías separadas por listeles estrechos y lisos, generalmente en número de 24. El capitel es rectangular y con volutas (*σπειροκέφαλα*) uniéndose al fuste por medio de un conjunto de molduras circulares: un listel, un baquetón y un pequeño equino ornado con ovas. Sobre ellas se dispone el cojín circular en que se esculpen las dos volutas, una a cada lado del fuste. Éstas son curvas espirales en cuyo centro destaca un pequeño disco u ojo *(oculus)*. El capitel remata en estrecho ábaco rectangular. Varía el sistema de unión de las volutas, llamándose *balteus* el espacio que queda entre el par de volutas anteriores y el de las posteriores, visto de costado, también llamado *cojinete. A menudo el fuste acaba en un *collarino, especie de *hipotraquelio adornado con *anthemas. Un delgado listel o una baquetilla, a la que suele llamarse *astrágalo, separa el fuste del collarino. En el entablamento, el arquitrabe consta de tres bandas *(fasciae)* en saledizo unas sobre otras, a medida que se asciende. El friso comienza sobre la moldura que corona a la última banda, y es corrido sin triglifos, pudiendo estar o no decorado e incluso faltando algunas veces. Si tiene bajorrelieves suelen ser continuos. La cornisa carece de mútulos y se compone de un saledizo o goterón y de molduras con ovas, perlas u *ovas y *dardos. A veces hay dentículos bajo este pequeño alero que en ocasiones presenta modillones. En las columnas angulares se colocan volutas en las dos caras exteriores del ca-

pitel, reuniéndose en ángulo de 45° y formando un elemento en saledizo muy airoso. El canon suele variar entre 15 y 19 módulos para la columna sobrepasando el entablamento en poco los 4 módulos.
– Orden corintio griego: se caracteriza por su capitel, compuesto de un núcleo central (κάλαθος) a modo de campana invertida. Lo cubren por abajo dos filas de hojas de *acanto superpuestas. En los ángulos superiores van cuatro volutas (ἑλίκοι) también llamadas caulículos, habiendo generalmente entre ellas dos hojas menores enfrentadas en el centro de la parte superior del cuerpo del capitel, a menudo ornada con una flor o una ornamentación vegetal. Acaba todo en un ábaco delgado en forma de rectángulo curvilíneo de lados cóncavos, formando ángulos muy agudos que a veces se achaflanan. El resto de los elementos es como en el orden jónico y sus proporciones son algo más altas: unos 20 módulos la columna por 5 el entablamento.
– Orden dórico romano, o toscano: a menudo el fuste *(scapus)* es liso, aunque puede llevar estrías que recorren el fuste total o parcialmente. En ocasiones reposa sobre basa *(spira)*, pudiendo ésta ser de tipo etrusco, formada por un toro. El capitel suele comenzar con astrágalo, un collarino o *hipotraquelio*, tres anillos *(annuli)* o listeles circulares a los que sigue un equino *(echinus)* rematando en un ábaco cuadrado coronado por un listel. El perfil del equino no es tan amplio y potente como el dórico griego y el ábaco no forma sobre la columna sino un breve saledizo. El arquitrabe frecuentemente se divide en dos o tres bandas. No existe igualdad de altura entre el friso *(zophorus)* y el arquitrabe, al contrario que en el griego, siendo más alto el primero. A veces no hay mútulos en la cornisa o aparecen empotrados en el goterón, no haciendo saledizo sino en la parra inferior de éste. Unos dentículos *(denticuli)* adornan en ocasiones la parte baja de la cornisa. El triglifo angular suele substituirse por una parte de métopa. Sus proporciones son más esbeltas (16 módulos para la columna, casi 4 para el entablamento).
– Orden jónico romano: la basa suele formarse con dos toros y una escocia descansando el inferior sobre *plinto cuadrado *(plinthus)*. Las volutas se unen entre sí por una faja terminada en aristas horizontales y la cornisa lleva casi siempre dentículos. Las proporciones de columna y entablamento suelen ser de 18 y 5 módulos respectivamente (Teatro Marcello).
– Orden corintio romano: la basa se asemeja a veces a la jónica con

plinto pero suele tener dos toros entre los que van dos escocias iguales separadas por doble baquetón. Las molduras inferiores del capitel son un listel y un astrágalo, situados sobre la apófisis del fuste. Sobre el astrágalo, las dos filas de hojas de acanto; entre las de la fila superior aparecen, además de las volutas, otros caulículos *(cauliculi)* que las envuelven girando con ellas. Su entablamento es muy rico: las bandas del arquitrabe están separadas por perlas, ovas u ovas y dardos; la central puede cubrirse de hojas y palmetas; en el friso se desarrollan escenas figuradas o ricas ornamentaciones vegetales o monstruosas. Todas las molduras de la cornisa suelen ofrecer decoración abundante, con dentículos, ovas y dardos, etc., cubriéndose con canales la cara del goterón o alero superior, bajo el que se colocan modillones de vario aspecto; el *cimacio lleva palmetas salientes.

– Orden compuesto: el de capitel corintio con volutas jónicas u otros añadidos no propiamente canónicos.

ordenado. Lo que, en *Heráldica, se dispone según las leyes del *blasón. Están «mal ordenados» y así se denominan los elementos dispuestos en forma de triángulo con el vértice hacia arriba: uno arriba y dos abajo si son tres; uno arriba y tres abajo si son cuatro; dos arriba y tres abajo si cinco; uno arriba, dos en medio y tres abajo, si seis, y así sucesivamente.

orfebrería. Trabajo artístico sobre metales preciosos.

orfismo (de Orfeo). Estilo pictórico *no figurativo bautizado así en 1912 en París por G. Apollinaire. Sus propósitos, de un lirismo musical, podían conseguirse tan sólo mediante puros juegos cromáticos. Delaunay y Kupka pintaron dentro de esta tendencia que se extinguió muy pronto y que había nacido como reacción al primer *cubismo analítico.

orgánica. Nombre que recibe la arquitectura propugnada por el norteamericano Frank Lloyd Wright (1869-1959). Las tesis de Wright defienden una arquitectura que desarrolla orgánicamente sus partes y conjuntos en combinación con el paisaje y los elementos naturales empleados en su construcción.

orientado. Este adjetivo, sin complementar con otra indicación, se aplica a los edificios que miran al Este.

origen, armas de–. Las heráldicas que muestran en alguna *partición (pero no en la primera) el origen familiar de su titular.

original. Obra de arte de la que se han hecho *copias o reproducciones.

– *Modelo.

orla. *Motivo ornamental que enmarca o circunda algo.

– V. escudo. ➾ 29.

ormesí. Tela fuerte de seda muy tupida, prensada, que hace visos o aguas.

ornamentación. Conjunto de elementos secundarios que contribuyen al embellecimiento de algo.

ornamental. Elemento ornamental es el que juega un papel embellecedor, sin ejercer funciones arquitectónicas de descarga, soporte, etc.

ornamento. *Ornamentación.

– Elemento de una ornamentación.

– Vestiduras sagradas que usa el celebrante.

– Adorno del *altar.

oro. Metal amarillo, precioso, muy dúctil, maleable y pesado. Sólo es atacable por el cloro, el bromo y el agua regia.

oro chino. V. hilos de oro.

oro de Chipre. V. hilos de oro.

oro heráldico. Este *metal heráldico se representa convencionalmente mediante un punteado. V. escudo. ➾ 28.

oropel. Lámina de cobre brillante imitando al *oro. Puede hacerse en latón.

– Cualquier imitación del oro.

ortogonal. Dícese de la proyección que representa a una figura sobre un plano mediante líneas perpendiculares bajadas teóricamente a él desde diversos puntos del objeto, suspendido imaginariamente de modo que su base o su eje mayor sean paralelos al plano.

ortostato (del lat. *orthostata).* *Monolito dispuesto verticalmente.

orza. Vasija para guardar conservas.

osatura (del it. *ossatura).* Conjunto de las partes activas y sólidas de un edificio.

oscilo *(oscillum).* Disco, de muy diversos materiales y muchas veces de valor artístico o intrínseco, que los romanos colgaban de los árboles, las columnas, las puertas, etc., con intenciones propiciatorias.

ostensorio. Sol de una *custodia que rodea al *viril.

– Custodia.

ostium. Parte del **atrium* a la que daba la puerta.

otomán. Seda de tejido acordonado.

otoniano. El arte en el Imperio Germánico entre Otón I y Enrique II, que cubre el final del s. X y la mitad del s. XI.

Ottocento. Significa, en italiano, siglo XIX.

ova. *Adorno en forma de huevo, generalmente con el extremo apuntando hacia abajo. Es más frecuente y menos correcto que *ovo. ➾ 37, 40.

ovalado. En *Heráldica, lo es un escudo en forma de elipse cuyo

eje mayor es vertical. Tradicionalmente se reserva a eclesiásticos y mujeres casadas.
– V. losange.

ovaria. V. meta.

ovario. *Banda o *faja decorada con *ovas.

ovas y dardos. *Decoración de *ovas yuxtapuestas separadas por elementos verticales, estrechos, semejantes a puntas de *dardos.

oveja. (Heráldica.) V. carnero.

ovo. *Ova.

óvulo. *Cuarto bocel.
– Ovo.

oxíbafo (*ὀξύβαφον*). Copa griega, pequeña y de fondo plano, usada como salsera, vinagrera, etc.

P

pabellón. Especie de *baldaquino o cubierta textil con que se adornan externamente algunos *escudos heráldicos de reyes y soberanos. A menudo de color púrpura.
– Pequeño edificio en un ambiente de naturaleza verde.
– Quiosco.
– Tienda desmontable de campaña, rematada en punta y de aspecto suntuoso.
– de esquina: ornamentación apabellonada en el ángulo de un edificio.

paciendo. En *Heráldica, se predica del animal con la cabeza agachada en actitud *de pastar*.
– V. carnero.

Padres de la Iglesia. Llámase Padres o *Doctores de la *Iglesia a los ocho teólogos más destacados de la Iglesia griega y de la Iglesia latina. Eran considerados como los padres de sus discípulos y la cifra de cuatro fue adoptada por analogía con los cuatro evangelistas. Los cuatro Padres de la Iglesia oriental son: San Atanasio, San Basilio, San Gregorio Nacianceno y San Juan Crisóstomo, a los que se añade algunas veces San Cirilo de Alejandría. Los cuatro Padres de la Iglesia occidental son: San Ambrosio, San Agustín, San Jerónimo y San Gregorio el Grande.

paegniarius. V. pegniario.

paenula. *Pénula.

pagoda. Edificio religioso del Extremo Oriente, que se caracteriza por poseer una cubierta a varias vertientes en cada planta.
– El nombre fue aplicado por los portugueses para designar los relicarios de estas religiones extremo-orientales. Sus pisos suelen ir de 3 a 13.

– ***To.*

paisaje. *Cuadro que reproduce un *exterior natural o inspirado en la Naturaleza.

– A veces se llama *paisaje ideal (Ideale Landschaft,* en alemán; *paysage composé,* en francés) a aquel en que el artista no reproduce un escenario real sino una composición en la que expresa sus concepciones personales sobre la belleza de lo natural, desde una perspectiva poética.

– El *paisaje heroico* o *histórico* presenta una escena de carácter épico sobre fondo de paisaje ideal. Los grandes cultivadores de este género son C. Lorrain y N. Poussin.

palacio. Gran mansión señorial o pública de alto valor artístico y representativo. En *Heráldica, edificio similar al castillo y almenado como éste, pero sin torrear.

palado. Lo es el *escudo que muestra *palos alternados de metal y color, en número par (a menudo, seis) y no superior a ocho. (En tal caso, son más estrechos que el palo pleno.) Si las piezas son más de ocho reciben el nombre de varas. V. escudo.

palaestra. *Palestra.

palafito. Vivienda lacustre primitiva construida sobre estacas.

paleocristiano. Dícese del primer arte cristiano hasta el siglo VI.

Paleografía. Ciencia que descifra, lee y estudia las formas antiguas de la escritura.

Paleolítico. Periodo de la Prehistoria tradicionalmente dividido en Paleolítico Inferior (600.000-100.000): abbevillense (400.000), achelense (300.000); Paleolítico Medio (100.000-40.000): musteriense (100.000); Paleolítico Superior (40.000-8.000): auriñaciense (32.000), perigordiense (22.000), Solutrense (17.000) y magdaleniense (15.500). En el Paleolítico Superior se produce el arte rupestre.

paleotipo. *Incunable anterior a 1470.

palestra *(palaestra).* Pequeño patio del *gimnasio destinado a ejercicios especiales. Por extensión, lugar en que se ejerce el deporte.

paleta. Útil del pintor en el que coloca los *colores para mezclarlos. Es una tabla de madera con un orificio en un extremo para pasar el pulgar y sostenerla mientras se pinta. Suele ser ovoide.

– Conjunto de colores utilizados por un pintor habitualmente.

paletó. Prenda de encima, corta, adornada, holgada, y de mangas con vuelo, a modo de gabán.

palia. Lienzo sobre el que se extienden los corporales para decir misa.

– Cortina delante del sagrario.

– Lienzo que se pone sobre el cáliz.

palimpsesto. Pergamino o escrito antiguo sobre el que se ha escrito más de una vez y que conserva más o menos restos del texto o textos primitivos.

palíntono (παλίντονον). Máquina de guerra que lanzaba dardos y piedras.

palio. *Cubierta portátil usada en el culto católico, especie de dosel portado por sus soportes verticales, que antes se usaba para resguardar a los monarcas en sus desplazamientos.

– **Pallium*, especie de himatión romano.

– En *Heráldica, *perla. ∞ 29.

palizado (del fr. *palissé*). En *Heráldica, *escudo cuya partición es una línea mixta, con largos entrantes y salientes que tienen, ambos, la forma aguzada de las estacas de una empalizada. También se aplica a las *coronas cuyos florones o almenas han sido reemplazados por una empalizada.

palma. *Decoración en forma de hoja de palmera. Es símbolo del martirio y de la victoria del mártir cristiano contra el poder infernal.

palmatoria. Candelero corto y con mango.

palmeada. V. bóveda.

palmeta. Motivo *ornamental basado en las hojas de la *palma. ∞ 34.

palmiforme (de *palma* y *forme*, en forma de). En forma de palmera o *palma. ∞ 18.

palo. *Pieza *honorable de la *Heráldica que atraviesa en sentido vertical y por su medio el *campo del escudo. Tiene de ancho un tercio de éste y se opone por su trayectoria a la *faja. Si los palos son más de cuatro se llaman *varas. V. escudo. ∞ 29, 33.

paludamento. En principio, un traje militar. Pero específicamente designa el manto propio del general romano, de *color *púrpura, corto y prendido en el hombro sobre la *armadura. El general no podía usarlo en la ciudad de Roma, donde vestía la *toga. Luego fue exclusivo del emperador.

palla (pronunciar pal.la). Vestido romano, a modo de echarpe o manto, usado por mujeres, actores y músicos. Se llevaba sobre la *estola *(stola)* a modo de una *toga menor. Igual que ésta, se podía echar sobre la cabeza. Las mujeres que no podían usar la estola llevaban la *palla* sobre la *túnica. Solía descansar en dos capas sobre pecho y espalda mientras un extremo caía hasta los pies. ∞ 51.

palladianismo. Nombre derivado del de A. Palladio (1508-1580). Designa un estilo clasicista y monumental, inspirado en Roma y en las concepciones vitruvianas. Es característico el uso del *orden *colosal en los edificios, conseguido mediante grandes *columnas en *fachada que atravesaban dos o más pisos. Su influencia entre los neoclásicos es notable.

pallium. Palio, vestido romano, semejante al *himatión griego. ☞ 51.

pan de oro. Lámina muy fina de *oro que se aplica a ciertas superficies para revestirlas de este metal.

panda. Galería de un *claustro o patio.

pandeo. Combadura, cuando se produce en una pared, pie derecho, etc., especialmente por su parte central a causa de un exceso de carga.

panoplia. Conjunto de armas ofensivas y defensivas dispuestas formando un todo para la exhibición. Puede ser real u ornamental.

panorama. Vista de un horizonte muy dilatado.

– Vidriera, cuadro o reproducción, de carácter mural, dispuesto alrededor de las paredes interiores de un edificio de modo que el espectador tenga la sensación de hallarse realmente en el lugar representado, al aire libre. Se usó en Inglaterra a fines del XVIII y en Europa en el XIX para recrear batallas famosas sobre su escenario real, vistas de ciudades y monumentos, etc.

panteón. Templo dedicado a todos los dioses.

– Monumento funerario dedicado a varias personas, o a alguien especialmente ilustre, sobre todo si es monumental.

pantera. En *Heráldica, se llama así a un animal imaginario a modo de *león *rampante pero con cabeza y cuello de caballo, cuernos de toro, garras de águila, crin erizada y fuego en la boca.

Pantócrator, Pantocrátor (*παντοκράτωρ*). Representación de Cristo triunfante, sentado con los Evangelios en la mano izquierda y la derecha en actitud bendicente.

pantógrafo. Aparato para reproducir a escala un original.

pantuflos. Calzado con suela de corcho, sin talón ni orejas.

panza. Parte más saliente en el *perfil de una vasija.

– *Remate terminal del *balaustre, a modo de *capitel.

paño. En plural designa de modo genérico la representación de *tejidos, en *Pintura.

– Parte de muro entre dos *columnas, *pilastras, *aristas, etc.

paño de pureza. El que cubre el abdomen de Cristo en las representaciones de desnudo.

– *Perizoma.

papal, cruz. V. cruz. ☞ 22.

papelonado (del fr. *papelonné*). Dícese del *escudo cubierto de escamas.

papiers collés (en fr. *papeles pegados).* Es voz sinónima de **collage* hecho con papeles.
papiriforme (de *papiro* y *forme*). En forma de *papiro. ∞ 17, 18.
papiro. Planta característica del Nilo, de larga caña lisa y cilíndrica, que acaba en un penacho de espigas formando figura acampanada.
- Hoja para escribir fabricada con tallos de papiro.
papo. Superficie que mira al suelo en las vigas o maderos.
par. V. armadura. ∞ 7.
par y nudillo. V. armadura.
paradisus (lat., del gr. παράδεισος = jardín). V. paraíso.
parado. *Arrestado.
paradromis (παραδρόμις). V. gimnasio.
paragauda. Palabra grecolatina que significa *orla de *púrpura y oro para adornar un vestido* y, por extensión, *vestido bordado.*
- V. túnica.
paragnátide (παραγναθίς). Parte móvil del yelmo que guarda la mejilla. Muchas veces está decorada.
paraíso. Nombre que a veces recibe el atrio o patio delantero de una iglesia, sobre todo si está decorado con esculturas, y más si éstas aluden a la Gloria.
- A veces se designa así al *nártex *paleocristiano, cuando está ajardinado.
- Último piso de un teatro.
paramento. Aspecto o disposición de los elementos de un muro.
- Adorno con que se cubre algo.
parapeto. Pequeño muro o *pretil elevado, que llega a la altura del pecho, para proteger de las caídas desde los puentes, las bocas de los pozos, las terrazas, etc.
parascenio (παρασκήνιον > *parascaenium).* V. teatro. ∞ 44.
parastade. Pilastra colocada junto a una *columna y tras ella.
- *Parastás y *lesena.
parastás (παραστάς). Sala de la casa griega donde la familia comía y celebraba sus ritos religiosos, que daba al patio. Se llamaba también *prestás.
- *Parastade.
pardalot. Pájaro popularizado en la decoración cerámica valenciana.
pardo. V. pigmento.
pareada. V. columna.
pared maestra. Cualquiera de las principales y más gruesas de un edificio.
parhilera. V. armadura.
París. Escuela de–. Grupo de artistas europeos asentados en París desde 1919. Sus características son muy diversas, pero a todos les une una tendencia melancólica, individualista y crítica. Modigliani, Chagall, Soutine, Kisling, son algunos de sus nombres importantes.
parlante. En *Heráldica, dícese

del tipo o de las *armas cuyo nombre expresa, exacta o aproximadamente, el del titular (un tamarindo para Tamarite, un castillo para Castilla, una granada para Granada, etc.).

parma. Pequeño escudo redondo típico del *gladiador *tracio.

párodo (*πάροδος*) (pl. párodoi). Cada uno de los dos pasillos que comunicaban los extremos de la escena con la **orchestra*, en el *teatro griego. ⊶ 44, 45.

parópside (*παροψίς*). Plato semejante a la **lanx*.

parqué. Entarimado de madera, generalmente hecho con piezas de poco tamaño y componiendo figuras geométricas, con que se recubre un suelo.

parteluz. Elemento vertical que divide la *luz de una ventana. ⊶ 42.

– *Mainel.

– V. ajimez.

partición. En *Heráldica, división del campo hecha con una sola línea (a diferencia de la *repartición). Las particiones son ordinarias y extraordinarias. Las ordinarias son *iguales, regulares* u *ordinarias* cuando el campo resulta partido, cortado, tajado o tronchado o *desiguales* o *irregulares* si el campo queda adiestrado o siniestrado. Las particiones extraordinarias se generan por particiones quebradas y originan campos semitronchados, semipartidos y semicortados. (V. esas voces.) ⊶ 30-32.

partido. Lo está el *escudo heráldico dividido en dos mitades iguales de arriba abajo. ⊶ 30-32.

pasadas. Se denomina así, en *Heráldica, a las *figuras o *muebles dispuestos en el *escudo de modo que se cruzan en *sotuer («pasadas en sotuer») o en *cruz. Si el paso es en sotuer se representa encima el elemento dispuesto en *banda.

pasado. V. bordado al–.

pasante. Lo es, en *Heráldica, el cuadrúpedo que camina hacia la diestra del *escudo. Si es un *león, muestra su pata posterior derecha alzada.

pasmado. En *Heráldica, el animal con la boca abierta y vacía, sin lengua ni dientes.

paso. Longitud de la *huella del escalón.

– El paso griego medía 0,74 m. El romano, 1,48 m.

paso oblicuo. *Bóveda de cañón, cuyo *eje no es perpendicular a los *paramentos anterior y posterior de la misma.

passe-partout. Término francés que designa un marco de cartón doble que protege y orla un dibujo, grabado, etc.

pasta. Masa plástica formada de diversos componentes machacados, molidos o en estado pulverulento o granuloso.

– En *pintura, unión perfecta de los colores.
– *Empaste.
– V. porcelana, para pasta tierna y dura.
pastel. Lápiz de *color, *aglutinado con caolín, *yeso, *goma arábiga, etc., apuntes del natural con vivos efectos cromáticos.
– Pintura realizada con pasteles sobre papel granulado o *pergamino, o cualquier otra superficie un tanto rugosa y áspera. Los trazos de color se extienden con ayuda del *difumino, cobrando un aspecto aterciopelado y suave, que la hacen apta para retratos. La viveza de su color la designa como una valiosa ayuda cuando hay que tomar apuntes del natural con vivos efectos cromáticos o de luz. Su poca persistencia obliga a fijarla, aunque con ello pierde un tanto de su viveza. En realidad, el problema de su *fijado no ha sido bien resuelto, y acaso sea preferible protegerla simplemente con un vidrio, evitando en lo posible desplazamientos inútiles.
pastiche (del lat. *pasticcium,* fr. *pastiche).* Imitación desprovista de gracia.
– Obra en la que se mezclan diversos *estilos y *cánones componiendo un todo poco airoso.
pastoforio, pastóforo (παστοφόριον, παστοφόρος). Pastoforio es la cámara sacerdotal del Templo de Jerusalén, acepción que toma la Biblia de la voz pastóforo, que designa a quien porta la imagen del dios hasta su capilla. Por extensión, pastoforios (el plural griego es *pastoforia)* son las dos cámaras situadas a ambos lados del *ábside en las basílicas sirias, llamadas para distinguirlas *próthesis* (*prótesis) y *diaconicon* (*diacónico). ☞ 10.
patada. V. cruz. ☞ 21.
patado (del fr. *patté).* Lo son el *sotuer y la *cruz cuyos brazos se ensanchan en las extremidades. Usualmente, en forma curvilínea. Si el ensanchamiento no es curvo se llama rectilíneo: p. ej., cruz patada rectilínea.
patagio (*patagium).* Franja ornada del vestido femenino, que ocupaba lugar semejante al del *clavus* masculino, iba generalmente en torno al cuello y luego se separó del vestido, yendo como una *estola sobre los hombros.
– V. toga.
patella (pronúnciese patel.la). Platillo ritual romano usado en los sacrificios. *Patena.
patena. Platillo, generalmente de metal precioso, sobre el que reposa la hostia en la misa.
pátera *(patera).* Gran plato de poco fondo, especie de *fiale.
– *Ornamento que consiste en un círculo de hojas de *acanto de muy poco *relieve. En general, toda ornamentación en rosetón

que recuerde la forma de la vasija de este nombre.
pathos. (πάθος). V. *ethos.
pátina. Especie de *barniz o tono suave que adquieren los objetos con el paso del tiempo, o artificialmente, y que altera levemente su aspecto superficial. La más característica es la del cobre y bronce, con colores pardos y verdes.
– En *Arqueología prehistórica se estudian las pátinas del sílex (de agua, de arena, de caña, etc.).
– Las pátinas metálicas se producen muy a menudo artificialmente, sobre todo a base de compuestos ácidos amoniacales.
patriarcal. V. cruz. ⇨ 22.
patrón. Medida o valor a la que se refieren las de los objetos, con el fin de ser evaluados con relación a un módulo conocido.
pavo real. Heráldicamente se representa de perfil y con una breve cresta, a menos que exhiba su rueda, en cuyo caso aparece de frente y con la cabeza a diestra (del *escudo).
peana. Basa o apoyo para colocar encima una figura.
– Pie del vaso sagrado.
pebble-tools (del ingl. = *guijarro-herramientas)*. Serie de cantos rodados o guijarros trabajados en *talla de tipo amplio, que conservan el *córtex original en su mayor parte. Sus variedades más salientes son los **choppers* y los *chopping-tools*. El *chopper* está tallado en una cara y el **chopping-tool* en las dos.
pebetero. *Incensario inmóvil, quemador de perfumes sin tapa, generalmente de buen tamaño.
– Ornamentación que representa un vaso de perfumes, coronado o no de llamas o humo.
pectiniforme. En forma de peine. V. ideomorfo y signo.
pectoral. *Cruz que traen sobre el pecho obispos y prelados como insignia que les caracteriza.
– Rectángulo de unión de los laterales de la capa, en la que no llevan broche.
pechina. Cada uno de los cuatro triángulos curvilíneos sobre los que se sustenta una *cúpula. Sirven para pasar de la *planta cuadrada a la circular. ⇨ 41.
pedernal. En *Heráldica, pieza peculiar del collar del Toisón de Oro.
pedestal. Fundamento, en que se asegura una cosa y que le sirve de base.
– Base con *molduras para soportar *columnas, efigies, etc.
pedículo. Pilar aislado y bajo que sirve de soporte a un *ara, una pila bautismal, etc.
pedum. Bastón recto y rematado en cruz que es uno de los atributos papales.
– V. *pegniario*.
pegaso. Caballo alado.
pegma. En latín, máquina teatral que subía o bajaba con rapi-

dez cualquier cosa entre el escenario y el subsuelo de éste.

pegniario, paegniarius. *Gladiador armado de bastón *(pedum)* que generalmente luchaba contra otro armado de lazo (*laqueator*).

peinazo. Tabla que se inserta entre las vigas y dentro de las calles de una *armadura de madera, para completar la *ornamentación de *lazos.

pelásgico. *Ciclópeo.

pelica, pelique (πελίκη). Es una variedad del *ánfora griega, más ancha por la base y de aspecto menos alargado. Aparece a fines del s. VI a. de C. y al final de la época clásica propiamente dicha recoge la tradición pictórica del ánfora. No obstante, este uso del término es convencional y arqueológico, puesto que en los textos antiguos se identifica en ocasiones con el *oinocoe, la *lecane y el **kylix* o quílice y, sobre todo, con un cuenco de madera. ☞ 15.

pelícano. En *Heráldica se representa a este animal de frente, con tres polluelos en un nido y sangre brotando del pecho, con la cual los alimenta. Esta sangre se llama «piedad».

pelta. *Escudo en media luna.

– Ornamentación de superficie elíptica que tiene una o dos muescas en forma de media luna. ☞ 42.

pellizón (de pelliza). Prenda de abrigo que se vestía sobre el *brial en el traje románico, algo más corto que éste y de mangas más anchas.

– Llamada también *piel.

penacho. En *Heráldica, las plumas del penacho han de llevar los *esmaltes del *campo del *escudo.

penates. Dioses compañeros de los lares, encargados de la protección de una familia o casa.

pendiente. Arete con adorno colgante o sin él.

– Joya que se lleva colgando.

péndola. V. armadura.

– Cada una de las piezas verticales que sostienen el piso de un puente colgante.

pendolón. Pieza vertical central de la *armadura, que va de la *hilera o *espina dorsal* al *tirante. ☞ 7.

pentalfa. *Estrella de David o de Salomón.

penetrale, penetralia. Locuciones latinas que designan, en todos los idiomas cultos, la parte más íntima de un edificio.

pentafolio (de *penta* = cinco, y *folio* = hoja). *Rosetón de *tracería formado en su interior por cinco lóbulos y que es circular por fuera.

pentimento. Palabra italiana usada a veces en lugar del castellano *arrepentimiento.

pénula *(paenula)*. Manto grueso de lana, cuero, felpa, etc., oscuro y sin mangas, que se abría por delante y se sujetaba con botones o cintas pasadas por ojales. Lleva añadida una capucha *(cucullus)* y aunque su uso no era elegante, en los viajes y durante el mal tiempo era usado por las clases acomodadas y por las mujeres.

peñasco. Masa ornamental que reproduce con *rocalla la figura de un peñasco.

peplo. Vestidura femenina griega que se llevaba sobre el resto de la ropa. Se disponía en forma suelta, cayendo en pliegues, y a veces se adornaba con *bordados de valor. Se aplica específicamente a la ropa de Atenea en la que se representan escenas historiadas. El original fue tejido por las mujeres atenienses y ofrecido a la diosa en las fiestas Panatenaicas, efemérides representada en el friso del Partenón. ☞ 50.

– El peplo era rectangular. Se plegaba horizontalmente por los 3/4 de la altura y verticalmente por la mitad. Dejaba descubiertos los brazos. En la época clásica existieron dos variedades: *endyma*, puesto sobre el cuerpo, y *epiblema*, que se llevaba sobre el *jitón y era muy lujoso.

pequeño bronce. Pequeña moneda de este material.

– Estatuilla de bronce.

peraltado. V. arco. ☞ 5.

peralte. Altura que en un *arco o *bóveda sobrepasa la semiluz. ☞ 6.

percutor. Instrumento con que se golpea el *riñón o el *núcleo de piedra, con objeto de modelarlo u obtener *lascas.

perchada. En *Heráldica, dícese del ave posada en una rama, vara, etc.

perfil. *Contorno aparente de la figura representado por *líneas que determinan su forma.

– Postura en la que queda completamente oculta una de las dos mitades laterales de una *figura.

– Representación de algo según un corte vertical, especialmente si se procura que destaquen bien los *saledizos.

perfilada. Fileteada.

perforado. Lo está el elemento heráldico que presenta una abertura que deja ver el *campo. Si la abertura no es circular, debe advertirse.

perforador. Pieza lítica con una o más puntas de pequeño tamaño.

pergamino. Piel de la res, limpia del pelo, raída, adobada y estirada, utilizándose en diferentes usos, como soporte de escritura, *pintura, para *encuadernación, etc.

pérgola. En la *basílica *paleocristiana, *columnata sobre un *parapeto. Las *columnas estaban unidas por un *arquitrabe del que pendían lámparas. La pérgola se colocaba ante el altar y de ella derivó la *iconostasis.

– Jardín que tienen algunas casas en la terraza.
– Emparrado que se dispone en *pies derechos unidos por *arquitrabes, al aire libre.
periáctos, períaktoi (περίακτοι). Decorados giratorios del teatro clásico, pintados sobre altos prismas de tres caras que se colocaban a ambos lados de la escena en el *teatro clásico. Los prismas giratorios permitían rápidos cambios de ambientación. En latín se denominan *trigoni versatiles*. ☞ 44, 45.
períbolo (del lat. *peribolus*). Espacio que rodea a un templo antiguo.
– Recinto exterior de un edificio.
periégesis (περιήγησις). Descripción topográfico-artística de un país o una región.
perigordiense (de Périgord, Francia). Periodo del *Paleolítico.
perigrafé (περιγραφή). *Línea que perfila una *figura en la *ceramografía griega, destacándola del fondo.
perinola. Remate en forma de peonza.
períptero. Rodeado de una fila de *columnas. Para Vitruvio el templo períptero debe tener seis columnas en cada fachada y once en cada uno de los lados mayores, distando del muro un *intercolumnio. ☞ 46.
perístasis. Soportal de un edificio *períptero.
peristilo. Esencialmente, se trata de un patio rodeado de *columnas, típico de la casa griega y de la grecorromana, pero no de la romana. Normalmente se concebía a modo de jardín, con un pequeño estanque en medio, con fuente o surtidor.
– A veces se llama así al patio porticado de la casa romana.
– Galería con columnas.
perizoma (περίζωμα). *Paño de pureza.
perla. En *Heráldica, *pieza en forma de Y que resulta de unir por su punta un *cabrio *ranversado con la mitad inferior de un *palo. También se llama palio. ☞ 29.
perlario (de *perla*). *Perlas.
perlas. Ornamentación a base de pequeñas esferas u óvalos, unidas entre sí a modo de rosario.
pero (genit. *peronis*). Calzado romano muy común, acaso el más difundido, media bota de suela herrada; hecho de cuero, se ataba sobre la pierna de modo sencillo.
perpendicular. Calificación del *gótico inglés desde mediados del s. XIV hasta el XVI (*estilo Tudor). Es el predominio absoluto del vano, concebido lineal y perpendicularmente.
perpiaño. Piedra o *sillar que atraviesa todo el muro.
– V. arco. ☞ 8, 11, 43.
persiana. Tela de seda con gran-

des flores y diversidad de matices.

pérsicas. Sandalias de origen persa usadas por la mujer de la Grecia clásica.

personae. Máscaras trágicas o cómicas del teatro clásico. Eran arquetipos de los diversos personajes.

perspectiva. Modo de representar en una superficie los objetos de manera que aparezcan en la forma y disposición en que se muestran a la vista en la realidad.

– frontal: la que presenta los cuernos y orejas de un animal del modo en que son vistos en la realidad por el espectador (Arte rupestre).

– torcida: la que presenta cuernos y orejas de frente, estando la cabeza de perfil (Arte rupestre).

– lineal: las líneas de las figuras son convergentes hacia el fondo, cada vez más pequeñas a medida que se desea presentarlas alejadas del espectador. Disminuyen de acuerdo con las llamadas líneas de *fuga que convergen hacia el punto de fuga.

– aérea: la que intenta representar la atmósfera que envuelve a los objetos, dibujando a los del fondo más desvaídamente con objeto de producir una impresión muy real de distancia. Nunca se acentúa tanto la convergencia como en la perspectiva lineal, pues el desvaimiento consigue el efecto en buena medida por sí solo.

– caballera: la que se obtiene desde un punto de vista semejante al de un jinete, más elevado que el normal.

– V. proyección.

perspectivismo (de *perspectiva*). Pintura de tipo arquitectónico para decorar paredes, techos, cúpulas, etc., en boga en los siglos XVII y XVIII.

petaso. Gorro griego, que también se usó en Roma, para proteger del sol. Es de alas anchas y flexibles, hecho en material muy vario, propio para el campo y los viajes. Se ataba a la cabeza simultáneamente bajo la nuca y bajo la barbilla.

petite nature. Locución francesa que indica un tamaño de tres cuartos del natural en una *reproducción.

peto. Parte que defiende el pecho, en una *armadura.

petroglifo (de *petro* –πέτρα– y φλύφω = yo grabo). Incisión en piedra de época prehistórica o propia de una cultura primitiva.

phaecasium. *Fecás (calzado antiguo).

Pi (π). Nombre de un sistema de proporciones artísticas basado en los números $\sqrt{5}$ y $\frac{1+\sqrt{5}}{2}$ del cual se ha hecho abundante uso en la teoría de las proporciones. El sistema *ZETA* (ζ) se basa en los números $\sqrt{2}$ y $1+\sqrt{2}$.

picada. En *Heráldica, el ave cuyo pico tiene *esmalte distinto del de su cuerpo («picada de plata»).

picnóstilo (del lat. *pycnostylus)*. *Intercolumnio de tres *módulos.

pico de cuervo. Moldura compuesta de varias curvas que tiene perfil de pico de ave rapaz.

picote. Cierta tela de seda muy lustrosa de la que se hacían vestidos en España para competir con los extranjeros, que aparece en 1769.

pictografía. Escritura compuesta por pictogramas o signos que representan esquemáticamente un objeto real. Su ejemplo más ilustre son los *jeroglíficos egipcios.

pie. Parte baja, base, lugar en que se apoya una cosa.

– derecho: cualquier apoyo vertical.

– pasante: el que atraviesa varios elementos horizontales de una estructura.

– de puente: el que sostiene un mueble, teniendo forma de *arquería.

– Extremidad inferior de la *cruz, de la *flor de lis y al extremo más corto de los tres de que consta una *potenza. A veces se usa como sinónimo de *campaña, pero es galicismo.

piedad. Representación de María con Jesús muerto en sus brazos. En *Heráldica e iconografía, la sangre del pecho del *pelícano.

piel. V. pellizón.

pietà. Italianismo por *piedad.

pieza. En *Heráldica, cualquiera de las *figuras que se forman en el *escudo y que como la *banda, el *palo, el *sotuer, etc., no representan objetos naturales o artificiales. Los heraldistas distinguen piezas honorables (fundamentales, principales o de primer orden o grado), menos honorables (ordinarias, secundarias o de segundo grado u orden) y disminuidas (éstas, de primero y segundo orden o grado y atípicas). **Honorables** son éstas: banda, barra, bordura, cabrio, campaña, cruz plena, faja, jefe, palo y sotuer. (V. estas voces). Las **menos honorables** son: cuartel en sotuer, escusón, franco cuartel, gamma, girón, manto, orla, perla, pila y semicírculo. Las **disminuidas** son fruto de reducir una honorable. De **primer grado** son el cantón, el ceñidor o faja en divisa, el comble, jefe estrecho o venda, la cotiza, la cruz estrecha, el estay o tenaza, la filiera, el flanquís, la traversa y la vara. De *segundo grado,* son el filete en barra, el bastón, los filetes de bordara, de cruz, de cabrio, de faja, de palo y de sotuer. *Atípicas,* la bureta, las geminadas, el trangle, el trechor, la traversa y la tercia. Desde otro punto de vista son **compuestas** las formadas mediante combinación de otras cuyo nombre las define bien: banda faja, barra faja, bordara banda, jefe banda, etc. (Véanse estas voces y escudo.)

pigmento. El pintor necesita para dar color a sus trabajos, junto a los *aglutinantes, materias en polvo que no se disuelvan en ellos sino que queden en forma dispersa: son los llamados *colores o pigmentos. Pueden ser inorgánicos (colores minerales) y orgánicos (de origen animal o vegetal) pero hoy día se producen artificialmente tanto unos como otros. El número de pigmentos empleados en *pintura es increíblemente alto, y su nomenclatura confusa. He aquí los más importantes: blancos (blanco de plomo, de zinc, de titanio, litopón, que es mezcla de sulfuro de zinc y sulfato de bario), amarillos (de Nápoles o de antimonio, de cromo, de zinc, de barita, de estroncio, de cadmio, indio o de euxantina, de cobalto, siena natural); rojos (ocre rojo tostado y los óxidos de hierro, puzolana, siena tostada, cinabrio, cadmio, laca de rubia); azules (de ultramar, o de lapislázuli, ultramar artificial, cobalto, celeste o cerúleo, de Prusia, también llamado de París o de Berlín); verdes, que pueden obtenerse también por mezcla de azules y amarillos (V. color) (opaco, montaña, de malaquita, esmeralda o de óxido de cromo, tierra verde que puede ser de Bohemia, del Tirol, etc.); pardos (sombra natural); y negros (de marfil, de vid, de huesos y de manganeso).

pila. *Pieza triangular cuya base parte del borde superior del *escudo y que llega casi hasta el borde inferior. Si la pila va en sentido diagonal es pila en *banda o *barra. Se dice de los objetos heráldicos que están «en pila» si siguen la disposición, de arriba abajo, 3-2-1. Si la pila va de abajo arriba es una pira. ☞ 29.

pilar. *Pie derecho exento, normalmente de sección poligonal. Suele tener mayor robustez que la *columna.

– fasciculado: el formado por un haz de baquetones adosados a él, característico del *gótico. ☞ 10, 43.

pilastra. Pilar adosado, con *basa y *capitel.

píleo (de *πίλεος = pileus*). Gorro griego semejante al *pileus* romano, tocado alto y cónico, conservado por la tradición romana como distintivo sacerdotal. Significaba en Roma la libertad individual y por ello era usado por los libertos con especial agrado. Su forma, relativamente parecida al *gorro frigio, llevó a confundirlo con éste, en el siglo XVIII, como símbolo de la libertad.

pilo, pilum. Venablo del legionario romano, con empuñadura central y punta férrea, montada en madera.

pilono (πυλονός). Cada una de las obras macizas troncopiramidales que forman la entrada del templo egipcio. Son dos, uno a cada lado de la entrada, y suelen estar decorados y con las paredes en *talud.

pínacos (πίναξ, pl. -ες). Tablillas, en general. Tabletas griegas pintadas. Son famosas las corintias (del Louvre y de Berlín) donde se describen las fases de la fabricación de la *cerámica griega.

pinacoteca. Lugar donde se exhibe y guarda una colección de *pinturas de modo permanente y público.

– En la Antigüedad era un lugar sagrado donde se guardaban las pinturas que, como exvotos, se consagraban a la divinidad.

pináculo. Final apuntado de un *chapitel.

– *Piramidión en que termina un *contrafuerte, *arbotante o muro, a menudo decorado con labores de fronda, flores, etc.

– *Remate saliente de una obra de gran altura. ☞ 8, 12.

pincel. Útil del pintor, mango rematado en una serie de cerdas o pelos formando haz, de muy diversos tamaños y calidades, con el que se aplica la *pintura.

– Manera peculiar de pintar de un artista.

– Pintor, metafóricamente.

pinjante. Joya, a modo de colgante.

– Adorno colgante, especialmente si cuelga de una cubierta por su interior.

pintadera (de *pintado*). Molde o sello de cerámica, en forma de tableta con mango, que va cubierto de dibujos diversos que se imprimen en la piel mediante colores blandos.

pintoresco. Dícese de lo que por su anécdota o amabilidad es digno de ser pintado.

– Relativo al pintor.

Pintura. Arte de aplicar los *pigmentos o *colores sobre una superficie. (Diferentes modalidades).

– Obra pictórica.

– Color dispuesto para su aplicación.

– Lo representado en una obra pictórica.

pintura absoluta. Denomínase así a la geométrica *no figurativa. Es un arte deliberadamente antiemocional, basado en la esencia misma de la línea, la superficie y el color. Persigue expresiones constructivas y elementales, a base, fundamentalmente, de ángulos rectos y cuadrados (Mondrian, Malevitch).

pintura de esmalte, pintura al esmalte. V. esmalte.

pintura de género. V. género.

pintura histórica. La que, a partir del Barroco científico y racionalista, intenta la reconstrucción minuciosa, casi arqueológica, de los grandes sucesos históricos, bien por su interés moral o épico, bien por su propia trascendencia. Los siglos XVIII y XIX vieron su apogeo. Pero los impresionistas trataron despectivamente tal género (academicista primero; romántico, después) y hoy prácticamente ha desaparecido, aunque se apunta en la crítica actual algún intento de recuperación del fenómeno y su significado.

piñón. Desusadamente, *gablete.

– Parte superior de un muro que termina en punta, generalmente para que se apoye la armadura de la techumbre. *Hastial.

– escalonado: el que en lugar de estar formado por un ángulo sencillo, lo está por dos series de escalones. Muy frecuente en la arquitectura flamenca.

piñonada. En *Heráldica se califica así a la línea de *partición de perfil escalonado o en *dientes vibrados.

pira. Pieza heráldica que es una *pila invertida.

pirámide. Monumento egipcio, en forma de pirámide, hecho en piedra, que servía como sepultura monumental a los dinastas egipcios en la Antigüedad.

– escalonada: construcción compuesta por una superposición de troncos de pirámide que van (de abajo a arriba) de mayor a menor.

piramidión (de *pirámide).* *Pirámide de base ancha y poca altura que se aplica a modo de remate sobre algunos elementos arquitectónicos o decorativos.

pirca. Aparejo inca de roca sin desbastar usado en la arquitectura no monumental.

piriaterio (*πυριατήριον*). V. *gimnasio.

pirograbado. Arte y técnica de grabar la madera en superficie con un metal incandescente (generalmente, una punta de platino).

– *Grabado obtenido de este modo.

piscina. Pila cercana al altar donde se lavan los objetos cultuales. ⇒ 47.

– V. bálneo.

pistero. Vasija con asa y un largo pico.

– El pico de dicha vasija, que también es llamado pichel (voz occitana) o *pitxer.*

pithos (*πίθος*). Tinaja grande, ovoide, panzuda, para contener aceite o granos. En plural, *píthoi.*

píxide, pyxis (*πυξίς*). En general, cajita. En particular, la de *cerámica para afeites, pomadas, etc., usada en Grecia, de formas muy variadas, aunque la más conocida es una casi cilíndrica, con tapadera. Por su uso habitual en los tocadores, fue a menudo decorada con escenas de índole femenina. ∞ 15.

placer. V. moneda de–.

plafón. Parte inferior del saliente de una *cornisa.

– Superficie inferior de un techo que separa dos pisos. Es plana.

plan. Galicismo por *planta.

planimetría. Proyección de arquitectura sobre un plano representando su integración en el terreno circundante.

plano. *Proyecto arquitectónico.

– *Planta.

plano de percusión. En *tipología lítica, superficie sobre la que se asestan al *núcleo los golpes del *percutor.

planta. Dibujo arquitectónico de una obra representada en sección horizontal. *Icnografía.

– Disposición de un edificio y sus elementos según ese dibujo. ∞ 10.

plaqueta. Pequeña lámina metálica trabajada artísticamente.

– En *Arqueología prehistórica, pieza de arte mueble con grabados o pinturas, si es plana y de pequeño tamaño.

plástica. Arte de plasmar o modelar objetos en materiales blandos y dúctiles.

– Conjunto de las cualidades de una obra que la hacen expresiva, especialmente en lo que respecta a la consecución de las sensaciones de volumen.

– Cualidad de una obra de aparecer como hecha en o relativa a materias plásticas.

– Artes plásticas: dícese especialmente de la *Pintura y la *Escultura.

plastilina (neologismo). Producto industrial conseguido a base de cera, óleos, arcilla y otras sustancias que puede sustituir al barro de modelar en pequeñas obras.

plata. Metal precioso blanco, dúctil, maleable, más pesado que el cobre y menos que el plomo. Es muy sonora.

platabanda. *Dintel monolítico de *sillería.

– Moldura plana y lisa, con dominio del ancho sobre el *vuelo.

plateresco. *Estilo arquitectónico y decorativo español, surgido bajo los Reyes Católicos y que perduró hasta tiempos de Felipe II. Sus características son un resultado de la fusión de elementos góticos, musulmanes, y del **Quattrocento* italiano unidos a la persistencia de un fuerte elemento de tipo nacional. La *ornamentación, tratada con detalle y gran finura que presenta abundantes *medallones y orlas, recuerda el trabajo del orfebre sobre la *plata, de la que el estilo tomó el nombre.

platero. Artífice que labra la *plata.

– *Orfebre.

Platitera, Platytera (*Πλατυτη-ρα*). Tipo de Virgen bizantina, de cuerpo entero, a lo que alude el epíteto griego, que significa, amplia (completa). Lleva en el pecho un medallón con el Niño y su actitud es semejante a la de la *Blaquerniótisa: con las manos levantadas en ademán orante.

plein-air. Galicismo por *aire libre.

plementería (¿de *pagmento?).* Conjunto de piedras o *dovelas de una *bóveda de *crucería. Cada uno de sus paños se llama *plemento. → 11.

plemocoe (*πλημοχόη*). Vaso de pie cilíndrico y cuerpo lenticular, con tapadera, usado desde el s. VI a. de C. como portaperfumes y vaso funerario. Se utilizó, de barro, en los misterios de Eleusis.

plenas, armas–. V. puras.

pleno. V. lleno.

pleurant (voz francesa). Figura encapuchada en actitud de llanto doloroso y formando parte de un cortejo fúnebre. Es característica de la escultura gótica borgoñona. A veces se le llama *llorón.

plinto. Pieza cuadrada sobre la que reposa una *columna. Forma parte de la *basa. → 37, 40.

– *Pedestal paralelepipédico.

– corrido: saliente de perfil cuadrado o rectangular que marca la altura de un piso por el exterior de un edificio.

– Se llama plinto, impropiamente, al ábaco *dórico o *toscano.

plumbífero. V. barniz.

plúteo. Cajón o estante de un armario de libros.

– Armario para conservar los libros y códices preciosos.

– Cada una de las piezas de piedra o madera, decoradas, que forman un parapeto ornamentado, generalmente cegando la mitad inferior de una *balaustrada, *columnata, etc. → 45.

– V. *transenna.*

– Respaldo del **lectus tricliniar.*

podio. Plataforma.

– *Pedestal en que descansan varias *columnas.

– En Roma, asiento y tribuna dispuestos alrededor de la arena del *circo y el *anfiteatro, reservados a los dignatarios.

podium. Plataforma sobre la que se eleva el templo romano. → 45.

– Plataforma que en el *circo romano separaba la arena de los espectadores. → 16.

pokal (voz germana). Vaso para beber vino en ceremonias oficiales, que adopta con frecuencia formas parecidas a las del cáliz, y tiene su auge en la Alemania del Renacimiento.

policromar. Revestir con *colores diversos.

políptico (del lat. *polypthychus).* Compuesto por varias hojas o planchas. A veces pueden plegarse sobre sí mismas por estar unidas por ambos lados entre sí.

– V. díptico y tríptico.

– *Pintura compuesta de varias tablas.
polistilo. De muchas *columnas.
– *Pórtico con muchas columnas.
polo, polos (πόλος). Peinado griego ensanchado hacia arriba y ceñido por la parte inferior.
polpo (πόλπος). Bolsa que formaba el *jitón, semejante al *sinus* de la *toga.
polsera (¿de *polvo?*). *Guardapolvo. (Es aragonesismo.) ⚭ 42.
pomerio (del lat. *pomerium).* Espacio libre a ambos lados de las murallas ciudadanas etruscas en el que no se podía vivir, labrar o fabricar. Los romanos conservaron la institución solamente al exterior de la muralla.
pometeada. V. cruz. ⚭ 22.
pometeado. En *Heráldica, que termina en pomas o círculos rellenos.
pomo. En *Heráldica, *mueble en forma de bola.
pompeyana, pintura–. La clasificada por Vitruvio en cuatro fases de uso mural: el estilo de incrustración (200-80 a. de C.), el arquitectónico (80 a. de C. a fines del siglo I a. de C.), el ornamental (15 a. de C. a 63 d. de C.) y el fantástico (35 a 79 d. de C.), relacionado este último con el segundo.
ponderación. En estatuaria, equilibrio estático y uniformemente establecido. En cierto modo, se opone a las teorías del **contrapposto,* que busca un equilibrio móvil y dinámico.
ponderal. Pieza que representaba un peso fijo y en torno a cuyo *patrón se establecían las divisiones monetales.
pondo, pondus. Pesa del *telar antiguo, generalmente en *cerámica o barro.
Pont-Aven (Bretaña, Francia). Nombre dado a un grupo de artistas que en torno a Gauguin se reunieron a fines del s. XIX. Según L. Botté se interesaron por un arte simplificado y decorativo, falto de matices intermedios en lo cromático. Este grupo se halla en la base de los que más tarde serían llamados **Nabíes.*
Pop-art (del ingl. *Popular Art).* Corriente artística nacida en EEUU que toma elementos teóricos del *dadaísmo y el *surrealismo componiendo obras con elementos del mundo trivial o habitual, piezas industriales, etc. Su finalidad consistiría en provocar la reacción del espectador en un sentido múltiple: antimecanicista, estético, etc.
porcelana. Materia cerámica cuya pasta, de complicada elaboración, se compone fundamentalmente de *caolín y feldespato. Se obtiene la porcelana tras un complejo proceso de cocción cuyas temperaturas varían entre los 700 y los 1.450 grados en las diversas etapas. La de-

coración, con colores a base de óxidos metálicos, se aplica antes de la tercera cochura y, tras ésta, se consolida, siendo parcialmente absorbida por la pasta.
Las dos variedades más importantes son la tierna y la dura. La primera no contiene caolín y se cuece a menor temperatura, permitiendo por ello el uso de mayor número de colores y el empleo de esfumados; presenta un tono lechoso, distinto del blanco agrisado de la pasta dura.
Ésta es de origen chino y se manufacturó en Alemania en el siglo XVIII mientras que en Francia se fabricaba la pasta tierna por desconocerse el secreto de la otra composición. Las porcelanas de pasta híbrida, con bajo contenido en caolín, caracterizaron a la producción veneciana.
La porcelana es translúcida, poco porosa, compacta, muy resistente a los golpes y al calor.

porche. Entrada o galería adosada a un edificio; tiene *arcadas y está cubierta.
– *Soportal.

pórfido. Piedra volcánica dura, roja o violácea la mayor parte de las veces, en ocasiones veteada, usada suntuariamente.

portada. Puerta ornamentada. ⚭ 8, 42.
– División de cierto número de hilos para formar la urdimbre.
– Primera plana del libro impreso.

portante. Dícese del elemento o estructura arquitectónicos que soporta cargas o empujes.

portapaz. Utensilio plano, de materia preciosa, con que en las iglesias se daba la paz a los fieles ofreciéndolo a besar.

pórtico. Lugar cubierto y *columnado, sito ante un edificio y generalmente adosado a él.
– Galería columnada.
– Estructura adintelada que da acceso a un edificio.

poscenio *(postscaenium)*. Conjunto de dependencias tras la *escena *(scaena)* del *teatro romano. ⚭ 45.

postica, pars–. La parte posterior de algo, en oposición a *pars antica*.
– Específicamente, se aplican ambas expresiones al templo etrusco.

posticum. *Puerta de la casa grecorromana que da al jardín.

postigo. *Puerta falsa.
– Puerta pequeña abierta en otra mayor.
– Cualquiera de las puertas menores de una ciudad.

postimpresionismo. Etapa posterior al *impresionismo caracterizada por una mayor preocupación por las sensaciones táctiles, formales, consistentes, frente al predominio de la sensación visual que caracterizó al impresionismo. Bajo esta denominación se agrupan personalidades muy acusadas y distintas entre sí, como Cézanne, Van Gogh, Gauguin, etc., de cuyo influjo arranca la pintura del s. XX.

postscaenium. Poscenio romano.

póstuma. V. moneda–.

potenza. *Mueble heráldico en forma de letra T con el brazo inferior largo como un tercio del travesaño.

potenzado. Dícese del *escudo cuyo *campo está del todo cubierto por *potenzas cuyos esmaltes son, alternativamente, un *metal y un *color. Se predica también de lo que lleva potenzas como *carga, en su perfil o extremidades. ☞ 30.

– V. cruz. ☞ 22.

poterna. *Puerta falsa o disimulada, en un castillo.

– Puerta menor.

praecinctiones. Galerías circulares de los *teatros o *anfiteatros romanos. ☞ 45.

– V. diazómata.

praetexta. V. toga–.

praetorium. *Pretorio.

precolombino, arte–. El indígena americano anterior a la conquista castellana.

predela (del it. *predella*). Italianismo, por *banco del *retablo. ☞ 42.

prefurnio (*praefurnium*). Habitación en que se halla la instalación de calentamiento del agua en las *termas y baños romanos (V. bálneo). Consta de un horno y tres calderas cilíndricas. La primera da el agua caliente, la segunda, la templada y la tercera, la fría.

Prendimiento. Representación del prendimiento de Jesús en el huerto de los Olivos.

prerrafaelismo. Movimiento artístico y literario inglés, de mitad de siglo XIX, que consideraba a los pintores anteriores a Rafael (Giotto, Masaccio, Perugino, Fra Angelico) como sus *modelos, por entender que en ellos el arte era puro, espiritual, sencillo y lleno de devoción. Los prerrafaelitas fundaron una especie de cofradía (*brotherhood*). Sus figuras principales fueron Rossetti, Hunt y Millais. (Compárese con el *nazarenismo.)

presbiterio. Espacio que circunda al altar mayor y que está separado de la nave por gradas o un *cancel. Se reserva al clero. ☞ 8.

pretensión, armas de–. Las de un territorio o lugar utilizadas por quien, sin tener soberanía, aduce tener mejor derecho a ella.

pretentura (*praetentura*). Parte del campamento romano (V. *castra*) que va de la vía principal a la puerta pretoria.

pretil. *Antepecho.

– Acera elevada al pie de un antepecho.

pretorio. En origen, tienda del general (*praetor*) en el campamento. Por extensión, lugar donde reside la autoridad militar ro-

mana y, por excelencia, el emperador. También, conjunto de los acuartelamientos de las cohortes pretorianas de la ciudad de Roma, aunque éstos deben ser denominados *castra praetoria*.
- V. castra.

primarios, colores–. V. color.

primer plano. En pintura, la parte de la obra que parece más próxima al espectador.

primitivos. Los artistas que comienzan una tendencia o escuela.
- actuales: dícese de los pueblos de cultura primitiva que viven actualmente, y de sus artes.
- Se aplica el término muchas veces a los pintores góticos, que suelen encabezar cronológicamente muchas colecciones de pintura.

pritaneo (*πρυτανεῖον*). Edificio griego público en que se guardaba el fuego sagrado de Hestia, la diosa del hogar. Allí ejercían los magistrados supremos sus funciones y se alojaba a los huéspedes ilustres, se reunía el Consejo de la polis, etc.

prócoo (*πρόχοος*, *πρόχους*). Vaso semejante al *oinócoe, muy extendido en Apulia.

pródomo (*πρόδομος*). Nombre que recibe el acceso al **mégaron*.
- En general, pasillo que da acceso a una construcción con significado especial.

programado, arte– (de *programa*). V. *Gestalt*.

prolepsis. Representación simultánea de acciones sucesivas.

prónaos (*πρόναος*). Sala o *pórtico que da acceso a la *naos o *cella. *Atrio o parte anterior de un templo.
- Pórtico columnado que precede a un edificio cuya fachada recuerda el aspecto de un templo antiguo.

propileos. Conjunto de edificios a modo de entrada monumental, con *pórticos, *columnas, etc.
- *Atrio o *vestíbulo columnado de un templo.
- Pórtico que da acceso al *témenos.

propnigeo (*προπνιγεῖον*). V. gimnasio.

proporción. Relación ordenada, correspondencia armónica en la medida que guardan las partes entre sí y con el todo.
- V. módulo, canon.
- Áurea. V. sección áurea.

propulsor. Instrumento de cuerno del Paleolítico Superior, rematado por un tope. Dicho tope está muchas veces formado por figuras insculpidas o esculpidas de animales. Se le llama así por creerse que, a semejanza de lo que acontece en algunos pueblos primitivos actuales con instrumentos de forma semejante, era empleado para arrojar dardos aumentando la fuerza del brazo, siendo usado a modo de una especie de palanca.

proscenio *(proscaenium).* Parte anterior de la **scaena* del *teatro clásico, ligeramente elevada respecto de la **orchestra.* ☞ 45.
– A veces designa a la *scaena* misma, a sus decorados o a las paredes frontales.
– Palco de intercolumnio colocado al lado de la escena, en el teatro barroco, entre el telón y la orquesta.

prospección. En *Arqueología, conjunto de sistemas usados para la localización y hallazgo de objetos o yacimientos ocultos bajo el suelo. Puede ser aérea, directa, fotográfica, eléctrica, magnética, por sondeo, etc.

prostás (προστάς). Vestíbulo, en griego.
– V. *parastás.*

próstilo. Con columnas en la *fachada, generalmente cuatro o seis, en el templo griego. ☞ 46.
– Precedido de un *pórtico columnado.

prótesis. *Ábside lateral de la *basílica paleocristiana destinado a las ofrendas y a la bendición del pan y del vino. Oblatorio. ☞ 10.
– V. diacónico.

protíride (de πρό y θύρα = puerta). *Clave de *arco cuyo *perfil tiene forma de S o es sinuoso.
– Para Vitruvio, la protíride era cualquiera de las dos *ménsulas que sostenían el *dintel o la *cornisa de la puerta jónica.

prótiro, prothyron, prothyrum (πρόθυρον). Vestíbulo de la casa romana, entre la puerta de la calle y la del *atrio.
– Pórtico cubierto adosado a la puerta de la iglesia o del palacio, en algunas construcciones de la Italia medieval.

protoáticos, vasos–. Los del estilo posterior al *geométrico griego. Esta fase artística se divide en tres periodos:
– protoático antiguo: 710-680 a. de C.
– protoático medio: 680-630 a. de C.
– protoático tardío: 630-600 a. de C.
– Son vasos de color pardo, sin *engobe y pintados a *pincel en negro o castaño oscuro.

protocorintios, vasos–. Los del estilo llamado así por los arqueólogos. Sus formas más frecuentes son la *píxide, el *aríbalo y la *cotila. Su cronología abarca desde el estilo *geométrico hasta el 630 a. de C., aproximadamente.

protodóricos. Nombre incorrectamente aplicado a los *pilares o *columnas egipcios con estrías.
– Estilo protodórico se llama a veces al *dórico anterior al s. v a. de C.

protome (προτομή). *Torso o parte anterior de un animal, empleada ornamentalmente.

provisto. En *Heráldica, predícase del casco con *lambrequines.

provocator. *Gladiador con yelmo, espada y *_scutum_, con peto y *cnémides.

proyección. *Dibujo obtenido representando sobre un *plano todos los puntos de un edificio desde los que se han trazado verticales a dicho plano.

– isométrica. V. isométrica. ↠ 43.

- ortogonal. V. ortogonal.

– axonométrica. V. isométrica.

proyecto. En Arquitectura, conjunto de diseños, planos y cálculos, *plantas, *alzados, *secciones, *perspectivas, etc., que determinan todo lo necesario para la construcción de una obra.

prusianela (del *azul Prusia).* Seda azul con pequeñas florecillas.

psalterio. Libro que contiene los salmos. Es más correcto salterio.

– También se llama así a una especie de arpa de origen hebreo usada hasta la Edad Moderna.

pschent. Tocado real de Egipto en que se unen la tiara blanca, símbolo del Bajo Egipto y la roja, que lo es del Alto con el *úreo.

pseudodíptero (*pseudo* y *δίπτερος*). Templo, generalmente *octástilo, que tiene una sola fila de *columnas alrededor pero a distancia mayor de dos *intercolumnios respecto de la pared. A veces, una segunda fila se empotra en el muro. ↠ 46.

pseudoisódomo (del lat. *pseudoisodomus).* *Aparejo–. El de *hiladas regulares de distintas alturas, que se disponen alternadamente.

pseudoperíptero *(pseudo* y *períptero).* Dícese del templo en cuyas fachadas laterales aparecen las *columnas empotradas en el muro, en ligero saliente o adosadas a él.

psicomaquia (de *ψυχή* y *μάχη*). Representación simbólica de la lucha entre las Virtudes y los Vicios. Aunque el empleo de este tema es sobre todo escultórico y medieval, encuentra sus orígenes en los poemas del hispano Prudencio (siglos IV-V d. de C.).

psicostasis (*ψυχοστάσις*). Representación gráfica del peso de las almas por seres preternaturales. El tema es originario del Egipto faraónico *(Libro de los Muertos)* y se popularizó en la Edad Media, recibido a través de Bizancio y el arte *copto.

psicter (*ψυκτήρ*). Vasija de forma complicada que recuerda a una peonza. Su nombre indica su uso *(enfriador):* ser llenado de nieve o agua muy fría y servir de refrigerador del vino.

– También se llama así a un *ánfora de paredes dobles y doble fondo, usada de manera similar. ↠ 15.

Psique, Psiqué (del fr. *psyché*). Gran espejo sostenido por dos columnitas entre las cuales puede girar según su eje horizontal. Se usó mucho en el *neoclásico. Al igual que el nombre del personaje mitológico, es más correcto castellanizado como Psique.

ptéroma (πτέρωμα). Espacio que media entre los muros de un templo y las columnas que lo circundan.

– *Columnata alrededor de un edificio.

puerta egipcia. La de forma de trapecio isósceles con el lado menor arriba.

puerta galilea. V. galilea, puerta–.

puerta pretoria. V. castra.

puerta del retablo. V. retablo.

puerta triunfal. Entrada principal del *circo romano. ⚭ 16.

pulimentar. Alisar o dar tersura a una cosa.

pulir. *Pulimentar para obtener lustre.

púlpito. Plataforma elevada, a menudo bajo un dosel llamado *tornavoz, desde donde se habla a una asamblea y específicamente a los fieles en la iglesia.

pulpitum. Parte delantera de la *scaena*, inmediata al *proscaenium*. ⚭ 45.

pulsator. *Gladiador que combatía generalmente contra el *retiario.

pulvinar. Tribuna imperial, en el centro del **podium*, en los *circos y *anfiteatros romanos. En origen designaba al lecho donde se colocaban las imágenes divinas en las ceremonias. Es voz latina.

pulvino (*pulvinus*). Parte del *capitel jónico, *cojinete.

punta. En *Heráldica, tercera y última parte inferior del *campo del *escudo. También, cada uno de los colgantes de un *lambel. V escudo. ⚭ 28, 29.

punta de diamante. Ornamento en forma de *piramidión muy bajo.

punta de sílex. Pieza obtenida sobre una *lasca generalmente de tipo triangular y forma lanceolada u ojival, con o sin retoque. Las más interesantes son las obtenidas por la técnica *Levallois, que pueden ser primarias o secundarias (según tengan una arista dorsal o dos convergentes) y las solutrenses obtenidas mediante retoque envolvente en caliente, con pedúnculo y aletas.

punta seca. Estilete de acero para trabajar el cobre, el zinc, etc. – V. grabado a–.

puntiaguda, cruz. V. cruz. ⚭ 22.

puntilla. El vértice de un *lóbulo en un *arco lobulado.

puntillismo (del fr. *pointillisme*). *Divisionismo y *neoimpresionismo.

punto. – del *arco. Relación entre su *flecha y su *luz.

– de fuga. V. perspectiva.
– Dirección, combinación y práctica de las puntadas de un *bordado. V. sus variedades.
– En *Heráldica, parte del *campo del *escudo en que se sitúa una *carga. V. lámina del escudo. ⇢ 28.

punto al pasado. Son puntos alineados densos, dados en puntadas largas de contorno a contorno.

punto de esterilla. Hilos verticales que con pequeñas puntadas oblicuas se sujetan a la tela cada uno. Cada uno de los *puntos largos* se sujeta a la tela por estos *puntos oblicuos* que se dan regularmente.

punto de honor, puntos del escudo. En *Heráldica, cierta parte del *campo del escudo (V. figura). ⇢ 28.

punto de realce. Es el punto al pasado pero dado sobre un relleno, que se prepara con un punto llano dado en el sentido perpendicular o con un punto de hilván (éste de menos relleno).

punto llano. *Punto al pasado.

puntos de oro. Oro llano. Consiste en cubrir el lienzo por una serie paralela de torzales, sujetos por puntadas de seda naranja, de modo que apretando unas y combinándolas, pueden conseguirse dibujos geométricos, e incluso vegetales. Se le llamó también oro tendido u oro atravesado.
– Setillos y empotrados: son variedades que tienen como base montar una labor de oro llano sobre un fondo de hilos paralelos de algodón, separados entre sí el grueso de uno; las puntadas van en los huecos.

puntos de oro y seda. Oro matizado: el motivo se borda sobre una labor de oro llano; las puntadas son tan frecuentes que el oro queda casi oculto dando efectos de transparencias y sombreados. Se le llama también *oro y matices* y *oro y sedas.* Este sistema fue el que dio el éxito al bordado de influjo flamenco-borgoñón.
– Punto de rajel: labor semejante a la anterior, pero en la que los torzales estaban más separados.
– Giraspe: labor técnicamente igual al oro llano (*puntos de oro) pero con hilo de esta clase.

puntos de seda. Punto de matiz: puntadas finísimas de tonos en gradación, realizado el motivo en rivalidad con la pintura. Se le llama también seda de matices, matiz, bordado de sedas, peloteado y encarnaciones (en las carnes).
– punto de matiz de tipo europeo: en él, las puntadas de los diversos tonos se intercalan sin que se aprecie una línea de separación y los tonos más claros se sitúan en la parte exterior de los motivos, concentrándose la to-

nalidad en oscuro en las partes centrales y profundas.

– punto de matiz chinesco: intermedio entre el punto matizado y el chato, las zonas de color se bordan al pasado, quedando los matices en campos netos y no mezclados. Matiza los motivos en disposición inversa al modo europeo, de forma que los colores oscuros quedan en la parte externa.

– punto chato: no matiza, y los motivos se forman con campos coloreados netos. Es de uso popular.

– punto de hábito: consiste en fijar, punteando a intervalos, una hebra de oro usando sedas de color carmesí, y alguna vez verde o azul, que se hacen imperceptibles. Se realiza para perfilar motivos bordados en oro,

– punto plumeado o de Rumania: de puntadas largas, oblicuas a un eje, a modo de pluma.

– punto de Bolonia: mecha de seda sin pasar y sujeta con cruceta o pespunte.

– punto de arenilla: es el punto de matiz finísimo usado en los rostros de las figuras.

– punto de tapiz: mixto de bordado y tejido.

– punto zurcido: mixto también, y muy usado en los rostros.

– puntos de cadeneta, falsa cadeneta, cordón, pespunte, cruceta, etc., son técnicas de realizar puntadas.

punzón. Instrumento de acero que tiene en la boca un relieve que se hinca, por presión o percusión, quedando impreso en el trabajo que ha hecho el orfebre.

– En *orfebrería se distinguen los punzones de taller u orfebre, de ciudad y de afio.

puras, armas–. Las que no muestran *brisura ni modificación respecto de las originales. Se llaman también legítimas, plenas, regulares o verdaderas.

purificadores. Paños de lino para enjugar y purificar el cáliz después de la comunión.

purismo. Tendencia a producir y conservar tan sólo obras que respondan exactamente a las características *canónicas de un *estilo.

– En relación con el *nazarenismo, V. esta voz.

púrpura. *Color rojo subido tirando a violado. *Múrex.

– *Esmalte heráldico de color púrpura que convencionalmente se representa por un fino rayado diagonal que cruza desde el *canto siniestro del jefe al diestro de la *punta. V. escudo. ∞ 28.

purpurina. Colorante rojizo extraído originariamente de la raíz de la nubia. También se obtiene de pulverizaciones metálicas, variando su color en cada caso. Las mejores y más tradicionales se hacen en hornos mezclando plata, estaño, azufre y compuestos amoniacales. Se usa para recubrir objetos de madera, bronce y otros materiales.

puteal. Pequeño muro que rodeaba un lugar fulminado por el rayo o donde existía un lugar sagrado menor. Recinto del *bidental.

putti (del it. *putti* = niños). Decoración de amorcillos o angelotes.

puzolana. Producto pulverulento que mezclado a la cal permite a ésta fraguar bajo el agua. Originalmente se llamó así a una tierra volcánica, de color rojizo, gris o pardo, existente en Pozzuoli.

pylon (*πυλών*). Puerta exterior del teatro que podía dar acceso a los **párodoi.*

pyxis. *Píxide.

Q

quadrans. *Cuadrante, moneda que valía tres *onzas –la cuarta parte del *as– y cuyo signo eran tres bolas. Pesaba teóricamente 81,86 g.
quadratum. V. *opus*. ✑ 36.
quadrigatus. *Cuadrigado.
quadrussis. Cuadrisio, moneda arcaica de bronce, generalmente un lingote, del valor de cuatro ases romanos.
– V. as.
quaestorium. *Cuestorio.
quaternius. Moneda de oro acuñada por Augusto que valía cuatro *áureos. Cuaternio.
Quattrocento. En italiano, siglo XV.
qubba. En árabe, cúpula.
querno. *Kerno.
querubín. En *Heráldica, cabeza infantil con dos alas. V. serafín.
quiasma, -o (del lat. *chiasmus*). Cruce de líneas en forma de X.
– Disposición de una figura de tal modo que sus miembros inferiores y superiores adoptan actitudes que se corresponden cruzadamente: a un brazo en tensión corresponde, en el mismo lado, una pierna en reposo; al brazo relajado, responde la pierna tensa por el peso del cuerpo, etc.
– V. diartrosis y *contrapposto*.
quibla. V. mezquita.
quicial. *Montante que soporta los goznes o bisagras que sujetan el *quicio de una puerta o ventana.
quicialeras. Piedras con un orificio en la parte que da al exterior, empotradas en lo alto y lo bajo de una puerta, en las cuales se insertan los extremos del *quicio.
– *Quiciales.
quicio. Eje vertical sobre el que gira una puerta o que la sustenta, inserto en el quicial.
– *Quicial.

quílice. **Kylix.* ∞ 14.
quimera. Monstruo mezcla de león, cabra y *dragón que escupía llamas.
– En *Heráldica, animal imaginario con cabeza y pecho de mujer, melena suelta, manos de *león, patas de *grifo, cuerpo de cabra y cola de dragón. No es raro verlo empleado como *cimera.
quimono. **Kimono.*
quinario. La mitad del *denario romano. Valía 5 ases.
quinconce, quincuncia *(quincunx)*. Moneda romana que valía cinco *onzas y cuya *marca de valor eran cinco puntos, como en los dados.
– Disposición de algo en tresbolillo, como el signo de la quincuncia.
quincussis. Moneda romana, múltiplo del *as, que valía cinco veces más que él. Se usó en la época del *aes grave,* en forma de *lingote.
quinquefolio. Flor de cinco pétalos o conjunto de cinco hojas dispuestas radialmente.
quintana, vía. V. castra.
quitón, quitono. *Jitón.
quiosco. *Kiosco.

R

rábita, rápita. *Morabito. Santuario de eremita musulmán.
radiada, cruz. V. cruz.
radiante. En *Heráldica, dotado con rayos, alternados los rectilíneos y los curvilíneos. Si se trata de un astro o de un *mueble, los rayos son ondeantes.
radiocarbono. V. carbono 14.
raedera. Pieza lítica elaborada sobre *lasca con *retoque continuo sobre uno o más bordes de modo que existan uno o varios semicortantes, sin denticulados o *escotaduras. El borde ocupa, en la raedera, la dimensión máxima de la misma. ☞ 48.
rafa. *Machón que se inserta en una pared para reforzarla o reparar una grieta.
raku. Cerámica japonesa del periodo Momoyama (1572-1615) creada por el artista Chojiro. Sus principales productos son piezas para la ceremonia del té (**cha-noyu*) y en especial tazas (**chawan*). Hechas a mano, son voluntariamente irregulares, rústicas, sencillas y sin ornato, monocromas, de forma simple y aspecto inacabado, inspiradas en la doctrina del budismo *Zen. Son famosas las formas raku rojo *(aka-raku)* y raku negro *(kuro-raku)*. Es el tipo cerámico japonés más conocido en Occidente.
rafe. *Alero trabajado artísticamente.
rajola. *Rejola.
rameado. Dibujo que representa ramas o ramos vegetales.
rampante. Cualquiera de los dos lados de un *piñón o *hastial.
– En actitud de rampar, de escalar o subir.
– V. arco. ☞ 5.
– Dícese, en *Heráldica, del animal representado de perfil en-

hiesto y sobre sus cuartos traseros. El *león rampante lleva alzada la cola, que acaba en borla, la lengua y las uñas fuera y la crin erizada. Es denominación que no conviene a cualquier *figura animal. V. enfurecido.

ranversado (del fr. *ranversé*). Se dice del elemento heráldico representado con inversión de su eje vertical usual: un *creciente con las puntas hacia abajo, una *perla con su *cabrio surgiendo de la punta, una cruz con el travesaño en la parte de abajo, etc.

rasgada, cruz. V. cruz. ☞ 23.

raso. Paño de seda de sistema parecido al de la sarga pero en el que los ligamentos llevan una ordenación compleja que da un paño uniforme y liso, brillante por el haz y mate por el envés. Tiene más cuerpo que el *tafetán y menos que el *terciopelo.

raso. Voz heráldica. V. lleno.

raspador. *Lámina o *lasca lítica que, en una o en las dos extremidades, ha sido retocada de modo continuo y simple, de modo que presente un frente más o menos redondeado y convexo apto para raspar. ☞ 48.

rasqueta *(raclette)*. Pieza de sílex sobre *lasca, de caras casi planas, con *retoque normalmente en todos los bordes, poco marcados, regulares y muy abruptos. ☞ 48.

rat-penat. En Cataluña y Valencia, *murciélago («rata con plumas») heráldico. V. dragón.

rauda. Cementerio musulmán.

rayo. En *Heráldica. *figura flameante en forma de *sotuer y compuesta por cuatro rayos o dardos en zigzag. También, cada punta de una estrella.

reacuñada. V. moneda–.

realce. V. bordado de–.

realismo. Actitud o tendencia *estética que intenta reproducir fielmente la realidad. Se diferencia del *naturalismo en que es menos crudo y descarnado, ya que el realismo añade a la intención reproductiva una relación dialéctica y un juicio del artista sobre la realidad interpretada.

realismo mágico. Movimiento artístico originario básicamente de Alemania, en donde se extendió en los años 20 y 30 del siglo XX, como reacción frente al *expresionismo pero con evidentes raíces en él. Se caracteriza por su voluntad de precisión objetiva. Dix, Hofer, Beckmann (en Alemania), Hynckes (Holanda) y Ben Shahn (USA) son sus nombres más destacados.

realzado. V. arco. ☞ 5.

rebaba. Porción de materia sobrante que forma saliente en un borde, especialmente en vaciados, fundidos y acuñaciones, incisiones, cerámicas, etcétera.

rebajado. V. arco. ☞ 4.

rebajado, borde–. Dícese del borde de la pieza de sílex que ha sido modificado por *retoque abrupto (de ángulo tendente a los 90°) de modo que su filo se ha embotado.

rebajar. Disminuir la altura de *arcos o *bóvedas a menos del semicírculo.
– un *contorno o *dibujo: disminuir la precisión del mismo.

recamado. *Bordado de realce.

recargado. Excesivamente ornamentado.

reciario, rediario. *Retiario.

reclinatorio. Mueble acomodado para arrodillarse en él apoyando los brazos.

reconstrucción. Acción y efecto de volver a construir.
– *Restitución.
– ideal: *restitución verosímil, presumiblemente cierta, obtenido a partir de pocos restos o descripciones literarias.

recortada. En *Heráldica, pieza acortada de modo que no toque los bordes del *escudo. Se denomina también abscisa o alejada. ➾ 32.

recruzada. V. cruz. ➾ 23.

redecilla. V. esmalte.

refectorio. Comedor de un *monasterio o convento.

reflejos metálicos, cerámica de–. V. dorado y loza dorada.

refractario. Que resiste la acción del fuego sin cambiar ni descomponerse.

regatón. Contera de una lanza.

Regencia, estilo–. El que marca en Francia el paso del *Barroco al *rococó, durante la regencia de Felipe de Orleans, hasta 1723.
– El estilo Regencia en Inglaterra se refiere a la regencia de Jorge III (1811-1820), que sirve de contacto entre el *neoclasicismo y el estilo *Imperio.

regila *(regilla)*. Túnica romana que vestía la novia por la noche en la víspera de la boda. Era de un tejido que dejaba ver los hilos dispuestos verticalmente *(rego: dirijo en línea recta)*.

regleta. *Filete, *listel.

régula. Corto *listel entre las *tenias y las *gotas del *entablamento, en los órdenes clásicos. ➾ 39.

regulares, armas–. V. puras.

reja. Cerramiento de barrotes, especialmente si son metálicos y están trabajados artísticamente. Con frecuencia en el arte cristiano se han utilizado para cerrar capillas, coros, etc.

rejilla. Tira metálica que protege la abertura frontal del *casco de guerra.

rejola (prob. arag. de *rejo)*.
– *Ladrillo, baldosa. Es aragonesismo.
– *Azulejo, especialmente en Valencia, *rajola.

releje. La desviación de un paramento en talud respecto de la vertical que pasa por su pie.

relicario. Lugar para conservar reliquias. Caja o estuche para custodiarlas. Sus formas fueron numerosas, adoptando muchas

veces la de la reliquia contenida; así, hay bustos-relicarios, brazos-relicarios, cabezas-relicarios, etc.
– V. lipsanoteca.
relieve. *Escultura no *exenta. (V. alto, bajo y medio–).
remate. Parte superior, coronamiento de algo, generalmente con intención de embellecer.
Renacimiento. Movimiento cultural con el que se pone fin a la llamada Baja Edad Media, y que, en general, supone una recreación de los valores humanísticos, estéticos y de pensamiento de la Antigüedad *clásica. Comienza en Italia con el siglo XV, aunque es evidente que las raíces del Renacimiento se hallan en la propia civilización medieval, creadora del primer humanismo.
repartición. En *Heráldica, división del *campo hecha con más de una línea (a diferencia de la *partición). ☞ 31, 32.
repinte. Acción de *pintar sobre lo ya pintado.
repisa. Especie de *ménsula con más longitud que vuelo.
réplica. V. copia.
repostero. Paño mural que recoge, generalmente en bordado, algún blasón.
repotenzada. La *cruz potenzada de cuyas *potenzas surgen otras en sus extremos.
representación. Reproducción de la *imagen o apariencia de una cosa. (V. reproducir, segunda acepción).
reproducir. Sacar copias.
– Plasmar en una obra de arte el aspecto de una cosa. Representar.
repujado. Trabajo efectuado sobre metal, martilleando su parte de atrás, para conseguir un relieve por el *anverso. Se retoca con el *cincel.
– Labor sobre cuero que consigue efectos semejantes a los del repujado en metal, y que se obtiene colocándolo sobre una masa uniforme de material plástico, humedeciéndolo y comprimiéndolo de modo que, al secar, las partes rehundidas permanezcan, dejando el resto en *relieve.
resalte. *Saledizo o vuelo de un elemento. Dícese de él que está en o tiene resalte.
– *Resalto.
– *Relieve, sobresalimiento.
resalto. Parte que tiene resalte, en un elemento.
– *Resalte.
resello. Segundo sello que se añade a una *moneda con objeto de cambiar su valor facial, ampliar su ámbito de circulación, etc.
resillé. V. esmalte.
responsión. Elemento de soporte en la *nave, adosado al muro, sobre el que arranca el *arco y que se corresponde con un *contrafuerte exterior.
– *Pilastra dispuesta de modo

que se corresponda con una *columna.
restaurar. Reparar el deterioro de una obra de arte para devolverle su aspecto original. Actualmente se piensa que la restauración debe ser fiel, no inventada y realizada de tal modo que se advierta sin que desentone por ello del conjunto.
restitución. V. moneda de–.
– *Dibujo o plano que reconstruye un monumento destruido, a efectos más de su estudio que de su ejecución material posterior.
– *Atribución que con seguridad se hace de una obra a un autor, si anteriormente se atribuía a otro.
– *Restauración que devuelve a una obra su aspecto originario.
retablo. Obra de arte que cubre el muro tras el altar, hecha sobre madera, piedra o metal, con pinturas, esculturas u obras de ambos tipos, y cuya forma varió durante las diferentes épocas siendo la más característica la siguiente disposición: a modo de *pedestal, un *banco o *predela, a veces doble. En el cuerpo del retablo existían divisiones verticales, o *calles, separadas a veces entre sí por otras más estrechas o *entrecalles. Las divisiones horizontales son *pisos o *cuerpos. Para proteger el conjunto, se disponía una *polsera o *guardapolvo, que lo enmarcaba en *saledizo. En ocasiones el retablo comportaba dos grandes piezas, llamadas *puertas, sujetas por goznes a sus extremos laterales, que podían cerrarse sobre él para resguardarlo y que solían estar pintadas tanto por dentro como por fuera. Cuando existe una prolongación de la calle central que sobresale del último piso, recibe el nombre de *ático. Los ornamentos arquitectónicos que se añaden en ocasiones al retablo, para ensamblar sus distintas partes, se ajustan siempre al estilo dominante de la época. ⚭ 42.
– V. sotabanco.
retallo. *Resalte, especie de escalón que forma a veces un muro para disminuir bruscamente su espesor.
retentura. **Castra*.
retiario. *Gladiador que combate armado de una red *(rete)* y un tridente o un puñal.
reticulatum. V. *opus*. ⚭ 36.
retirado. Dícese de la *pieza que, saliendo del borde superior o inferior del *escudo heráldico, no llega, respectivamente, al *punto de honor o al *ombligo.
retoque. Trabajo secundario que el artista lleva a cabo sobre su obra, una vez terminada, con objeto de rectificar detalles o corregir pequeñas imperfecciones.
– En *tipología lítica, última operación que se efectúa, de modo muy ligero, sobre un útil preparado y que actúa casi siem-

pre en los bordes de las piezas, eliminando irregularidades con objeto de obtener un mejor filo, una punta más aguzada o, por el contrario, disminuirlos. Los retoques sobre piedra son de muchas clases y suelen estudiarse y analizarse según los siguientes principales criterios: por su amplitud o grado en que invaden a la pieza (marginal, profundo), por el ángulo que forman con el borde (simple, normal, plano, abrupto), por su delineación (continuo, discontinuo, recto, denticulado) y por la cara de la pieza en que están hechos (directo, inverso, alterno, alternante, mixto, unifacial, bifacial).

retorcha (de *torcha*). Banda de *bordado de oro, sobrepuesta, que bordea las capilletas. Cuando en vez de bordada es tejida, se llama galón.

retrato. *Reproducción de la efigie de una persona principalmente en escultura y pintura.

retropilastra. *Pilastra tras una *columna, especialmente si se adosa a un muro.

retrospectiva, exposición–. La que recoge obras de un artista o grupo de artistas abarcando su trayectoria desde los inicios o una fase inicial.

refundir. Igualar el *paramento de una obra después de acabada.

revellín. Primer recinto amurallado exterior.

reverso. *Envés. *Cruz.

– *Cara secundaria de un objeto y, sobre todo, de un objeto *Numismático. → 34.

revestimiento. Material que forma el acabado o protección externa de una obra.

revoque. Capa de *cal y *arena o de materiales análogos con que se recubre un *paramento.

rey. En *Heráldica, *figura masculina con corona y cetro.

rhyton. ***Ritón.**

ribat. Convento islámico fortificado.

ringla, ringlera. Serie de cosas ordenadas en fila unas tras otras. Dícese sobre todo de las estatuas alineadas a lo largo de un muro.

riñón. Gruesa piedra de *sílex en estado natural; nódulo de sílex.

– En el *arco o la *bóveda, parte entre el primer y el segundo tercio de la *flecha.

ripidiom (*ῥιπίδιον*). *Hexaptérico, pequeño **flabellum* litúrgico empleado en el rito ortodoxo de la misa, compuesto por la cabeza de un ángel con seis alas alrededor.

ripio. V. enripiado.

ritmo. Adecuada ordenación de las líneas de movimiento en una obra de arte, sucesión armónica de las formas dispuestas en el espacio artístico.

ritón, rhyton (*ῥυτόν*). Vasija que imitaba la forma de un cuerno que servía para beber y solía llevar *decoraciones zoomorfas.

Fue muy usual en Grecia y se hizo en toda clase de materiales cerámicos, metálicos, córneos, etc. Etimológicamente significa «que vierte, que mana». ⇨ 15.

ritual. *Libro litúrgico que contiene los ritos para la administración de los Sacramentos.

rizo. Terciopelo, no cortado en el telar, áspero al tacto y que forma una especie de cordoncillo.

rocalla. *Decoración de tipo rústico a base de fragmentos de rocas, plantas, etc.
– Decoración a base de *motivos que reproducen las formas de las conchas, dominante en el llamado *estilo Luis XV. Este estilo se caracteriza por el predominio de las curvas, sus encuadres de medio punto, sus guirnaldas y haces vegetales, la presencia de elementos extremo-orientales, etc. Su policromía es delicada, poco brusca. Su deformación exagerada, que lo hizo ser un arte polémico al servicio de la Contrarreforma en lugar de un refinamiento cortesano, originó el *rococó o *Barroco tardío.

rococó. Deformación jocosa del término *rocaille* (*rocalla) con la que se designaba al estilo recargado propio de la época de Luis XV de Francia. Es más propio hablar de *Barroco tardío, refiriendo preferentemente este término a lo *ornamental.

rodapié (de *rodear* y *pie*). Faja que se pone en la parte inferior de un muro, en contacto con el suelo y en pequeño saledizo y que sirve para proteger su revestimiento de golpes, patadas, etc.
– *Zócalo.
– *Antepié.

roel. Cristal circular de una ventana.
– *Decoración de forma redonda.
– *Mueble heráldico de *color sobre campo de *metal. No confundir con *bezante y *bola.

rojo. V. pigmento.

roleos. *Decoración a base de motivos enrollados, de *volutas que se enrollan sobre sí mismas, de cilindros de origen espiral, etc.

románico. *Estilo predominante en Europa en los siglos XI, XII y parte del XIII caracterizado por el uso del *arco de medio punto y la *bóveda de cañón. Se desarrolló en Francia, España, Alemania e Italia y secundariamente en Escandinavia e Inglaterra. Sus formas son cerradas y equilibradas, realizando una síntesis del substrato clásico romano, de las aportaciones bárbarogermanas y de la espiritualidad cristiana. Su estética es rudimentaria pero esencial, tosca y expresiva a la vez. En pintura predomina una clara bidimensionalidad basada sobre todo en enérgicas construcciones lineales.

romanista (de Roma). Artista influido por el arte romano del siglo XVI y especialmente por Miguel Ángel. Se aplica sobre todo a los artistas franceses y flamencos influidos por el **Cinquecento* romano a fines del XVI y durante el XVII. La investigación española emplea recientemente este término aplicándolo a los artistas peninsulares italianizados en esta época.

romano. V. bordado al–.

romanticismo. Movimiento cultural que en la primera mitad del s. XIX reaccionó vivamente contra el *academicismo reinante, y sobre todo contra el *neoclásico, dirigiendo su atención a otro tipo de temas, especialmente los relativos a la Edad Media y al pasado nacional, tratándolos en arte de manera apasionada e idealizada, y, a veces, revolucionaria y detonante. El romanticismo pictórico introdujo definitivamente en arte la valoración del color y la materia a la par o incluso por encima del dibujo y la forma.

rompido. V. fallido.

roque (del fr. *roc*). Representación *heráldica de la torre de ajedrez. A menudo ha sido tipo *parlante, pero modificado y transformado en castillo o torre. Suele mostrarse en silueta y con un remate en forma de orejas redondas o curvilíneas y apuntadas.

roquete. No es otra cosa que el *alba acortada.

rosa. Ventana circular de tamaño pequeño o mediano, con *tracería.

– En *Heráldica, *figura de rosa, generalmente de cinco pétalos y otros tantos sépalos intercalados y vista de frente. Si se trata de una rosa de perfil, con tallo y en sus colores, se llama rosa natural. ➾ 38.

rosario. *Moldura a base de perlas, cuentas, rodajas, etc., unidas unas a otras.

rosca. –del arco. Espacio delimitado por *trasdós e *intradós. ➾ 2.

– Anchura de la *rosca del *arco.

roseta. Estrella de seis puntas que, en *Heráldica, vale por una roseta de espuela.

rosetón. *Vano circular *calado, especialmente en el arte medieval. ➾ 47.

– Flor que decora los *capiteles *corintio y *compuesto.

– *Ornamentación lineal delimitada circularmente.

rostra. *Tribuna arengaria del Foro rodeada de *balaustres y *estatuas, llamada así por su proximidad a las columnas rostradas.

– V. rostrada y *rostrum*.

rostrada, rostral. Dícese de la columna que ha sido adornada con varios **rostra* (V. *rostrum*), y también de la *corona que se ceñía al legionario romano que saltaba el primero a la nave enemiga.

rostrum. Espolón metálico de la nave antigua, parte más avanzada bajo la proa, concebido para embestir al navío enemigo. Con varios de ellos capturados en combate se erigían *trofeos militares en forma de *columna, llamada rostral o rostrada.

rotonda. Edificio u obra de planta circular, y especialmente si tiene *cúpula.

rótulo. *Epígrafe, *leyenda.

ruante (del fr. *rouant*). En *Heráldica, que hace la rueda. Dícese, en su caso, del *pavo real, la paloma, el gallo, etc.

rueda. *Mueble heráldico en forma de rueda, a menudo con radios. Si lleva cuchillos se denomina «de suplicio» o de «Santa Catalina».

rugae. V. estola.

rúnica, piedra–. Piedra incisa con caracteres rúnicos y dibujos con un supuesto poder mágico. Las runas y las piedras rúnicas son características de Escandinavia y pueden situarse, más o menos, entre finales del mundo antiguo (siglo IV) y comienzos de la Edad Media.

rupestre. Hecho sobre la roca. Dícese especialmente de las pinturas y grabados en roca hechos por pueblos primitivos, tanto prehistóricos cuanto actuales.

rusa, cruz. V. cruz. ➾ 23.

rústico. Dícese del paramento intencionadamente tosco, cuyos *sillares quieren dar la impresión de haber sido trabajados sin una técnica cuidadosa.

S

sabat. Pasadizo para el acceso del *califa a la mezquita cordobesa.
sabil. En árabe, fuente para las abluciones, situada en el **sahn* de la *mezquita.
sable. En *Heráldica, color negro que se representa convencionalmente mediante un cuadriculado muy tupido. V. escudo. ☞ 28.
sacelo *(sacellum)*. Recinto sagrado, al aire libre.
– Espacio sagrado alrededor del *ara romana.
– Capilla.
sacena. Hacha ritual romana para el sacrificio de animales. Tenía doble filo.
saco, saccos (*σάκκος*). Tocado femenino griego en forma de cofia.
– Túnica de tela de saco usada en el luto.
sacramentario (del lat. *sacramentarium*). Antiguo libro litúrgico medieval que contenía parte de los actuales Misal, Ritual y Pontifical.
sacrario *(sacrarium)*. Parte del templo en la Antigüedad donde se conservaban los objetos sagrados y destinados al culto.
– En la casa romana, lugar consagrado a los dioses familiares.
sacristía. Anejo de la iglesia donde se conservan los vasos y ornamentos sagrados, destinado asimismo al revestimiento de los oficiantes.
saepta (pl. de *saeptum* = cercado, vallado). Recintos de las votaciones para los comicios romanos, por los que los ciudadanos, separados según las unidades de voto, pasaban uno a uno para depositar el sufragio.
saetera. Ventanilla, pequeño vano estrecho, *aspillera que permite disparar resguardándose. Puede estar *derramada.

sagita. *Flecha del *arco, o de una *viga en su punto medio.
– Porción de radio que va del centro del arco al de su cuerda.
sagitario. Figura imaginaria, *centauro que dispara un arco.
sago *(sagum)*. Capote o manto, especie de sayo propio de los bárbaros y esclavos romanos, que fue adoptado como capa militar por las legiones romanas. Era el símbolo de la guerra y respondía bastante bien a nuestra actual capa, aunque era más corta. Su color variaba según la graduación militar.
sahn. Palabra árabe que designa el patio rectangular de la *mezquita.
saledizo. Que sobresale, saliente.
– Parte que sobresale de la *pared maestra.
saleta. *Antecámara.
saliendo, saliente. En *Heráldica, se predica del animal o del astro del que sólo se ve la parte superior quedando la inferior oculta por una pieza, corona, casco o línea de partición, como si surgiese de ella.
salmer. La primera *dovela, inmediata al *arranque.
– Piedra sobre la que descarga una *bóveda. ⪢ 2.
salomónica. V. columna. ⪢ 18.
salón. En lenguaje artístico, esta palabra tiene un significado tomado del francés, para designar una exposición sobre tema monográfico o en la que colaboran autores unidos por razón de edad, escuela, motivaciones, temática, etc.
salón, planta de–. **Hallenkirche.*
saltacaballo. *Montacaballo.
saltante. En *Heráldica, el cuadrúpedo rampante pero con las dos patas en tierra y las dos manos alzadas y juntas.
salterio *(psalterium)*. *Psalterio.
salvilla. Bandeja con una o varias encajaduras donde se aseguran las tazas o jícaras que se sirven en ella.
– V. mancerina.
sambuca. Máquina romana de guerra consistente en un puente levadizo unido a una torre móvil. Adosado a la muralla enemiga, permitía el paso de las tropas a la parte superior de ésta.
samnita. *Gladiador pesadamente armado, con yelmo, escudo, espada o lanza y una *cnémide de cuero en la pierna izquierda.
San Andrés. Cruz de–. ⪢ 20.
San Antonio. Cruz de–. ⪢ 20.
sancta sanctorum. Lugar donde se custodiaba el Arca de la Alianza en el templo de Salomón. Su acceso sólo estaba permitido al Sumo Sacerdote. La Real Academia prefiere sanctasanctórum.
– Tabernáculo cristiano.
sandalio *(sandalium)*. V. solea.
sanguina. *Dibujo hecho con

un *lápiz de *color rojo oscuro, especie de *pastel, que también se llama sanguina.

Santiago. Cruz de–. ☞ 23.

– V. venera.

Santo Sepulcro. Cruz del–. ☞ 23.

sarcófago. *Sepulcro de inhumación. Toma el nombre de una piedra capaz de consumir rápidamente las partes putrescibles de un cadáver (de *σάρξ* = carne y *φάγω*, como).

sardinel. Dícese de los *ladrillos sentados de canto o de la obra hecha con ellos.

– V. falso dintel.

sarga. Tela cuyo tejido forma líneas diagonales y en el que se pinta al *temple o al *óleo.

sasánida, arte–. El correspondiente a esta dinastía iraní (224-642) elaborado a base de elementos aqueménides y griegos. Empleó abundantemente la *bóveda y la *cúpula y su influencia en lo ornamental se transmitió al *románico y a la *Heráldica europea a través de sus tejidos. El arte islámico heredó muchos de sus elementos.

satinado. Que tiene *brillo y lustre.

sátiro. Personaje del cortejo *dionisíaco, con torso humano y pezuñas de cabra. *Fauno.

saturación. «Es posible producir un área de *color que sea de *tono amarillo, de *valor muy claro y extremadamente brillante. A ese mismo amarillo de tono claro puede hacérsele aparecer apagado y agrisado. Esta diferencia de brillo se dice que es una diferencia en el grado de SATURACIÓN de un color. En *Pintura, cada tono tiene un diferente y último grado de saturación y todos los tonos pueden reducirse en cuanto a la brillantez hasta que lleguen a los niveles más bajos de saturación. En ese punto, se neutralizan y aparecen como grises» (Knobler).

– El término ha tomado un significado especial, aplicado a los procedimientos electrónicos de obtención del color (p. ej. en televisión); se dice que un color está más o menos saturado según que su proporción de mezcla con el blanco sea menor o mayor, respectivamente.

scaena. Parte del teatro clásico donde se desarrollaba la acción teatral. También designaba el término la decoración del edificio escénico e incluso al edificio mismo. V. *teatro. ☞ 45.

scaenafrons. Pared de fondo de la **scaena*, pintada y provista de tres a cinco puertas. La central indicaba la entrada al palacio real, a la casa o a una cueva y se reservaba al protagonista. La puerta de la derecha era para el deuteragonista y la de la izquierda para los esclavos. Cada una de las extremas tenía un **periacto*. ☞ 45.

scafion (*σκάφιον*). *Escafio, escafo.
scamillum. Leve convexidad en el centro del *estilóbato de un templo, escamilo.
scriptorium. *Escriptorio.
scripulum, scrupulum. Escrúpulo, unidad romana que valía 1/24 de onza o 1/288 del as o la libra.
sculponea. *Esculpóneos.
scutula. Escútula.
scutum. Escudo romano, rectangular, grande, alargado, a diferencia del **clipeus*, ligeramente curvado en convexidad, propio del legionario romano. También podía ser hexagonal. ⇒ 51.
– V. *episemas*.
schola. V. bálneo.
sebka, paños de–. Motivo ornamental, difundido por la arquitectura almohade, que presenta una retícula de rombos, de trazos lobulados o mixtilíneos. ⇒ 48.
secante. Cuerpo que tiene la propiedad de secarse pronto en contacto con el aire. Se dice aplicado a algunos aceites.
sección. *Dibujo que reproduce el aspecto que presentaría un oblato si hubiese sido cortado según un plano, comúnmente horizontal o vertical.
sección áurea. La que resulta de dividir un segmento rectilíneo S en dos partes, A y B, de modo que la división menor A, dividida por la mayor, B, sea igual a B:S. Las llamadas series de Lamé dan valores enteros aproximados de la sección áurea: 2:3 = 3:5 = 5:8 = 8:13, etc.
– Este sistema de proporciones $\frac{a}{b}:\frac{b}{S}$ se empleó, con variantes, en todas las arquitecturas clasicistas. (V. pi y zeta.)
– En la pintura renacentista se hallan abundantes ejemplos del uso de esta «divina proporción» o «regla de oro», como también fue llamada, y que tiene su origen en los tratados de Euclides.
secespita. Cuchillo ritual romano con el que se sacrificaban ovejas y cerdos.
sectile. *Opus–*. V. mosaico.
secutor. Gladiador que se enfrenta generalmente al *retiario, llevando **scutum*, espada, *cnémides y casco sin visera.
sedente. Que está sentado.
Seicento. En Italia, siglo XVII.
sekos (*σηκός*). Recinto, o vano con recinto propio, en donde se colocaba la *estatua del dios cuando ésta no estaba en una *cella cubierta.
sella. Asiento romano plegable, que en origen fue atributo de los magistrados que administraban justicia. La forma más ilustre fue la de la *sella curulis*, muy representada, usada por los magistrados autorizados a ir por la calle en coche (= *currus*). Probablemente estaba hecha de marfil, y

su asiento era cuadrado. Cuando estas sillas se fabricaban para usos especiales (por ejemplo, para los jefes militares en campaña) recibían nombres particulares *(sella castrensis,* etc.). Las más comunes vistas de frente, se asemejan a una x cuando están abiertas, en cuyo centro se halla el eje sobre el que giran patas y brazos al plegarse o desplegarse. Otras veces, las *sellae* se pliegan a base de una sucesión de tijeras que sustentan entre todas al asiento bajo el que forman un entramado.

– gestatoria: silla portátil, especialmente la del Papa, que se lleva en andas.

sello. Marca de propiedad, con expresión de elementos que indican el nombre o designan simbólicamente al propietario.

– Utensilio de metal, caucho, etc., que se usa para *estampar documentos indicando pertenencia, propiedad, etc.

– Lo estampado por el sello.

semántica. Término lingüístico que, aplicado al arte, significa la relación existente entre el *signo, lo que éste expresa y su capacidad para expresarlo.

– Fuera del campo lingüístico se suele hablar de *semántica lógica* para designar la ciencia que estudia las reglas «que determinan en qué circunstancias es aplicable un signo a un objeto o situación y que permiten poner en correlación los signos con las situaciones que son susceptibles de designar» (Carnap). Para algunos autores (Lázaro Carreter), semántica lógica equivale a *semiótica.

sembrado. En *Heráldica, que va cargado de varios elementos idénticos y que sólo se ven en una mitad cuando tocan los bordes del *escudo. El «sembrado de Francia» lo está de *flores de lis.

semiología. Ciencia general de los signos. (V. semiótica, que se usa como sinónimo habitualmente.) El término fue modernamente propuesto por Saussure para bautizar una ciencia que debería estudiar «la vida de los signos en el seno de la vida social».

semiótica. Ciencia que estudia los signos. Para los pensadores lógicos (Peirce, Morris, Tarski, etc.) la semiótica posee una sintaxis (las reglas según las que se establecen las relaciones de los signos), una praxis (que estudia la relación signo-intérprete) y una *semántica (que se ocupa de la relación del signo y los objetos a que se refiere).

– V. semiología.

semipotenza. *Potenza que carece de uno de sus extremos (a modo de escuadra).

semis. Moneda de medio *as (seis *onzas) cuya marca era una S.

semissis. Nombre del *quinario áureo en el Bajo Imperio. Desde Constantino, subdivisión del *solidus* de oro, de unos 2,27 g.
semuncia. *Moneda o peso de media *onza. Su marca era una sigma (ς).
seno frontal. Espacio comprendido entre dos trasdoses contiguos, tanto de *arco cuanto de *bóveda.
sentado. En *Heráldica lo está el animal doméstico que reposa sobre sus cuartos traseros. V. acrupido.
seo. En los Países de la Corona de Aragón, *catedral. Es aragonesismo.
sepia. De tono pardo oscuro tendiendo a vinoso o marrón. *Dibujo u obra de este *color.
– Producto natural del animal de este nombre o jibia, que se usa como colorante.
septa. **Saepta*.
sepulcro. Construcción alzada del suelo donde reposa un cadáver.
– del altar. *Ara.
serafín. Cabeza de ángel con seis alas. Dos van hacia arriba, dos hacia abajo y una hacia cada lado, formando una cruz. V. querubín.
serdab (del ár. *serdab)*. Dependencia destinada a contener el ajuar estatuario del muerto, en el antiguo Egipto. Normalmente no tiene puertas ni ventanas y es característica de la *mastaba.
seria. Vasija romana semejante al *dolio, cuba de barro.
serie. Colección de obras de arte que tienen determinado parentesco en orden a sus *temas, *estilos, *escuela, etc.
– monetal: conjunto de *acuñaciones emitidas por una comunidad histórica en un determinado periodo de tiempo. (Por ejemplo: serie romana, o serie republicana romana, serie imperial romana; serie colonial inglesa, etc.).
serigrafía (de sérico y grafía). Procedimiento por el que se obtienen impresiones filtrando los colores a través de una trama de seda. Las partes del tejido que no deben filtrar se recubren con cola para impermeabilizarlas.
serpentiforme. *Ideomorfo o *signo en forma de serpiente.
serpentina, línea o figura–. La que es propia de muchas figuras humanas del *manierismo y que se caracteriza por el movimiento giratorio de las caderas, los hombros y la cabeza que se contrabalancean.
serrada. *Moneda–.
sesgado, sesgo, a–. Torcido, cortado, o situado oblicuamente.
sesquiáltera, proporción–. La que existe en la relación 3:2. Se aplica el término, en especial, al *cáliz cuyo perímetro de base es doble que la altura, en atención al módulo empleado en el diá-

metro de la circunferencia de la base.

sestercio. Cuarta parte del *denario.

Settecento. En Italia, el s. XVIII.

seudo–. V. Pseudo–.

severo, estilo–. El del arte griego entre el 480 y 450 a. de C.

Sèvres. Localidad francesa que ha dado nombre a un tipo de *porcelana de *pasta dura, fabricada en las manufacturas nacionales de Sèvres desde el s. XVIII. Sèvres comenzó a fabricar esta porcelana en 1768. Hasta entonces sólo elaboró porcelana de pasta blanda. V. porcelana.

sexpartita. V. bóveda.

sextante *(sextans)*. *Moneda de dos *onzas, sexta parte del *as, cuya marca eran dos puntos o bolas.

Sezession, Wiener–. V. modernismo.

sfumato. *Esfumado.

shenti. Prenda egipcia hecha de paño de lino, estrecha y larga, que se ciñe como falda alrededor de la cintura. Uno de sus extremos se pliega sobre sí mismo de modo que forme una lengüeta saliente que, puesta sobre el estómago, permita ceñir el shenti al cuerpo. Se pasa después entre las piernas, se enrolla varias veces en torno al cuerpo y queda dispuesto oblicuamente por delante, haciendo pliegues en abanico. ☞ 49.

Sheraton. Estilo mobiliar creado por el inglés Thomas Sheraton (1751-1806) caracterizado por su severa línea neoclásica.

shin-zo. Imagen japonesa de un **kami* o dios sintoísta. El sintoísmo original no usaba efigies divinas, pero por influencia budista las introdujo a fines del periodo Nara (710-794).

shinden-zukuri. Estilo japonés de arquitectura residencial para emperadores y grandes aristócratas propio del periodo Heian (794-1192).

shinto-bijutsu. En japonés, el arte propio del sintoísmo.

sho. Caligrafía japonesa con propósitos artísticos. Con la pintura y la poesía es considerada un arte mayor en China, Corea y Japón.

sho-ji. Panel corredizo que en Japón sirve para dividir interiormente la vivienda. Suele ser un armazón de madera en rejilla cubierta por papel translúcido que difumina la luz.
- V. *fusuma*.

shoheki-ga. La pintura japonesa para ornamento de un **sho-ji*, **fusuma*, biombo o cualquier superficie divisoria del espacio habitable, a menudo en colores vivos, pero también monocroma o de tonos suaves.

shoin-zukuri. Estilo japonés típico de las grandes residencias feudales del periodo Momoyama (1572-1615).

sibila. Mujer a quien se atribuye espíritu profético. Sobre todo en la Antigüedad clásica. En el Renacimiento se les representó abundantemente, resucitando una tradición medieval que las presentaba como profetisas de la venida del Mesías.

sica. Pequeño puñal corto y curvo, arma nacional de los tracios, considerada en Roma como característica de los asesinos y sicarios.

sicla, siclo. Sexagésima parte de la *mina.

siderografía (de σίδηρος = hierro). Arte de grabar en plancha de acero.

siena *(Siena,* Italia). V. pigmento.

sigilografía. Ciencia que estudia los *sellos, sus *formas, *cronología, *tipos, etc.

sigillata. Se denomina *terra sigillata* a una cerámica romana a la que durante mucho tiempo se denominó en España, barro saguntino. Es roja, con una capa exterior brillante y fina, entre el *barniz y el *engobe, especie de *frita. Suele ir bella y complejamente decorada con *métopas, pequeños *frisos, etc., y a veces con *barbotina. Recibe el nombre de *sigillata* por el hecho de que muestra, en el fondo, el **sigillum* o sello del fabricante, su marca de taller. Data de época augústea y sus variedades principales son la *aretina (de Arretium, hoy Arezzo), la sudgálica (con talleres importantes en la Galia, destacando el de La Graufesenque) y la hispánica, de inferior calidad estas dos últimas. Las piezas formaban servicios completos y alcanzaron gran difusión por Occidente, llegando hasta fechas imperiales muy tardías. Hay, asimismo, variedades como la *marmorata* o veteada y otras. Se fabricaban en serie, en un sistema industrializado. Las de superior calidad tienen fractura rectilínea y una coloración viva y persistente. Por ser bien conocida su cronología son un valioso auxiliar para la datación de yacimientos del Imperio Romano.

siglado. En *Heráldica, que lleva alguna letra.

signinum. V. *opus* y mosaico.

signo (del lat. *signum).* Grafismo que contiene un valor semántico, por sí solo o en unión de otros. Establece el nexo de unión entre el mundo conceptual y lingüístico y el mundo de la expresión gráfica y artística.

– En arte rupestre, cualquier grafismo al que se atribuye una intención *simbólica. Se denominan, también, *tectiformes e *ideomorfos. Sus formas son muy variadas, y sus usos y significados debieron ser múltiples, sin que haya, hasta el momento, ninguna interpretación particular acerca de ellos, salvo que formaban seguramente una especie de lenguaje referido al mundo de lo mágico-religioso propio del hombre en el Paleolítico Superior.

signum. Enseña militar romana portada por el *signifer* o signífero.

sikkara, sikhara. Palabra sánscrita que designa la torre decorada con esculturas exteriores que se alzaba sobre el recinto en que se veneraba la imagen sacra.

sílex. Pedernal. Piedra de elevado grado de *dureza, sólo superada por el topacio, el corindón y el *diamante, susceptible de ser trabajada por talla. Es muy quebradiza y de fractura *concoidea, capaz de dar filos muy cortantes. Fue el material empleado preferentemente por el hombre en las industrias de la Edad de Piedra, y sobre todo en el Paleolítico, gracias a sus peculiares condiciones naturales. ➾ 48.

silicio, silicius. Moneda que valía en Roma 1/4 de **uncia*, es decir, 1/48 de *as.

silicua *(siliqua)*. Moneda romana que valía 1/24 de **solidus*.

– Moneda romana que valía 1/6 de **scripulum*.

silueta. *Perfil de una figura.

– *Dibujo que *contornea la figura que produce la sombra de alguna cosa.

– En *pintura, dícese de lo que ha sido pintado de modo más obscuro que el *fondo, a modo de sombreado relleno, sin punto de luz, lo que evita pintar detalles en el interior de la silueta, Los retratos en silueta (perfiles rellenos de negro) se usaron mucho en la segunda mitad del XVIII y a lo largo del XIX.

silla. V. *sella*.

– Mueble sin brazos, para sentarse, dotado de respaldo.

– de tijera: la que tiene la forma y el funcionamiento de una silla curul.

sillado. V. ensillado.

sillar. Piedra *labrada que se usa en construcción, normalmente de *sección rectangular, y paralelepipédica.

sillarejo. Pequeño *sillar labrado toscamente.

sillería. Obra hecha con *sillares bien trabajados y de *juntas finas.

– Conjunto de los asientos de un *coro, salón de sesiones, etc., trabajados según un mismo *estilo o criterio artístico.

***simbólico.** V. símbolo.

– V. simbolismo.

simbolismo. Cualquier tendencia que en Arte use frecuentemente de *símbolos, buscando el conocimiento intelectivo y la expresión conceptual.

– El simbolismo por antonomasia es el francés del s. XIX que en pintura está bien representado por Gauguin (V. Pont-Aven) y los *nabis o nabíes.

símbolo. Signo gráfico con que se representa una idea de orden moral o intelectual por razón de cierta semejanza existente entre el símbolo y lo simbolizado. Esta semejanza puede o no ser objetiva o explícita.

simetría. Modo de disponer los objetos en torno a ambos lados de un eje, real o imaginario, de modo que cada uno de ellos se corresponda con otro situado al otro lado del eje. Una disposición estrictamente simétrica sobre un eje vertical se realiza de modo que, al ser doblada la figura por el eje, ambas mitades coincidan perfectamente.

– En general, equilibrio ordenado de las partes de una obra respecto de su eje mayor o principal.

símpulo *(simpulum)*. Cazoleta ritual para extraer líquidos de las vasijas, usada por los pontífices en la Roma *clásica.

simultaneísmo. Presentación simultánea en un mismo plano de diversos aspectos de un objeto que en la realidad sólo pueden verse sucesivamente. Es característico de algunos modos cubistas.

– V. prolepsis.

sinagoga. Lugar donde se reúnen los judíos para celebrar sus ritos.

– Personificación medieval de las creencias que se oponen a Cristo y su Iglesia. Suele ser una mujer con los ojos vendados y un bastón quebrado en la mano.

sincretismo. Unión de diversos sistemas o estilos con intención de armonizarlos sin privarlos de sus características peculiares. No confundir con *eclecticismo.

sindón, síndone (σινδών). Con esta palabra designaban los griegos un fino manto de estilo oriental, indio, sirio o egipcio, de lino o muselina. El más conocido estaba hecho de un rectángulo cuyo borde superior se adorna a veces con franjas, teniendo cordones en los dos ángulos. En egipcio, la prenda se llama **soush* y puede colocarse de modos muy diversos: a modo de falda, como toga que deja un hombro al descubierto, asociada al **calasiris* y formando dos grandes bolsas simétricas desde el vientre a las rodillas, etc.

siniestrado. Lo está, en *Heráldica, el *campo dividido por una línea paralela al lado siniestro y que llega al tercio de la anchura total del *escudo. ➾ 30.

siniestro. El lado del *escudo heráldico que es el derecho del observador. V. escudo. ➾ 28.

sinopia (de Sinope). Italianismo, del mismo étimo que sinople, con que se designa al dibujo en rojo hecho sobre el *enlucido del muro como preparación para la ejecución del *fresco.

sinople. En *Heráldica, el color verde. Se representa con un rayado diagonal fino que cruza el escudo de arriba a la izquierda hacia abajo a la derecha (de *cantón

diestro del jefe al siniestro de la *punta). V. escudo. ⪢ 28.
síntesis (vestido antiguo). **Synthesis.*
sinus. Pliegue abolsado del vestido antiguo. *Kolpos.* ⪢ 51.
sin reverso. *Moneda–.
sipario *(siparium).* Biombo tras el que se cambiaban los decorados en el *teatro clásico durante la representación. No confundir con el *áuleo.
sirena. Ser mitológico, con cabeza y torso de mujer y cuerpo de ave o de pez.
sístilo (*σύστυλος*). Con *intercolumnios de cuatro *módulos.
sistro. Instrumento musical, sonaja en forma de cuernos de madera, con un mango en la parte inferior. Atravesado por hilos de los que penden rodajas que entrechocan. Es el *símbolo de la diosa egipcia Hathor.
sítula. Pozal romano, para usos domésticos, lustrales y funerarios, generalmente metálico y decorado.
– *Urna antigua para las votaciones.
skyphos (*σκύφος*). Escifo, *vasija griega, copa o taza, de poca altura y de *boca ancha, con dos pequeños asideros a los costados bien horizontales o levemente dirigidos hacia arriba. ⪢ 15.
soberanía, armas de–. Las utilizadas heráldicamente por los soberanos significando su *dominio sobre un país.
sobradillo. Tejadillo que protege a los balcones o ventanas del agua.
Sobrarbe. Cruz de–. ⪢ 23.
sobre el todo. V. escusón.
sobrearco. Arco de descarga.
sobrecargada. Se dice de la *carga que soporta otra carga.
sobredorado. *Revestido superficialmente de un *baño o capa de *oro o de aspecto *dorado.
sobrefrontal. V. frontalera.
sobrepelliz. V. roquete.
sobrepuerta. Panel ornamentado sobre el dintel de una puerta.
sobrepuesto. V. bordado de–.
socarrat. Palabra valenciana que significa gran *azulejo de tierra cocida al que antes de cocerlo se le alisaba la cara que se iba a decorar. Su técnica de *decoración no es *cerámica pues no sufre cochura. Para Blat Monsó sería más correcto calificar a esta decoración como de *fresco. Se usan generalmente dos *colores: el negro terroso mineral y el rojo de hierro o *almagre, desleídos en una *lechada de *cal que, al *fraguar, les da consistencia (Llubiá). El denominar al *socarrat* como azulejo puede inducir a error, por no ir aquél vidriado. Suele emplearse el *socarrat* en la decoración de aleros y cornisas. En ocasiones se emplea en él el color amarillo para dibujos o fondos.

soco *(soccus)*. Calzado romano, especie de zapatilla preciosa, blanca o roja.
sofito. Superficie inferior de un *dintel y, en general, de un elemento horizontal y *corrido, como, por ejemplo, una cubierta.
soga. Parte visible del *sillar cuando está colocado enseñando su cara mayor.
– *Aparejo a soga y tizón: aquel en que se alternan los sillares a soga y a *tizón (es decir: los que enseñan la menor) en cada *hilada. Se llama también aparejo diatónico.
– *Decoración en forma de cuerdas.
sogueado. Decorado con *sogas o adornos en forma de cuerdas.
sol. En *Heráldica es de oro o plata, tiene rostro humano y doce rayos, alternándose los rectilíneos y los ondulados. Si se *esmalta en *color y no en *metal, se denomina sombra de sol y se ha de indicar su color.
sóleas *(soleae)*. Sandalias comunes en la Roma antigua, muy semejantes a las actuales. Era el calzado más corriente, de uso doméstico. Se empleó esta voz para todo género de sandalias.
solera. Madero horizontal que soporta a otros que descansan sobre él. En general, asiento, base. ∞ 7.
– Piedra plana puesta en el suelo para sostener *pies derechos, etc.
– V. armadura.
solería. Revestimiento del piso.
– Material con que se reviste el piso.
solidus. Moneda romana de oro *(sueldo)* acuñada a partir del 312 d. de C. que valía 1/72 de *libra (4,548 g de oro), equivaliendo a 4 **scripula*.
solio. Trono o gran asiento con *dosel.
solium. V. bálneo.
– Asiento honorífico, de gran respaldo, reservado al paterfamilias romano.
solutrense (de *Solutré,* Francia). Periodo del Paleolítico superior, caracterizado por la perfección de la talla del sílex y por la creación de los tipos de punta en *hoja de laurel* y con pedúnculo y aletas.
– V. Paleolítico.
sombra. Proyección obscura que un cuerpo lanza al espacio en sentido contrario a aquel en que recibe la *luz.
– En general, obscuridad, falta de luz.
sombra de sol. (*Heráldica.)
– V. sol.
sondergotik. Palabra alemana que designa la arquitectura gótica típicamente germánica desarrollada sobre todo en el s. XV y comienzos del XVI.
soportal. Entrada cubierta, antes de la principal.
– *Pórtico cubierto de un edificio, plaza, etc.

soporte. Cada una de las *figuras de animal que soportan o acompañan a un *escudo. Si la figura es humana se llama tenante.
sostenido. En *Heráldica, dícese de la carga que lleva otra debajo y en contacto con ella.
– V. sumado y surmontado.
sotabanco. Parte inferior del *banco doble de un *retablo.
– Piso situado encima de la *cornisa general de una casa. → 42.
sotabasa. *Plinto.
sotuer (del fr. *sautoir)*. *Pieza *honorable del *escudo, de un tercio de la anchura total de éste, en forma aspada y resultante de la suma de *banda y *barra. Es la forma de la *cruz de Borgoña, San Andrés, Santa Eulalia o *decussata*. V. escudo. → 29, 30.
sparum, sparus. Pequeño dardo romano.
spectacula. Lugares asignados a los espectadores en los *teatros, *circos y *anfiteatros romanos.
speos (*σπέος*). Tumba o templo subterráneos. La Historia del Arte lo ha aplicado, sobre todo, a los casos egipcios.
sphairisterion. *Esferisterio.
sphendone. *Esféndone.
sphyrélaton (de *σφυρήλατον* = martilleado). Trabajo de repujado en metal con martillo practicado en la antigua Grecia, sobre todo el que servía para recubrir con láminas de metal una estatua de madera.
spicatum. V. *opus*. → 36.
spina. Espina, muro de baja altura que divide la arena del circo romano en dos mitades sin atravesarla totalmente y en cuyos extremos se hallaban las *metas. Sobre la espina se situaban *obeliscos, estatuas, altares, etc. Cerca de las metas se ponían los *delfines o los *ovarios que contaban las vueltas que faltaban por recorrer a los jinetes o a los carros. → 16.
– V. fala.
spoliarium. Espoliario, en sentido general, vestuario, lugar donde alguien se despoja de lo que lleva. → 47.
– V. bálneo.
– Dependencia donde eran desnudados los *gladiadores muertos en el combate.
stadion, stadium. Estadio, lugar en forma de rectángulo alargado y con graderíos, apto para competiciones atléticas. El lado menor, de salida, rectilíneo, se llama *ἄφεσις* (partida, salida) y el de llegada, curvilíneo como una honda, *σφενδόνη* (*esféndone, honda). En los lados mayores había a veces un *euripo corrido.
stamnos. *Estamno.
stibadium. *Estibadio.
stilum. Instrumento a manera de *punzón para escribir en tablillas enceradas.
– V. estilo.
stoa (*στόα*). *Estoa.

stola. *Estola.
striga. *Estriga.
stupa. Palabra sánscrita que designa un monumento de base cónica cilíndrica o cuadrangular, rematado por *cúpula hemisférica o bulbosa, erigido en memoria de Buda o como *relicario. Estupa.
stylis (στυλίς). Estílide, columnita.
– V. aplustro.
suavidad. Cualidad que poseen algunas obras artísticas de presentar su *dibujo, su *color o su *luz de forma blanda, grata y poco estridente.
subcopa. Pieza del *cáliz. También llamada *guardacopa, que recibe o soporta a la copa del mismo.
suberada. *Moneda–.
subligáculo, subligar (*subligaculum, subligar*. Pronúnciese sublígar). Tira o banda de lino usada en Roma por los gimnastas que ceñía la cintura y pasaba entre las piernas a modo de taparrabos o braga. También se usó como prenda común de ropa interior.
subselio (*subsellium*). Asiento romano propio de los magistrados plebeyos, menos honorífico que la **sella*. No es plegable y sus patas son rectas, siendo bastante bajo. Con este nombre se designa también a determinados asientos en los *teatros, *circos, tribunales e incluso en las casas. A veces se hacían en bronce u otros materiales de precio, y como la *sellae,* se adornaban ricamente.
– V. biselio y exedra.
substrucción (del lat. *substructio*). Conjunto de elementos subterráneos o semisubterráneos sobre los que se alza una obra. Es un término más amplio que el de *cimientos,* ya que comprende sótanos, arcos, pilares, etc.
sucesión, armas de–. Las que figuran en un *escudo heráldico en razón de un testamento que las transmite.
sucio. Que tiene los *colores o *tonos mal mezclados, faltos de vigor y frescura, confusos o turbios.
sudatorio (*sudatorium*). V. bálneo.
sueldo. **Solidus*.
sufíbulo (*suffibulum*). Velo blanco, más ancho que largo, con que las Vestales cubrían su cabeza durante las ceremonias. Terminadas éstas, lo cogían al pecho con una *fíbula.
sugesto (*suggestum*). Estrado, *podio, *tribuna en la antigua Roma.
suiseki. En Japón, arte de la selección y contemplación de piedrecillas naturales que poseen belleza, sugieren escenas, cosas o seres de la Naturaleza. También se aplica el término a las piedras mismas.
sukiya-zukuri. El estilo *sukiya*,

propio del periodo Momoyama (1572-1615), es una variante del **shoin* influenciado por las «casitas de té» (V. *chashitsu* y **chanoyu*), con las que comparte voluntad de simplicidad y elegante pobreza.
sultán. Monarca, rey, en el mundo islámico.
sumado (del fr. *sommé*). En *Heráldica, se dice de la *figura o del *mueble que lleva otro encima y está en contacto con él. En construcción galicista se dice «sumado de...».
– V. sostenido y surmontado.
sumi-e. Pintura japonesa de tinta (sumi) monocroma. De origen chino, llega a Japón en el periodo Kamakura (1192-1333) y se desarrolla plenamente en el Muromachi (1333-1572), en el que llega a transformar la tradición pictórica nipona. También se le llama *Sumiboku-ga* o escuela de pintura de tinta.
sumoscapo. Parte superior del *fuste.
– Diámetro superior del fuste.
suovetaurilia. Sacrificio ritual romano en que se inmolaban un cerdo *(sus)*, una oveja *(ovis)* y un toro *(taurus)*.
súparo *(supparum)*. Manto de tela ligera que a veces reemplazaba a la *estola, y que cubría los brazos bajando desde los hombros hasta los talones.
supedáneo *(suppedaneum)*. Grada superior del altar, muchas veces con superficie enriquecida por maderas u otros materiales.
– Pequeño pedestal sobre el que apoya los pies el Crucificado.
suppositor. Operario romano encargado de golpear el *cospel con el *cuño.
suprematismo (del ruso *suprematizm*). Movimiento pictórico creado por Malevich en 1913 y divulgado por éste y Maiakovski en 1915. Influyó en la *Bauhaus por su defensa del uso de los colores puros sobre fondo blanco y por preconizar el empleo del círculo, el cuadrado, el triángulo y la cruz como formas de la simplificación suprema.
surimono. Pequeña estampa japonesa empleada para usos de cortesía social, grabada por un artista importante y de tirada limitada, lo que suele darle gran valor.
surmontado (del fr. *surmonté*). En *Heráldica, se dice de la figura o del *mueble que lleva otro encima pero sin que se toquen. En construcción galicista se dice «surmontado de...». V. sostenido y sumado.
surrealismo (del fr. *surréalisme*). Tendencia literaria y artística nacida en Francia hacia 1924, bajo el patrocinio de André Breton. La ausencia de controles racionales sobre la expresión caracteriza a este movimiento, que usa profusamente de imágenes de procedencia psí-

quica, onírica y subjetivista, procurando reflejar lo inconsciente y subconsciente en oposición a lo factual y objetivo. Dalí, Miró, Ernst y Arp son algunos de sus nombres principales. En origen, tiene relaciones con el *dadaísmo. Es galicismo por suprarrealismo.

sush. Voz egipcia, *sindón.

suspensura. V. bálneo.

svástica. Signo solar, que presenta variadas formas a menudo con aspecto circular y con numerosos radios, generalmente sinuosos o en forma de Z. Una de sus variedades es la *cruz gamada. ☞ 23.

synoikia. Casa griega de alquiler, semejante a una *ínsula romana.

synthesis. Vestimenta romana, semejante a la **palla*, usada especialmente en banquetes y comidas de protocolo. Era una túnica simple de hechura, pero podía enriquecerse de diversas maneras.

T

tabardo. Sobretodo que se usaba como traje de camino, con dos aberturas para sacar los brazos. Capa de camino, con mangas colgadas, o perdidas.

taberna. Pequeño comercio romano. Si es de vino, *taberna vinaria.* También, hostería situada en una vía romana.

tabernáculo. Lugar donde se guarda el Arca de la Alianza hebrea.

– Sagrario. *Templete que lo acoge.

– Lugar donde el augur romano tomaba los auspicios.

tabica. V. armadura.

tabicada. V. bóveda.

tabicado. V. esmalte.

tabique. Pared con papel más divisorio que constructivo.

tabla. *Pintura hecha sobre madera.

– V. imprimación y madera.

tablazón. Agregado de tablas, que en las *armaduras se coloca sobre el plano de *pares y *contrapares.

– V. armadura.

tablero. Desusado, por *ábaco.

– Plano en resalte, liso o con *molduras.

– Cualquier *lienzo de pared que cierra.

– Superficie de una piedra tallada.

tablero equipolado. En *Heráldica, el compuesto de nueve escaques.

tablino (*tablinum*). Habitación añadida entre las *alae* del **atrium* separada de éste por una cortina. Se transformó en la más importante de la casa. Fueron allí colocados los penates y los archivos familiares, siendo adornada con objetos valiosos y artísticos. En origen, se situaba allí el lecho marital aunque más tarde pasó a ser sala de recibir.

tabulario *(tabularium)*. Recinto romano dedicado a archivos, oficinas, etc. Existía a veces en las casas privadas.
taca. Nicho, hornacina o alacena que se dispone en el muro de los palacios musulmanes para contener vasijas con agua.
tacos. V. billetes.
tachi. Espada japonesa.
– V. *katana*.
tachisme (fr.). V. manchismo.
tachonado. Decorado con tachones o clavos de cabeza relativamente grande y ornamentada.
tafetán. Tela delgada de seda muy tupida.
tafilete. Piel de cabra curtida, coloreada del lado que no tiene pelo. *Flor.
tajado. Dícese del *escudo heráldico dividido diagonalmente por una línea que va del ángulo siniestro (derecho del observador) del *jefe al diestro de la *punta. Se opone a *tronchado. También se aplica a las partes del cuerpo que se representan aisladas y seccionadas por un corte neto y recto. → 31, 32.
tajamar. V. estribo.
tálamo. Dormitorio de los padres, situado junto al **parastás* en la casa griega.
– Habitación más interna de la casa donde se guardaban los objetos de valor y que servía también para dormir. De este uso le viene su actual significado.
talar. Dícese de la vestidura que llega hasta los talones.
talayot. Monumento *megalítico característico de las Baleares, que recuerda la forma de una atalaya o torre de vigilancia.
talento. Unidad de cuenta (que no se acuñaba), de cantidad muy grande y variable, en la Antigüedad. Se asemejaba en su uso y funciones a nuestro millón.
– En época griega el sistema más usual era: 1 talento = 60 minas = 3.000 estáteras = 6.000 dracmas = 36.000 óbolos.
talón. Base o *extremo proximal de una *lasca. → 35, 48.
– V. levalloisiense.
– *Cima reversa.
talud. Muro construido en talud es aquel cuya base es más ancha que su remate por disminuir el grosor por uno o ambos lados, creando una pendiente.
– V. escarpa.
talla. Escultura en madera.
– dulce: trabajo a *buril, en grabado.
– monetal: número de *monedas que entran en una unidad superior (la talla del real es de 4 por peseta).
– sobre piedra, en el Paleolítico: labor primera de desbastamiento del *riñón, anterior al *retoque propiamente dicho.
tallada. Lo es la *figura *heráldica vegetal con tallo de *esmalte diferente.

tallar. Esculpir, *labrar un material duro con *cincel u otro instrumento cortante.

taller. Local en que un artista trabaja sólo o con ayudantes.
– Conjunto de alumnos, ayudantes y discípulos de un artista.
– Llámase trabajo de taller al ejecutado por los ayudantes o alumnos de un artista bajo su dirección o según sus dibujos.

tambor. Pieza cilíndrica, una de las que componen el *fuste si no es *monolítico.
– Anillo sobre el que se sustenta una *cúpula. ☞ 41.

tanagra. Estatuilla *figulina como las halladas en Tanagra (Beocia), que representa *figuras humanas en actitudes cotidianas delicadamente tratadas y *policromadas.

tapajuntas. Listón o *moldura que oculta una *junta.

tapial. Cada uno de los dos tableros de madera colocados vertical y paralelamente que forman el molde que, relleno de arcilla apisonada y amasada, constituirá la tapia, una vez que se quiten los tableros.
– Obra hecha con tapiales.

tapiz. Labor tejida en la que las figuras que la decoran forman parte de la *trama, a diferencia del *bordado.
– V. bajo y alto lizo.

taqa. *Taca.

taracea. V. *opus sectile*.
– *Decoración a base de *entalles en la *madera que se rellenan más tarde con trocitos de diversos materiales que ajustan perfectamente en los entalles, creando así *policromía. Los *colores son siempre los naturales de las piezas insertadas o embutidas.
– V. incrustar.

tarbé, tarbea, tarbí (del ár. *tarbi'*). Palabra árabe que designa la torre-sepulcro que del arte persa copiaron los otomanos. **Gumbat*.
– Sala o pieza de amplia planta cuadrada.

tarja. Escudo grande que cubría todo el cuerpo.
– *Tarjeta.

tarjeta. Adorno plano y oblongo que a menudo contiene una inscripción, sobrepuesto a un miembro arquitectónico pintado o figurado.

tarjetón. *Tarjeta de gran tamaño.

tatami. Estera gruesa, hecha en Japón con juncos especiales y en tejido fuertemente prensado para cubrir el suelo de las habitaciones, pero no los corredores, que suelen tener suelos de madera. El tatami canónico mide 180 × 90 cm y se ha transformado en medida de superficie común, de forma que las habitaciones se miden por el número de tatamis que pueden contener.

tau. V. cruz. ☞ 23.

tau bífida. Cruz de–. ☞ 23.

taujel. *Techumbre plana de madera, enteramente recubierta con ornamentación de *lazo, en la que quedan ocultas las *alfarjías. Se diferencia del *alfarje en que en éste quedan las vigas vistas.

taula (en mallorquín = *mesa).* Monumento *megalítico balear consistente en un *ortostato de gran tamaño que soporta, en equilibrio, a una gran piedra horizontal.

taurobolio (del lat. *taurobolium).* Sacrificio de un toro, frecuentemente representado en el arte clásico.

taurocatapsia (*ταυροκαθάψια*). Ejercicio en que los gimnastas efectuaban demostraciones de agilidad, a pie o a caballo, con un toro salvaje. En el arte cretense y en el de la Grecia arcaica son frecuentes las escenas de taurocatapsia.

teatro. En Grecia, lugar destinado a representaciones dramáticas, *hemiciclo con *gradas en cuyo centro hay un círculo *(*orchestra)* y tras él un estrado *(skené).* Entre los dos media el *proskenion,* que proyectaba dos salas simétricas y laterales o *paraskenia,* que servían de almacén. Los romanos aumentaron la *scaena* a costa de la *orchestra,* al no emplear el coro en las representaciones. La *orchestra* se hizo semicircular. El recinto para el público era la *cávea, dividida en **cunei.* La *orchestra* casi desapareció, llamándose **pulpitum* su parte más cercana al *proscenio. ☞ 44.

– V. *baltei*, *praecinctiones*, *maeniana*, párodo, spectacula, escenafronte, períactos, áuleo, *thyromata*, *thymele* y *versura*.

tebako. Caja japonesa para afeites y cosméticos, frecuentemente lacada.

tébena, tebenna (*τήβεννα*). Nombre que los arqueólogos dan al vestido etrusco, generalmente corto, que cae por delante del cuerpo formando una punta y dos por detrás.

tectiforme. V. signo e ideomorfo.

tectónica. Disposición coordinada de los elementos constructivos.

tectónico. Perteneciente o relativo a edificios u obras de arquitectura.

tectorium. V. *opus*.

techumbre. Parte interior y superior de un edificio, que lo cubre y cierra.

tégula (del lat. *tegula).* Teja, en la *arqueología greco-romana.

– *mammata*. V. bálneo.

– V. ímbrices.

tejado. Cubierta plana de un edificio, por el exterior.

– a dos aguas: que tiene dos vertientes.

tejar. Sitio donde se fabrican tejas, *adobes o *ladrillos.

tejaroz. *Cornisa de un *tejado.

– *Alero volado sobre una *portada.
tejería. *Tejar.
tejido. La textura de hilos que forma una tela, formada por *urdimbre y *trama. El cruce de ambas es el *ligamento.
– Véanse los términos: brocado, brocatel, damasco, diaspre, espolín, estofa, griseta, grodetur, hermosilla, lienzo, muaré, nobleza, otomán, persiana, prusianela, raso, sarga, tafetán, terciopelo y tisú.
tejido múltiple. De varias urdimbres propias para dibujos.
tejido sencillo. De una sola urdimbre.
tejuelo. V. encuadernación.
tela. Pintura hecha sobre tejido, especialmente si es *lienzo.
telamón. *Atlante.
telesterio (τελεστήριον). Lugar en el que, bajo la dirección del telesta, tenían lugar las ceremonias de iniciación religiosa a los misterios de la religión griega.
telo, telum. Jabalina, dardo romano.
tema. Asunto sobre el que versa una obra de arte.
témeno (τέμενος). En general, suelo directamente vinculado a la residencia de una divinidad o gran personaje. Espacio sagrado que rodea a un templo, en Grecia. *Períbolo. En ocasiones se denomina témeno al espacio en torno al edificio sacro y períbolo al muro que lo delimita.
témpano. Cada *paño o *entrepaño de una *bóveda por *arista.
temple. Procedimiento en el que los *colores se diluyen en agua temperada o engrosada con *aglutinantes. Se aplica sobre *tabla o muro y puede retocarse en seco, a diferencia del fresco.
– temple común: pintura basta para revestimiento mural compuesta de *albayalde y agua de cola caliente a la que a veces se adicionan colorantes.
templete. Obra menor, *pabellón, *kiosco.
– Pequeña arquitectura imitando vagamente la forma de un templo *clásico con que se alberga una *estatua, etc.
– Parte de un *mueble o elemento decorativo en forma de templo, *dosel arquitectónico, etc.
tenante. V. soporte.
tenaza. *Pieza *heráldica en forma de *cabrio y de la mitad de su ancho. Es una *disminución de primer grado de aquél.
tendel. Capa de *mortero entre dos *hiladas.
tenebrismo. Tendencia artística que utiliza grandes *contrastes acusados de *luz y *sombra, de modo que las partes iluminadas se destaquen violentamente sobre las que no lo están. Los *temas tenebristas suelen referirse a *tipos humildes, representados en actitudes poco convenciona-

les, para reaccionar contra el intelectualismo *manierista. Fue especialmente difundido por Caravaggio, que le dio otro nombre que emplean algunos tratadistas: *caravaggismo*.
– Técnica que usa mucho el claroscuro.
tenia. *Filete o *listel.
– V. órdenes clásicos.
tensa. Carro sagrado para pasear procesionalmente las *imágenes de los dioses romanos.
teologio (*θεολογεῖον*). Parte de la **scaena* en que aparecen o hablan los actores que representan papeles de dioses.
tepidario *(tepidarium)*. V. bálneo. ☞ 47.
tera. Nombre del templo budista japonés. Por lo común se le antepone una o honorífica (otera). También se le denomina **jiin*.
teratomorfo (*τερατόμορφος*). De forma monstruosa, feroz o extraña.
terceletes. *Nervios de la *bóveda estrellada que, partiendo de los mismos puntos que los diagonales, forman un ángulo en la misma bisectriz en que lo hacen éstos, llamándose dicha bisectriz, en su recorrido hasta la *clave, **ligadura*. El triángulo que forman en planta los terceletes es siempre de menor altura que el que forman los *diagonales. ☞ 12.
tercias. V. escudo.
terciado. Lo es el *escudo dividido en tres partes iguales. Según sean las líneas que lo dividen será aquél terciado en banda, faja, palo, escusón (tres escudos concéntricos), etc. Las partes resultantes, en recta doctrina, han de tener *esmaltes diferentes.
terciopelo. *Tejido múltiple de seda, velludo. Se llama cortado cuando se saca y corta una de sus urdimbres, formando sus cabos una pelusilla; rizado, si estos cabos no se cortan. Conjuntando el número de urdimbres sacadas y cortadas pueden lograrse diversos dibujos.
teriomorfo (*θηριόμορφος*). En forma de animal.
téristro (*θέριστρον*). Vestido veraniego semejante al *himatión, de tela ligera y generalmente teñido de colores vivos.
termas. Conjunto de edificios que en Roma servían para los baños y los ejercicios gimnásticos. V. balneum. ☞ 47.
termes. Mojón delimitador rematado en su parte superior con una cabeza humana, un busto, etc. Pueden emplearse, asimismo en jardinería como ornamentación. Se emplea la voz *término como sinónima.
– *Hermes.
término. *Termes.
termopolios. **Thermopolia*.
ternio. Moneda romana de oro que valía tres *áureos y que fue

acuñada excepcionalmente en época imperial.
terracota. Arcilla cocida.
– Figurita hecha en barro cocido.
terramara. Terreno donde se construían poblados palafíticos, defendidos por fosos, etc., especialmente en la Italia prehistórica.
terrasada. V. terraza.
terra sigillata. V. *sigillata.*
terraza. Espacio superior de un edificio por el exterior, que lo cierra, acercándose a la línea horizontal.
– Espacio descubierto, generalmente cercado y levantado sobre el suelo.
– *Figura heráldica que representa el suelo. Las que están sobre terraza se llaman terrazadas (mejor que terrasadas, aunque ésta es voz más usada).
teruncio *(teruncius).* Moneda que valía 3 **unciae* (onzas) o 1/4 de *as, en la Roma bajoimperial.
terza (del fr. *tierce).* *Pieza atípica y *disminuida, del ancho de una *faja que, en *Heráldica, forman tres *filetes paralelos y separados del mismo *esmalte.
tesela. Pequeño paralelepípedo de piedra, *mármol, *vidrio o *pasta, empleado en la confección de un *mosaico.
teselado. Hecho con *teselas. *Tessellatum.*
teselario *(tessellarius).* Relativo a la tesela o pieza para componer mosaicos. El artífice de *mosaicos pavimentales, en Roma.
tésera. Pieza de pequeño tamaño, a modo de *moneda, que sirve como ficha de un juego, como entradas a espectáculos o lugares de diversión, como ficha de lotería, etc. Reciben, según su uso, nombres distintos en latín: *tesserae conviviales, frumentariae, gladiatoriae, hospitales, militares, nummariae, sodales, theatrales,* etc.
teso. Curvatura que forman las maderas, debida a su propio peso, cuando la longitud entre los apoyos resulta excesiva.
tessellatum. V. *opus* y mosaico.
testaceum. Hecho con tiestos. V. *opus.* ∞ 36.
testar. Lugar donde se vertían los desperdicios de los obradores y hornos cerámicos, así como las piezas inservibles para su uso (Llubiá). Sus excavaciones han permitido el mejor conocimiento de la evolución tipológica y ornamental de las cerámicas.
testero. Cabecera de un templo. ∞ 10.
– Pared de un edificio enfrente de la entrada principal.
tetartemorio *(τεταρτημόριον).* *Moneda de plata que valía 1/4 de *óbolo. También se acuñaron en bronce algunos tetartemorios en la Magna Grecia.
tetón. Botón en relieve en el fon-

do de platos o bandejas, más o menos adornado.

tetracalco (*τετραχαλκοῦς*). Moneda griega de bronce que valía 4 *calcos.

tetradracma (*τετράδραχμον*). *Moneda griega que valía 4 *dracmas.

tetrafolio. Ornamentación conseguida con cuatro ojivas yuxtapuestas y en disposición radial, enfrentadas dos a dos y encerradas en un círculo.

tetralóbulo. Ornamentación igual al *tetrafolio si se substituyen las ojivas por lóbulos.

tetramorfo (*τετράμορφος*). Conjunto de los *símbolos de los cuatro evangelistas: hombre (San Mateo), buey (San Lucas), león (San Marcos), águila (San Juan).

tetrante (*τετρᾶς*). *Moneda de bronce que en la Magna Grecia valía 4 onzas, como el *triente romano.

tetrápilo, tetrapilo (del lat. *tetrapylum*). Construcción de planta cuadrada con una puerta en cada lado. Muchas veces se halla en la encrucijada de dos vías romanas perpendiculares, adquiriendo el aspecto en ese caso de un arco con cuatro frentes.

tetrasario *(tertrassarius)*. Moneda que valía 4 *ases. *Sestercio.

tetrasquele (*τετρασκελίς*, de *κέλης* = que corre). Figuración simbólica, semejante al *disquele y al *trisquele, que representa cuatro piernas unidas por su nacimiento y en disposición radial. Las piernas están levemente dobladas por la rodilla presentando una forma semejante a la de la *esvástica.

tetrástilo (*τετράστυλος*). Con 4 *columnas en el frente.

tetróbolo (*τετρώβολον*). *Moneda griega igual a 4 *óbolos.

theologeion (*θεολογεῖον*). Parte de la **scaena* donde aparecen o hablan los dioses.

thermopolia. Figones o mostradores, en los que se vendía comida caliente en el mundo romano, termopolios.

tholia. *Tolia.

tholos (*θόλος*). Nombre dado en Grecia a las construcciones de *planta circular y cubierta cupuliforme o cónica. En plural, *tholoi.* En principio era funerario. Se usa tanto en masculino como en femenino, pero cuando se refiere a un edificio debe usarse en masculino (el tolo, no la tolo), pues en femenino se refiere a un tocado. Aunque su castellanización procedente sería tolo, el uso ha consagrado la grafía tholos y la pronunciación «zolos». Vitruvio habla de dos tipos de *tholoi*: el *monóptero formado por una *columnata sobre *estilóbato, con techo cónico o troncocónico y el *períptero, formado por una *cella de planta circular, rodeada por un pórtico. El *áptero o bien carecía de columnas o bien las tenía adosadas al muro.

thymele. *Timelé.

thymiaterion. *Timiaterio.

thyreós. *Tireo.

thyromata. *Tiromas.

tiara. Corona oriental, en forma de tronco de cono, muy elevada.

– Tocado del Sumo Pontífice, formado por tres coronas superpuestas y rematado por una cruz sobre un globo.

tierra de pipa. *Cerámica de pasta dura, consistente en una imitación de la cerámica inglesa de Leeds.

Tierra Santa, cruz de. V. cruz. ⇨ 23.

timbre. Voz heráldica con que se designa el acompañamiento que, a veces, se pone sobre un escudo.

– V. casco, corona y escudo.

timelé (*θυμέλη*). Altar dedicado a Dioniso, como divinidad tutelar de la actividad teatral, en el centro de la **orchestra* del *teatro griego.

timiaterio (*θυμιατήριον*). Recipiente donde se queman sustancias aromáticas o soporte especial para el recipiente en sí. ⇨ 47.

tímpano. V. frontón. ⇨ 37.

– Espacio delimitado por el *dintel y las *arquivoltas en las *portadas de las iglesias. ⇨ 42.

tinta. *Color con que se cubre una *figura.

– china: líquido obtenido a base de negro de humo, gelatinas y ciertos odorizantes, como alcanfor o almizcle. Da un color muy sólido y uniforme. En la actualidad casi todas las llamadas tintas chinas se fabrican de acuerdo con procedimientos no semejantes al original.

– plana: relleno de una *silueta con un solo color, de modo que no puedan indicarse las *líneas del *dibujo interior. Se aplica especialmente al arte *rupestre.

tipo. En Numismática, *figura representada en una *moneda, que suele sujetarse a ciertas reglas convencionales.

– parlante: en Numismática, el que posee un dibujo cuyo nombre significa, además, alguna otra cosa a la que se quiere aludir. Por ejemplo: hay *denarios con tipo parlante de César en los que se dibuja un elefante cuyo nombre, en púnico, es precisamente *Caesar*.

tipología. Técnica o ciencia que tiene como objeto clasificar determinadas creaciones según su forma. Hoy se tiende a la práctica de una tipología rigurosamente analítica, que excluye de sus presupuestos toda consideración subjetiva del objeto. Se pretende con ello llegar a clasificaciones o tipificaciones definidas según modelos de validez universal. Las dimensiones, el peso, la coloración considerada

físico-químicamente, etc., otorgan a las tipologías analíticas un alto grado de objetividad.
tirante. Toda pieza que trabaja por tracción, impidiendo que se separen dos elementos constructivos. ☞ 7.
– V. armadura.
tiraz. En árabe, taller de tejidos; también designa a las telas de seda musulmanas.
tireo (*θυρεός*). Gran escudo defensivo rectangular griego, que a veces tenía dos lados levemente redondeados o, al modo beocio, con dos concavidades en los lados verticales.
tiromas (*θύρωματα*). Decorados desmontables en el *teatro helenístico, en forma de paneles o *cuadros.
tisú. *Tejido de seda con hilos de *oro o plata que pasan de la haz al envés.
titulus. Iglesia cristiana anterior al edicto de Milán.
tizón. V. aparejo.
to. *Pagoda o torre del **ji-in* o templo budista japonés. Creación china adoptada en Japón, su origen remoto es la *stupa india. Torre cuadrada o poligonal, sus dimensiones decrecen en altura. Constan de basamento, pisos en número impar, cada cual con su tejadillo y coronamiento de alto mástil con quitasoles superpuestos. Simboliza la presencia de Buda y la supremacía de su doctrina.
toba. Roca porosa y ligera, utilizada especialmente para evitar *empujes y descargas excesivas.
todo, sobre el. V. escusón.
toga. Vestido nacional romano, usado para la vida pública. El sentimiento de que su uso implicaba la condición de ciudadano romano estaba tan arraigado que se prohibió estrictamente llevarla a extranjeros, esclavos, proscritos, etc. Se requería en todos los actos de la vida oficial, tanto civil cuanto militar o religiosa. Su estructura era sencilla: consistía en un amplio paño blanco, generalmente de tejido de lana, semicircular, de dimensiones variables (unos cuatro metros por tres, en ocasiones), teniendo una parte plisada o planchada en pliegues paralelos cuya disposición cambió con el tiempo. Se doblaba en sentido longitudinal, de modo que una de las dos mitades era más grande. Se echaba un extremo encima del hombro izquierdo de manera que, por delante, llegase hasta el suelo y por detrás fuese casi el doble de larga que el portador. Este extremo libre se pasaba bajo el brazo derecho y, por delante, se ponía de nuevo sobre el hombro izquierdo, con lo que el costado derecho quedaba completamente cubierto entre la axila y la pantorrilla. La parte que cubría diagonalmente el pe-

cho recibía el nombre especial de *sinus*, y formaba una especie de bolsa donde podían llevarse pequeños objetos. Mientras no se adaptó el vestido a los usos militares, la toga sirvió de uniforme a los romanos, que la usaban en la milicia llevándola del modo llamado *cinctus Gabinus*, es decir: ceñida según el modo de la ciudad de Gabies, en que el extremo que cubría el hombro izquierdo se anudaba a la cintura, sirviendo de cíngulo e impidiendo que la toga se desprendiese del cuerpo por causa de los movimientos bruscos. Cuando la vestidura militar alcanzó autonomía, la toga se transformó en símbolo de paz y de jerarquía civil. La mujer dejó de usarla enseguida, aunque las prostitutas la convirtieron en algo común, ya que no les era permitido llevar la **stola*. ↪ 51. La toga masculina o *toga virilis* era de color blanco, siendo oscura o negra entre los menesterosos o en caso de duelo. Los adolescentes y los magistrados y funcionarios superiores la llevaban con una franja *púrpura en la parte baja (*toga praetexta*, ↪ 51). Los generales victoriosos, los cónsules en el Imperio y determinados magistrados que presidían festejos públicos, podían usar la *toga picta*, con adornos de estrellas doradas. Los aspirantes a magistraturas fueron llamados *candidati*, por usar la *toga candida* o blanqueada con yeso o almidón. El complemento indispensable de la toga era el tradicional *calceus. La toga viril era también llamada *toga pura*; y la de duelo u oscura, *toga pulla*. La *palmata* era señal del *triunfo.

– V. *balteus*, *ima toga* y *umbo*.

tokonoma. En Japón, nicho o entrante rectangular en una pared de la casa de té (**chashitsu*) o en una habitación de las residencias tradicionales, en el que se exhibe un **kakemono* o una **ikebana*. Es el centro espiritual de la habitación y en el *chashitsu* posee especial relevancia y significación.

tolia (*θολία*). Gorro femenino cónico y con ala ancha, para protegerse del sol. Es frecuente en las figuras de *Tanagra y se llama así por asimilación a la cubierta del **tholos*.

tonante. En *Heráldica, se adjetiva así al arma de cuya boca sale fuego.

tondino (it.). Moldura convexa y circular, baquetilla. Puede ir decorada con cuentas, como el *astrágalo.

tondo. Adorno circular rehundido en un *paramento. En plural, *tondos*.

– Obra artística pintada o esculpida de forma redonda, semejante a un *medallón. En plural, *tondi*.

tonelete. Parte de la *armadura medieval en forma de falda corta y un poco abombada, que protegía el abdomen.

tongada. Capa de material, que se extiende sobre una superficie, o con que se cubre o *baña una cosa.

tono. Tono es cada una de las bandas en que convencionalmente se divide la luz solar al ser descompuesta por un prisma. Estas bandas (a las que habitualmente llamamos *colores)* son siete: roja, naranja, amarilla, verde, azul, añil y violeta. No obstante, son admisibles valoraciones subjetivas especialmente en las zonas de transición de estas bandas o tonos (rojo-naranja, azul-añil, etc.), hablándose entonces de tonos intermedios.

– Se llama asimismo tono al grado de intensidad (luminosidad) de un *color.

toque. Pincelada ligera.

– Modo peculiar de aplicar las pinceladas que tiene un autor.

toral. V. arco. ⚭ 43.

torán. Puerta monumental abierta en la *columnata que rodea a la *estupa.

torcida. V. perspectiva.

tórculo. Prensa y, en especial, la que emplean los grabadores para estampar.

toréutica (τορευτική). Cualquier trabajo que comporta *relieve sobre piezas de metal de pequeño tamaño (*cuños, *medallas, etc.), sea positivo o negativo este relieve.

– Arte y técnica de hacerlo.

torii. Estructura simple, generalmente de madera, que se alza característicamente ante el santuario sintoísta japonés. Consiste en dos columnas o piezas verticales de madera, coronadas por otra horizontal a modo de dintel y unidas por una segunda pieza paralela a ésta. Marca el acceso al santuario.

tornapunta. Pieza ensamblada entre una vertical y otra horizontal, y que sirve de apeo.

– Decoración en forma de *c* o *s*, o combinación de ambas. Admite variedades.

tornavoz. V. púlpito.

toro. V. moldura. ⚭ 35, 37, 38, 40.

torque, torques (sing.). Gran aro metálico llevado a modo de collar. En la legión romana era una condecoración.

torre. Edificio o cuerpo de edificio, más alto que ancho, y normalmente de planta cuadrada, circular o poligonal.

– En *Heráldica, la *figura de la torre debe ir almenada, *mazonada, con puerta y con saeteras.

– albarrana: la destacada de un recinto fortificado y comunicada con él, que sirve al mismo tiempo de atalaya y para hostigar a los enemigos. También puede estar adosada a las murallas, a modo de fuerte baluarte, de

mayores dimensiones que las demás.
– campanario: la que sirve para alojar las campanas.
– cubierta: en Heráldica, la que tiene techo, generalmente puntiagudo.
– maestra: torre del homenaje.
– mocha: que le falta el remate.
– V. donjón y homenaje.
torso. Representación humana que carece de cabeza, brazos y piernas.
– Tronco del cuerpo humano, sin o con cabeza.
tortada. *Tendel.
tortillado (del fr. *tortillé*). Dícese de lo que va diademado con una cinta retorcida, a menudo doble y, sobre todo, cuando se trata de una cabeza heráldica de *moro.
torus. Colchón de la cama romana.
torzal redondo. V. hilos de oro.
toscano. V. orden.
trabado. En *Heráldica, se dice del animal atado a un travesaño.
trabajado. Que ha sido objeto de elaboración artística o artesanal.
– Dícese que una obra ha sido muy trabajada cuando su *estudio y su elaboración son minuciosos y completos.
trábea. *Toga con franjas de púrpura usada en ocasiones solemnes. La trábea adquirió con el tiempo formas diversas: roja con franjas blancas; roja con franjas amarillas para los augures. Las franjas escarlatas caracterizaban a los sacerdotes salios y a los caballeros.
tracería. *Decoración arquitectónica formada por combinaciones de figuras geométricas. Especialmente los *calados que se hacen en la *ojiva gótica, generalmente en piedra, y a veces en madera.
– Los trazos se diseñan a regla y compás. Si la tracería es calada, se llama *crestería.
tracio. *Gladiador que combate armado con pequeño escudo, espada corta, canilleras y pieza protectora del brazo derecho.
trama. Conjunto de hilos que se añaden transversalmente a la *urdimbre o base del telar, con objeto de formar el tejido.
tramo. Partes en que se divide una *nave, o una escalera. Los tramos de la nave son tantos como los tipos de cubierta que posee y los de escalera tantos como haya comprendidos entre dos *rellanos. ☞ 11.
tranchet. Palabra francesa, a veces traducida por el galicismo tranchete, que designa un útil de piedra sobre *lasca, sin *retoque en el extremo *distal y cuyos bordes se hallan trabajados de algún modo con objeto de constituir un filo.
trangle (del fr. *trangle*). Cada una de las *burelas si suman número impar. V. escudo.

tranquil. V. arco. ⇨ 5.

transenna. Piedra calada o tallada que cumple misión semejante a la del *plúteo (3.ª acepción). El plúteo no se cala. Ambas piezas pueden hacerse en madera.
– *parapeto o *cancel calado o labrado.
– Por extensión, *vano cerrado translúcidamente.

transepto. Galicismo. V. crucero. ⇨ 8.

translúcido. Que deja pasar la *luz, pero no permite ver.
V. esmalte.

transparente. Que deja ver a su través.
– *Vano para iluminar un *altar.

trapezóforo (del lat. *trapezophorum).* Pie de mesa artísticamente trabajado generalmente de forma anatómica o figurada.

traquelio. Este término, que no es arquitectónico, se usa a veces, indebidamente, para designar a las **armillae* o a la *apófisis del fuste dórico, que van situadas bajo el *hipotraquelio, cuando éste existe.

trasaltar. Cara del muro situada tras el altar mayor en el *deambulatorio o *girola.

trascoro. Lugar tras el *coro.
– Separación que existe entre el coro y la *nave, vista por el lado de la nave. Muchas veces está trabajada artísticamente.

trasdós. Plano superior, externo y convexo de un *arco o *bóveda. ⇨ 2, 6.

travertino *(travertino).* Piedra caliza blanca o amarillenta como la que hay en Tívoli.

traversa. En *Heráldica, *disminución de la *banda o de la *barra, de un tercio de su ancho y un quinto de su longitud. La traversa en barra suele indicar bastardía.

travesaño. Pieza horizontal comprendida entre dos o más verticales.

traveta (del fr. *travette).* Parte central de la cenefa en las capas pluviales, correspondiente al cuello, algo menor que las otras *capilletas.

traza. *Diseño, *proyecto, especialmente en Arquitectura.

trazo. Delineación.
– Línea, raya.
– baboso: en arte *rupestre trazo no linear, ancho, poco preciso en sus contornos.

trébedes. *Truedes.

trébol. En *Heráldica, *figura trebolada con tres hojas y tallo.
V. trifolio.

trebolada, cabecera–. La cabecera trebolada o triconque es la que presenta ábsides de planta semicircular a ambos lados del crucero, además del ábside principal.

trebolada, cruz–. V. cruz. ⇨ 23.

Trecento. En italiano, el s. XIV.

trechor (del fr. *trêcheur).* *Orla reducida a la mitad de su ancho y cargada con flores de lis. Es «pleno» si no lleva flores.

trellisado (del fr. *treillissé*). Dícese del *frete de más de seis piezas (cotizas y listas) cuyas intersecciones van claveteadas.
trementina. V. aglutinantes y fijador.
tremis (*tremissis*). *Moneda imperial de oro, igual a 1/3 del *áureo.
trenza, media–. V. hilos de oro.
trenzado. *Decoración de trenzas, es decir, de elementos formados por diversos ramales cruzados entre sí para formar un solo dibujo continuo y alargado.
trepados. Ornamentación vegetal, *fronda ascendente.
trépano. Instrumento que sirve para horadar.
– Escultura hecha a trépano es la que presenta profundas incisiones para dar efecto de gran *relieve, de *claroscuro, etc., siempre que esas incisiones sean hechas con trépano es decir: de poca anchura, localizadas y muy profundas, formando a modo de *calados.
trepas. V. bordado de–.
tres cuartos. Posición de una figura, intermedia entre el perfil y la postura de frente, muy difícil de representar correctamente en *pintura.
trese *(tressis)*. Moneda republicana que valía tres *ases y pesaba una *libra (327,45 g).
triangulado. Lo es el *campo del *escudo heráldico enteramente cubierto por *filas de *triángulos iguales y yuxtapuestos sin dejar vacíos y cuyos esmaltes son, alternativamente, un *metal y un color. El triangulado ordinario lo es de equiláteros y se obtiene dividiendo el *campo mediante líneas horizontales equidistantes y diagonales asimismo equidistantes, en *banda y *barra. Es isoscelado si los triángulos lo son. Isoscelado en palo si los vértices de los triángulos de igual *esmalte están verticalmente alineados. El triángulo es en banda o en barra si se forma solamente con una de las dos clases de diagonales.
triángulo. *Mueble heráldico en forma de triángulo equilátero. Si tiene un vértice hacia abajo es *ranversado.
trianón. Palacete *barroco en un ambiente natural o ajardinado, al modo de los de este nombre construidos en Versalles para Luis XIV.
tríboo, tribón (*τρίβων*). Manto *dórico masculino llevado sobre el *jitón. Su largo era menor que el del *himatión. Su sencillez como prenda exterior lo hizo muy popular entre los humildes y ciertas escuelas filosóficas como la cínica. Era lo que hoy llamaríamos un atuendo convencional de ciertos filósofos de oficio.
tribuna. Plataforma elevada y generalmente con *antepecho, construida en el *foro romano.

Se llamaba tribuna arengaría. ⚭ 9.
– *Mirador, palco.
– Galería sobre la nave lateral de un templo donde pueden alojarse los fieles.
– Ventana o balcón, con o sin *celosía, que sirve para asistir sin ser visto a los oficios divinos.
– Construcción elevada en el interior de un edificio a la altura de un primer piso. V. *matronium* y triforio.
tribunalia. Palcos en el *teatro clásico reservados al Emperador, las vestales y altos funcionarios, como lugares de honor.
triclinio (del lat. *triclinium).* Comedor de la casa romana o grecorromana.
– En las casas lujosas había varios triclinios, que se usaban según las estaciones. En invierno se utilizaba el orientado al Sur y en verano al Norte o al Este. El triclinio daba al jardín por un lado y tenía cerrados los otros tres. Si había varios, su disposición y estructura cambiaban según la época para la que se habían pensado.
– V. *lectus.*
triconque, cabecera–. V. trebolada, cabecera–.
tricromía (de *τρίχρωμος*). Procedimiento de impresión que emplea los tres *colores primarios.
– Grabado o lámina obtenidos por tricromía.
tricúspide. Que termina en tres puntas, especialmente en *Heráldica. Dícese, sobre todo, de una *cruz curvilínea cuyos brazos terminan de esta forma.
triente *(triens).* *Moneda, tercera parte del *as que valía cuatro *onzas. Se marcaba con cuatro puntos.
trifolio. *Ornamentación a base de tres *lóbulos ojivados unidos entre sí, de forma triangular o radial, muchas veces encerrados en un círculo.
– En *Heráldica, *figura trifoliada redondeada, con puntas en cada centro de pétalo, sin tallo y perforada en el centro.
trífora *(trifora).* Ventana cuyo vano se divide en tres partes mediante dos columnitas o pilastras.
triforio. Serie de ventanas ornamentales, partidas por *maineles, practicadas en el grueso de los muros de la nave central, por encima de las arcadas que dan a las naves laterales. Generalmente comporta un angosto pasadizo de circulación. No debe confundirse con la *tribuna, que posee una anchura igual a la de la nave lateral sobre la que está construida. Aunque las tribunas son muy poco usuales en el *Gótico, cuando se construyen, forman el segundo piso de las iglesias siendo el triforio el tercero, y el cuarto el que corresponde a los grandes ventanales.
– V. *clerestory.*

triga. Carro de dos ruedas y tirado por tres caballos.
triglifo, tríglifo (de *τρίγλυφος* = de tres puntas). V. orden. ☞ 39.
trigoni versatiles. V. períactos. ☞ 45.
trigrama, trigramma (de *tri* y *γράμμα*). Las letras IHS, símbolo de Jesús.
trihemitartemorio (*τριημιταρτημόριον*). *Moneda griega de plata que valía 3/8 de *óbolo, es decir, 1/16 de *dracma.
trilito. Monumento *megalítico que consta de dos piedras que soportan una tercera horizontal.
trilóbulo. Ornamentación semejante al *trifolio que reemplaza a las hojas u ojivas de éste por tres lóbulos.
trióbolo (*τριώβολον*). *Moneda que valía 1/2 *dracma o tres *óbolos.
trípode. Mueble de tres pies.
– En general, todo lo que reposa sobre tres pies.
tripondio *(tripondius)*. Múltiplo del *as que valía tres ases.
– *Trese.
tríptico. Obra en tres tablas, lienzos u hojas de material duro, de modo que las laterales se doblen sobre el central.
triqueta. En *Heráldica, *trisquele. A menudo en el centro lleva carga de una cabeza femenina con un ala en cada lado, sobre las piernas inferiores, y dos sierpes que salen de su cabellera, como si fuera una Gorgona, sobre la pierna superior de la triqueta.
trirreme. Nave con tres pisos de remeros.
trisquele, triskeles (*τρισκελής*). Figura que muestra tres piernas unidas por la parte superior del muslo y en posición radial. Es frecuente en Grecia, Roma y el arte céltico en donde se transforma pareciéndose a una S. El trisquele parece estar referido muchas veces al movimiento sideral. V. disquele, tetrasquele y triqueta.
trite (*τρίτη*). *Moneda, tercera parte de la *estátera.
tritetartemorio (*τριτεταρτημόριον*) *Moneda que valía 3/4 de *óbolo o 1/8 de *dracma.
tritón. Figura imaginaria con busto de varón y el resto de pez. En *Heráldica, es frecuente representarlo con morrión, espada o sable en la diestra y escudo en la siniestra.
triturrium. **Westbau*.
triunfal. V. arco.
triunfo. V. arco de–.
– En Roma, honor que se concedía a los generales que habían conseguido victorias señaladas y ceremonia con la que éstos celebraban espectacularmente dicha concesión.
trofeo. Monumento erigido con *armaduras, armas, enseñas militares, etc.
– *Decoración esculpida o pintada a base de *corazas, escudos,

armas, y *temas florales, de cintas u otros.

trompa. *Bovedilla semicónica, con el vértice en el ángulo de dos muros y la parte ancha hacia afuera, en *saledizo. Sirve para transformar una *planta cuadrada en octogonal, ya que añade cuatro lados en *chaflán por el interior del recinto. Sobre la planta octogonal creada es ya posible edificar una *cúpula o su *tambor, un *cimborrio, etc. También se usa la trompa para achaflanar una esquina hasta cierta altura, para desviar una descarga que, de producirse sobre un solo punto, resultaría excesiva o, por el contrario, para transmitir el peso de un elemento volado a un soporte sólido (p. ej. en el caso de una torrecilla volada). ➾ 41, 43.

trompe-l'oeil. Voz francesa, que designa una ilusión óptica espacial en *pintura, de modo que parezca real lo que sólo es pintado. V. engaño e ilusionismo.

trompillón. *Dovela o *sillar en el nacimiento de una *trompa.
– *Clave colgante de una *bóveda.

tronchado. Dícese del *escudo de armas dividido diagonalmente en dos partes iguales por una línea que va desde el ángulo del *cantón diestro del *jefe al siniestro de la *punta. ➾ 31, 32.

tronera. Abertura para disparar los cañones practicada en una muralla.

troquel. *Cuño.
– Troquelado: recortado en *silueta.

troquilo. Moldura cóncava de perfil semicircular, *mediacaña. V. escocia.

truedes (de trébedes). Pieza de tres patas que se usa para separar las cerámicas entre sí cuando se introducen en el horno.

tsubo-niwa. Jardín japonés de interior. Cerrado y de pequeñas dimensiones se dispone en el interior de muchas casas y edificios.

tsukiyama. Jardín panorámico japonés, con lago y colinas. También designa la montaña artificial de un jardín.

tubrucos. Prenda de vestir, parecida al pantalón actual, atada en el tobillo o suelta, propia de los pueblos bárbaros.

Tudor. *Estilo inglés del *Gótico final (1509-1558) que completa el desarrollo del gótico *perpendicular. Su particularidad más conocida es el *arco *Tudor. ➾ 5.

tumbaga. Aleación variable de oro y cobre frecuente entre los quimbayas y otros pueblos colombianos. Funde a 880 grados y a veces contiene hasta un 85% de oro.

túmido. V. arco. ➾ 5.

túmulo. Monte artificial que cubre una sepultura.
– *Catafalco.
– Sepultura levantada del suelo.

túnica. Prenda del vestido romano, propia de ambos sexos, que se llevaba como ropa interior, ajustada al cuerpo. La de los hombres era un corto y amplio camisón de lana compuesto de diversas piezas cosidas o con mangas muy cortas. La *tunica manicata* o con manga larga se consideraba afeminada (V. jitón) y sólo se empleó en el Bajo Imperio. La túnica se ceñía a la cintura y no solía llegar a la rodilla. Su uso era común y no planteaba mayor inconveniente que el de que no se consideraba de buen gusto dejarla asomar bajo la *toga.

Los patricios y senadores la usaban con una franja *(clavus)* ancha *(latus)* de púrpura (*tunica lacticlavia),* que descendía desde el escote hasta abajo. Los pertenecientes al censo ecuestre, o caballeros, también usaban el *clavus* pero más estrecho *(tunica angusticlavia).* Con la *toga picta* se solía llevar la *tunica palmata,* que era de púrpura y adornada con palmas doradas, típica del general triunfador (V. triunfo). Las mujeres la usaron doble muy a menudo, cubriendo en este caso la exterior con una **stola*. La túnica *dalmática era de gran amplitud y la *paragauda tenía grandes mangas.

turíbulo. Incensario. Incinerador de esencias, **thymiaterion*.

turiferario. Que lleva incensario.

tutulo *(tutulus)*. Gorro cónico y alto de algunos sacerdotes etruscos y de los flámines romanos. (V. *apex.)* En general, tocado alto y cónico, sobre todo femenino.

U

ukiyo-e. En japonés, «pintura de lo ligero y transitorio». Escuela pictórica y gráfica popular del periodo Edo (1615-1868). Surgió como manifestación cultural de su pujante burguesía urbana de ricos comerciantes y artesanos. Su medio de expresión más genuino fue la estampa en papel vegetal *(kozo)* por grabado en madera o *xilografía. Destacó el procedimiento *nishiki-e* con el que se logran estampas a todo color, cada uno de los cuales necesita un bloque de madera grabado específico (p. e., cincuenta bloques grabados si se emplean cincuenta colores). Sus temas más repetidos fueron las bellas mujeres y, en especial, cortesanas de los lupanares de lujo, actores de **kabuki*, luchadores de sumo, paisajes y escenas naturales. Influyó como ninguna otra creación japonesa en los artistas occidentales de la segunda mitad del siglo XIX y primeros decenios del XX.

umbella. Pequeño quitasol usado en la Antigüedad clásica, muy semejante a un paraguas.
– Para algunos autores, *doselete acabado en plano por oposición al que remata en punta, llamado por ellos *marquesina.

umbo. Pliegue de la *toga, que se hace sobresalir sobre el *balteus. ☞ 51.
– Saliente central de tipo hemisférico en un plato, escudo, etc.

umbral. Parte inferior o escalón en la puerta o entrada en una casa, por oposición a la parte superior o *dintel.
– Madero que se atraviesa en lo alto de un vano, para sostener el muro que hay encima.

uncia. Moneda de una onza, la doceava parte de un *as. Su *marca de valor es 1 punto.
– V. onza.

uncial. Dícese de la escritura griega y latina sobre pergamino, más bien redondeada, usada hasta el siglo XII en los manuscritos litúrgicos. Más tarde se usó únicamente en los títulos (Masciotta). Debe el nombre al tamaño (una pulgada o *uncia)* teórico de sus letras.
– V. as.
unctorio *(unctorium)*. Sala termal para masajes aceitados.
V. bálneo.
ungüentario. V. lacrimatorio.
unicornio. Caballo fantástico con un largo cuerno rectilíneo en la frente. En *Heráldica, suele llevar barba de chivo, cola de león y pezuñas hendidas.
uno al otro, del–. Dícese de la *figura o *mueble heráldicos *brochantes en medio de una *partición. Los *esmaltes de los campos y de las mitades de la *carga van invertidos.
uno en el otro, del–. En *Heráldica, dícese de la *figura o mueble que se repite en las particiones de un escudo pero con *esmaltes invertidos en campos y *cargas.
uno sobre el otro, el–. Dícese de los objetos heráldicos situados uno sobre otro pero sin contacto.
uñado. En *Heráldica, se dice del animal no carnívoro cuyas uñas se han distinguido con otro *esmalte.
urbanismo. Ciencia y técnica de construir y ordenar los núcleos urbanos adecuándolos, en la disposición, la estética, el emplazamiento y los servicios, trazado de calles, etc., a las necesidades de la persona humana concebida, a la vez, como individuo y como ser social.
úrceo *(urceus)*. Vaso para libaciones sacrificiales.
urdimbre. Conjunto de hilos, colocados paralelamente, que constituyen la base del telar y que al recibir la trama, forman el tejido.
– V. trama.
úreo, ureus (*οὐραῖος*). Serpiente representada en el tocado divino faraónico como símbolo del poder. Húreo es grafía incorrecta. ↔ 49.
urna *(cineraria)*. Recipiente destinado a contener las cenizas de los difuntos, generalmente con tapa.
– V. *campos de urnas*.
urushi. *Laca o barniz japonés obtenido por refino de la savia o resina del árbol de la laca *(Rhus vernicifera*; en japonés, *urushinoki)*. Se usa para revestir objetos muy variados, generalmente de madera. La compacta y sólida cobertura que conforma la laca sobre los objetos proporciona ventajas prácticas (impermeabilidad, cohesión, anticorrosividad) y estéticas (brillo, suavidad, color y posibilidades ornamentales).

ushabti, ushepti. Palabra egipcia para designar a cualquiera de las figuritas que acompañaban al cuerpo del difunto para substituir a éste en los trabajos domésticos del más allá. Se hicieron en toda clase de materiales (cera, madera, cerámica, piedra).

ustrino (*ustrinum*, pl. *ustrina)*. Lugar para la incineración de cadáveres, generalmente en una necrópolis.

V

vaca. En *Heráldica, ha de mostrar las ubres y suele llevar la cola estirada sobre un costado.
vaciado. Procedimiento para la reproducción de *esculturas o *relieves. Se consigue aplicando al *modelo *yeso líquido, gelatina, etc., y esperando a que endurezca. Cuando lo ha hecho, se separa de él y sobre este *molde obtenido se trabaja para conseguir tantas *copias como se desee vertiendo una *colada en su interior. Se llama vaciado tanto a este sistema de reproducción mecánica como a la copia obtenida por él.
vacío. Dícese, en *Heráldica, de las *piezas o *muebles que se representan sólo en un contorno o con un hueco en su centro, dejando ver el *campo a su través.
vaída. V. bóveda. ☞ 13.
valor. Se dice que determinado *color tiene más valor o valores cuando resulta por su luminosidad o intensidad más dominante, como masa cromática, que otro. Aunque hay colores que en principio son más luminosos que otros (el amarillo más que el verde, por ejemplo) puede darse el caso de que, en una obra, determinado amarillo sea menos valioso que determinado verde. Se aprecian bien estas diferencias cuando se contempla una *pintura entornando los ojos, con objeto de liberarse de la influencia del *dibujo y la *línea y atender tan sólo a los valores y masas cromáticos. El valor de un color es, pues, «la medida de su claridad en relación con la escala que va del negro al blanco» (Knobler).
valores táctiles. Los que, según Bernard Berenson, posee la pintura, además de los visuales, aunque transmitidos por éstos.

Hacen resaltar en la imaginación la sensación de percibir «el peso del objeto, su resistencia potencial, su distancia hasta nosotros, animándonos a llegar a una estrecha relación con él, casi a agarrarlo». Giotto y Masaccio eran para Berenson (m. 1959) los más diestros transmisores de los valores táctiles.
vano. *Hueco.
vara. Disminución del *palo heráldico y de la mitad de su ancho.
– V. palado.
varado. En *Heráldica, *escudo cubierto de *varas alternando metal y color y en número par mayor que ocho.
variante. *Copia o *réplica de una obra que altera levemente el *original.
varilla. Pieza aplanada y larga, de asta de cérvido, del Paleolítico Superior, que a veces posee *decoraciones grabadas o en *bajo relieve.
vascular. Dícese de la *pintura ceramográfica. V. ceramografía.
vasija. Recipiente de mediano o pequeño tamaño, generalmente hecho en barro, que sirve para contener especialmente líquidos y cosas destinadas a la alimentación, como grano, etc. En realidad, se aplica a cualquier recipiente, de cualquier tamaño y materia siempre que sea cóncavo.
vaso. Recipiente de pequeño tamaño.
– *Vasija; también, vasija preciosa.
– Conjunto del *capitel corintio y, en general, la parte de un capitel que recuerda la forma de una copa o campana.
vaso de coronamiento. El ornamental, generalmente de gran tamaño, que remata una fachada.
veladura. *Tinta transparente que se da para *suavizar el *tono de lo pintado o para conseguir una mayor fusión tonal. Es típica de los pintores venecianos.
velario, velo *(velarium, velum)*. Toldo del *circo romano, del teatro, etc.
veles (ligero, en latín). *Gladiador ligeramente armado con jabalina y *parma.
velo (del *teatro). *Velario.
vellón. Aleación de cobre, latón, plomo y un poco de estaño.
– Guedeja de lana.
venda. *Comble. ➾ 33.
venera. Gran concha semicircular y convexa, que recibe este nombre por su relación mitológica con Venus, que se emplea frecuentemente como ornamento y como símbolo de las peregrinaciones medievales, y especialmente a Santiago de Compostela.
– También se llama así la insignia de una Orden militar. (V. cruz).
– V. bóveda avenerada.
– En *Heráldica, la venera de peregrino o de Santiago se representa por su exterior y con la

base en alto. Si carece de sus típicas orejetas es la concha de San Miguel.

ventana. *Hueco o *vano practicado en un muro, más o menos elevado sobre el suelo, cuya finalidad es dar luz y ventilación.

– de ángulo: la que abre a dos paredes de un exterior de la casa. El término se aplica especialmente a las ornamentadas de este tipo en la arquitectura renacentista española, que avaloran las esquinas de algunos edificios.

ventanal. *Ventana de gran tamaño.

ventano. *Ventana pequeña.

veranda. *Galería o *porche alargado, por lo común de cristales, adosado al muro de un edificio. Es voz italiana.

verdaderas, armas–. V. puras.

verde. V. pigmento.

verdugada. *Hilada horizontal de *ladrillos entre otras de diferente material.

vergeta. V. escudo.

vergeteado. Lo está el *escudo heráldico compuesto por diez o más *pasos.

verja. Enrejado que sirve de puerta, ventana o cerca. Hoy se emplea más en el sentido de cerca, prefiriéndose el término *reja para designar a la verja metálica ornamentada.

vermiculatum (formando gusanillos). V. *opus* y mosaico.

veros (del fr. *vairs*). *Forro heráldico formado por cuatro pisos horizontales de piezas a modo de campanas, alternadas de azur y plata, derechas e invertidas. De la base de unas surgen las de otras, del *esmalte contrario e invertidas, que forman el piso inmediato inferior. Los veros admiten variantes onduladas, alineaciones verticales de los del mismo esmalte (en palo) y alteraciones en el tamaño que dan lugar a los veros grandes y a los pequeños o menudos. Si se alteran sus esmaltes usuales no se habla de veros, sino de varado, señalándose el esmaltado (en el que siempre han de alternar colores y metales). ⊸ 28.

versura. Entrada lateral de la **orchestra* en el teatro romano. Eran dos y unían el *proscenio con la *cávea sosteniendo con sus *bóvedas las *tribunas del emperador y las vestales (pl. *versurae)*.

vértice. En *Heráldica, parte superior del *pabellón real, de la punta de un *cabrio o de un monte. Denominarlo cima es galicismo.

verticilo. Conjunto de tres o más hojas, ramos, pétalos, flores, etc., que están en un mismo plano alrededor de un tallo.

vertiente. Una de las partes en que la *hilera divide al tejado.

– *Agua.

– *Tejado.

vestibulum. Sala de entrada de una mansión romana.

vestido. En *Heráldica indica que una figura humana lo está y se ha de indicar el *esmalte oportuno. También, el *escudo en que se ha dejado libre un rombo central cuyos vértices tocan los bordes del escudo. Si el campo libre tiene forma de óvalo (en cuyo caso no toca los bordes del escudo) se habla de escudo vestido en óvalo.
vexilo *(vexillum)*. Enseña militar, bandera, en Roma.
– Escuadrón romano, destacamento separado de su unidad, aunque es más correcto llamarlo *vexillatio*.
vía. Espacio entre los *mútulos dóricos.
viaducto. Construcción a modo de puente para el paso de una vía sobre una hondonada, depresión del terreno, río, etc.
viaje (de esviaje). Corte sesgado, inclinación.
via principalis. V. *castra*.
via quintana. V. *castra*.
via sagularis. V. *castra*.
vibrado. V. diente.
vicessis. Moneda de 20 ases. (V. as.)
victoriato. *Moneda de plata, sin *marca de valor, que representa a la Victoria coronando un *trofeo. Apareció en Roma a fines del siglo III a. de C. Se acuñaron además los dobles y los medios victoriatos. Raramente llevó marca, y si la llevó fue una V. En sus comienzos (229 a. de C.) se fabricaron a veces victoriatos de bronce.
vid. Cruz de–. V. cruz. ✑ 23.
vidriado. *Baño vítreo, aplicado de diversas maneras sobre la materia destinada a vitrificarse mediante la cocción.
– V. barniz estannífero y pumblífero.
vidriera. *Bastidor con *vidrios para cerrar puertas o ventanas.
– La formada por vidrios de *dibujos coloreados, ensamblados por un *emplomado o red de plomo, de sección en H para que encajen los vidrios, y que siluetea los *contornos y *dintornos de las figuras, para cerrar los ventanales de las iglesias y otros monumentos. A veces los vidrios pueden ir superpuestos para conseguir bellos colores, *colores binarios, etc.
vidrio. Substancia dura, frágil, transparente, insoluble en casi todos los cuerpos conocidos y fusible a alta temperatura.
– Está formada por sílice y sosa o potasa con pequeñas cantidades de otras bases.
– Se fabrica en hornos o *crisoles.
– Hoja de vidrio.
viento. En *Heráldica, rostro humano de perfil, que sopla y surge de una nube.
vierteaguas. *Moldura sobresaliente encima de una puerta o arco, para desviar el agua.

viga. Elemento horizontal que salva una luz y soporta una carga, que le hace trabajar por flexión.
– maestra: la que soporta otras vigas. V. jácena.
vihara. Monasterio rupestre propio del arte indio.
vilenado (del fr. *vilené*). Lo está el animal macho con el sexo esmaltado de modo distinto (a menudo, de *gules).
villa. Explotación agraria romana mansión señorial rural.
– Por extensión, vivienda rural.
vimana. Sala-santuario de la *pagoda india, generalmente cubierta con *cúpula.
vinajeras. Cada uno de los dos jarrillos con que se sirven en la misa el vino y el agua.
– Aderezo formado por ambos jarrillos y la bandeja en que se colocan.
viñeta. *Decoración con zarcillos y hojas *afiligranadas, sobre todo de vid.
– Dibujo pequeño que *ilustra una obra.
violín. Perforador, especie de trépano, manejado por medio de un arco que le imprimía una rápida rotación.
viril. Cerquillo de metal precioso que contiene la hostia consagrada.
virolado (del fr. *virolé*). Se aplica a las vueltas o anillos de los instrumentos de viento (trompas, etc.) que se esmaltan heráldicamente de modo diferenciado.
virtuosismo. Modo de trabajar del artista que domina de modo extraordinario la técnica de su arte.
visera. V. yelmo.
– Parte del *tejado que vuela sobre el *hastial.
visir. Primer ministro, en el mundo islámico.
vista. Pintura representando un lugar real en la que predomina el elemento urbano o arquitectónico.
vitela. Piel muy fina y adobada de ternera, generalmente nonata, utilizada en manuscritos, encuadernación, etc.
vitral. Galicismo por *vidriera.
vitrina. Escaparate, armario o caja con puertas de cristales, para exponer objetos.
vivo. Dícese del *color intenso fuerte, llamativo.
– Dícese del corte que produce un ángulo de intersección de superficies con una arista continua y bien determinada.
voladizo. Que tiene *vuelo o forma *resalte en paredes o edificios, *Saledizo.
volante. En *Heráldica, dícese del *timbre que no toca en el *escudo, del animal que está en vuelo o del insecto con las alas desplegadas.
voltear. Abovedar.
– Construir un *arco o *bóveda.
volumen. *Bulto de una cosa.

– Que representa de un modo especial el bulto de los objetos. *(Tiene volumen.)*

voluta. Rollo en espiral. ➾ 37, 40.

– V. orden.

vomitorio *(vomitorium*, pl. *vomitoria)*. Acceso a los graderíos de un espectáculo desde las galerías periféricas, en Roma. ➾ 45.

vorticismo. Movimiento artístico fundado por Wyndham Lewis en 1914, en Londres. Defiende las concepciones modernas del arte, sobre todo el *cubismo y el *futurismo en general.

voz de guerra. V. escudo.

vuelo. Parte de una fábrica que forma *saliente en el *paramento que la sostiene.

– Extensión de esta misma parte *volada contada en dirección perpendicular al paramento.

– En *Heráldica, las alas de un ave. *Figura consistente en dos alas unidas con las puntas de las plumas hacia abajo. Si tienen *esmaltes distintos, se enuncia primero el del ala que está junto al flanco diestro (izquierda del observador). Una ala sola se llama medio vuelo y suele ir con el arranque cerca del cantón diestro de la punta y la pluma más larga en el centro del jefe. Si aparece invertida, es un medio vuelo *contornado o *alterado.

vuelta. Curva del *intradós de un *arco o *bóveda.

– Vuelta de arco es la *moldura que, a modo de *imposta, corre sobre su *arranque.

W

Weicherstil. En alemán, estilo tierno, propio del estilo *internacional germano y sobre todo de su pintura y su escultura a comienzos del siglo XV. Como su nombre indica, es un modo artístico suave y mórbido. Lugar de honor ocupa el tema de la *Schöne Madonna,* la *Virgen hermosa.*

Westbau. En alemán, fachada oeste. Construcción al lado oeste de la iglesia, que tiene su origen en el arte carolingio y que permanece en muchas iglesias del románico alemán.

– La *Westbau* o *Westwerk* es perpendicular al eje mayor del templo y suele estar enmarcada por dos torres, poseyendo aspecto de fortaleza. En la segunda planta de su cuerpo central se dispone un deambulatorio de tribunas a las que se accede por las torres laterales. El espacio central que delimitan las cuatro tribunas se cubre con *chapitel, creándose así el efecto de una torre central, por lo que también se llama *triturrium* a la *Westbau.*

Westwerk. **Westbau.*

Wiener Sezession. V. modernismo.

X

xairado. Rincón cuyo ángulo se ha matado substituyéndolo por un arco de círculo.
xenodoquio. Hospicio para peregrinos, *xenodokion.* Es más apropiado que jenodoquio.
xilografía. *Grabado en *madera.
– V. grabado.
xístide, xystis (ξυστὶς). Larga túnica de paño fino usada por las mujeres, los nobles, los atletas y los autores trágicos.
xóano (ξόανον). *Escultura griega primitiva hecha en madera, cuya invención se atribuyó a Dédalo. (En pl., *xóana.)*
xysto (ξυστός). V. gimnasio.

Y

yacente. Persona representada muerta y tendida, generalmente *esculpida sobre un *sarcófago.

yamato-e. Literalmente, «pintura japonesa». Escuela tradicional por oposición a la **kara-e* o pintura de influencia china. Surge en el periodo Heian (794-1192) y es desarrollada por la escuela Tosa en los periodos Kamakura (1192-1333) y Muromachi (1333-1572) y por la escuela Rimpa en el periodo Edo (1615-1868).

yamur. Remate del *alminar, formado por varias bolas o manzanas de diámetro decreciente hacia arriba, ensartadas por un vástago vertical y terminado en media luna.

yelmo. Parte de la armadura que resguarda la cabeza y se compone de morrión, visera y babera. El morrión era el casco propiamente dicho; la visera era la parte movible y abatible que defendía el rostro; y la babera cubría barba, boca y quijadas. Algunos tratadistas mantienen que el yelmo heráldico no debe figurar de frente si no corresponde, al menos, a la dignidad de marqués.
– V. escudo.

yeso. Sulfato de cal hidratado, compacto o terroso, blando por lo común, tenaz y que se raya con la uña. Deshidratado por calor y molido se endurece cuando se amasa con agua, usándose en *escultura y *construcción.
– Obra de escultura vaciada en yeso.

Z

zaguán. Pieza cubierta que sirve de vestíbulo en la entrada a una casa desde la calle, inmediata a la puerta.

zapata. Madero corto, horizontal, colocado sobre un *pie derecho.
– *Base de pie derecho.
– *Grosor de los cimientos por ambos lados cuando aquéllos son más anchos que la pared que soportan.

zaquizamí. Techumbre de madera.

zen. Rama del budismo indio que, a través de China, llega a Japón en el periodo Kamakura (1192-1333). Su amplio éxito influyó extraordinariamente en el arte nipón. De vocación contemplativa, busca la iluminación *(satori)* o percepción inmediata de lo real por vía de meditación y del absoluto vacío espiritual. Aunque alcanzó muchos seguidores entre los samuráis del periodo Kamakura, su esplendor corresponde al periodo Muromachi (1333-1572).

zeta (ζ) número: V. *Pi.*

ziggurat. *Pirámide escalonada, gran torre de 5 ó 7 pisos comunicados por rampas laterales, que conducían a un templo situado en la última *terraza. ☞ 47.

zig-zag. *Cheurrón.
– Decoración compuesta de líneas que forman, sucesivamente, ángulos entrantes y salientes.

zincografía (de zinc y *γραφία*). Procedimiento fotomecánico para obtener un dibujo sobre plancha de zinc mediante incisión.

zócalo. Parte del pedestal bajo el *dado o *neto.
– Construcción u obra en la parte inferior de un edificio que crea una superficie uniforme para

que todos los basamentos estén al mismo nivel.
– Superficie salediza en la parte inferior de una obra. Esta superficie debe ser corrida y no demasiado alta. Puede denominarse también zócalo a una faja corrida y estrecha pintada en la parte baja de una pared.
zoofórico (de zoóforo). Dícese del *soporte en *figura de animal.
zoóforo (*ζωοφόρος*). *Friso decorado con seres animados. Dícese especialmente del *jónico. ☞ 37.
zoomorfo (de *ζῶον* y *μορφή*). En figura o forma de animal.
zooné, zoné (*ζώνη*). Nombre griego del *cíngulo o cinturón, llevado tanto por hombres cuanto por mujeres.
zotheca (*ζωθήκη*). Salita o tocador de la casa antigua, pequeña habitación o alcoba retirada.
– *Nicho, *hornacina, en la casa grecorromana.
zuda. Palacio real musulmán, fortificado.
zukuri. En japonés, estilo. Forma a menudo parte de palabras compuestas en el léxico artístico nipón.
zorra. En *Heráldica, la representación de la zorra debe hacerse con la cola caída para no confundirla con el perro o el lobo.

Láminas

Acanto griego

Acanto romano

Acroteras romanas en una moneda

Acrotera griega

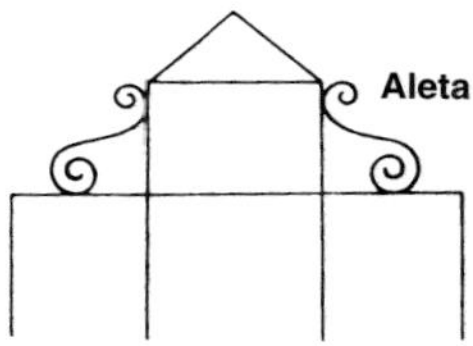

Aleta

Acrotera etrusca

Almena Merlón

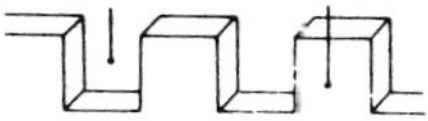

Antefija

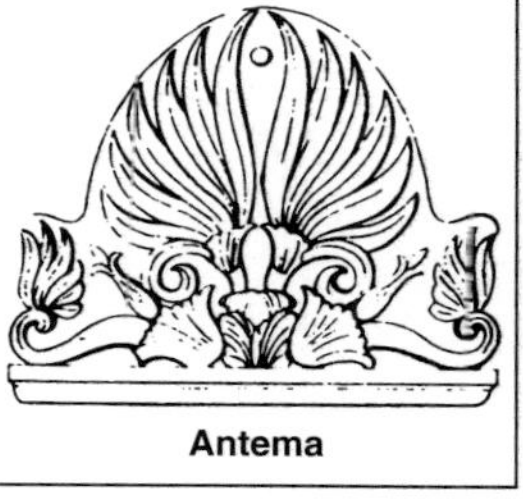

Antema

LÁMINA 1

Arco

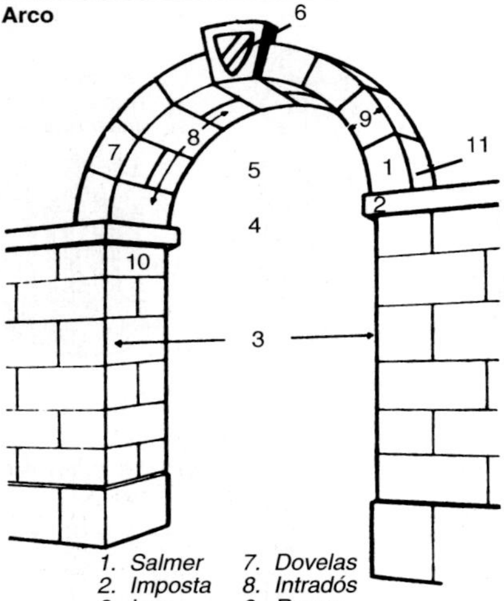

1. *Salmer*
2. *Imposta*
3. *Luz*
4. *Centro*
5. *Flecha*
6. *Clave*
7. *Dovelas*
8. *Intradós*
9. *Rosca*
10. *Jamba*
11. *Trasdós*

Abocinado o capialzado

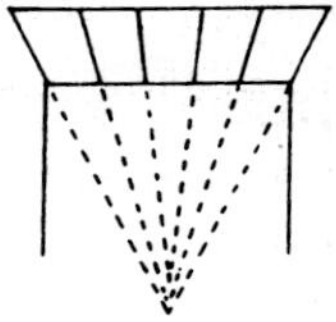

Adintelado

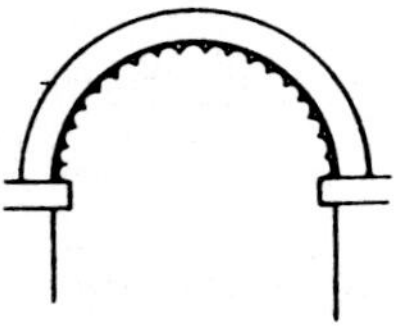

Angrelado o cairelado

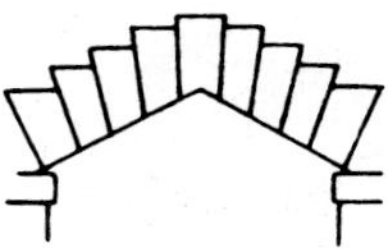

Angular, en mitra o en frontón

LÁMINA 2

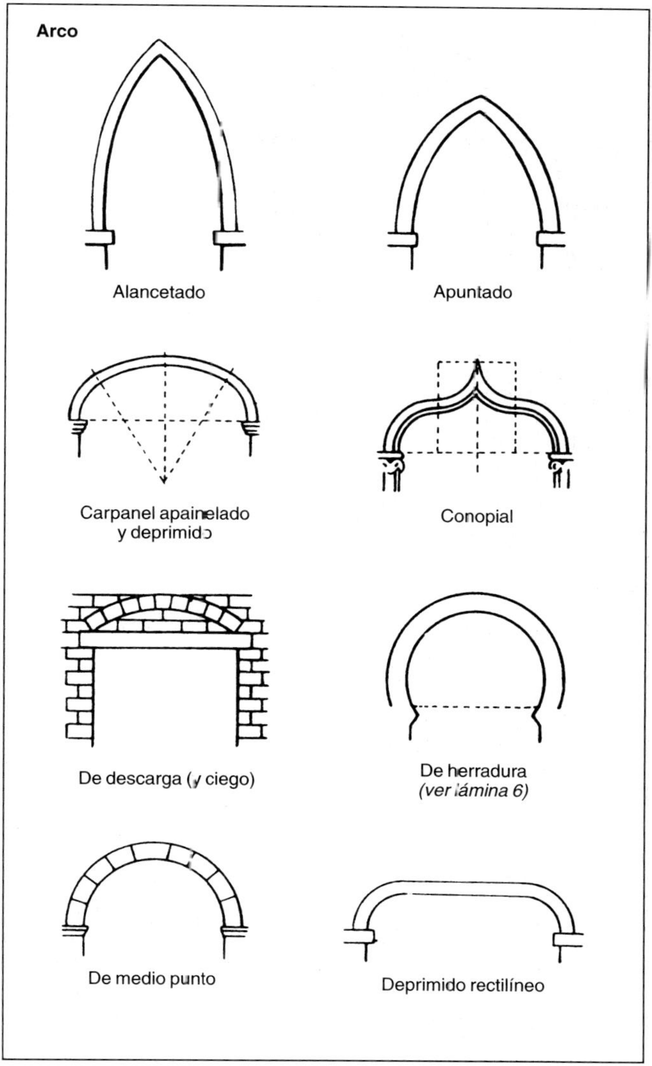
Arco
Alancetado
Apuntado
Carpanel apainelado
y deprimido
Conopial
De descarga (y ciego)
De herradura
(ver lámina 6)
De medio punto
Deprimido rectilíneo

LÁMINA 3

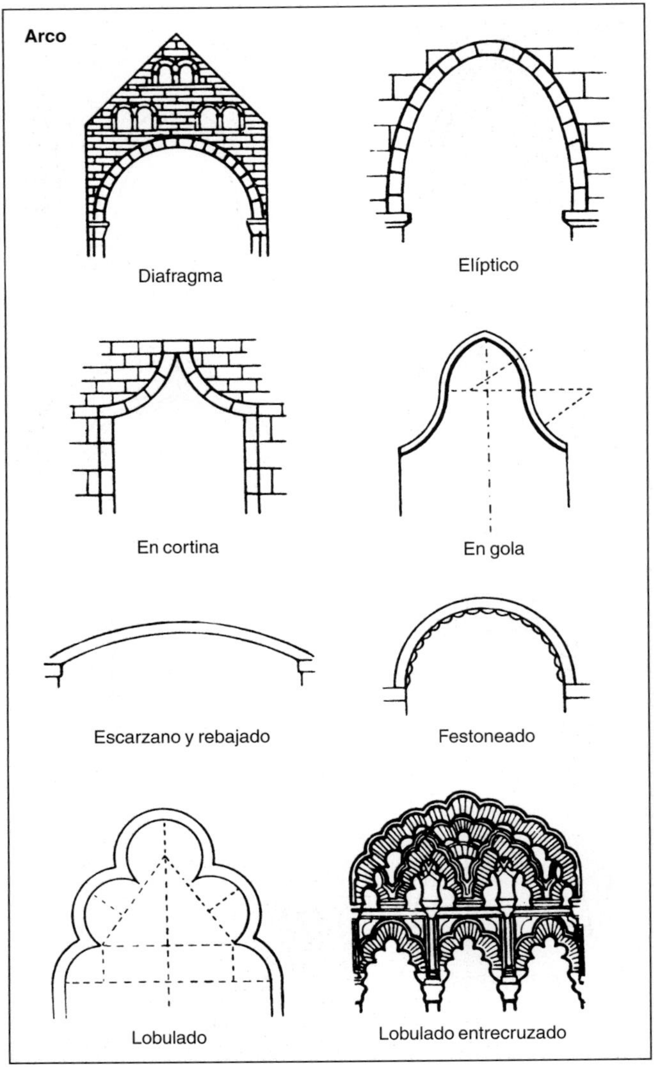
Arco
Diafragma
Elíptico
En cortina
En gola
Escarzano y rebajado
Festoneado
Lobulado
Lobulado entrecruzado

LÁMINA 4

Arco

Mixtilíneo

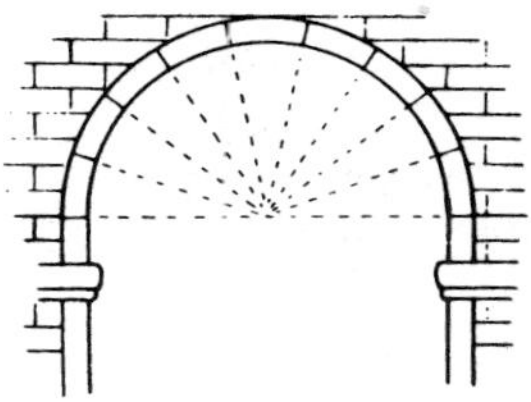

Peraltado y realzado

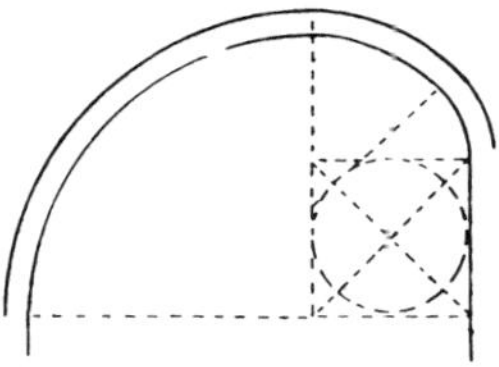

Rampante o por tranquil

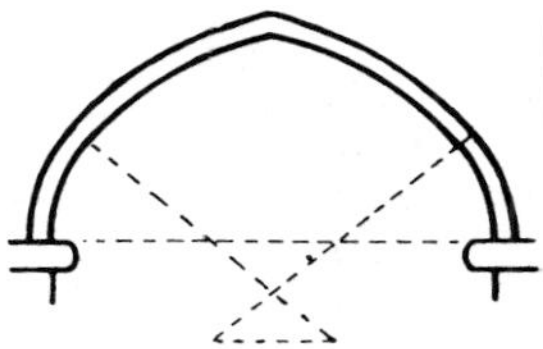

Tudor

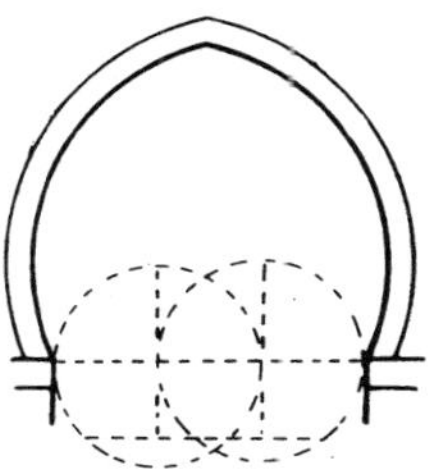

Túmido o de herradura apuntado

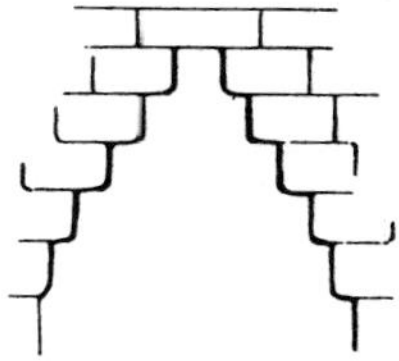

Falso arco o por aproximación de hiladas

Arcos de medio punto cruzados

LÁMINA 5

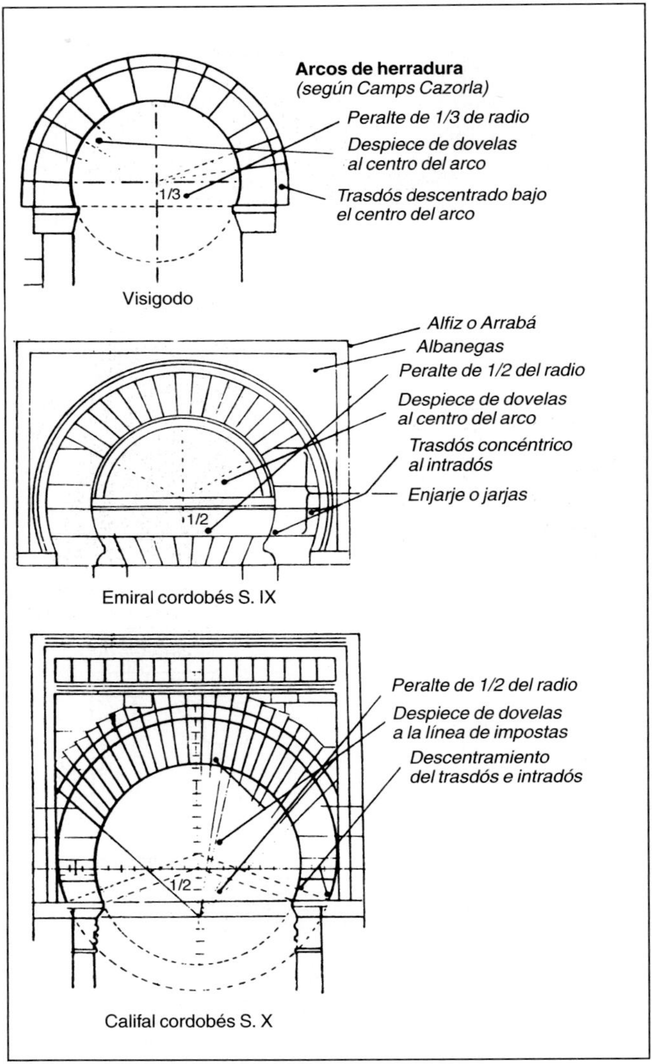
Arcos de herradura
(según Camps Cazorla)
Peralte de 1/3 de radio
Despiece de dovelas al centro del arco
Trasdós descentrado bajo el centro del arco
1/3
Visigodo
Alfiz o Arrabá
Albanegas
Peralte de 1/2 del radio
Despiece de dovelas al centro del arco
Trasdós concéntrico al intradós
Enjarje o jarjas
1/2
Emiral cordobés S. IX
Peralte de 1/2 del radio
Despiece de dovelas a la línea de impostas
Descentramiento del trasdós e intradós
1/2
Califal cordobés S. X

LÁMINA 6

Armadura

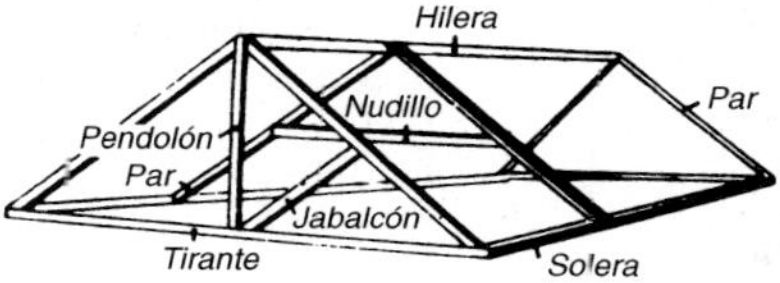

Ataurique

Tablero con decoración de ataurique que enmascara las jarjas de un arco de herradura

Astrágalo medieval

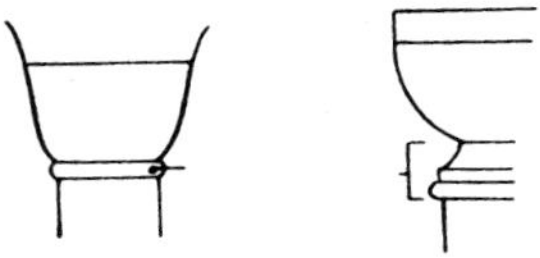

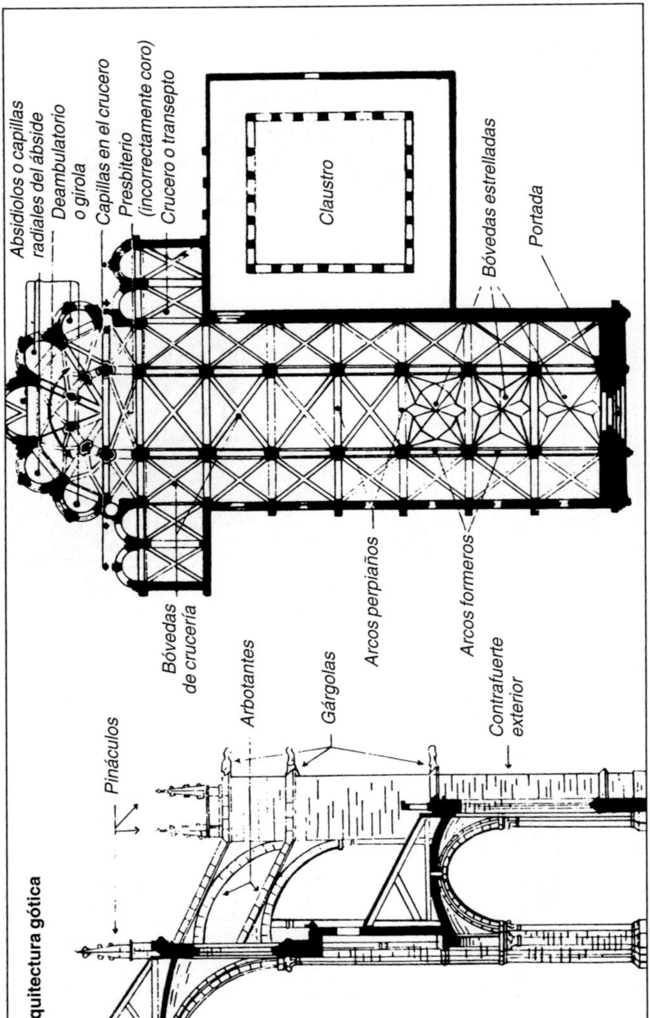
Arquitectura gótica
Absidiolos o capillas radiales del ábside
Deambulatorio o girola
Capillas en el crucero
Presbiterio (incorrectamente coro)
Crucero o transepto
Claustro
Bóvedas estrelladas
Portada
Bóvedas de crucería
Arcos perpiaños
Arcos formeros
Pináculos
Arbotantes
Gárgolas
Contrafuerte exterior

LÁMINA 8

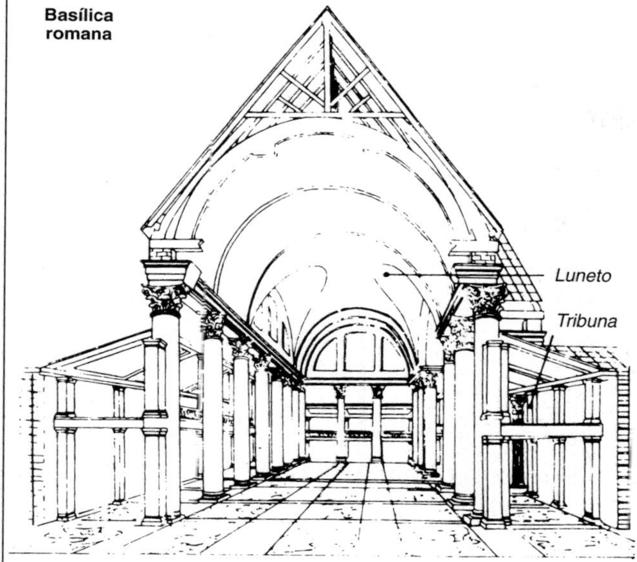
Basílica
romana
Luneto
Tribuna

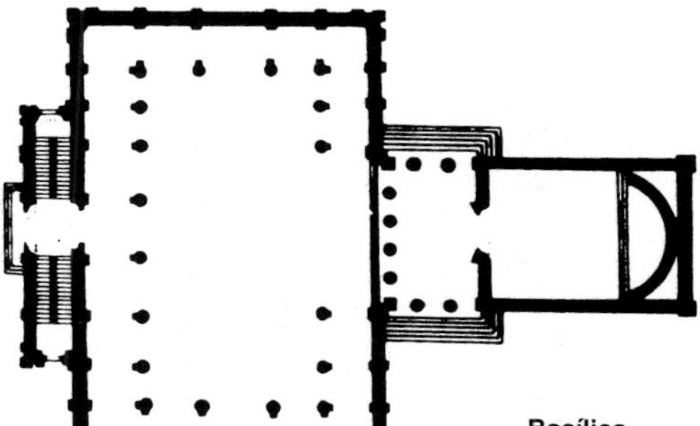
Basílica
vitruviana de Fano

LÁMINA 9

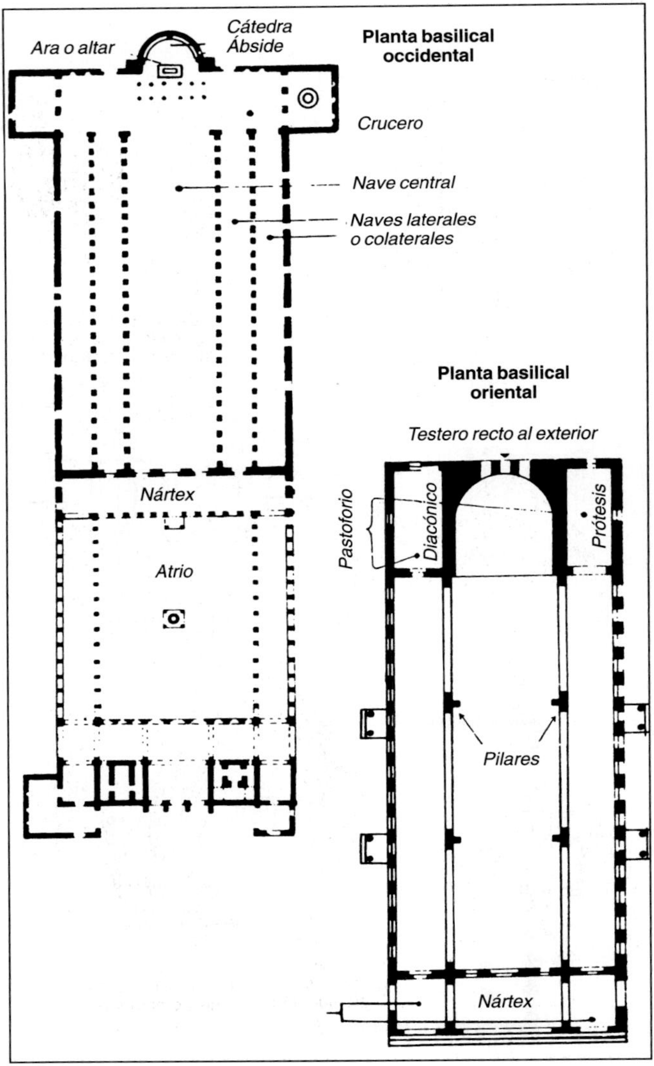
Planta basilical occidental
Ara o altar
Cátedra
Ábside
Crucero
Nave central
Naves laterales o colaterales
Nártex
Atrio
Planta basilical oriental
Testero recto al exterior
Pastoforio
Diacónico
Prótesis
Pilares
Nártex

LÁMINA 10

Bóveda

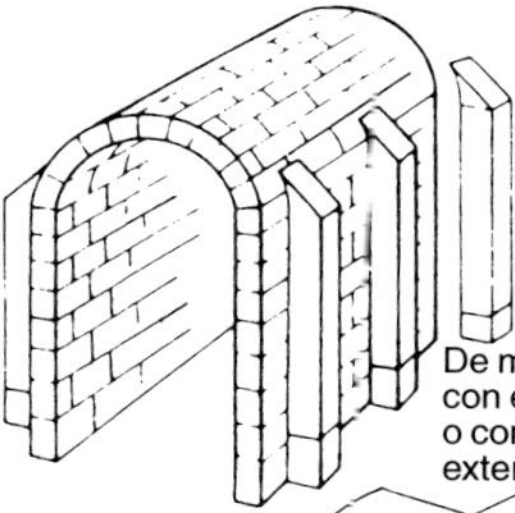

De medio cañón con estribos o contrafuertes exteriores

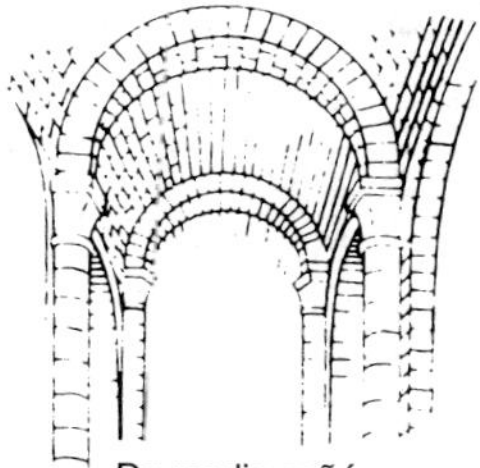

De medio cañón reforzado por arcos fajones o perpiaños

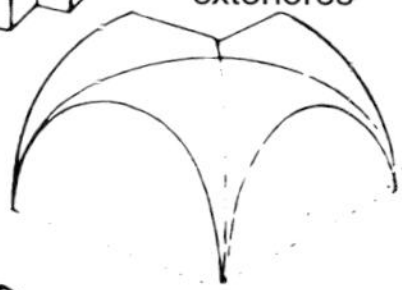

De arista

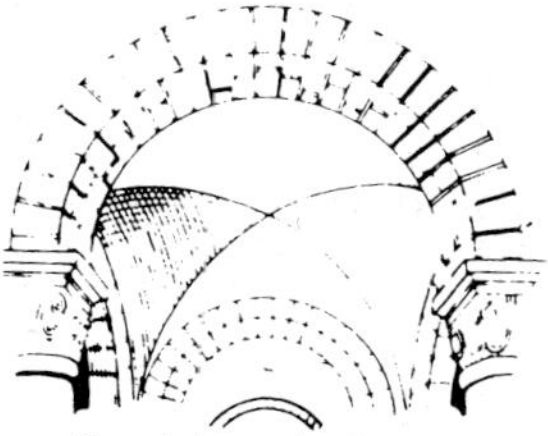

De arista con los tramos de arista separados por perpiaños

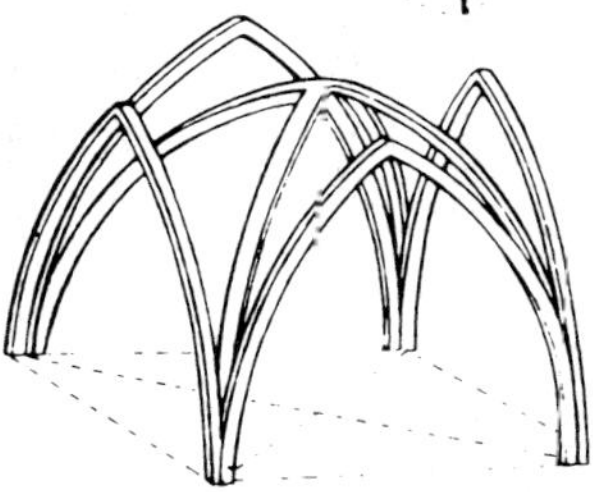

Crucería mostrando los nervios

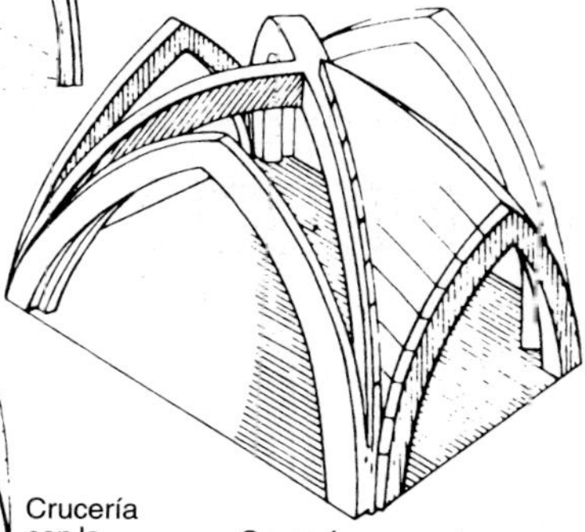

Crucería con parte de plementería

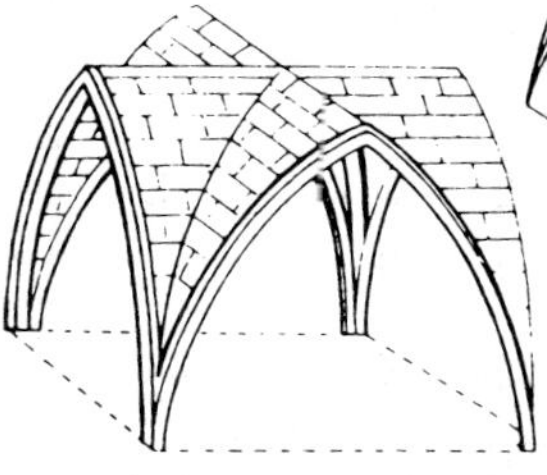

Crucería con la plementería

LÁMINA 11

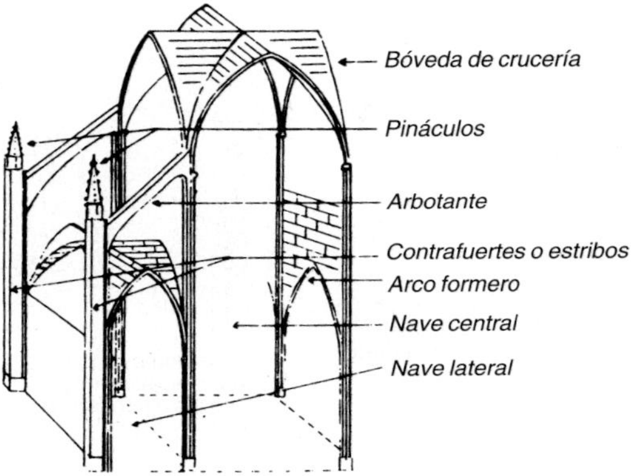

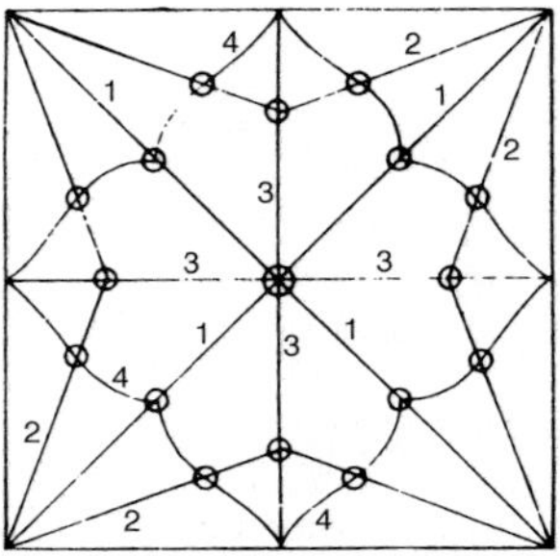

Bóveda estrellada
Representación en planta
—sus nervios—

1. Diagonales
2. Terceletes
3. Ligaduras
4. Combados

Bóveda en abanico

LÁMINA 12

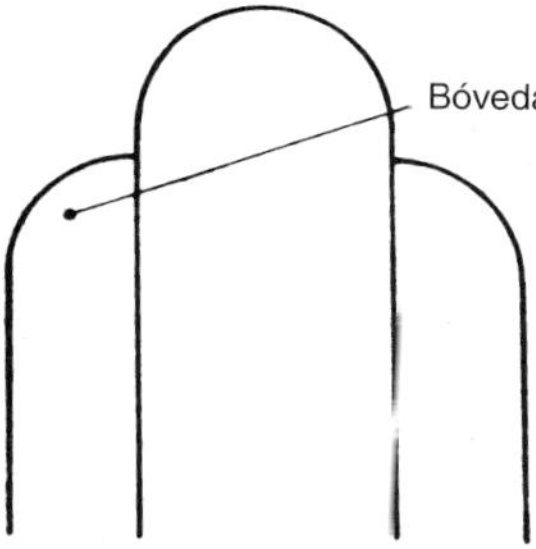

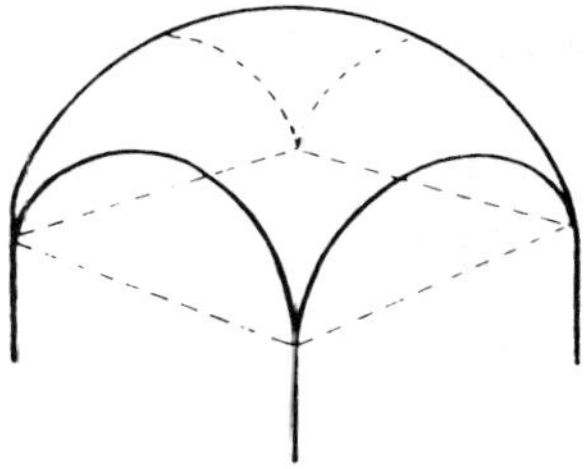

Bóveda baída o vaída

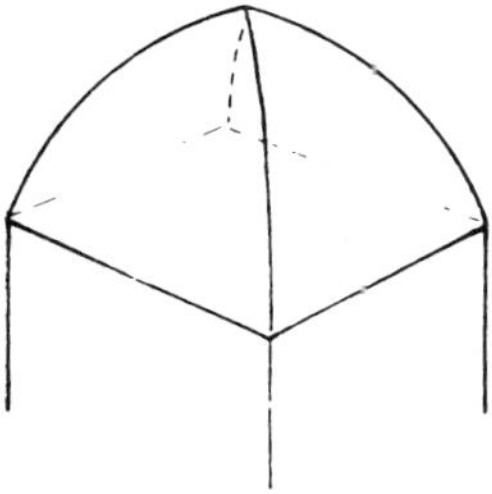

Bóveda esquifada

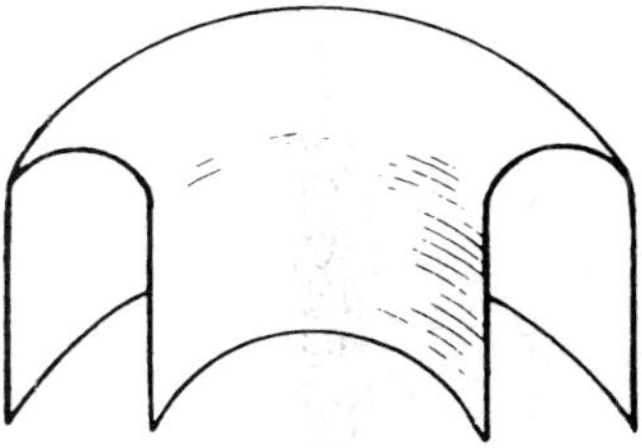

Bóveda anular

Bóveda de arcos entrecruzados

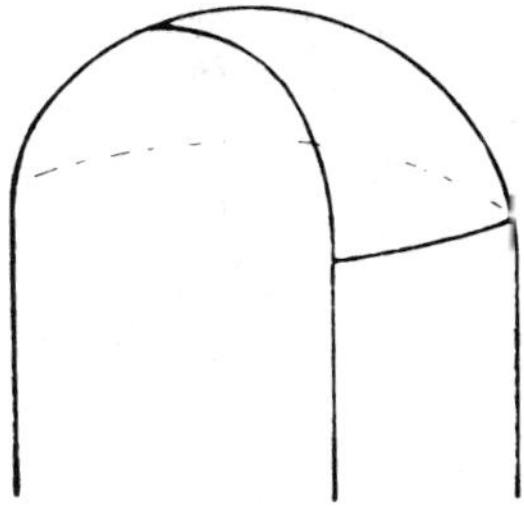

Bóveda de:
— horno
— cascarón
— cuarto de esfera

LÁMINA 13

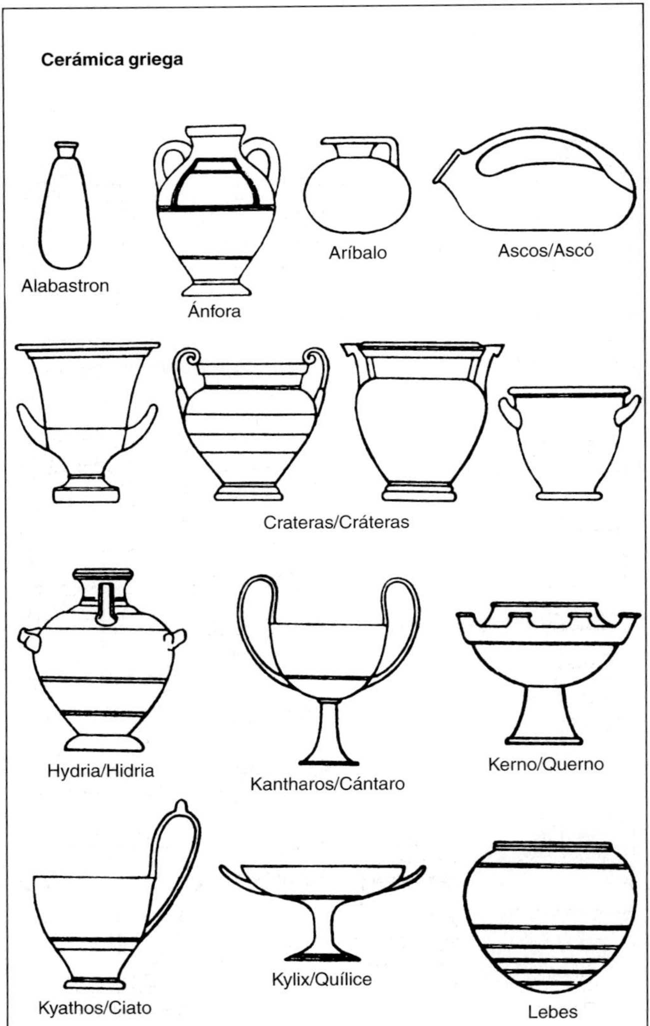
Cerámica griega
Alabastron
Ánfora
Aríbalo
Ascos/Ascó
Crateras/Cráteras
Hydria/Hidria
Kantharos/Cántaro
Kerno/Querno
Kyathos/Ciato
Kylix/Quílice
Lebes

LÁMINA 14

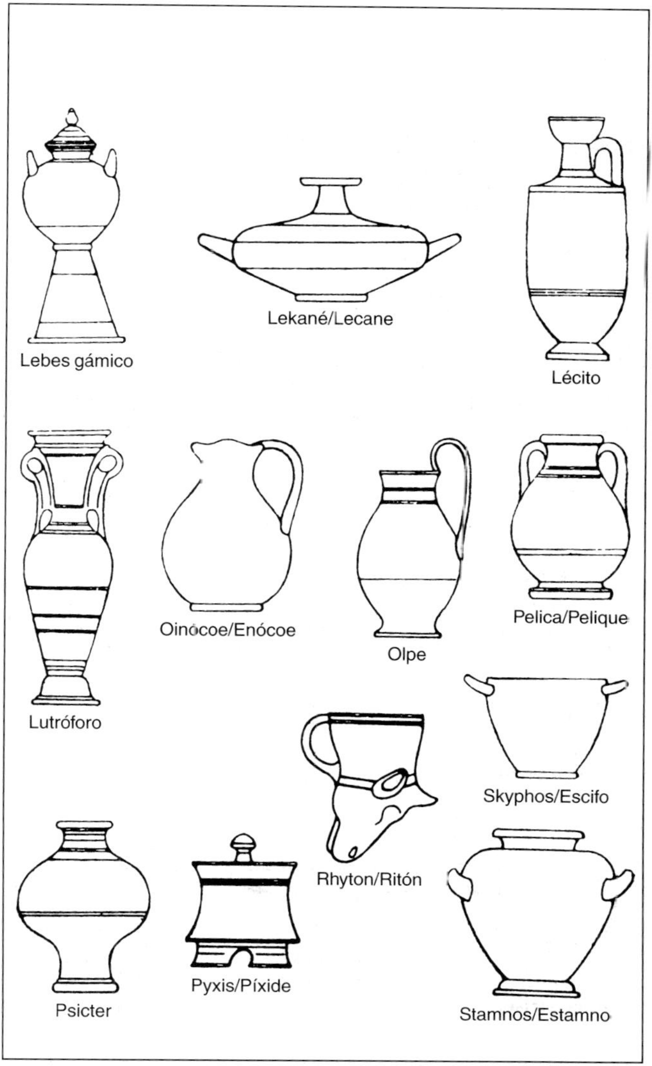
Lebes gámico
Lekané/Lecane
Lécito
Lutróforo
Oinócoe/Enócoe
Olpe
Pelica/Pelique
Skyphos/Escifo
Rhyton/Ritón
Psicter
Pyxis/Píxide
Stamnos/Estamno

LÁMINA 15

Circo romano

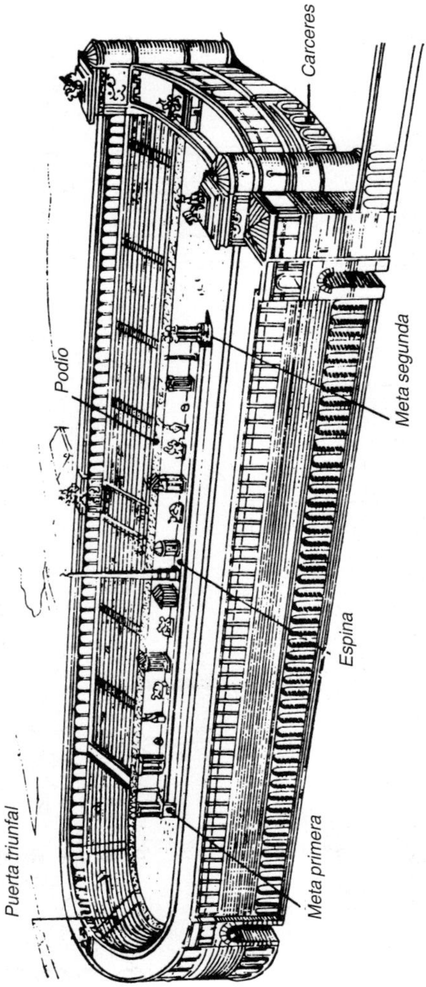

LÁMINA 16

Capitel

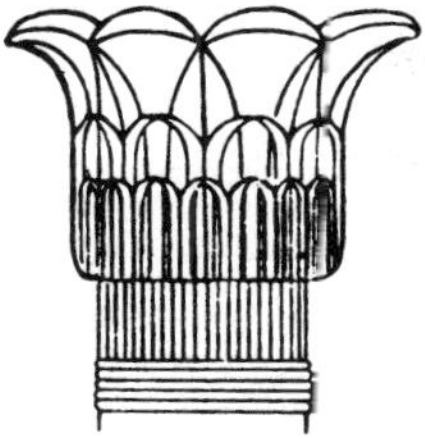

Compuesto egipcio

Hathórico

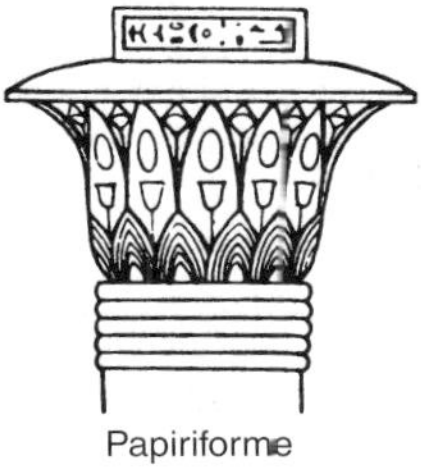

Papiriforme

Crismón

Bipenne, labrys

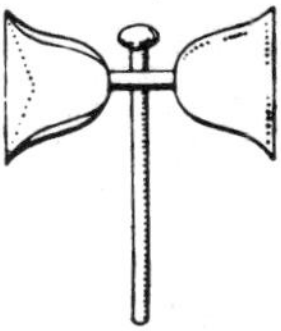

Cariátide

Cimacio

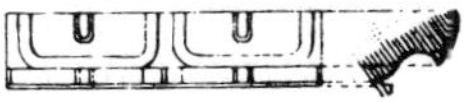

Dórico

Jónico

Lésbico o eólico

LÁMINA 17

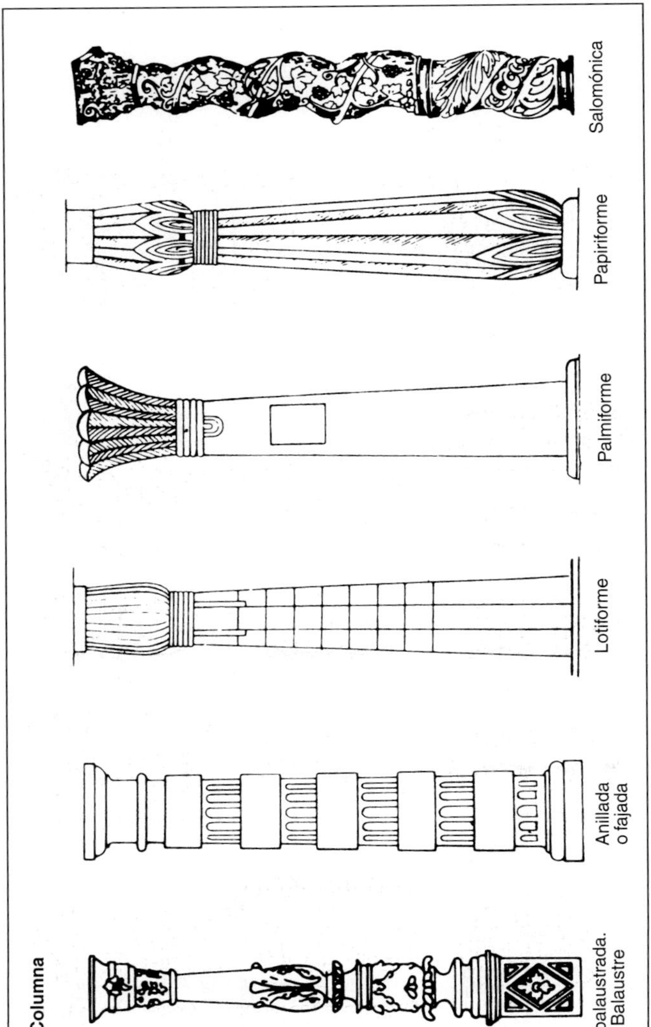
Columna
Salomónica
Papiriforme
Palmiforme
Lotiforme
Anillada
o fajada
Abalaustrada.
Balaustre

LÁMINA 18

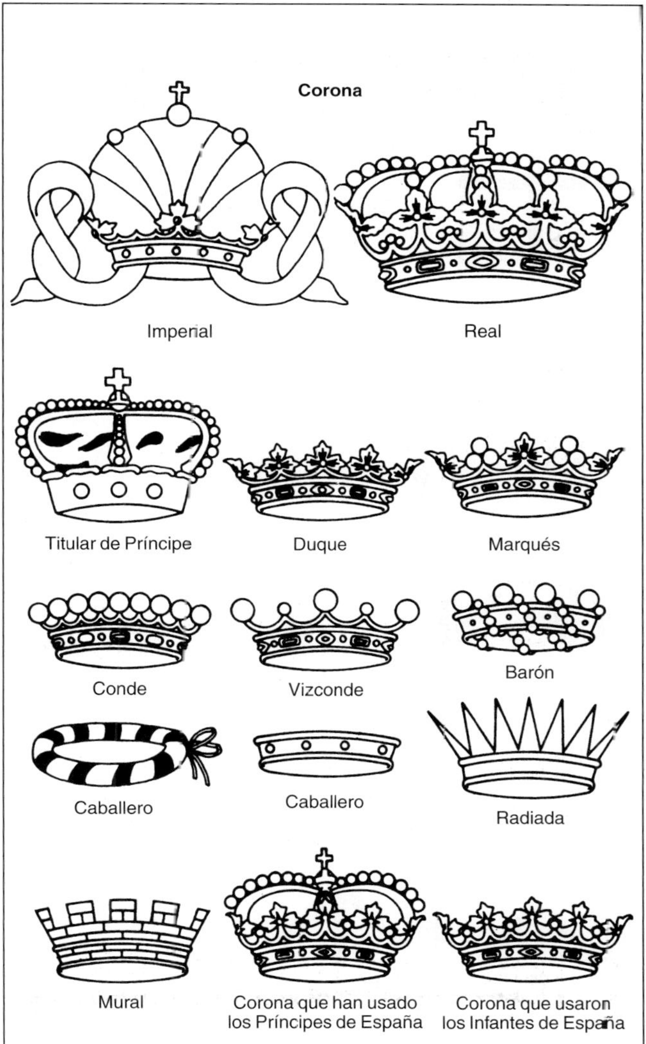
Corona
Imperial
Real
Titular de Príncipe
Duque
Marqués
Conde
Vizconde
Barón
Caballero
Caballero
Radiada
Mural
Corona que han usado los Príncipes de España
Corona que usaron los Infantes de España

LÁMINA 19

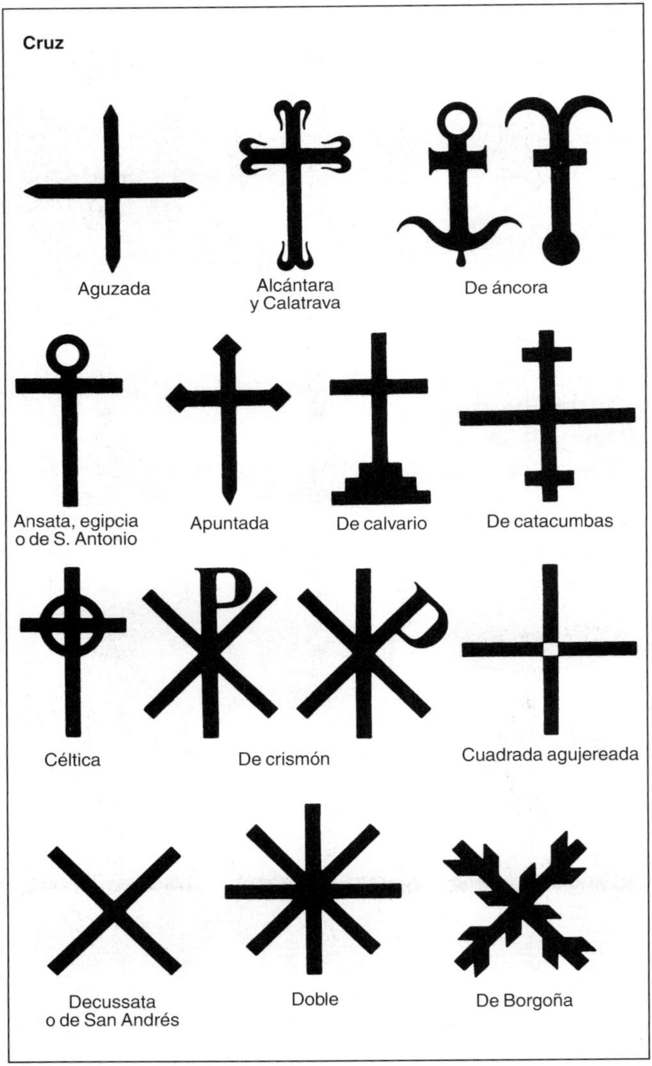
Cruz
Aguzada
Alcántara y Calatrava
De áncora
Ansata, egipcia o de S. Antonio
Apuntada
De calvario
De catacumbas
Céltica
De crismón
Cuadrada agujereada
Decussata o de San Andrés
Doble
De Borgoña

LÁMINA 20

Cruz
Encuadrada
Ensanchada o patada
Espiral
Flordelisada
Florenzada
Florenzada
Gamada
Granada
Griega
(en rojo, de Montesa)
Horquillada

LÁMINA 21

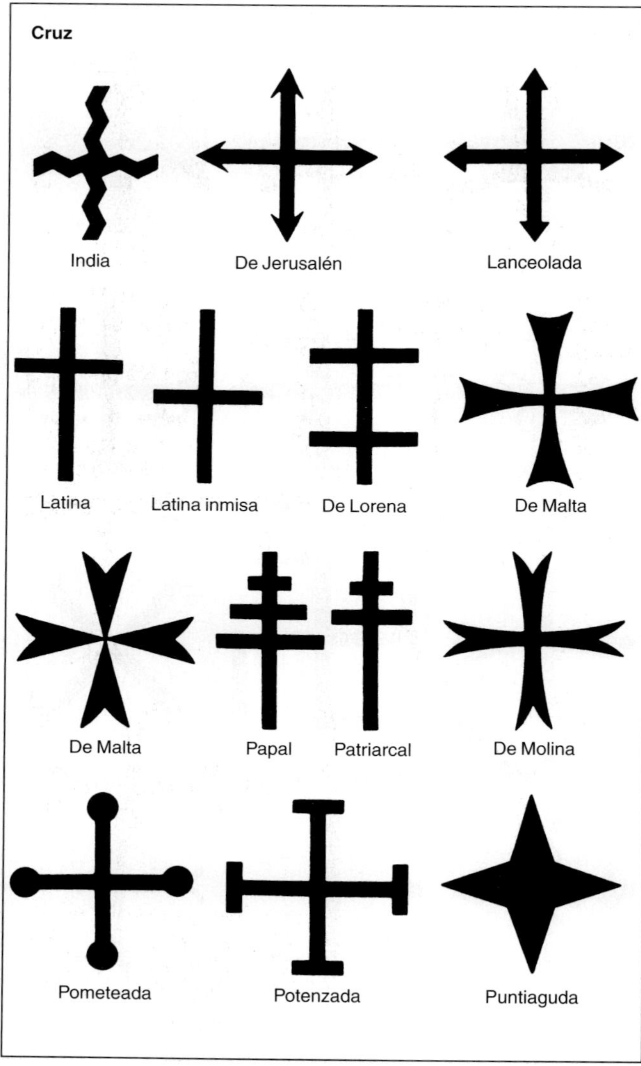
Cruz
India
De Jerusalén
Lanceolada
Latina
Latina inmisa
De Lorena
De Malta
De Malta
Papal
Patriarcal
De Molina
Pometeada
Potenzada
Puntiaguda

LÁMINA 22

Cruz

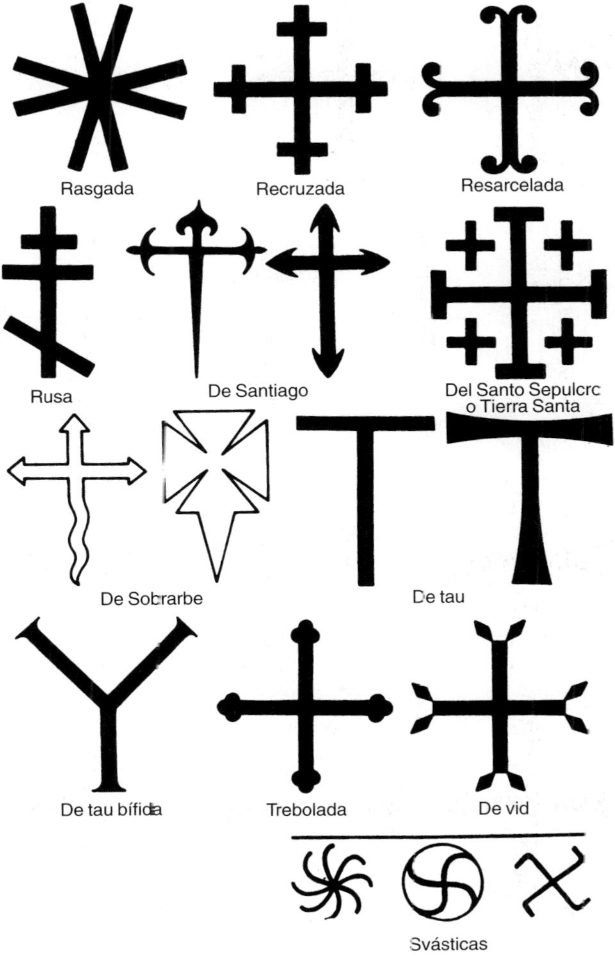

LÁMINA 23

Escudos nobiliarios (timbres)

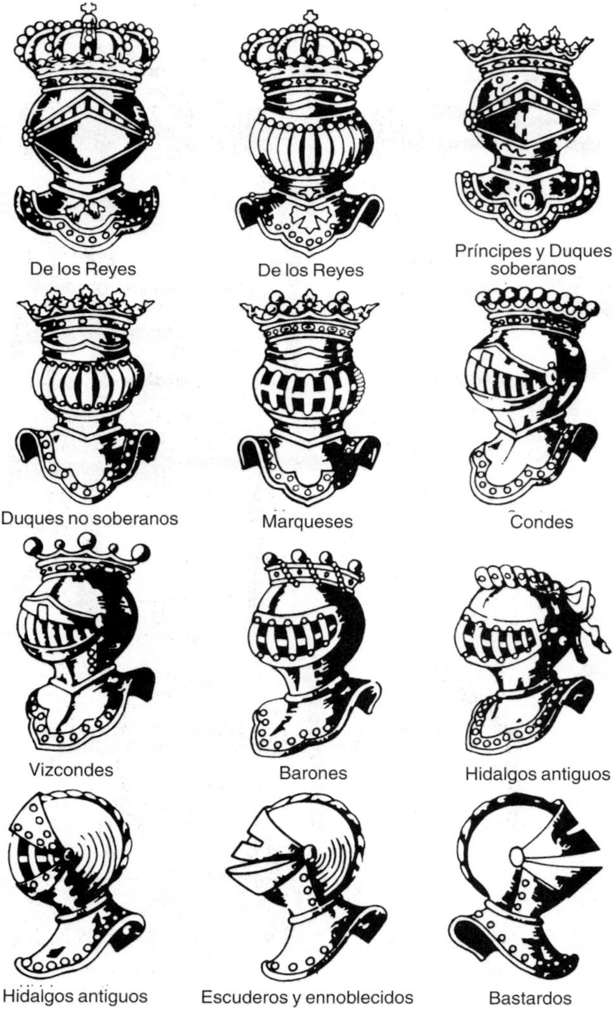

LÁMINA 24

Escudos eclesiásticos (timbres)

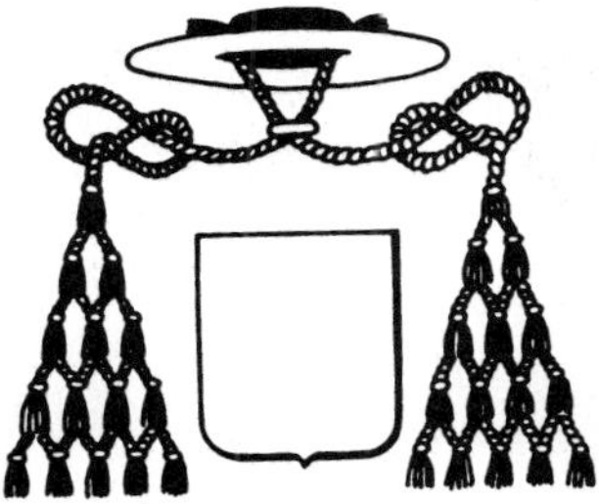

Cardenales

Cardenales que son Patriarcas, Primados o han sido Legados

Patriarcas y Arzobispos primados

Arzobispos

Obispos

Arzobispos y Obispos que son príncipes soberanos

LÁMINA 25

Escudos eclesiásticos (timbres)

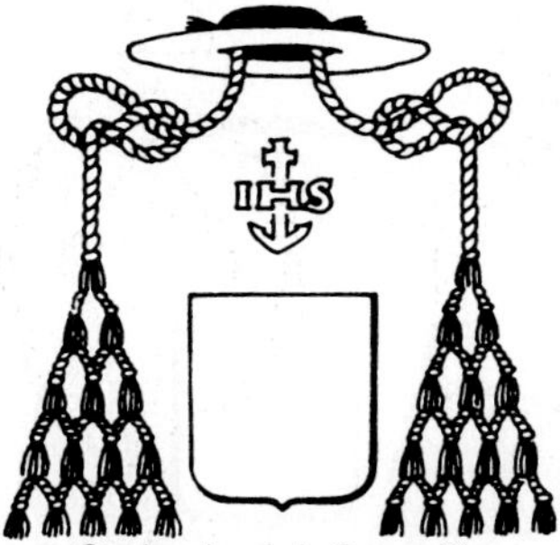

Cardenales de la Compañía de Jesús

Arzobispos que son marqueses

Obispos condes

Abades mitrados

Abades

Protonotarios

LÁMINA 26

Escudos eclesiásticos (timbres)

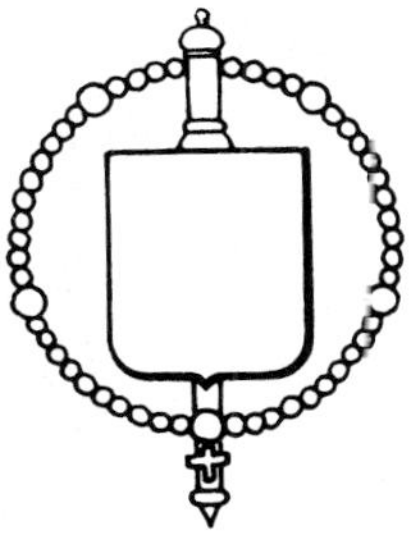

Priores

Chantres

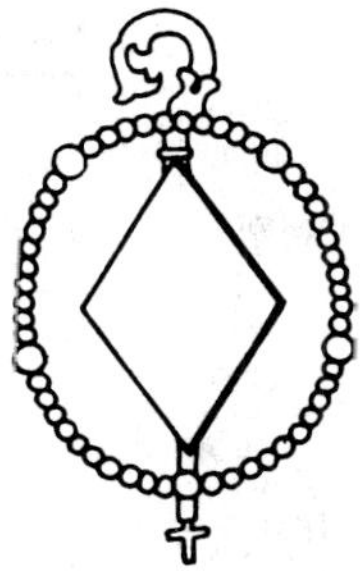

Abadesas

Estípite antropomorfo. Termes

Estípite

LÁMINA 27

PUNTOS DEL ESCUDO

1 Cantón diestro del jefe
2 Centro del jefe
3 Cantón siniestro del jefe
4 Flanco diestro
5 Abismo, centro o corazón
6 Flanco siniestro
7 Cantón diestro de la punta
8 Centro de punta
9 Cantón siniestro de la punta

A Punto diestro del punto de honor
B Punto de honor
C Punto siniestro del punto de honor
D Punto diestro del ombligo
E Ombligo
F Punto siniestro del ombligo
G Punto ínfimo

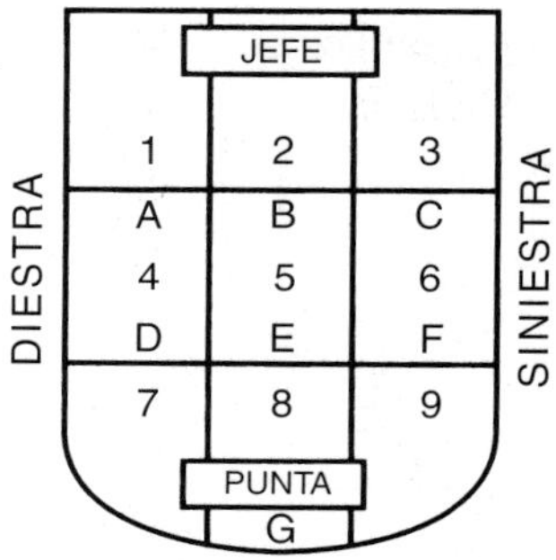

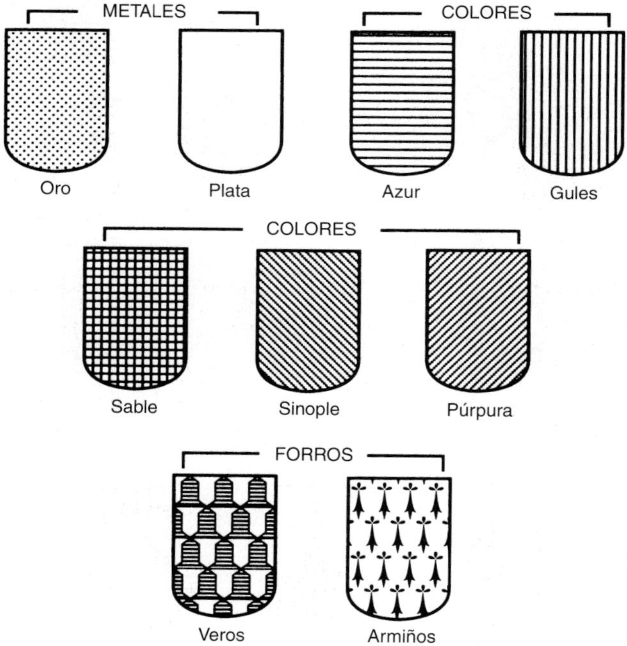

LÁMINA 28

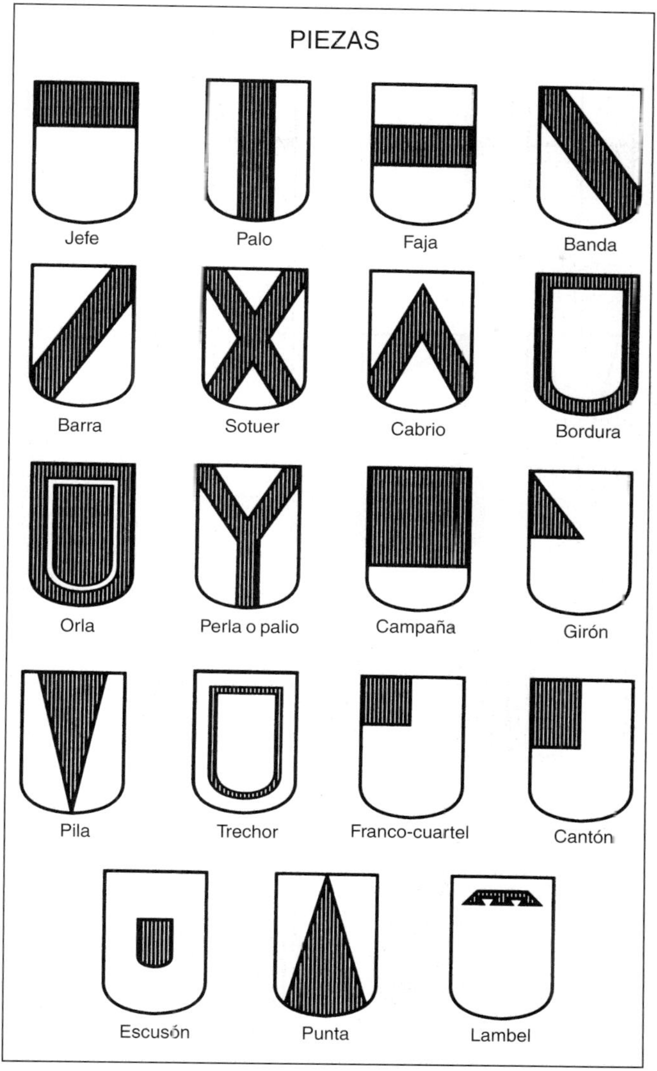
PIEZAS
Jefe
Palo
Faja
Banda
Barra
Sotuer
Cabrio
Bordura
Orla
Perla o palio
Campaña
Girón
Pila
Trechor
Franco-cuartel
Cantón
Escusón
Punta
Lambel

LÁMINA 29

PARTICIONES

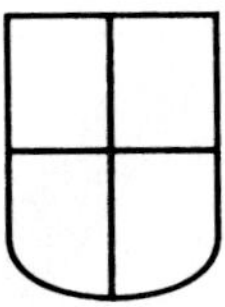
Cuartelado en cruz

Cuartelado en sotuer

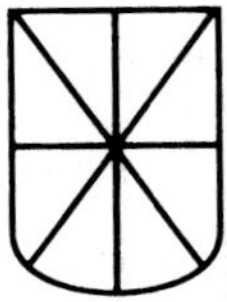
Gironado

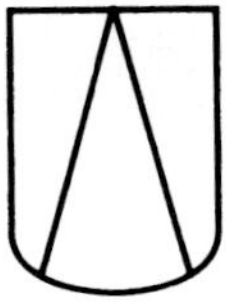
Cortinado

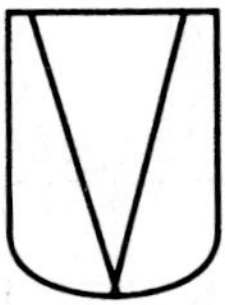
Calzado

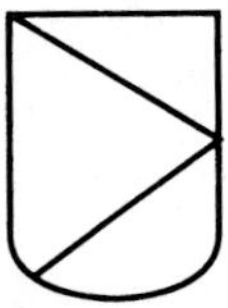
Embrazado

Contraembrazado

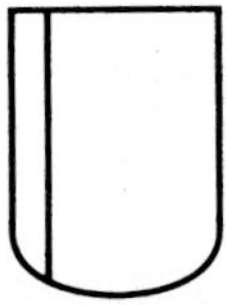
Adiestrado

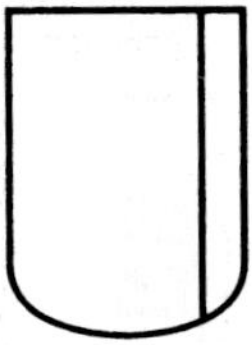
Siniestrado

Flechado

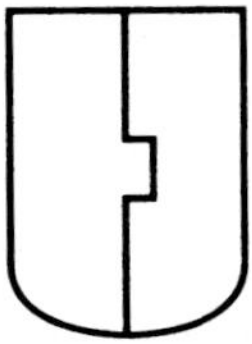
Endentado

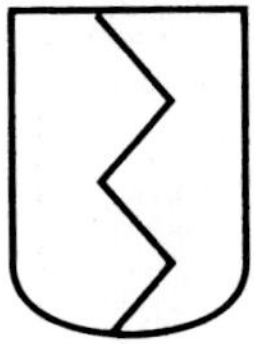
Encajado

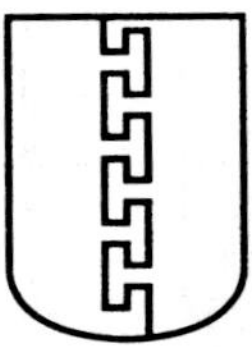
Partido potenzado

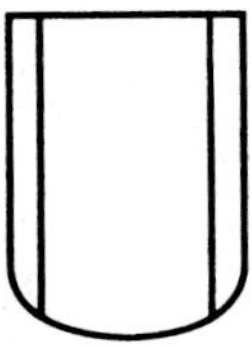
Flanqueado

LÁMINA 30

REPARTICIONES
REGULARES

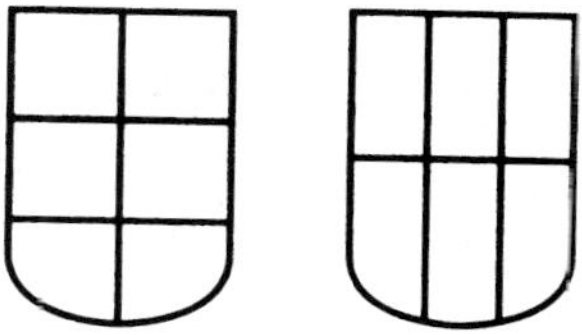

Partido y cortado de dos — Cortado y partido de dos

IRREGULARES

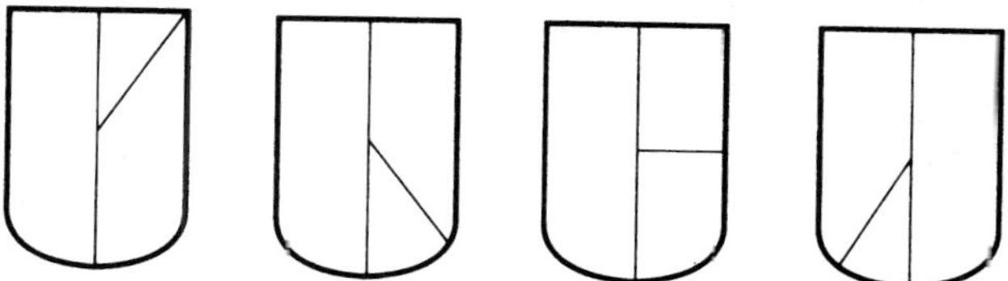

Partido y semitajado — Partido y semitronchado — Partido y semicortado — Semitajado y partido

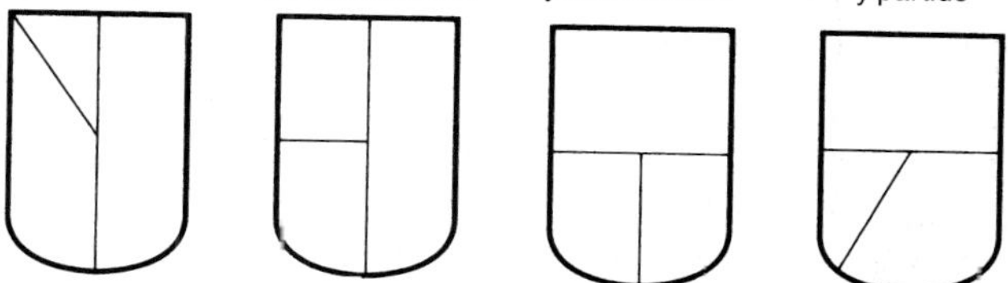

Semitronchado y partido — Semicortado y partido — Cortado y semipartido — Cortado y semitajado

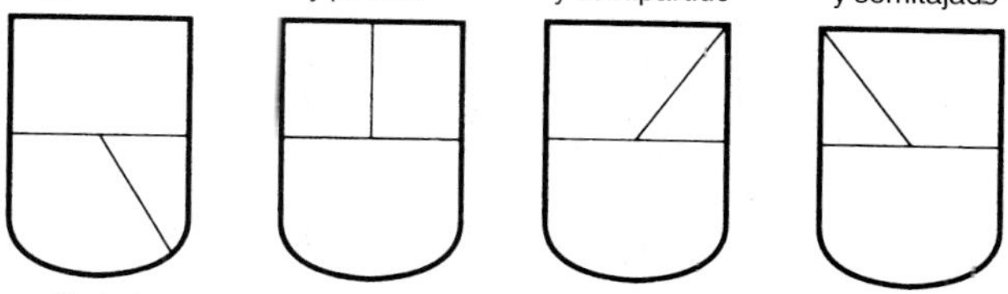

Cortado y semitronchado — Semipartido y cortado — Semitajado y cortado — Semitronchado y cortado

LÁMINA 31

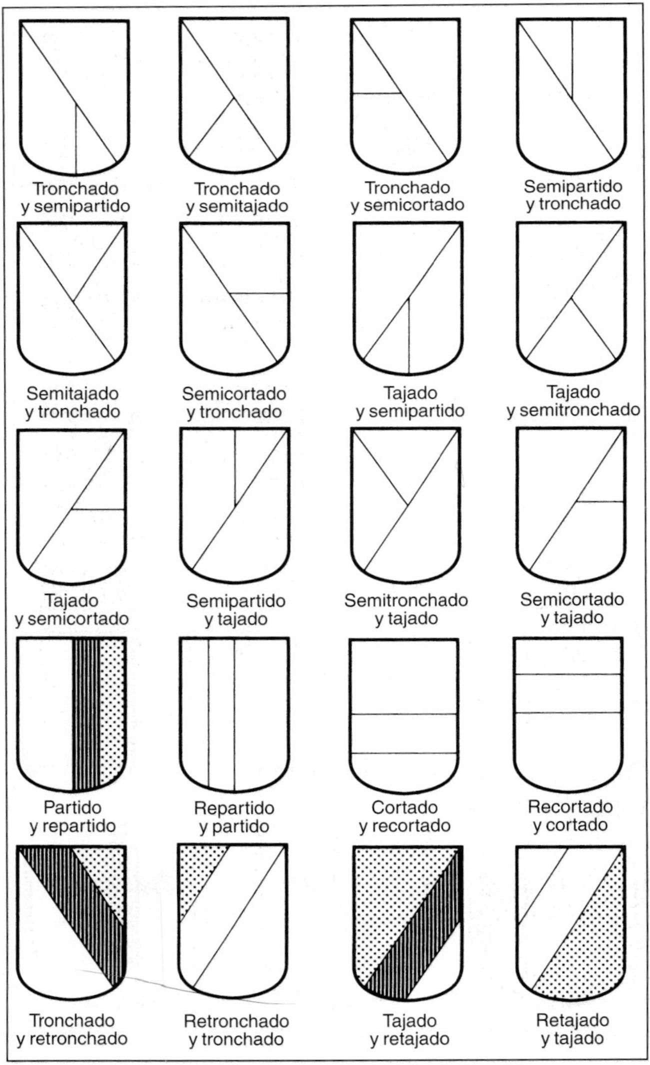
Tronchado y semipartido
Tronchado y semitajado
Tronchado y semicortado
Semipartido y tronchado
Semitajado y tronchado
Semicortado y tronchado
Tajado y semipartido
Tajado y semitronchado
Tajado y semicortado
Semipartido y tajado
Semitronchado y tajado
Semicortado y tajado
Partido y repartido
Repartido y partido
Cortado y recortado
Recortado y cortado
Tronchado y retronchado
Retronchado y tronchado
Tajado y retajado
Retajado y tajado

LÁMINA 32

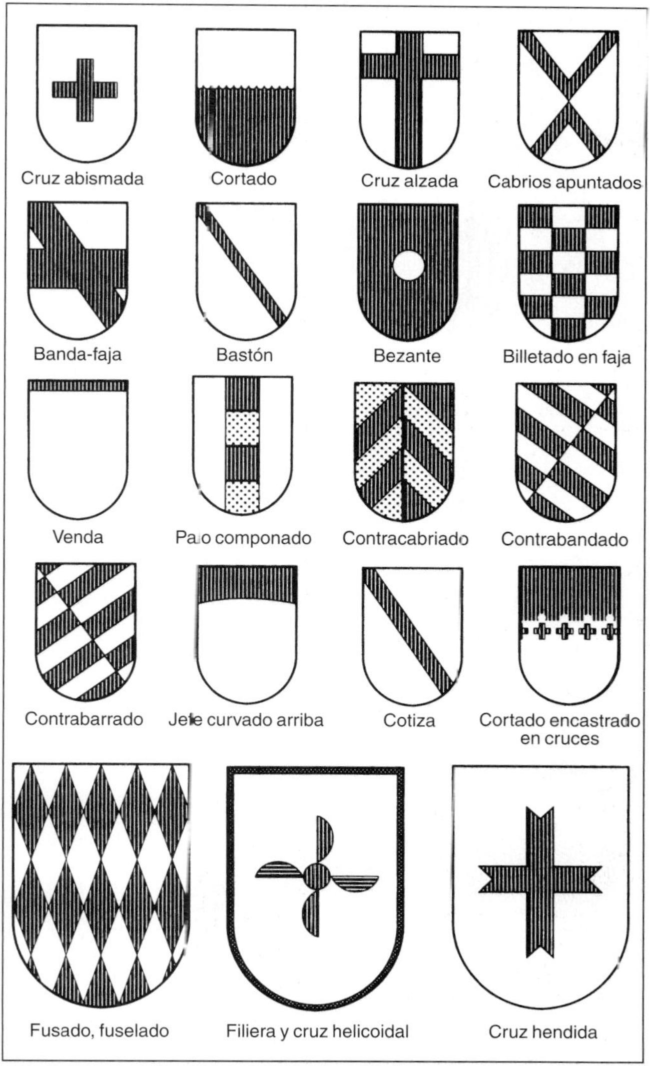
Cruz abismada
Cortado
Cruz alzada
Cabrios apuntados
Banda-faja
Bastón
Bezante
Billetado en faja
Venda
Palo componado
Contracabriado
Contrabandado
Contrabarrado
Jefe curvado arriba
Cotiza
Cortado encastrado en cruces
Fusado, fuselado
Filiera y cruz helicoidal
Cruz hendida

LÁMINA 33

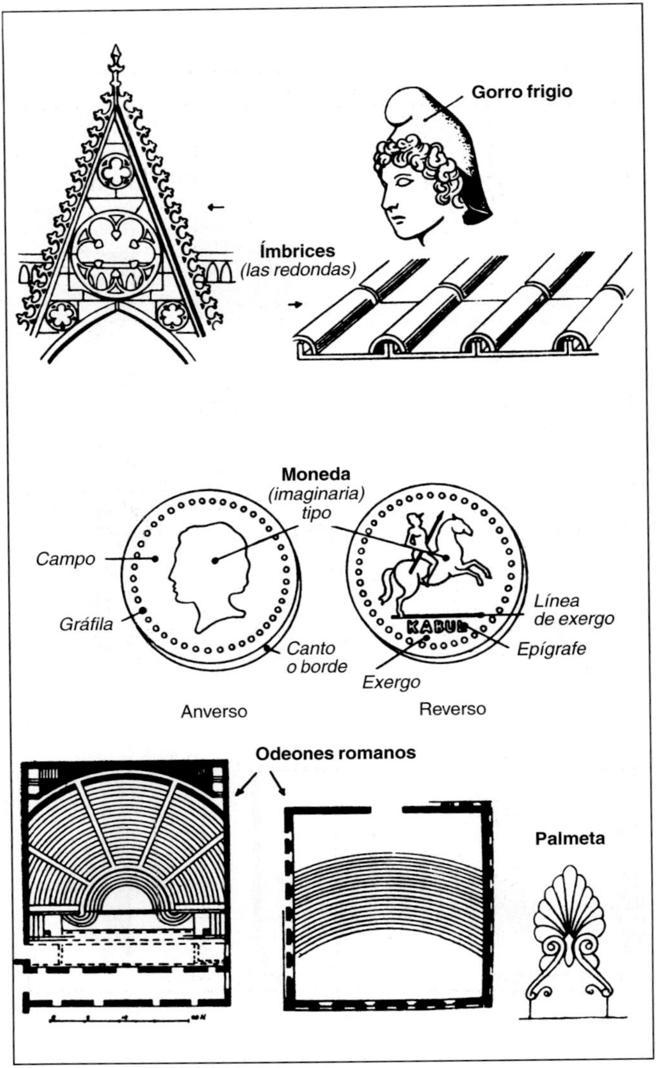
Gorro frigio
Ímbrices
(las redondas)
Moneda
(imaginaria)
tipo
Campo
Gráfila
Canto
o borde
Línea
de exergo
Epígrafe
Exergo
Anverso
Reverso
Odeones romanos
Palmeta

LÁMINA 34

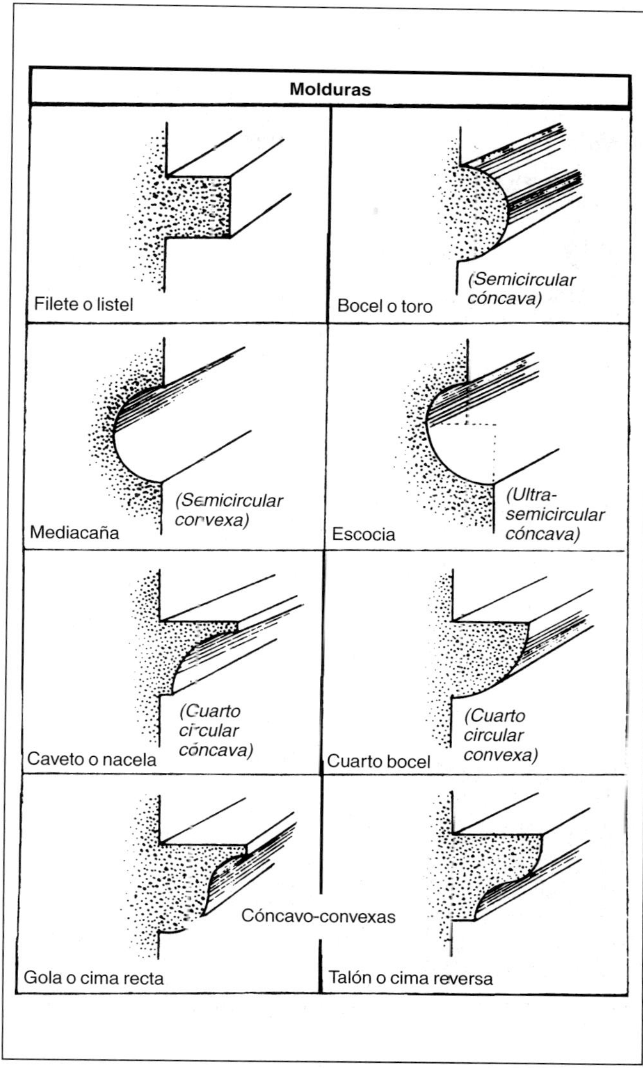
Molduras
Filete o listel
Bocel o toro
(Semicircular cóncava)
Mediacaña
(Semicircular convexa)
Escocia
(Ultra-semicircular cóncava)
Caveto o nacela
(Cuarto circular cóncava)
Cuarto bocel
(Cuarto circular convexa)
Cóncavo-convexas
Gola o cima recta
Talón o cima reversa

LÁMINA 35

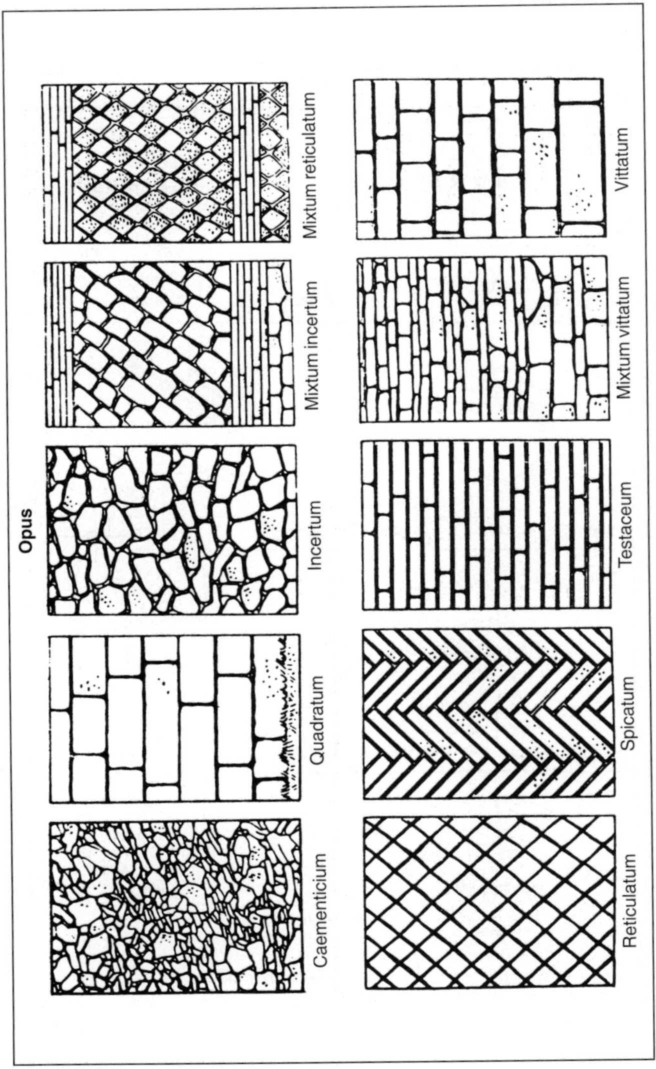
Opus
Mixtum reticulatum
Mixtum incertum
Incertum
Quadratum
Caementicium
Vittatum
Mixtum vittatum
Testaceum
Spicatum
Reticulatum

LÁMINA 36

Orden

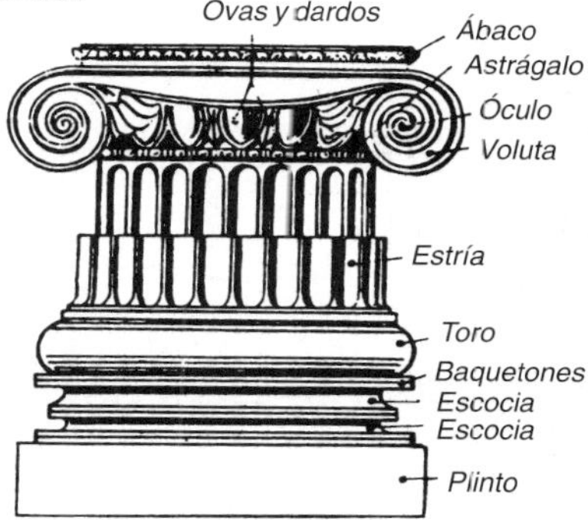

Columna del orden jónico
(Basa jónica)

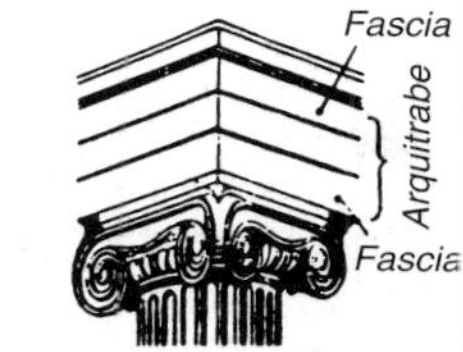

Orden jónico
Capitel ángulo de fachada

Sección de capitel jónico
en ángulo de fachada

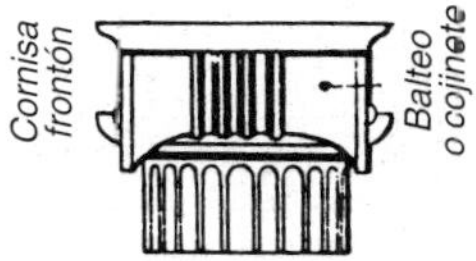

Perfil de capitel
jónico

Orden jónico griego
(Basa ática)

Capitel eólico

Orden corintio romano

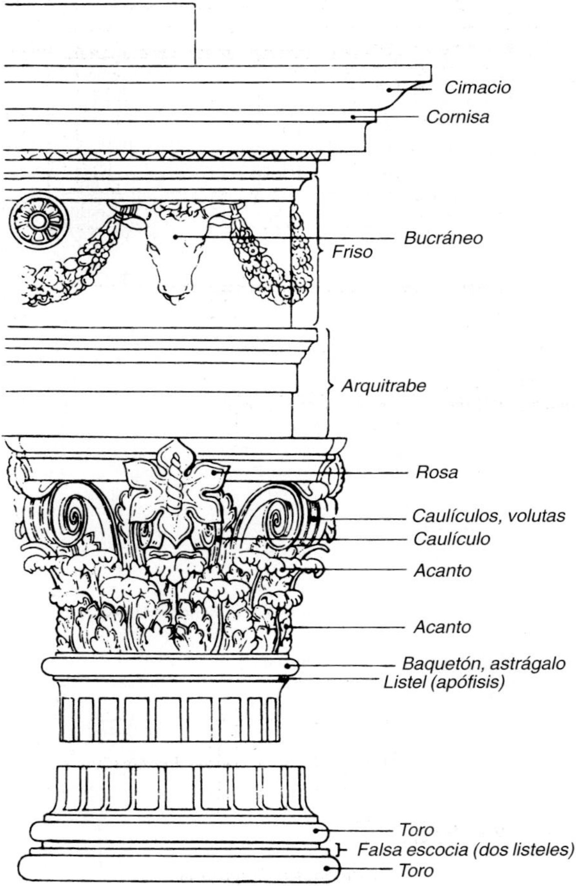

LÁMINA 38

Orden dórico

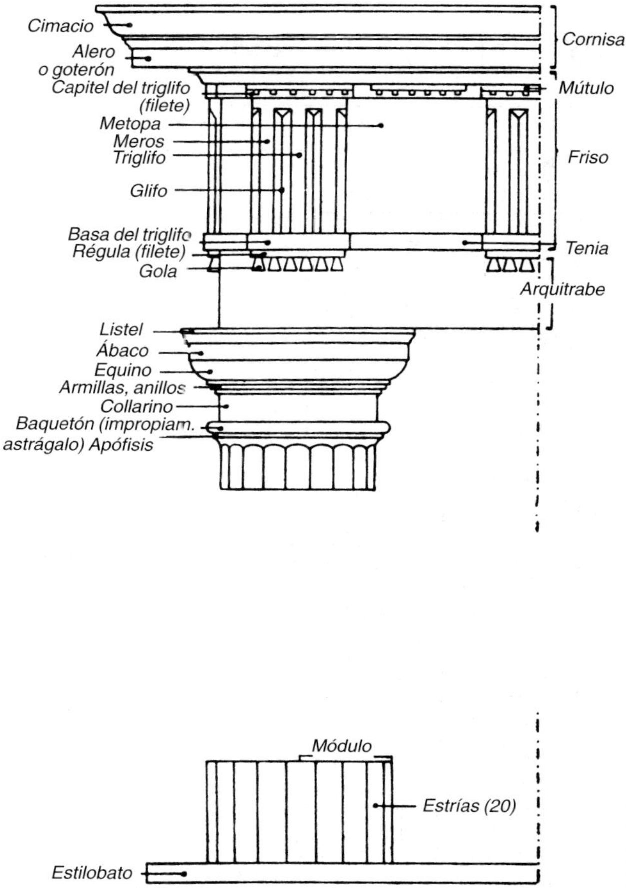

Estereóbato. Crepidoma

LÁMINA 39

Orden jónico

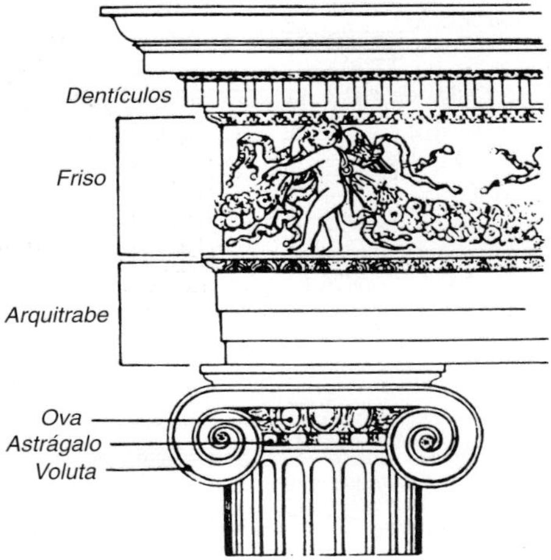

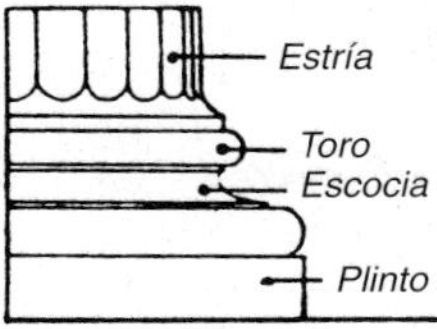

Orden jónico romano
(Basa ática)

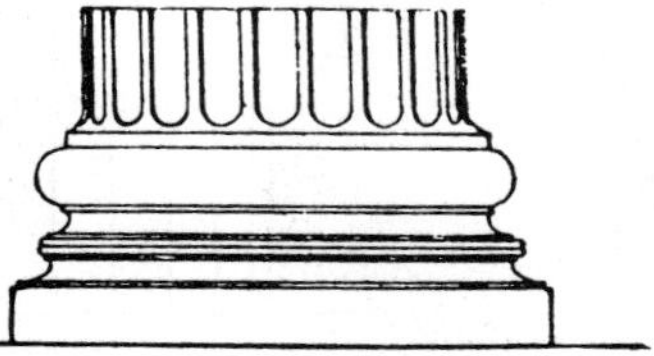

Orden jónico romano
(Basa jónica)

Pechina

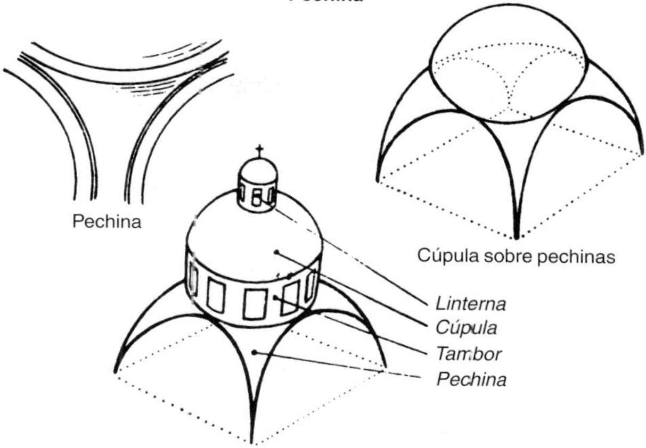

Trompa

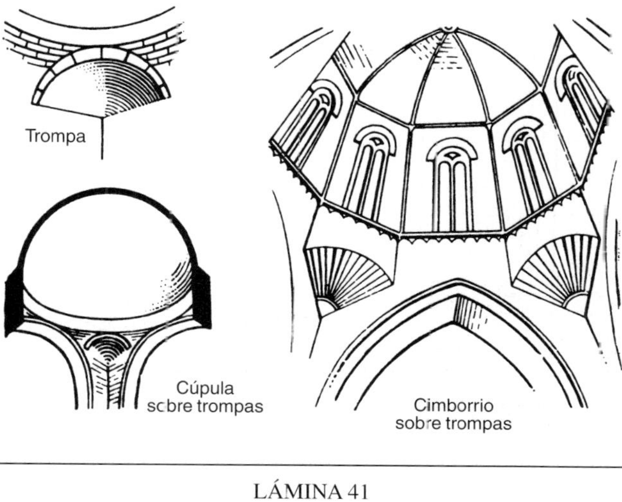

LÁMINA 41

Peltas

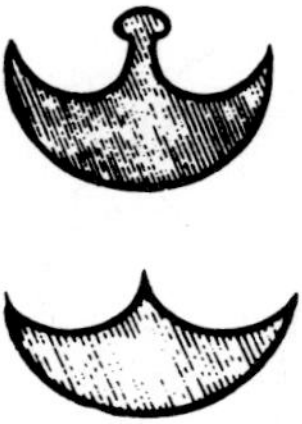

Portada

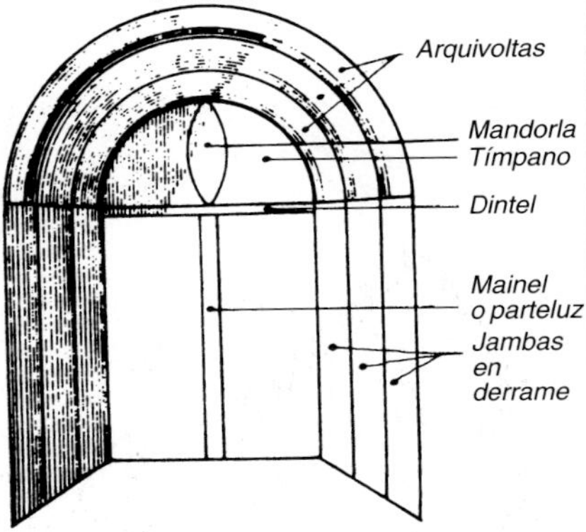

Retablo

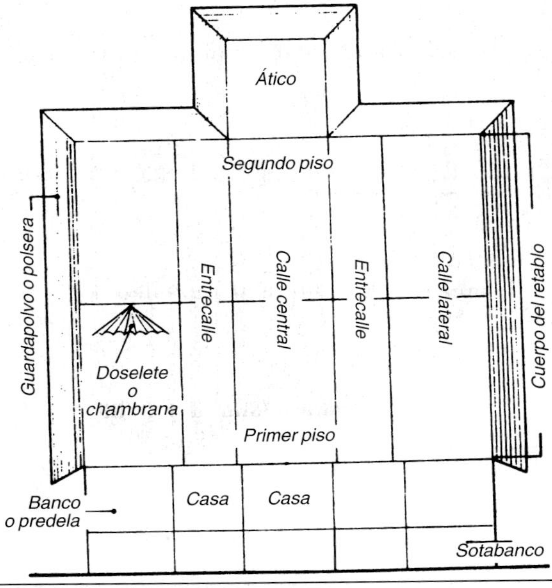

LÁMINA 42

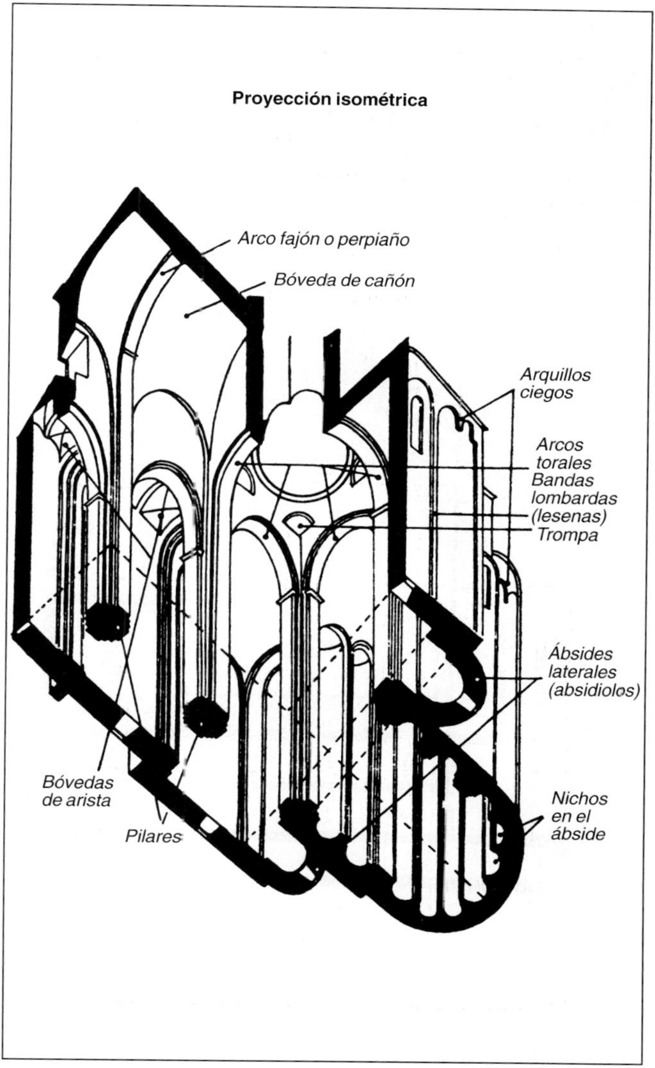
Proyección isométrica
Arco fajón o perpiaño
Bóveda de cañón
Arquillos ciegos
Arcos torales
Bandas lombardas (lesenas)
Trompa
Ábsides laterales (absidiolos)
Nichos en el ábside
Bóvedas de arista
Pilares

LÁMINA 43

Teatro griego

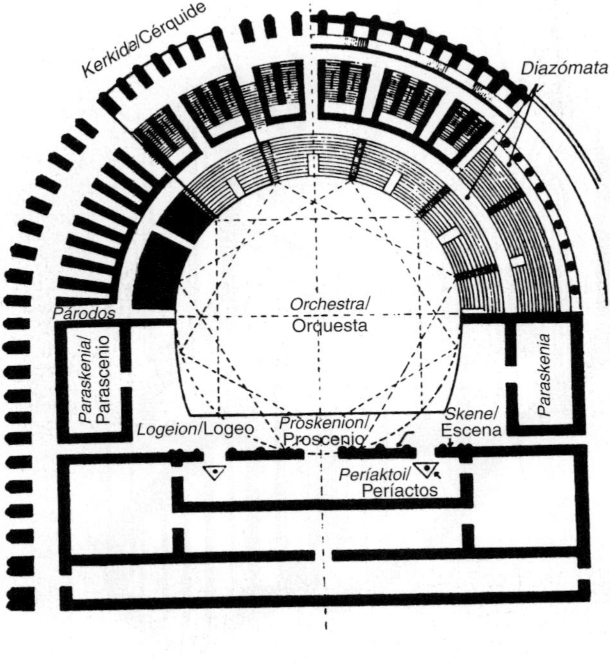

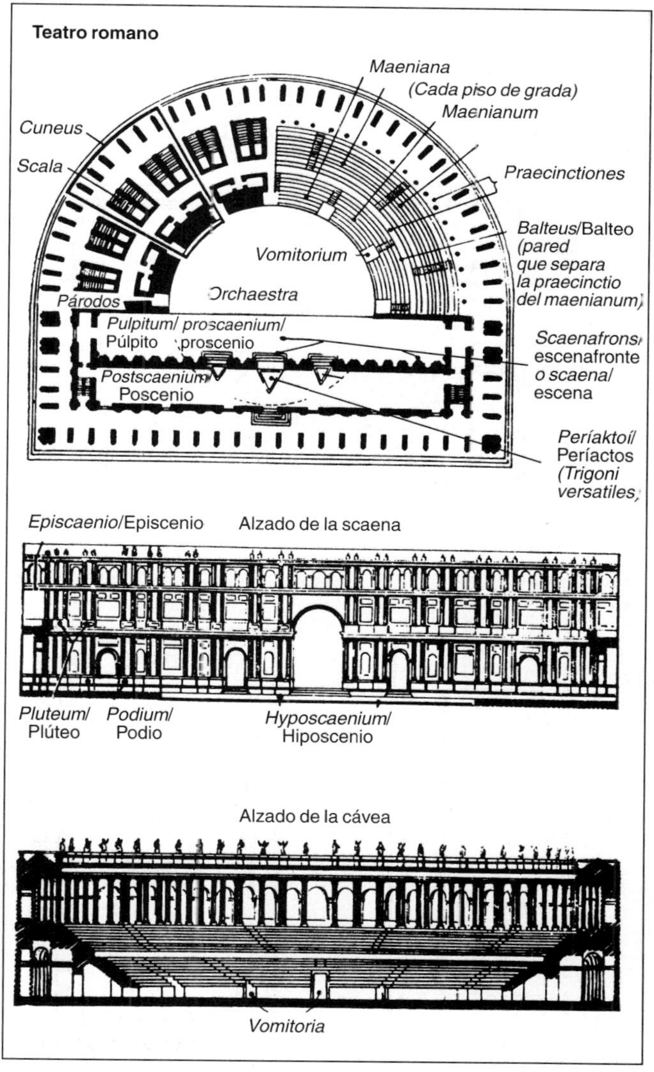
Teatro romano
Maeniana
(Cada piso de grada)
Maenianum
Cuneus
Scala
Praecinctiones
Balteus/Balteo
(pared
que separa
la praecinctio
del maenianum)
Vomitorium
Orchaestra
Párodos
Pulpitum/ proscaenium/
Púlpito proscenio
Scaenafrons/
escenafronte
o scaena/
escena
Postscaenium/
Poscenio
Períaktoi/
Períactos
(Trigoni
versatiles
Episcaenio/Episcenio
Alzado de la scaena
Pluteum/
Plúteo
Podium/
Podio
Hyposcaenium/
Hiposcenio
Alzado de la cávea
Vomitoria

LÁMINA 45

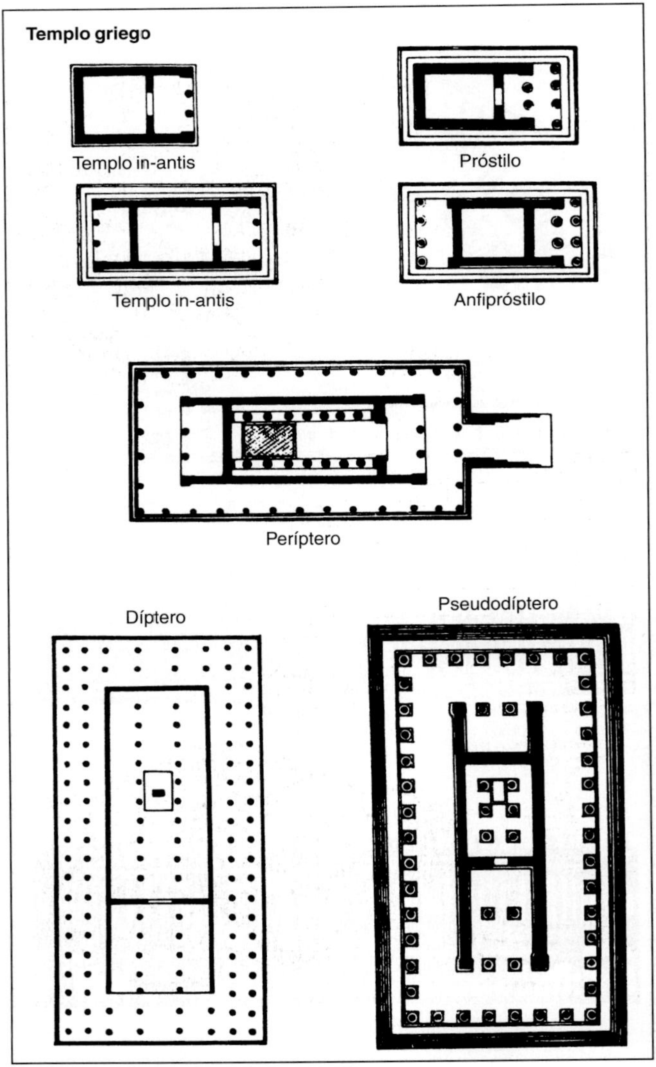
Templo griego
Templo in-antis
Próstilo
Templo in-antis
Anfipróstilo
Períptero
Díptero
Pseudodíptero

LÁMINA 46

Rosetón

Termas
(Esquema)

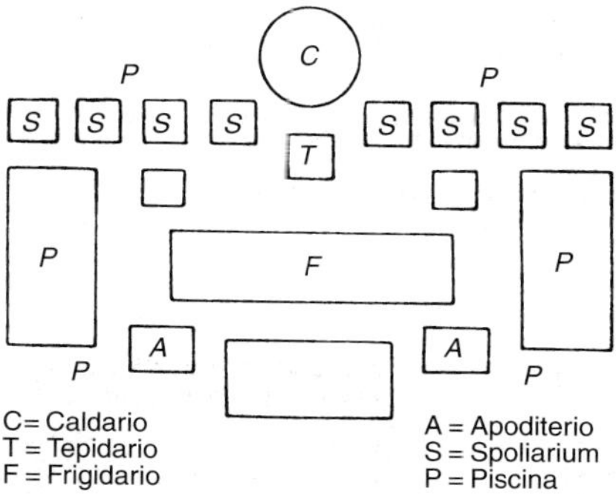

Timiaterio

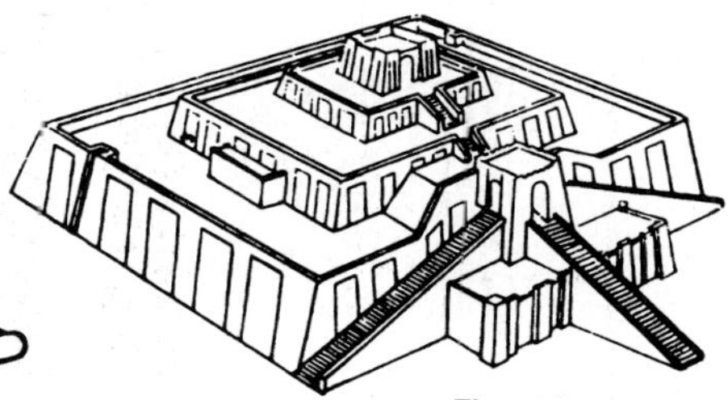

Ziggurat

Sílex

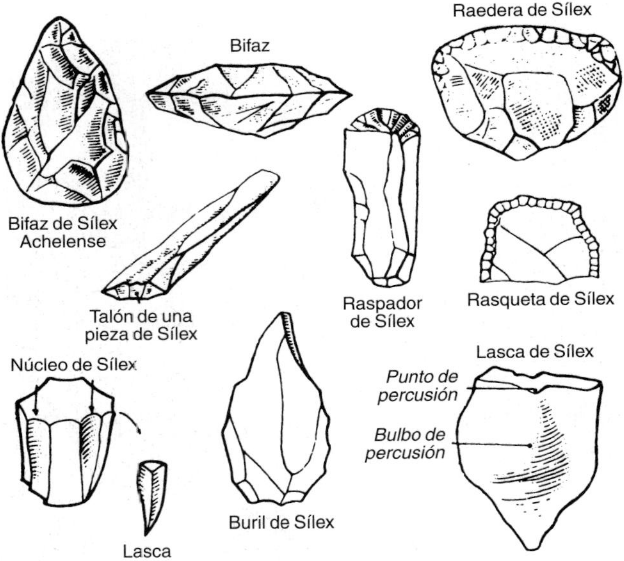

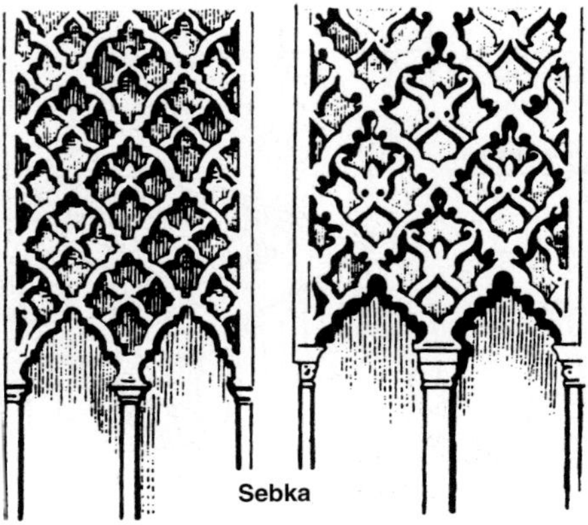

Sebka

Red de rombos o paños de sebka

LÁMINA 48

Traje egipcio
Ureus/Úreo
Flabellum/Flabelo
Haîk
Haîk
Nemes
Calasiris
Shenti
Haîk

LÁMINA 49

Traje griego
Himatión/
Himacio
Jitón
Peplo
Himatión
Himatión
Chlamys/
Clámide
Peplo
Peplo

LÁMINA 50

Traje romano

LÁMINA 51

Índice alfabético de ilustraciones

Las voces en negrita remiten a los grupos de dibujos que ilustran una voz principal.